国家社会科学基金重点项目"中国民事诉讼一审程序实证研究（1949-2013）"（14AFX015）

河南省高等学校哲学社会科学优秀学者资助"民事诉讼程序实证研究"（2019-YXXZ-17）

70 Years of
Procedural Rule of Law

Empirical Research on
Chinese First-instance Civil Procedure
（1949-2019）

程序法治
70年

中国民事诉讼一审程序
实证研究

（1949-2019）

张嘉军 等 / 著

撰稿人
张嘉军　武文浩　杨朝永　付翔宇　赵杏一　李世宇　余怡然　宋汉林

社会科学文献出版社
SOCIAL SCIENCES ACADEMIC PRESS (CHINA)

序　言

　　本书是国内首部以 1949～2019 年为时间跨度，研究新中国成立以来中国民事诉讼一审程序运行实践的学术专著。恰逢新中国成立 70 周年的特殊历史节点，研究主题的独到之处决定了这本专著在内容上不乏可读性，以实证调查为主的研究方法更是强化了研究结论的说服力和吸引力，而书中贡献的珍贵数据也足以为同道参商，这几点足以说明本书极具学术价值、史料价值。

　　70 年是一个宏大的叙事长度，民事诉讼一审程序又与国运民生相连，承担此类工程之浩大与繁难，足以让人望而却步。"志不求易者成，事不避难者进"，嘉军带领他的团队驻扎到基层法院，进行了 2 年多的材料收集与调查，并在此基础上申报了国家哲学社会科学基金重点课题"中国民事诉讼一审程序实证研究（1949～2013）"，其后又是几年笔耕砚耘、墨铸春秋，始得磨杵成针、艰难玉成，本书即是这项课题的研究成果。如今书稿付梓，总算不负嘉军多年的磨砺修持。具体而言，本书具有区别于既往研究的特色。

　　首先，本书描摹了 1949～2019 年中国基层法院民事诉讼一审程序运行实际的中国图景。新中国成立 70 年来，中国民事司法以其独特的民族性和本土色彩，展现出巨大的适应力，发挥了稳定社会秩序和推动社会发展的重要作用。其演变过程凸显社会结构整体变迁对民事司法的影响，客观上展现了中国民事司法理念、诉讼制度的变革。一审程序是民事诉讼审判程序的起点和基础程序，基层法院是人民法院全部工作的根基。中国 80% 的法院是基层法院，80% 的法官是基层法官，80% 的案件在基层法院。基层法院民事诉讼一审程序的运行状况决定着其他民事诉讼程序的审理基调，同时也直接展现了民事司法与中国社会的互动关系，在此意义上，基层法院的法治生态代表并影响着法院参与社会治理的整体走向。嘉军的团队以 1949 ~ 2019 年中国基层法院民事诉讼一审程序的起诉受理、庭审形式、案件类型、原告身份、委托代理人、结案方式等作为观察对象，以两个基层法院的民事诉讼案卷为基础样本，同时收集了民事诉讼一审程序的相关数据，在一定程度上展现了我国民事诉讼一审程序 70 年来发展历程的基本样貌。

其次，本书是一项以法律实证研究为主要研究方法的综合研究。1949 ~ 2019 年，中国民事诉讼一审程序变迁呈现两条复线交织、彼此关联，但又不完全重合的主线——民事诉讼立法文本的变迁和民事司法改革的变迁。这种独特的制度变迁模式，显示了我国"本土资源"与"理想图景"之间的紧张关系，同时也决定了以数据分析为主要研究手段的法律实证研究对本课题的科学证成具有重要意义。法律实证研究在本质上是一种以法律现象为观察对象、以数据分析为中心的经验性法学研究，通过数据探寻事实真相，用数字证明解释力和说服力的来源，其所具有的规模性、客观性以及"技术中立性"，是其他价值立场和方法的研究所无法取代的。民事诉讼法学是一门具有明显应用性和本土语境的学科，以中国问题为中心，立足中国场景发现和讨论中国的民事诉讼制度，在中国社会变迁的时空中关注中国民事程序所面临的具体问题与具体制度之间的逻辑关系，以平等的姿态拓展法学知识的域际交流，理应成为当代民事诉讼法学研究范式的学术态度、理论自觉和时代使命。

最后，本书归纳并整理了新中国成立 70 年来中国民事诉讼一审程序的翔实、珍贵数据。具体而言，本书既呈现了长时段的全国性大数据，同时也比较分析了两个基层法院不同历史时段的地域性小数据；既有整体上对前述观察对象变迁走向的呈现，也有基于数据对于各个历史时期的影响因素分析；既有对所提取样本要素事实层面的考察，也有对法律现象与特定法律制度效用之间的相关性分析；既有对异质因素导致的偏离度观察，也有对同质要素运行实际的归因分析；既有对过往进程（我们从哪里来）的回望和反思，也有基于当下实际（我们位于何处）

的建言和展望（我们向何处去）。本书在数据运用的过程中，并没有局限于经验性的描述性分析，而是采取了相关性因果关系分析，关注问题与制度之间的逻辑关系，探究各种现象之间显性或者潜在的联系，追问程序技术规范与制度目标和预期功能的契合程度，并在此基础上，为体系化的制度修补提供经验依据。

任何有限的选择，都意味着艰难的取舍，疏漏或遗憾在所难免。本书的上述特色，也许同时正是该项研究的缺憾所在。这是因为，任何尝试对历史进程中某一事物变迁过程的描述和解释，都必然包括人类过往的经验和观察者对目前形势的了解以及对未来的预期和判断。然而，过去的经验并不总是客观的真实写照，目前的形势也并不总是能够得到准确理解，未来也并非总像人们所期望的那样单线进展。过去的事实由于史料残缺或者研究者主观上的选择，可能会出现偏差，目前形势吸引注意力的程度常常受到利害关系的影响，而未来的结果也是希望和努力以外的其他许多力量的产物。正因如此，从事实证研究、田野调查，不仅苦心志、劳筋骨，而且最为考验学术功底，要求学者具有把握非确定性的眼光和能力，遇到质疑时咬定问题不放的坚定和韧劲，博观约取，极深研几，如此方能有所成就。诚如书中所言，这是一段尝试性的探索，凝聚着嘉军团队素朴的愿望：既为了扩大读者的学术眼界，也为了促成国内学术界的创造，抛砖引玉，薪火相传，唯愿认同此道者日众。

这部专著出版后，能够惠及多少同道，尚难预期。但我相信，随着中国法治进程持续走向深入，会有越来越多的同道中人加入法律实证研究队伍，本书的价值定会历久弥新，影响力愈益彰显。

嘉军是我指导的博士，这些年他踏实耕耘，取得了一些成绩，也收获了不少荣誉，他是河南省人文社科领域首位"教育部新世纪优秀人才"获得者，曾被评为"河南省高校哲学社会科学优秀学者""河南省首届十大优秀中青年法学家"等。他带领和培养了一批对民事诉讼实证调查有研究兴趣的年轻人，做了不少有价值的事情，本书是他的团队从事实证研究的又一成果。看到他有同好相伴，声应气求，作为他博士阶段的老师，我感到非常欣慰。

恒者行远，思者常新，希望嘉军保持不竭的学术激情和旺盛的创造力，长空万里，不坠青云之志，今后以高度的社会责任感和使命感，作出更大的贡献！

是为序。

左卫民[1]

二〇二一年七月十六日于四川大学

---

[1] 左卫民，四川大学法学院教授，法学博士，博士生导师，四川大学法学院院长，四川大学法律实证研究所所长，教育部"长江学者奖励计划"特聘教授，国务院政府特殊津贴获得者。

目　录

绪　论

新中国成立 70 多年来，中国民事诉讼一审程序的历史变迁，不仅呈现了我国民事诉讼制度整体上的变迁面貌，也映射出中国社会发展过程中政治、经济、文化以及法律等制度的变迁过程。本书以实证研究为根本，结合历史研究和多学科综合研究的方法，以新中国成立以来两个基层法院的民事案卷为基本样本，同时搜集全国法院相关数据材料并对这些数据进行分析，重点对 1949～2019 年我国法院民事诉讼一审程序中的起诉和受理情况、案件类型、庭审形式、原告身份、委托代理人制度、案件结案方式等问题开展深入研究，从而尝试以点带面地窥视中国民事诉讼一审程序的演进过程，考察中国民事诉讼一审诉讼程序发展的基本状况，分析中国民事诉讼一审程序中各主要制度产生的背景及原因，探求其发展演进的基本规律，提出当前社会背景下民事诉讼一审程序改革及完善的具体对策，以期对我国民事诉讼制度变革和完善、深化民事诉讼理论的研究乃至对我国未来司法改革的深化有所裨益。

一　研究主题的确定

本书的主题为"中国民事诉讼一审程序实证研究（1949～2019）"。之所以选取这样的研究主题，主要是考虑到我国近年对民事诉讼的基本理论有较为充分的研究，对于国外的相关理论和制度也有较为充分的介绍和研究，我国民事诉讼程序的实证研究也较为丰富，但是从更为宏大的历史视角对民事诉讼程序进行研究者不多，为此笔者希望从更为宏大的历史视角去研究民事诉讼程序。这是笔者以此为主题的根本出发点。

为何又仅以民事诉讼一审程序为研究的对象，而非对民事诉讼程序的二审、再审、执行等都一并进行研究？主要原因如下。一是对民事诉讼程序的所有问题进行研究，将远远超出课题组主持人的研究能力，课题组主持人不可能驾驭如此宏大的研究主题，而且这样的研究也绝非短期内能研究完成，一个课题组也无法承担起如此的重任。二是考虑到民事诉讼一审程序是民事诉讼中最基本、规范的程序，是其他程序的基础，对此进行研究也能在一定程度上呈现民事诉讼程序的发展全貌。三是考虑到一个循序渐进的过程，针对民事诉讼一审程序进行实证研究之后，再吸取总结经验，为下一步对二审程序、再审程序等进行实证研究打下基础。

为何课题组在对民事诉讼一审程序进行研究过程中仅对起诉和受理情况、案件类型构成、庭审形式、原告身份构成、委托代理人制度、案件结案方式制度进行研究，而并未对撤诉、缺席判决、诉讼中止、诉讼终结、审限等其他程序问题进行研究？主要原因在于 2011 年和 2012 年赴 H 省 X 市的 A 区人民法院和 B 县人民法院调取案卷材料时，发现案卷材料数量过于庞大，而且时间跨度如此之大，以我们当时的技术及能力，不可能对所有的案卷裁判都拍照和复印，为此仅采取了折中方式，即拍取裁判文书的第一页和最后一页。在对这些材料提取后，课题组针对裁判书第一页及最后一页上显示的信息，根据一定的类目进行分类提取，分别提取了文书类型、民事案由、庭审方式、当事人信息、诉讼代理情况、案件审理结果等信息，从可以研究的角度出发，课题组最终确定了起诉和受理情况、案件类型构成、庭审形式、原告身份构成、委托代理人制度、案件结案方式6 个程序性内容作为研究对象。尽管这些并不能完全代表民事诉讼一审程序，尽管有些主要程序在这些研究内容中并未体现，但是课题组认为，这些内容基本上能够涵盖从起诉到结案的整个过程，能够体现民事诉讼一审程序中的重要程序性因素，从研究的可行性和便利性角度出发，课题组仅能以点带面地从上述 6 个程序性问题出发，寄希望能窥见整个民事诉讼一审程序的历史研究过程，同时更希望本课题的研究对于整个民事诉讼法学界而言能达到抛砖引玉之功效，希望更多的学者能投身从更为宏大的历史跨度来深入研究民事诉讼程序的历史演进与发展。这也正是本课题之所以选取这 6 个程序性问题进行实证研究的根本目的所在。

二　课题研究的意义

新中国成立以后的民事诉讼程序制度的萌芽、发展与完善，与共和国的发展历程息息相关，这也能从另一个侧面映射出新中国在不同历史时期政治、经济、文化、社会发展的时代特征。作为整个民事诉讼程序中最完备、最基础、最通用的一审普通程序而言，其70年来的发展历程更能突显新中国在不同历史时期的时代特征。就新中国成立以后的民事诉讼程序而言，其发展历程大致经历了如下几个阶段。

1949～1956年，是新中国民事诉讼程序制度由破到立的重要阶段。1949年，中国共产党中央委员会印发《关于废除国民党的六法全书与确定解放区的司法原则的指示》，废除了包括民事诉讼法在内的国民党法律体系之后，新中国启动了民事诉讼程序制度的立法工作。1950年11月，周恩来总理代表中央人民政府政务院作出了《关于加强人民司法工作的指示》①，指示要求"人民司法工作必须处理人民间的纠纷，对这类民事案件，亦需予以足够的重视，一方面应尽量采取群众调解的办法以减少人民讼争，另一方面司法机关在司法工作中应力求贯彻群众路线，推行便利人民、联系人民和依靠人民的诉讼程序与各类审判制度"，体现了新中国成立伊始在司法政策上鼓励调解与诉讼相结合的纠纷解决方式。1950年12月31日，中央人民政府法制委员会依据《中国人民政治协商会议共同纲领》起草了《中华人民共和国诉讼程序试行通则（草案）》（以下简称《诉讼程序试行通则（草案）》），该文件规定在刑事、民事诉讼法未公布施行以前，人民司法机关依本通则制定的程序处理刑事、民事诉讼案件，对案件管辖、代理、起诉、回避、传唤、取证、调解、审理、上诉、判决、审判监督、执行等程序作了规定。尽管该文件最终未获通过，但这一文件的制定奠定了我国诉讼程序的基础。1951年9月，中央人民政府颁布《最高人民检察署暂行组织条例》《各级地方人民检察署组织通则》，对检察机关参与民事诉讼作出了明示；颁布《中华人民共和国人民法院暂行组织条例》（以下简称《人民法院暂行组织条例》），确立了民事案件合议、陪审、

① 周恩来：《关于加强人民司法工作的指示》，《山东政报》1950年第11期。

巡回审判、公开审判、调解、和解等诉讼制度。1954 年 9 月，《中华人民共和国人民法院组织法》（以下简称《人民法院组织法》）、《中华人民共和国人民检察院组织法》（以下简称《人民检察院组织法》）颁行，从机构组织法角度对民事诉讼制度作出了部分规定。《人民法院组织法》第 11 条确立了两审终审制度。1955 年 7 月，最高人民法院基于为国家立法机关草拟民事诉讼法提供支撑材料、总结各地人民法院审理程序的实践经验、改进审判工作的目的，经过调研，起草发布了《关于北京、天津、上海等十三个大城市高、中级人民法院民事案件审理程序的初步总结》，对民事诉讼案件来源和接受案件手续、审前准备、审理与裁判、上诉与再审、执行等程序进行了系统的归纳和梳理，用于指导全国各级各类法院审理案件。

1957 ~ 1965 年，是民事诉讼程序立法和司法曲折前行的阶段。1957 年，最高人民法院刑、民诉讼经验总结办公室在总结新中国成立以来民事审判工作经验的基础上，主持起草了《民事案件审判程序（草稿）》，将《关于北京、天津、上海等十三个大城市高、中级人民法院民事案件审理程序的初步总结》中的经验转化为民事诉讼程序立法草案内容。但由于受到当时"反右"运动和法律虚无主义思想的影响①，《民事案件审判程序（草稿）》并未能通过实施，新中国民事诉讼程序立法受到冲击，再度搁置，甚至出现了倒退，之前初步形成的民事诉讼程序制度被废止，主要依靠社会化方式解决民事纠纷，"人民法院处理民事案件的根本方针和正确方法是依靠群众、调查研究、调解为主、就地解决，调解为主是处理民事案件的基本方法，就地解决是正确处理民事案件的重要途径，要认真执行人民法院组织法所规定的审判程序，但必须革除和避免不利于工作、生产和群众诉讼的繁琐手续"②。

1966 ~ 1977 年，十年"文化大革命"，排斥程序性强的法制，搞阶级斗争，造成了法制建设 10 年的停滞③，刚刚起步的法制建设遭到了破坏，

---

① 常怡等：《新中国民事诉讼法学五十年回顾与展望》，《现代法学》1999 年第 6 期。
② 彭君熹：《进一步发扬依靠群众处理民事案件的优良传统，学习"依靠群众、调查研究、调解为主、就地解决"方针的体会》，《法学研究》1965 年第 3 期。
③ 张晋藩：《法治的脚步：回顾新中国法制 60 年》，《上海师范大学学报》（哲学社会科学版）2009 年第 6 期。

民事诉讼程序法制建设亦然，民事诉讼结案方式也脱离了法制化的轨道。

1978～1982 年，民事诉讼法立法和司法进入全面恢复和建设阶段。1978 年，党的十一届三中全会拨乱反正，重启中国法制化进程，民事诉讼程序法也被列入了国家的立法日程。在民事诉讼法公布之前，1979 年 2 月，为做好民事审判工作，提高办案质量，最高人民法院在总结审判的基础上制定了《人民法院审判民事案件程序制度的规定（试行）》，该规定除个别调整外，其内容与《关于北京、天津、上海等十三个大城市高、中级人民法院民事案件审理程序的初步总结》基本一致，也成为之后《中华人民共和国民事诉讼法（试行）》（以下简称《民事诉讼法（试行）》）的立法蓝本。1979 年，全国人大常委会开始起草《民事诉讼法（试行）》，经多次讨论修改，于 1982 年通过并实施，共计 5 编 23 章 205 条，成为新中国第一部民事诉讼程序立法。《民事诉讼法（试行）》基本上奠定了新中国民事诉讼程序的整体基调，尽管之后《民事诉讼法》也经多次修改和完善，但是并未突破这一部所确立的民事诉讼程序的整体框架。由于社会经济发展的需要，特别是为了适应市场经济改革的需要，在《民事诉讼法（试行）》基础上，第七届全国人民代表大会第四次会议于 1991 年 4 月 9 日正式通过了《中华人民共和国民事诉讼法》（以下简称《民事诉讼法》）。目前我国适用的民事诉讼法基本是这一立法的延续。尽管这一立法也于 2007 年、2012 年和 2017 年修正，但都是在这一基础上的局部修改和完善。由新中国成立以来的中国民事诉讼法的历次修改和完善的发展历程也可以发现，我国民事诉讼程序的历史变迁和发展与新中国成立之后的社会政治、经济、文化的发展变化紧密相关，中国民事诉讼程序的发展变化紧扣时代发展的脉搏。

当然，就本课题研究而言，通过对民事诉讼一审程序中起诉和受理情况、案件类型构成、案件审理方式、原告身份构成、委托代理人结构、案件结案方式的研究，深入观察和探析当代中国民事诉讼程序中一审程序制度的现状、成因，提出进一步的改革发展方向，无论对于民事诉讼学理论研究还是对于当下中国的司法实践都具有一定的推动和指导意义。

1. 有助于丰富民事诉讼法学的研究。基于实证的方法对新中国成立以来的民事诉讼一审程序的发展轨迹进行研究，一方面是对新中国成立以来民事诉讼一审程序相关制度发展历程的一次系统梳理，另一方面也是对目前我国民事诉讼一审程序相关制度价值体现的一次检视。其不仅能够极大地丰富和拓展民事诉讼法学研究的内容，还有助于促进民事诉讼法学理论的不断更新和快速发展，同时为我国民事诉讼一审程序的进一步完善提供改革思路。

2. 有助于民事诉讼的未来立法。通过在宏观上从动态与静态两个层面审视新中国成立以来民事诉讼一审程序的发展历程，探寻中国政治、经济、社会发展在每一个历史时期对民事诉讼一审程序中主要制度发展进程的深刻影响，归纳每一历史阶段民事诉讼一审程序中主要制度发展的成就与不足，能够检视这些制度的设计思路，反思变迁历程中的经验与不足，可以为未来民事诉讼的立法提供历史经验上的指引。

3. 有助于民事诉讼程序制度的改革与完善。对新中国成立以来民事诉讼一审的起诉和受理情况、案件类型构成、庭审形式、原告身份构成、委托代理人制度、案件结案方式制度发展状况进行系统梳理分析，基于历史的视角对其发展进程进行考察研究，归纳其走势与发展规律，分析其形成的内外原因，有助于发现其运行的成就与不足，有助于更为客观理性地认识并改进和完善这些程序制度。

三 课题研究现状

笔者调研期间，在"中国知网"中输入"民事一审程序"，有 15 条结果；输入"民事一审实证"，有 7 条结果；输入"起诉受理制度"，有 105 条结果；输入"起诉受理实证"，有 3 条结果；输入"民事案件类型"，有 152 条结果；输入"案件类型实证"，有 14 条结果；输入"民事庭审方式"，有 95 条结果；输入"庭审方式实证"，有 2 条结果；输入"委托代理人制度"，有 5 条结果；输入"委托代理人实证"，结果为 0；输入"案件结案方式"，有 28 条结果；输入"结案方式实证"，有 2 条结果。一直以来，我国也有不少学者在尝试对我国民事诉讼程序展开实证研究，并试图探寻符合我国发展状况的制度改革方向，其中具有代表性的主要有：王亚新的《实践中的民事审判——四个中级法院民事一审程序的运作》、苏力的《送法下乡——中国基层司法制度研究》、黄宗智的《过去与现在——中国民事法律实践的探索》等。这些研究对民事诉讼一审程序诸多方面进行了有益探索并取得可喜成绩。但从上述这些研究成果来看，目前研究尚存在如下问题。

1. 研究的方法有限。对民事诉讼一审程序的现有研究更多地运用演绎、归纳、比较等传统方法，而实证研究方法较少运用。由以上检索数据可看出，对于起诉和受理、案件类型、庭审形式、原告身份构成、委托代理人制度、案件结案方式等方面尚未展开深入的实证研究。且此类研究问题大多以论文形式存在，其中仅案件类型的实证研究有十余篇，其他方面均仅有数篇，且大多数为硕博士学位论文。由此可见，现有研究尚未展开对于民事诉讼一审程序这几大程序内容上的实证研究。

2. 研究的深度有限。现有的研究在时间跨度上多选取近3~5年的素材，至多在个别问题上选取改革开放以后的统计数据。究其原因主要有两点：一是统计数据的来源有限，或是来自统计机构，或是来自部门公报，因此统计数据不够细致，难以适应研究需要；二是自行统计资料来源困难，即便有部分研究能够进行实地调研，能够拿到的也是经人整理且时间跨度较小的数据。数据来源的局限性决定了对研究深度的限制。

3. 研究的视角有限。现有研究有选择四个中级人民法院并对其民事诉讼一审程序运作进行研究者，也有选取某一个人民法庭进行观察者，也有就某一问题选取某机关数据作为研究对象者，但这些研究有一共同特点，即视角有限，往往是从特定视角予以分析，且所分析问题过于集中，仅就某一问题而论。能够同时选取一个区法院与县法院进行比对，进而对民事诉讼一审程序进行系统的专门性研究者较为少见。如此，由于缺少对各种制度的综合考量，就难免存在挂一漏万的情形，由于缺少对不同社会背景下研究对象的比对，对相关问题的分析也就难免陷于片面。

四　课题研究方法

1. 实证研究法。基于本课题研究主旨的需要，主要研究方法为实证研究。专门选取了两个基层法院——我国中部H省X市A区人民法院、B县人民法院自新中国成立以来的案卷材料作为基本样本，在对这些案卷材料数据要素结合研究的基础上，设计一定的选项对这些材料进行整理、归纳和提取。在这一过程中，课题组提取了两个基层法院民事案件案卷材料约 73000 份。但是考虑到本课题是针对中国民事诉讼一审程序的研究，而仅仅选取两个基层法院的民事案件材料作为研究的样本，会导致研究的视野过于狭小，为此，也相应地收集了最高人民法院发布的全国法院年度司法统计的相关数据，最高人民法院研究室编写的《全国人民法院司法统计历史资料汇编：1949—1998（民事部分）》，最高法院公报所发布的年度司法统计数据，国家统计局官方网站的《中国统计年鉴》等。当然在这一过程中，间或也对法院的老法官进行访谈，了解中国法院在历史变迁中出现某些变化的原因。

2. 历史研究法。本课题时间跨度为 70 年，从 1949 年新中国成立直至 2019 年。在这一宏大的历史背景之下，自然也不可避免地需运用历史研究法。一方面对这些制度 70 年的相关数据进行搜集和整理、归纳和分析；另一方面从这一制度当时所处的历史环境中探究其发展变化的政治、经济乃至文化的缘由。

3. 综合研究法。除了重点运用实证研究法、历史研究法之外，还运用了归纳、演绎、统计等方法。一方面本课题在研究过程中，对所研究的对象在不同的历史时期的数据进行统计，在对数据分析的基础上归纳出历史的规律或存在的问题；另一方面在对这些问题存在的缘由或历史背景分析的基础上，又提出这一制度未来的改革和完善的基本走向。

五　课题样本的选取

本课题主要选择了我国中部 H 省 X 市的 A 区人民法院和 B 县人民法院的自新中国成立以来的民事案件卷宗为研究的样本，选取这样两个基层法院作为研究样本的原因主要如下。第一，所选取的两个基层法院具有一定代表性。X 市 A 区地处 X 市中心城区，1986 年由原 X 市更名而来。全区总面积 97 平方公里，总人口 50 万，现辖 13 个街道办事处，1 个省级产业集聚区，1 个三国文化产业园区，86 个社区居委会。A 区位于 X 市的主城区，地理位置较为优越，经济较为发达，基本上代表了城区的特色。而 B 县总面积 1002 平方公里，总人口 80 万，辖 18 个乡镇（街道）、457 个行政村〔现辖区域面积 887 平方公里，总人口 77 万，辖 13 个乡镇、2 个街道办事处、373 个行政村（含 4 个移民村）]，2017 年撤县设区。B 县位于 X 市的广大农村地域，经济在 X 市较为落后，至少相对于 A 区而言还是落后很多，农村特色较为明显。第二，所选取的两个基层法院具有便利性。在裁判文书可以公开上网之前，裁判文书具有一定的保密性，除了卷宗中的 A 卷的有些材料可以让当事人知晓查阅之外，B 卷中的材料当事人是不允许查阅的。而且即使是 A 卷中的裁判文书当事人之外的他人一般也不允许查阅复印。有鉴于此，得益于课题组主持人与这两个基层法院有一定的长期合作关系，课题组专门选取了这两个基层法院作为研究的样本法院。

本课题组所搜集的案卷材料以裁判文书上网为分界点，分为两个阶段。第一阶段为 1949～2012 年，这一阶段的裁判文书因为并未上网，仅能到基层法院现场提取。需要交代的是本课题申报时间为 2014 年，而此前课题组主持人已经带领有关人员前往这两个基层法院现场随机提取了大约 72000 份裁判文书。本课题也正是在这一基础上申报的，当初申报时的题目为《中国民事诉讼一审程序实证研究（1949～2013）》，为此这一阶段所提取的案件材料截至 2012 年。第二阶段为 2013～2019 年，2013 年 7 月《最高人民法院裁判文书上网公布暂行办法》正式实施。2014 年 1 月 1 日最高人民法院《关于人民法院在互联网公布裁判文书的规定》正式实施。从 2014 年开始，大量裁判文书上网，而且此前部分年份的裁判文书网上也可查到。这为研究裁判文书及相关制度提供了极大的便利条件。不过虽然当时最高人民法院的裁判文书网已经上线，但是并未覆盖到全国四级法院，即并非所有法院的裁判文书都能上网。2014 年这两个基层法院的裁判文书在中国裁判文书网上还找不到，仅在河南省高级人民法院网站可以找到。2015 年之后，这两个法院的裁判文书在中国裁判文书网上就可以找到了。为了更好地展现民事诉讼一审程序的发展历程，课题组又从裁判文书网上按照一定的比例对两个基层法院的民事裁判文书分别提取了 600 份，共计 1200 份。当然课题组各章节的负责人在撰写过程中也会根据研究需要搜集相关的裁判文书或者其他数据。诸如第四章"中国民事诉讼一审原告身份实证研究"部分就搜集了很多上网裁判文书中的信息以及中国社会阶层变化的数据统计信息等。

第一章　中国民事诉讼一审案件起诉和受理实证研究

第一节　导论

我国的民事诉讼程序在变革中呈现由简单粗糙到精细复杂的变化趋势，在民事诉讼程序的设计上，无论如何变化，其最终都是为了更好地适应社会形势，以有效解决社会纠纷。我国民事诉讼一审程序分为起诉和受理、审理前准备、开庭审理阶段，而起诉和受理则正是民事诉讼一审程序的开端。

起诉是公民将纠纷提交法院以期通过诉讼予以解决，受理则是法院对该纠纷作为案件进行审理的认可。"起诉，通常被认为是当事人行使诉权的具体体现，起诉作为一种诉讼行为，其实施也必须符合法律规定的条件。只有满足起诉条件，诉讼才能开始，所以可以认为起诉条件等同于诉讼开始要件。起诉最重要的诉讼法律效果就是使案件处于诉讼状态（诉讼系属）。"[1] 受理则是从法院角度所适用的诉讼开端，在我国的民事诉讼程序中，当公民向法院提起诉讼，需要法院对其起诉条件予以一定的审查，若符合法定条件，则予以立案，为其编制案号，进入法院案件管理流程，正式启动案件审理程序。在我国，一般又将起诉和受理合称为"立案"。

民事诉讼程序的启动，仍需要尊重当事人的处分权，"不告不理"为诉讼程序启动的一项基本原则。如若没有原告的起诉行为，法院即不能对

---

① 张卫平：《民事诉讼法》，法律出版社，2004，第 35 页。

案件进行审理，即当事人行使诉权提起诉讼乃是法院行使审判权的前提。而一旦原告向法院提起诉讼，即发生诉讼系属的效果，包括管辖权恒定、当事人恒定、诉讼标的恒定、重复诉讼禁止、得以反诉等程序法上的效果，以及诉讼时效中断等实体法效果。

民事案件的起诉和受理情况的发展变化，反映的是我国法制建设过程中对起诉权与诉权关系的理解，也在一定程度上反映了我国民事诉讼法制的建设历程。结合新中国社会发展的历史背景和民事诉讼程序立法阶段，我们大致可以将新中国民事诉讼起诉和受理制度的发展过程划分为 1949～1956 年、1957～1966 年、1967～1977 年、1978～1981 年、1982～1990 年、1991～2011 年、2012～2019 年七个时间阶段。在上述七个阶段中，受不同阶段社会政治、法制建设、经济、文化等因素的影响，我国民事诉讼程序制度发展显现了鲜明的时代特征，不同时期的民事诉讼起诉和受理情况也显现了不同的外部表征。

1949 年中华人民共和国成立后，新中国立法工作全面开展，首先所面临的就是刑事犯罪和民事纠纷案件的审理，这一时期，我国各项制度正处于恢复、建设阶段，事实上并没有民事立案方面的制度规定，更多的只是一些行政命令性质的指示。中央人民政府法制委员会于 1950 年 12 月 31 日草拟了《诉讼程序试行通则（草案）》，以此来对刑事诉讼活动和民事诉讼活动进行指导。这是新中国民事诉讼法治建设的开端，尽管种种原因而未能通过及施行，却为此后的一系列民事诉讼政策、规范提供了内容、体例、原则等方面的借鉴参考。1956 年 10 月，最高人民法院在总结新中国成立以来的民事审判经验的基础上，印发了《各级人民法院民事案件审判程序总结》，第一次较为全面、系统地规定了民事审判程序，规定了案件的接受、审理案件前的准备工作、审理、裁判、上诉、再审、执行等具体诉讼制度。其中对当事人起诉的要求一改以往"个人起诉有的用诉状，有的口头起诉由人民法院代写诉状或者代录口诉"的状况，规定都"应当用诉状，并按被告人人数提出诉状副本，当事人不能写诉状的，可以由法律顾问处或者人民法院接待室代写"，并对诉状格式作出了一定的要求；在实质方面要求原告人有请求权，案件应当属于人民法院主管和管辖；同时还要求起诉手续应当完备，如原告人在诉状上签名或者盖章，双方当事人提供的住址应当有效无误，等等。①　此外，文件中还首次提出了人民法院应对起诉予以审查：法院在接受案件的时候，应当审查原告人有无请求权，案件是否归人民法院主管和管辖；对于原告没有诉讼请求的，应当用裁定驳回，并将裁定书送达原告；对应由行政机关或者有管辖权的人民法院处理的案件或者不属于本法院管辖的案件，应当分别送有关机关或者有管辖权的人民法院；移送案件的应当使用裁定书并送达原告人；在决定受理后，人民法院还应当审查起诉手续是否完备，如原告人是否已在诉状上签名或者盖章，双方当事人的住址是否明确，是否已经按对方人数提出副本，所交的物证等。

　　1957 年下半年开始，全国范围内兴起反对法治的思潮，民事诉讼活动也开始以政策文件或者领导讲话为依据，开始出现一定的随意性。时至 1963 年，第一次全国民事审判工作会议提出"调查研究，就地解决，调解为主"的民事审判工作方针；1964 年，民事审判工作的方针又进一步发展为"依靠群众，调查研究，就地解决，调解为主"，才形成了比较完整的民事审判工作方针。民事诉讼案件开始主要以社会调解为主，并多流向社会化，诉讼程序被弱化，起诉和受理制度被忽视。

　　1966 ~ 1976 年"文革"期间，民事纠纷案件一律下放至公社处理。直至 1976 年 10 月粉碎"四人帮"之后，在十年动乱期间被破坏殆尽的法治建设开始逐步恢复，1978 年 12 月召开的中国共产党十一届三中全会上更是明确提出了建设社会主义民主和加强社会主义法制的任务。为了适应当时民事审判的需要，在国家制定和颁布《民事诉讼法》之前，最高人民法院于 1979 年 2 月印发了《关于人民法院审判民事案件程序制度的规定（试行）》，其第一部分内容为"案件受理"，主要规定"凡有明确的原告、被告和具体的诉讼要求，应由人民法院调查处理的民事纠纷，均应立案处理。人民法院不得把基层组织、有关单位的调解和介绍信作为受理案件的必要条件"。第二部分为"审理前的准备工作"，即人民法院受理案件后，应指定审判人员负责办理。审理前，必须做好的首要工作就是审查起诉手续是否完备。如原告人未在起诉书或口诉笔录上签名

---

① 参见最高人民法院 1956 年 10 月 17 日颁布的《各级人民法院民事案件审判程序总结》。

盖章的，应予补办；所交的证物、附件的种类和件数与起诉书或口诉笔录记载不相符的，应予补正；等等。① 从该规定可以看出，民事立案的条件比较宽松，民事纠纷只要符合两个条件：有明确的原告、被告和具体的诉讼要求；应由人民法院调查处理。法院审查后认为符合条件均应立案处理。

1982 年，第五届全国人大常委会第二十二次会议通过了《民事诉讼法（试行）》，当时《中华人民共和国民法通则》（以下简称《民法通则》）并没有颁布实施，这部先于民法制定和颁行的程序法，为我国的民事审判实践提供了法律依据，同时也彰显了程序法的独立价值，在我国立法史上有重要的意义。《民事诉讼法（试行）》第 81 条规定："起诉必须符合以下条件：（一）原告是与本案有直接利害关系的个人、企业事业单位、机关、团体；（二）有明确的被告、具体的诉讼请求和事实根据；（三）属于人民法院管辖范围和受诉人民法院管辖。"第 85 条规定："人民法院接到起诉状或者口头起诉，经审查，符合本法规定的受理条件的，应当在七日内立案；不符合本法规定的受理条件的，应当在七日内通知原告不予受理，并说明理由。"之后最高人民法院颁布了《关于贯彻执行〈民事诉讼法（试行）〉若干问题的意见》，对起诉和受理的规定更加细致，甚至规定法院认为不符合受理条件，但是原告坚持起诉的，仍可以立案，进一步查明之后认为确实不符合受理条件的，才以书面裁定驳回起诉。②

尽管如此，但我国民事诉讼司法实践中仍长期存在"告状难"现象，因此在 1982 年《民事诉讼法（试行）》的经验基础上，1991 年 4 月 9 日第七届全国人民代表大会第四次会议正式通过了《民事诉讼法》，对 1982年的《民事诉讼法（试行）》中所规定的起诉和受理政策作出补充：增加了"保护当事人行使诉讼权利"（第 2 条）、"应当保障和便利当事人行使

---

① 唐德华：《民事诉讼法立法与适用》，中国法制出版社，2002，第 69 页。

② 最高人民法院《关于贯彻执行〈民事诉讼法（试行）〉若干问题的意见》第六部分规定了"起诉与受理问题"："人民法院接到当事人的起诉后，应当进行审查，在法定期间内作出是否受理的决定……人民法院收到原告起诉状，经认真审查，认为不符合民诉法规定的受理条件的，通知原告不予受理并说明理由。原告仍坚持起诉的，可以立案受理，经进一步查明起诉确实不符合受理条件的，以书面裁定驳回起诉。"

诉讼权利"（第 8 条）等原则性规定；强调了符合起诉条件的，必须受理（第 111 条），并对不予受理的案件规定"应当在七日内作出裁定，原告对裁定不服的，可以提起上诉"，以保障当事人的起诉权，解决部分地方出现的"告状难"现象。

2012 年 8 月 31 日，第十一届全国人民代表大会常务委员会第二十八次会议对《民事诉讼法》进行修订，进一步完善起诉和受理程序，保障了当事人的诉讼权利。其中第 123 条增加规定"人民法院应当保障当事人依照法律规定享有的起诉权利"，明确对诉权的保护；第 121 条在规定起诉应当记明的事项时，对于应当记明的原告和被告的情况分别规定，以便于原告提起诉讼；第 122 条在确立先行调解制度时，明确规定当事人的拒绝调解权，这些都是保障当事人享有的起诉权利的具体制度。① 这也是我国目前现行《民事诉讼法》对起诉和受理制度的相关规定。

2014 年 10 月，党的十八届四中全会明确提出"改革法院案件受理制度，变立案审查制为立案登记制"，因此，在学界长期讨论的基础上，2014 年 12 月 18 日最高人民法院发布了《关于适用〈中华人民共和国民事诉讼法〉的解释》，其中第 208 条规定，"人民法院接到当事人提交的民事起诉状时，对符合民事诉讼法第一百一十九条的规定，且不属于第一百二十四条规定情形的，应当登记立案；对当场不能判定是否符合起诉条件的，应当接收起诉材料，并出具注明收到日期的书面凭证"，正式确立了"立案登记制"，终结了我国民事诉讼立法上所一贯坚持的"立案审查制"。

第二节　中国民事诉讼一审收案情况变迁分析

一　政策指导下中国民事诉讼一审案件收案情况：1950 ~ 1977 年（见表 1 - 1）

在新中国刚刚成立的最初几年，法院的主要精力放在清理积案之上。

---

① 谭秋桂：《〈民事诉讼法〉修改评析》，《中国司法》2012 年第 11 期。

这一阶段政治局势刚刚稳定，各项政策变化较大，从我国的早期立法中也难以找到以制度形式存在的民事诉讼法立案制度样本。

1956 年 10 月，最高人民法院印发《关于各级人民法院民事案件审判程序总结》，在归纳和总结各地人民法院审判经验的基础上，较全面系统地规定了民事审判程序，尤其是民事立案受理制度，实际上形成了我国民事诉讼法的雏形。① 这一文件中确定了应当用诉状的起诉条件，同时规定当事人不能写诉状的，可以由法律顾问处或法院接待室代写；此外还规定了案件的移送接收以及诉讼费用等问题。

1957 年，最高人民法院草拟的《民事案件审判程序（草案）》未能通过，已经在全国印发的《各级人民法院刑、民事案件审判程序总结》也未得到认真地执行。这一时期，虽然受到"左"的思想影响，全国法院在审判中就诉讼程序而言出现倒退现象，不过在民事审判中也进一步明确了解放区的调解原则。例如，1963 年，第一次全国民事审判工作会议提出"调查研究，就地解决，调解为主"的民事审判工作方针；1964 年，民事审判工作的方针又进一步发展为"依靠群众，调查研究，就地解决，调解为主"。所谓"就地解决"，也吻合废除繁琐程序的司法思想。这一期间，最高人民法院发布了 80 多个批复（复函、通知等）。其中就离婚案件的管辖问题发布了 5 个批复和 2 个复函，分别是《关于离婚案件管辖问题的批复》（1957 年 3 月 26 日）、《关于我国公民与苏联公民离婚诉讼应由我国法院受理问题的复函》（1958 年 6 月 4 日）、《关于劳改犯、留场就业人员、自留人员婚姻案件管辖问题的批复》（1961 年 8 月 19 日）、《关于劳改犯、留场就业人员婚姻案件管辖问题的批复》（1962 年 11 月 28 日）、《关于自留人员离婚案件管辖问题的批复》（1963 年 10 月 21 日）、《关于女方提出离婚后就离开原籍的离婚案件管辖问题的复函》（1964 年 1 月 18 日）、《关于外流妇女重婚案件和外流妇女重婚后的离婚案件管辖问题的批复》（1964 年 10 月 23 日）。由于新中国民事诉讼程序立法的搁置，民事纠纷的解决主要依靠社会化方式，调解是当时处理民事案件的基本方法。"在'左'倾思潮的影响下，诸如'公民在适用法律上

---

① 唐德华：《民事诉讼法立法与适用》，中国法制出版社，2002，第 5 页。

一律平等''法院独立审判'等原则，也被作为资产阶级法律观点予以批判；按程序办案被视为刁难群众的框框，是在搞'繁琐哲学'；以'破陈规，改旧革新'为旗号的做法冲击了民事诉讼制度建设。"[1] 地方法院在对待案件的态度上，也以简化一切繁琐手续和程序、多快好省地判案为主导。1968年年底政法机关实行"军管"，建立了公检法"军管会""军管小组"。这一阶段，10年间仅发布8个司法批复，民事诉讼制度的发展处于停摆状态。[2]

表1 - 1　全国民事诉讼一审收案情况（1950～1977年）

单位：件，%

年份	收案数	增长率	民事案件占比
1950	659157	—	58.37
1951	865700	31.33	47.85
1952	1432762	65.50	64.17
1953	1755122	22.50	84.59
1954	1216960	-30.66	58.19
1955	959726	-21.14	47.93
1956	739213	-22.98	61.10
1957	840286	13.67	53.74
1958	433197	-48.45	18.99
1959	384553	-11.23	41.84
1960	308024	-19.90	36.62
1961	617478	100.46	58.91
1962	832290	34.79	73.02
1963	778881	-6.42	66.08
1964	633617	-18.65	71.64
1965	551971	-12.89	70.90
1966	353867	-35.89	62.62
1967	223274	-36.90	74.57
1968	89122	-60.08	52.09

---

[1]　常怡等：《新中国民事诉讼法学五十年回顾与展望》，《现代法学》1999年第6期。

[2]　参见本课题研究阶段性成果：张嘉军等《制度·机构·机制：当代中国立案难问题实证研究》，法律出版社，2018，第214～221页。

续表

年份	收案数	增长率	民事案件占比
1969	62507	−29.86	40.99
1970	103293	65.25	29.56
1971	155602	50.64	48.56
1972	102900	−33.87	44.27
1973	269047	161.46	68.67
1974	286145	6.36	62.93
1975	248623	−13.11	61.35
1976	225679	−9.23	60.04
1977	232645	3.09	53.12

资料来源：最高人民法院研究室编《全国人民法院司法统计历史资料汇编1949—1998（民事部分）》，人民法院出版社，1999，第2页。

　　正是由于这一时期法制发展的缺失，政治经济形势的动态深刻地影响着民事诉讼案件的受理。随着国家社会经济发展逐步恢复，这一时期，由于大量存在的私营与公私合营企业，劳资争议也成为法院受理的民事案件类型之一，再加上《婚姻法》的颁布带来婚姻、家庭类案件的大量增加，因此，在1950～1953年间，民事诉讼一审收案数逐步增长，占比也开始提高，甚至达到1953年的175万余件，民事案件占比也一度高达84.59%，这两峰值一直到1988年才被打破。1953年，国家并开始对农业、手工业和资本主义工商业三个行业进行社会主义改造，从而实现了社会主义化，社会主义公有制形式在国民经济中占据主导地位，因此，在1954～1956年间，民事诉讼一审收案数呈现下降趋势。相应的，由于这一时期反革命等刑事案件的大量存在，所以民事案件占比一直不高。1956年"一化三改"完成之后，平等主体之间的民事纠纷大幅度减少，1958年"大跃进"开始的当年，民事案件占比甚至跌至全部收案数的18.99%，在经济困难的严重时期如1960年，民事案件收案数更是仅有30余万件。1961年1月，中共中央召开了八届九中全会，提出应缩小基本建设规模，调整发展速度，在已有的基础上，采取调整、巩固、充实和提高的方针，中国经济由"大跃进"转向大调整之后，1961年当年民事诉讼一审案件收案数即翻了一番，但 1963 年之后由于"左"倾思潮的持续发展，民事诉讼一审案件收案数继续保持下降趋势，仅个别年份例外回升。1967～1969 年间，民事诉讼一审收案数保持持续下降的态势，其在整体案件量的占比也持续下降，时至 1970 年，尽管民事案件收案数有所增长，增长率达到 65.25%，但民事案件占比却低至 29.56%。

二 "立审合一"阶段中国民事诉讼一审案件收案情况：1978～1996 年（见表 1-2）

1978 年 12 月，时任最高人民法院院长江华在《人民日报》发表署名文章《严明法纪，纠正冤假错案》，指出平反冤假错案的关键是坚持实践是检验真理的唯一标准，办案要依据事实、尊重科学，批驳了以言代法、以权代法的错误倾向。1978 年 12 月召开的党的十一届三中全会提出了"加强社会主义民主，健全社会主义法制"，这标志着中国开始进入第二个立法高潮阶段。

为了适应当时民事审判的需要，在国家制定和颁布《民事诉讼法》以前，最高人民法院于 1979 年 2 月印发了《人民法院审判民事案件程序制度的规定（试行）》。① 1979 年 2 月底，全国第一个经济法庭（后正式更名为经济审判庭）在重庆成立，并得到同年 7 月全国人大通过的《人民法院组织法》的肯定；1979 年下半年至 1982 年底，最高人民法院和各高级人民法院陆续建立经济审判庭。经济审判庭所承担的使命是"审理经济纠纷案件，通过审判活动，调整生产和流通领域内的经济关系"。而经济纠纷案件得以进入法院，显然需要民事诉讼程序的"宽容"。

---

① 其中关于收案制度规定如下：凡有明确的原告、被告和具体的诉讼要求，应由人民法院调查处理的民事纠纷，均应立案处理。人民法院不得把基层组织、有关单位的调解和介绍信作为受理案件的必要条件。凡立案处理的，应有当事人的起诉书或口诉笔录。对简易纠纷和一般信、访可不予立案，但处理后要登记备查。当事人委托他人代理进行诉讼的，应向人民法院出具委托书。如系口头委托的，应当记明笔录，由当事人签名或盖章。当事人是未成年人、精神病患者，或因生理缺陷不能亲自进行诉讼的，应由其父母、子女、配偶、其他监护人或由法院指定的人代理进行诉讼。

　　1979 年 9 月，全国人大法制委员会开始起草《民事诉讼法》，草案几经讨论修改，至 1982 年通过和颁布，并于 1982 年 10 月 1 日起在全国试行。1982 年《民事诉讼法（试行）》的颁布施行，为我国民事案件的审判提供了明确具体的法律依据，同时，由于其先于《民法通则》颁布实施，更加彰显了其独特的程序法价值。这一法律的颁布，确立了我国正式的起诉和受理制度，彻底改变了此前我国民事案件的收案情况很大程度上受社会形势以及政策的影响的状况。1984 年 8 月 30 日，最高人民法院颁布了《关于贯彻执行〈民事诉讼法（试行）〉若干问题的意见》，其在第六部分专门规定了"起诉与受理问题"，对起诉与受理的规定更加细化，并开始注重对当事人起诉权的尊重和保护。除此之外，1984 年最高人民法院颁布《民事诉讼收费办法（试行）》；1989 年 7 月，最高人民法院重新发布正式的《人民法院诉讼收费办法》，其中诉讼费用大幅提升；1991 年 4 月 9 日，新修订的《民事诉讼法》开始生效施行；随后，最高人民法院颁布《关于适用〈中华人民共和国民事诉讼法〉若干问题的意见》，并于 1992 年 7 月 14 日开始施行。

表 1 - 2　全国民事诉讼一审收案情况（1978 ~ 1996 年）

单位：件，%

年份	收案数	增长率	民事案件占比
1978	300787	29.64	67.18
1979	389943	45.07	75.90
1980	565679	19.14	74.09
1981	673926	15.58	74.38
1982	778941	- 2.89	76.06
1983	756436	10.82	56.32
1984	838307	0.99	61.85
1985	846629	16.90	64.15
1986	989710	22.62	61.42
1987	1213565	19.95	64.72
1988	1455699	24.76	63.55
1989	1816110	2.01	62.33
1990	1852650	1.56	63.52

续表

年份	收案数	增长率	民事案件占比
1991	1881586	3.66	64.84
1992	1950440	7.21	63.92
1993	2091087	14.09	61.24
1994	2385723	14.07	60.31
1995	2721380	13.84	59.87
1996	3097940	29.64	58.31

资料来源：《中国统计年鉴 2018》，http：//www.stats.gov.cn/tjsj/ndsj/2018/indexch.htm，最后访问日期：2019 年 11 月 1 日。

这一时期，由于改革开放的政策影响，社会人口的流动开始逐步放开，商品市场也开始日益活跃繁荣，围绕相关财产关系的民商事纠纷开始迅速增加。由于原有的计划经济体制受到巨大冲击，平等主体之间的纠纷也开始逐步进入法院系统，除了 1983 年前后以及 1989～1992 年的增长量放缓之外，这一时期内民事诉讼一审收案数一直保持 10% 以上的高速增长。短短 19 年间，民事案件收案数即由 1978 年的 300787 件升至 1996 年的 3097940 件，净增长率约为 10.3 倍。

这一时期民事案件收案数的变化，明显受到相关程序立法进度的影响。一是 1982 年《民事诉讼法（试行）》颁布实施之前，民事案件量长期保持大幅增长，在 1982 年当年却出现了负增长状态，这反映了《民事诉讼法（试行）》规范了人民法院的民事案件立案受理程序，对收案情况具有显著影响。二是 1989 年《行政诉讼法》和 1991 年《民事诉讼法》的颁布及施行，反映了人民法院的工作重心的变化，这一期间，民事案件的增幅也明显放缓。

此外，民商事案件也在这一时期开始取代刑事案件，正式成为人民法院审理工作中的主要案件类型，并稳稳占据主体地位。仅在 1983 年、1995 年、1996 年占比低于 60%，由此可见我国这一阶段法制建设取得了较大进步，经济发展形势不断向好，社会发展开始渐趋稳定。

三 "立审分立"阶段中国民事诉讼一审案件收案情况：1997～2014 年（见表 1 -3）

1997 年 4 月，最高人民法院颁布了《关于人民法院立案工作的暂行规定》等相关文件，对起诉和受理制度作出了更进一步的规定。其中第 5 条规定确立了"立审分立原则"，并在第 8 条规定"人民法院收到当事人的起诉，应当依照法律和司法解释规定的案件受理条件进行审查"，改变了以往司法实践中长期存在的法院"立案乱"的状况。2012 年《民事诉讼法》修正，其中第 123 条明确规定了"人民法院应当保障当事人依照法律规定享有的起诉权利"，更强调了对当事人起诉权的尊重和保护。

表 1 -3 全国民事诉讼一审收案情况（1997～2014 年）

单位：件，%

年份	收案数	增长率	民事案件占比
1997	3282106	5. 94	62. 06
1998	3380235	2. 99	62. 47
1999	3524980	4. 28	61. 92
2000	3419235	- 3. 00	63. 84
2001	3465916	1. 37	64. 84
2002	4420123	27. 53	86. 13
2003	4410236	- 0. 22	85. 96
2004	4332727	- 1. 76	85. 41
2005	4380095	1. 09	84. 87
2006	4385732	0. 13	84. 60
2007	4724440	7. 72	85. 12
2008	5412591	14. 57	86. 07
2009	5800144	7. 16	86. 71
2010	6090622	5. 01	87. 02
2011	6614049	8. 59	87. 07
2012	7316463	10. 62	86. 66
2013	7881779	7. 73	88. 79
2014	8415146	6. 77	88. 68

资料来源：《中国统计年鉴 2018》，http：//www. stats. gov. cn/tjsj/ndsj/2018/indexch. htm，最后访问日期：2019 年 11 月 1 日。

这一时期，收案数增长率不高，可见这一时期法院对于案件受理的审查变得严格。2001 年 12 月中国正式加入世贸组织、2008 年中国成功举办奥运会，人口流动频繁，对外交往、经济往来等活动大量增加，这一点在民事案件收案数上也得到了反映。2002 年民事案件收案数增长率高达 27.53%，成为 1997 年受理案件标准严格化后案件增长量的最高峰。2008 年民事案件收案数增长率达到 14.57%，民事诉讼一审收案数突破 500 万件大关，是因为受北京奥运会建设以及国家形象提升等积极影响。2012 年《民事诉讼法》在修改中强调了对当事人起诉权利的保障，这一立法变化直接影响了当年民事诉讼一审收案数量的变动。2012 年与 2002 年、2008 年共同成为 1997 ~ 2014 年民事收案数增长率超过 10% 的年份。

四 "立案登记制" 阶段中国民事诉讼一审案件收案情况：2015 ~ 2017 年（见表 1 – 4）

随着社会形势的发展变化，"立案难" 开始受到广泛关注。2014 年 10 月党的十八届四中全会《中共中央关于全面推进依法治国若干重大问题的决定》明确要求 "改革法院案件受理制度，变立案审查制为立案登记制，对人民法院依法应该受理的案件，做到有案必立、有诉必理，保障当事人诉权"。2015 年 2 月 4 日最高人民法院发布《关于适用〈中华人民共和国民事诉讼法〉若干问题的解释》（以下简称《民事诉讼法司法解释》），以及 2015 年 5 月 1 日开始施行的《关于人民法院登记立案若干问题的规定》（以下简称《登记立案规定》），其中第 2 条规定："对起诉、自诉，人民法院应当一律接收诉状，出具书面凭证并注明收到日期。对符合法律规定的起诉、自诉，人民法院应当当场予以登记立案。""立案登记制" 正式得以确立。

2015 年 "立案登记制" 的确立强调了 "有案必立、有诉必理"，使当年民事诉讼一审收案数直接突破 1000 万件大关，净增长量达到近 180 万件，增长率在与 2002 年时隔 13 年后重新突破 20%，但也仅仅在当年出现了短暂的异常增长，随后增长率即跌落回 7% 以下，但由于基数的增加，每年案件数量的净增长量依然很高。

表1-4　全国民事诉讼一审收案情况（2015~2017年）

单位：件，%

年份	收案数	增长率	民事案件占比
2015	10224736	21.58	89.34
2016	10912708	6.73	90.27
2017	11590159	6.21	—

资料来源：《中国统计年鉴2018》，http：//www.stats.gov.cn/tjsj/ndsj/2018/indexch.htm，最后访问日期：2019年11月1日。

尽管这一时期总体的起诉和受理制度并未发生大的变化，但"立案登记制"的改革实施，还是取得了很好的成效，彰显了我国起诉和受理制度的发展方向——保障当事人诉权。[①]

一是立案门槛降低，法院收案数量大大增加。实行立案登记制，表明了我国立案制度从实体审查向形式审查的转变，降低了立案门槛，有更多的诉讼能够进入法院。法院对起诉条件的审查由实质性改为形式性，几乎相当于在登记与立案之间画上等号，其根本的积极意义在于基本上消解了受理阶段就开始从实质内容上限制当事人诉权的"关卡"。就民事案件的受理而言，从"年底不收案"的所谓惯例到以"诉状不规范、材料不具备"为由反复计原告往返法院却迟迟难以受理等以前可能在某些时期、某些法院司空见惯的现象，在立案登记制改革推行以后就很难获得正当性，或者说可能给仍旧打算这样操作的法院人员带来巨大风险。在立案登记制改革展开的大背景下，此类问题已真正成为程序操作改善进程中的"细枝末节"，而不再构成立案实质审查给当事人行使诉权设置的内在障碍。在"方便法院"还是"方便当事人"这个围绕诉权经常发生矛盾冲突的选项上，天平开始真正向着"方便当事人"的一侧倾斜。这才是立案登记制改革为当事人带来"获得感"的最突出体现。

二是立案周期大大缩短，效率明显提升。实行立案登记制，对于符

[①]　张嘉军等：《制度·机构·机制：当代中国立案难问题实证研究》，法律出版社，2018，第53~70页。

合立案条件的案件直接受理，带来的最直接的结果就是立案法官对于案件把握的难度降低。请示的案件数量减少，也就意味着立案效率的提高。此外，收案模式的改变提高了当事人的积极性，从而也提高了法院的立案效率。在立案登记制下，当事人首次提交的材料不符合要求，只要属于法院受案范围，法院就必须接收，对案件进行登记，等到当事人将材料补充完整，直接送往审判庭。这时，由于案卷已经登记，决定案件何时送往审判庭的主动权就转移到了当事人手中。在这种情况下，当事人为了使案件尽快移送，必然有更高的积极性去补正材料，这也相对提高了法院的效率。立案登记制的实施也同样提高了审判的效率。随着立案登记制的实施，法院所需要裁判的案件数量有了明显的增长。

三是更利于保障当事人诉权。在立案登记制改革之前，对于法院审查不予受理的案件，司法实践中大量存在回复函的形式。虽然说回复函与裁定书的作用有部分重合，但两者的效果是完全不同的：回复函是非正式性的，回复函可以只是一句话，表明案件不属于法院的受理范围，因此法院拒绝受理，其中可以不写明具体的理由，也无须加盖法院的印章，甚至连格式都没有必然的要求；不予受理裁定书则更加正式，其在格式上有明确的要求：明确的抬头、当事人的基本信息、当事人的诉讼请求、不予受理的原因及法律依据，最后还要加盖法院的印章。两者在性质上的本质区别使得两者对于当事人的作用也大不相同。回复函由于其非正式性表明当事人的起诉在受理阶段没有通过审查，未进入诉讼程序，无法享有诉讼中的各种诉讼权利，不能对自己的主张进行陈述、申辩，也无法将程序进行下去，法院也不需要对回复函做具体的责任承担。也就是说，回复函的非正式性使得其在当事人手中除了通知的性质之外没有更多的作用。不予受理裁定书的正式性对于当事人来说就更加重要。我国《民事诉讼法》第164条规定，"当事人不服地方人民法院第一审判决的，有权在判决书送达之日起十五日内向上一级人民法院提起上诉"。如此一来，当事人的诉讼权利就得到了程序上的保障。在立案审查制下，立案法官承担案件审查任务，看起来比立案登记制下自由裁量权大，实际上并非如此。在立案审查制下，哪些类型的案件可以收，哪些类型的案件不能收，都有明确的依据，立案法官只是将这些依据运用在具体审查之中。在立案登记制下，由于符合法院受案范围的案件都要受理，最直接的结果就是立案法官没有那么多的顾虑，可以放开手脚收案，对案件进行登记；可以放开手脚对不属于法院受案范围的案件予以拒斥。因此，相对而言，立案登记制下法官更倾向于出具不予受理裁定书，这对当事人权益的保护也是极为有利的。

第三节　影响中国民事诉讼一审起诉和受理情况的因素

一　中国民事诉讼一审受理情况的总体变迁形态

前文已对新中国成立以来各不同历史阶段中国国民事诉讼一审案件受理情况予以了详细的说明，我们可以看出，在不同的历史阶段，因受各种因素的影响，我国民事诉讼一审案件的受理情况也有不同的变化特点。欲对影响其总体变迁的各类因素进行分析，还需对我国民事诉讼一审案件的受理情况进行总体观察。

总的来说，中国民事诉讼一审数量呈现波动的分布形态，由表 1-5、表 1-6 以及图 1-1~图 1-6 可以看出，改革开放前后，我国的一审诉讼案件受理状况具有明显的差异。

（一）新中国成立初期至改革开放前

表 1-5　改革开放前全国一审案件收案情况（1950~1977 年）

单位：件，%

年份	一审案件 总收案数	一审案件总 收案数增长率	民事诉讼 一审收案数	民事诉讼一审收 案数增长率	民事案件 占比
1950	1129215		659157		58.37
1951	1809381	60.23	865700	31.33	47.85
1952	2232662	23.39	1432762	65.50	64.17
1953	2074760	-7.07	1755122	22.50	84.59
1954	2091477	0.81	1216960	-30.66	58.19
1955	2002221	-4.27	959726	-21.14	47.93

续表

年份	一审案件 总收案数	一审案件总 收案数增长率	民事诉讼 一审收案数	民事诉讼一审收 案数增长率	民事案件 占比
1956	1209884	- 39. 57	739213	- 22. 98	61. 10
1957	1563626	29. 24	840286	13. 67	53. 74
1958	2281653	45. 92	433197	- 48. 45	18. 99
1959	919040	- 59. 72	384553	- 11. 23	41. 84
1960	841102	- 8. 48	308024	- 19. 90	36. 62
1961	1048089	24. 61	617478	100. 46	58. 91
1962	1139800	8. 75	832290	34. 79	73. 02
1963	1178646	3. 41	778881	- 6. 42	66. 08
1964	884411	- 24. 96	633617	- 18. 65	71. 64
1965	778480	- 11. 98	551971	- 12. 89	70. 90
1966	565117	- 27. 41	353867	- 35. 89	62. 62
1967	299419	- 47. 02	223274	- 36. 90	74. 57
1968	171085	- 42. 86	89122	- 60. 08	52. 09
1969	152488	- 10. 87	62507	- 29. 86	40. 99
1970	349411	129. 14	103293	65. 25	29. 56
1971	320440	- 8. 29	155602	50. 64	48. 56
1972	232449	- 27. 46	102900	- 33. 87	44. 27
1973	391801	68. 55	269047	161. 46	68. 67
1974	454699	16. 05	286145	6. 36	62. 93
1975	405243	- 10. 88	248623	- 13. 11	61. 35
1976	375866	- 7. 25	225679	- 9. 23	60. 04
1977	437966	16. 52	232645	3. 09	53. 12

资料来源：根据最高人民法院研究室编《全国人民法院司法统计历史资料汇编 1949—1998
（民事部分）》与《全国人民法院司法统计历史资料汇编 1949—1998 （刑事部分）》整理所得。

　　这一阶段一审诉讼案件收案情况主要呈现以下特点。一是剧烈的波
动。一审收案数最高的是 1958 年，收案数为 2281653 件，而收案数最
少的年份为 1969 年，仅仅 152488 件，二者相差 200 余万件。收案增长
率最高为 1970 年的 129. 14%，下降率最高达到 1959 年的 59. 72%，增

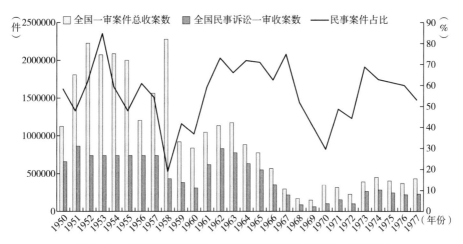

图 1-1　改革开放前全国一审案件收案情况 （1950~1977 年）

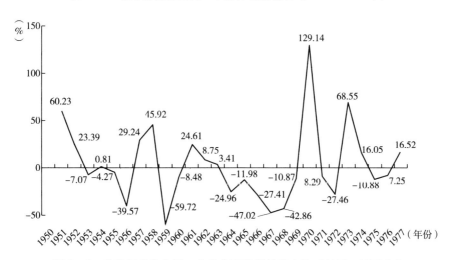

图 1-2　改革开放前全国一审总收案数增长率变化 （1950~1977 年）

减幅度变化最小的是 1954 年的 0.81%。由图 1-2 可以看出，这一阶段我国一审收案数增长率一直处于剧烈的波动之中。二是整体诉讼案件量不大。28 年间，收案总数仅 2545 万余件，年均 90.8 万余件。一审收案数超过 200 万件的年份仅有 5 年，其中 1967~1977 年都是 50 万件以下，1968 年、1969 年两年案件量更是不足 20 万件。这一时期的民事案件数量也受总体形势影响具有上述特点，由图 1-3 可以看出，这一时期民事诉讼一审收案增长率最高的是 1973 年，达到 161.46%；下降率最高的是 1968 年的 60.08%；增减变化幅度最小的是 1977 年的

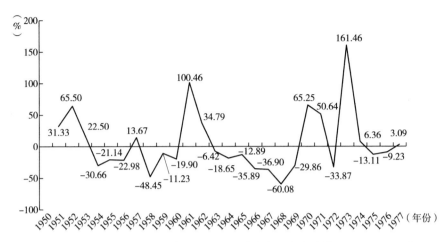

图 1 - 3 改革开放前全国民事诉讼一审总收案数增长率变化（1950 ~ 1977 年）

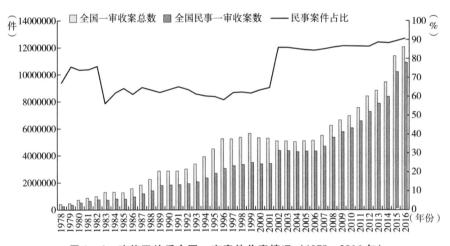

图 1 - 4 改革开放后全国一审案件收案情况（1978 ~ 2016 年）

（根据表 1 - 6 绘制）

3.09% 。三是民事诉讼一审案件占比重变化不定，民事案件在整体案件数量中所占比重也同样呈现剧烈的波动：最高达到 1953 年的 84.59% ，最低为 1958 年的 18.99% ，差额为 65.6 个百分点。由此可见，新中国成立初期这一段时间，社会不够稳定，刑事案件高发，民事纠纷还未形成纠纷的主要领域。

（二）改革开放后至今

这一时期的诉讼案件变化有两个明显特点。一是变化走势开始逐渐趋于平稳。由图 1 - 4 我们可以看出，改革开放以后全国一审收案变化情况

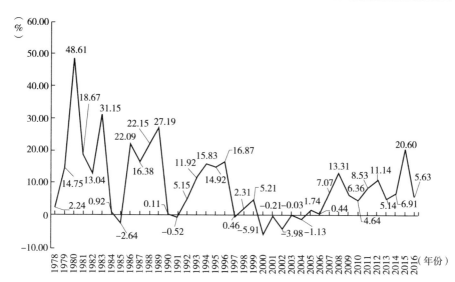

图 1 - 5　改革开放后全国一审案件总收案数增长率变化（1978~2016 年）
（根据表 1 - 6 绘制）

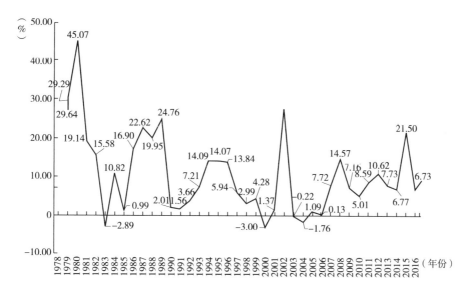

图 1 - 6　改革开放后全国民事诉讼一审收案数增长率变化（1978~2016 年）
（根据表 1 - 6 绘制）

呈现稳步上升的状况，其中个别年份存在小幅度的波动。这一阶段增长率最高的年份是 1980 年的 48.61%；下降率最高的年份是 2000 年的 5.91%；增减幅度变化最小的年份是 2003 年，仅下降 0.03 个百分点，与改革开放前相同指标的 "129.14%、59.72%、0.81%" 相比，波动明显降低，这一趋势可以在图 1 - 5 和图 1 - 6 中增长率为负数的几个数值点上得到更直观的体现。二是诉讼案件量巨大。改革开放以后，一审诉讼案件数量整体逐步上升，除改革开放初期头一年一审收案数在 50 万件以下，至 1982 年即攀上 100 万件，1988 年攀上 200 万件，这 100 万件案件的增加用了 6 年时间；1992 年达到 300 万件，第二个 100 万件的增加用了 4 年时间；1995 年突破 400 万件，第三个 100 万件的增加用了 3 年时间；1996 年突破 500 万件，这次仅 1 年时间即增加了第四个 100 万件；之后即长期保持 500 万件以上，历时 12 年，至 2008 年才突破 600 万件，实现第五个 100 万件的增长；之后 3 年，2011 年突破了第六个 100 万件，达到 700 万件；2012 年突破 800 万件，又一次用 1 年时间增加了 100 万件；2013 年全国一审诉讼收案数量已经达到 887 万余件，即将突破 900 万件。

表 1 - 6　改革开放后全国一审收案情况（1978 ～ 2017 年）

单位：件，%

年份	一审案件总收案数	一审案件总收案数增长率	民事诉讼一审收案数	民事诉讼一审收案数增长率	民事案件占比
1978	447755	2. 24	300787	29. 29	67. 18
1979	513789	14. 75	389943	29. 64	75. 90
1980	763535	48. 61	565679	45. 07	74. 09
1981	906051	18. 67	673926	19. 14	74. 38
1982	1024160	13. 04	778941	15. 58	76. 06
1983	1343164	31. 15	756436	- 2. 89	56. 32
1984	1355460	0. 92	838307	10. 82	61. 85
1985	1319741	- 2. 64	846629	0. 99	64. 15
1986	1611282	22. 09	989710	16. 90	61. 42
1987	1875229	16. 38	1213565	22. 62	64. 72
1988	2290624	22. 15	1455699	19. 95	63. 55
1989	2913515	27. 19	1816110	24. 76	62. 33
1990	2916774	0. 11	1852650	2. 01	63. 52
1991	2901685	- 0. 52	1881586	1. 56	64. 84
1992	3051157	5. 15	1950440	3. 66	63. 92

续表

年份	一审案件总收案数	一审案件总收案数增长率	民事诉讼一审收案数	民事诉讼一审收案数增长率	民事案件占比
1993	3414845	11.92	2091087	7.21	61.24
1994	3955475	15.83	2385723	14.09	60.31
1995	4545676	14.92	2721380	14.07	59.87
1996	5312580	16.87	3097940	13.84	58.31
1997	5288379	-0.46	3282106	5.94	62.06
1998	5410798	2.31	3380235	2.99	62.47
1999	5692434	5.21	3524980	4.28	61.92
2000	5356294	-5.91	3419235	-3.00	63.84
2001	5344934	-0.21	3465916	1.37	64.84
2002	5132199	-3.98	4420123	27.53	86.13
2003	5130760	-0.03	4410236	-0.22	85.96
2004	5072881	-1.13	4332727	-1.76	85.41
2005	5161170	1.74	4380095	1.09	84.87
2006	5183794	0.44	4385732	0.13	84.60
2007	5550062	7.07	4724440	7.72	85.12
2008	6288831	13.31	5412591	14.57	86.07
2009	6688963	6.36	5800144	7.16	86.71
2010	6999350	4.64	6090622	5.01	87.02
2011	7596116	8.53	6614049	8.59	87.07
2012	8442657	11.14	7316463	10.62	86.66
2013	8876733	5.14	7881779	7.73	88.79
2014	9489787	6.91	8415146	6.77	88.68
2015	11444950	20.60	10224736	21.50	89.34
2016	12088800	5.63	10912708	6.73	90.27
2017 *	22601567		11590159	6.21	

　＊《中国统计年鉴2018》数据显示，2017年全国一审案件收案数达到22607576件。但其中民事诉讼案件11590159件，刑事诉讼案件1294377件，行政诉讼案件230432件，合计应为13114968件，民事诉讼一审收案总数可能存在错误，因此对2017年数据不做分析。

　　资料来源：《中国统计年鉴2018》，http://www.stats.gov.cn/tjsj/ndsj/2018/indexch.htm，最后访问日期：2019年11月1日。

由表 1 - 6 和图 1 - 4 可以看出，这一阶段民事案件在总收案数中的比例可以大致分为三个阶段。一是 1978 ~ 1982 年这 5 年，民事案件所占比例上涨至 70% 以上，并保持稳定。二是 1983 ~ 2001 年，这一阶段民事案件占比略有降低，1983 年，由于总收案数的大幅上涨，民事案件占比直接从 1982 年的 76.06% 跌至 56.32%，下降近 20 个百分点，并在此后长期保持于 60% ~ 65% 之间。三是 2002 年至今，2002 年总收案数正处于不断下降区间内，民事案件收案数却出现增长高峰，将民事案件占比重新拉高 20 多个百分点，突破 85%，并保持稳定状态。

二 具体影响因素分析

通过前文的梳理观察，我们可以看出，影响中国民事诉讼一审起诉和受理情况的因素大致有以下几点。

（一）政策、立法的影响

1. 政策制度的变化

在改革开放前、法制建设不健全的时期，民事审判活动难免靠政策来主导，政策在正式确立起诉和受理制度之前有着举足轻重的地位。正如前节所述，这一时期民事诉讼一审案件变化的最明显特点就是"剧烈的波动"，包括收案数量以及民事案件在一审案件中所占比重，而其背景正是由于新中国成立初期至改革开放前我国政治环境的不稳定状态。

在前文图表中，我们可以观察到这一时期数据中几个异常值：一审收案数最高的年份是 1958 年，收案数为 2281653 件，同样是在这一年，也是民事案件占比的极低值，仅为 18.99%。1957 年和 1958 年两年是诉讼案件增长比较多的两个年份，分别上涨了 29.24% 和 45.92%，而相应的民事案件占比却持续下降，从 1956 年的 61.10%。下降到了 1958 年的 18.99%，下降了 42.11 个百分点。这一时期正是新中国成立初期，对应我国于 1953 ~ 1956 年进行的"三大改造"（对农业、手工业和资本主义工商业三个行业进行的社会主义改造）与 1957 年 5 月开始的"反右派斗争"，我们就不难理解这几个数据的异常了：民事诉讼一审所占比重最高值为 1953 年的 84.59%，"三大改造"运动正是从这一年开始，对农业、手工业、资本主义工商业进行社会主义改造，涉及人民群众财产变化的事项必然急剧增多，民事案件的占比自然也相应地增加。而1958年的"反右派斗争"错误的扩大化，造成大批刑事案件的出现，这一年全国一审收案总数增加了45.92%，而民事案件却仅占18.99%。"文革"前后，受"左"倾思想逐渐扩大的影响，1964~1969年连续五年诉讼案件持续下降，1970年全国一审收案总数突然增长了129.14%，而民事案件增长率却仅为65.25%，民事案件所占比例也进一步延续了之前的下降趋势，降低了11.43个百分点。

由此可以看出，在新中国成立初期，政治环境尚不稳定，政策变化明显，导致了诉讼案件收案情况的变化。

2. 立法变化

1982年《民事诉讼法（试行）》颁布，我国起诉和受理制度有了明确的法律规范。其中第81条对起诉条件进行了规定："（一）原告是与本案有直接利害关系的个人、企业事业单位、机关、团体；（二）有明确的被告、具体的诉讼请求和事实根据；（三）属于人民法院管辖范围和受诉人民法院管辖。"这3个起诉条件的规定是对既往民事诉讼案件起诉和受理条件的总结，也是以后起诉和受理条件进一步规范化的基础。1991年《民事诉讼法》颁布，第108条规定："起诉必须符合下列条件：（一）原告是与本案有直接利害关系的公民、法人和其他组织；（二）有明确的被告；（三）有具体的诉讼请求和事实、理由；（四）属于人民法院受理民事诉讼的范围和受诉人民法院管辖。"该条将1982年所规定的3个条件改为4个，并且规范了语句表述，一直沿用至今。我国的起诉和受理制度自此开始稳定下来。从图1-4也可以明显看出，自1982年《民事诉讼法》颁布以后，除了1983年，收案数一直保持平稳增长的态势，民事案件占比也一直基本保持在80%以上并稳定增长。2015年"立案登记制"改革打破这一稳定局面，民事案件收案数迅速突破1000万件大关，案件占比稳居90%左右。

值得注意的是，这一时期，在民事案件收案数持续增长的整体背景下，出现了1990~1992年、1997~2006年两个几乎停滞甚至略有下降的时间段。其中最主要的影响来源于另一个相关制度的变化——诉讼费用增加。

在 1984 年最高人民法院颁布《民事诉讼收费办法（试行）》以前，我国民事案件诉讼不需缴纳任何诉讼费用，由于其是新中国成立以来第一个全国性的民事诉讼收费标准，这一规定的收费标准还比较保守，如其中第 2 条关于财产案件的规定："财产案件按照争议财产的价额或金额收费。不满千元的，每件收三十元；超过一千元至五万元的，其超过部分按1% 收费；超过五万元至五十万元的，其超过部分按 0.6% 收费；超过五十万元至一百万元的，其超过部分按 0.3% 收费；超过一百万元至五百万元的，其超过部分按 0.2% 收费；超过五百万元的，其超过部分均按0.1% 收费。"而到 1989 年 7 月，最高人民法院发布了《人民法院诉讼收费办法》，诉讼费用得到了大幅提升，其中第 5 条第 4 项关于财产案件的收费标准较之前增长数十倍："财产案件，按争议的价额或金额，照下列比例交纳：1. 不满一千元的，每件交五十元；2. 超过一千元至五万元的部分，按百分之四交纳；3. 超过五万元至十万元的部分，按百分之三交纳；4. 超过十万元至二十万元的部分，按百分之二交纳；5.超过二十万元至五十万元的部分，按百分之一点五交纳；6. 超过五十万元至一百万元的部分，按百分之一交纳；7. 超过一百万元的部分，按百分之零点五交纳。"

（二）社会经济发展水平的影响

前文已述，诉讼案件的增长主要发生在以下阶段：1950～1952年，1956～1958 年，1960～1963 年，1976～1999 年，2004～2019年。而民事案件的变化情况也与这一趋势基本相符。

由于相关数据的缺失，因此，我们主要针对改革开放之后（1978～2017 年）的相关内容进行分析（见表 1－7 及图 1－7、图 1－8）。

表 1－7　全国民事诉讼一审收案情况和国民总收入情况（1978～2017 年）

年份	民事诉讼一审收案数（件）	民事诉讼一审收案数增长率（%）	国民总收入（亿元）	国民总收入增长率（%）
1978	300787		3678.7	
1979	389943	29.64	4100.5	11.47

年份	民事诉讼一审收案数（件）	民事诉讼一审收案数增长率（%）	国民总收入（亿元）	国民总收入增长率（%）
1980	565679	45.07	4587.6	11.88
1981	673926	19.14	4933.7	7.54
1982	778941	15.58	5380.5	9.06
1983	756436	−2.89	6043.8	12.33
1984	838307	10.82	7314.2	21.02
1985	846629	0.99	9123.6	24.74
1986	989710	16.90	10375.4	13.72
1987	1213565	22.62	12166.6	17.26
1988	1455699	19.95	15174.4	24.72
1989	1816110	24.76	17188.4	13.27
1990	1852650	2.01	18923.3	10.09
1991	1881586	1.56	22050.3	16.52
1992	1950440	3.66	27208.2	23.39
1993	2091087	7.21	35599.2	30.84
1994	2385723	14.09	48548.2	36.37
1995	2721380	14.07	60356.6	24.32
1996	3097940	13.84	70779.6	17.27
1997	3282106	5.94	78802.9	11.34
1998	3380235	2.99	83817.6	6.36
1999	3524980	4.28	89366.5	6.62
2000	3419235	−3.00	99066.1	10.85
2001	3465916	1.37	109276.2	10.31
2002	4420123	27.53	120480.4	10.25
2003	4410236	−0.22	136576.3	13.36
2004	4332727	−1.76	161415.4	18.19
2005	4380095	1.09	185998.9	15.23
2006	4385732	0.13	219028.5	17.76
2007	4724440	7.72	270844.0	23.66

续表

年份	民事诉讼一审收案数（件）	民事诉讼一审收案数增长率（%）	国民总收入（亿元）	国民总收入增长率（%）
2008	5412591	14. 57	321500. 5	18. 70
2009	5800144	7. 16	348498. 5	8. 40
2010	6090622	5. 01	411265. 2	18. 01
2011	6614049	8. 59	484753. 2	17. 87
2012	7316463	10. 62	539116. 5	11. 21
2013	7881779	7. 73	590422. 4	9. 52
2014	8415146	6. 77	644791. 1	9. 21
2015	10224736	21. 50	686449. 6	6. 46
2016	10912708	6. 73	740598. 7	7. 89
2017	11590159	6. 21	824828. 4	11. 37

资料来源：《中国统计年鉴 2018》，http：//www. stats. gov. cn/tjsj/ndsj/2018/indexch. htm，最后访问日期：2019 年 11 月 1 日。

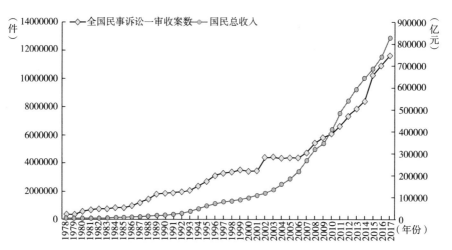

图 1 - 7　全国民事诉讼一审收案数与国民总收入变化趋势对比（1978 ~ 2017 年）
（根据表 1 - 7 绘制）

从图 1 - 7 我们可以看出，我国民事诉讼一审收案数呈现总体持续上升、中间略有起伏的趋势；而我国国民总收入则总体持续上升，呈现指数函数状态、中间略有波动的趋势。从这一点上似乎并不能看出我国

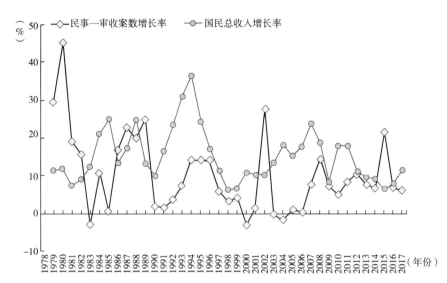

图 1 - 8　全国民事诉讼一审收案增长率与国民总收入增长率变化对比（1978～2017 年）
（根据表 1 - 7 绘制）

民事诉讼一审案件与国民总收入之间具有太大的关联，但我们要注意到，在国民总收入增长放缓的阶段，恰恰也是我国民事诉讼一审案件数量略微下降的阶段，这一点从图 1 - 8 中民事诉讼一审收案数增长率与国民总收入增长率的变化对比中可以更加明显地体现，除了在改革开放初期二者有明显的错位以及 2002 年、2015 年受到其他因素的影响以外，二者基本上保持了大致相似的起伏走势。

　　通过对表 1 - 7 和图 1 - 8 的分析，我们可以看出，诉讼案件量尤其是民事诉讼案件量的剧烈变化点，基本上能够体现出当年经济形势的变化，如 1978～1996 年诉讼案件数量的快速增长，反映了我国改革开放以后经济建设的飞速发展；而作为民事诉讼案件数量增长率变化拐点的 1997 年，正是 1998 年亚洲金融危机前夕，可以看出当时的经济活跃度已经受到了极大的影响，国民总收入增长亦有所放缓。直到 2007 年中国大力准备举办奥运会，政府随后推出"四万亿救市"计划，促成了 2007 年后民事诉讼案件量新一轮的高速增长。

　　有西方学者研究显示，1900～1970 年西班牙的经济增长与诉讼率呈反比，经济迅速增长的同时，诉讼率并未上升，而是趋向稳定甚至有所下降。瑞典和丹麦 1930 ~ 1970 年的一审民事诉讼情况也进一步证实：在工业化初期，法院的审判数量较低；但随着工业化的发展，诉讼率迅速提高；到了工业化成熟时期，诉讼率开始稳定并趋于降低。① 图 1 - 7 基本上也体现了以上规律。改革开放初期，诉讼案件较少；伴随着我国经济状况的飞速增长（在 1979 ~ 1996 年的 17 年里，国民总收入平均增长率 19.17%，增长率在 20% 以上的就有 7 个年份），民事诉讼一审案件量也迅速提高，1979 ~ 1996 年，除了 1983 年略微下降，以及个别年份增速放缓之外，17 年间有 12 个年份增长率都保持在 10% 以上。1997 ~ 2017 年，国民总收入增长开始放缓，各年份增长率差距开始缩小，国民总收入增长率仅 2007 年达到 20% 以上，平均增长率约 12.5%，这表明这一时期我国经济形势开始趋于稳定；民事诉讼一审案件增长率 10% 以上的年份仅有 2002 年、2008 年、2012 年、2015 年，其中 2000 ~ 2006 年（除 2002 年），保持极低甚至负增长，平均增长率仅 3.27%。这说明在经济发展形势趋于稳定时，民事诉讼案件数量的增长也趋于稳定，也在一定程度上印证了以上规律。

（三）社会大众法律观念的影响

表 1 - 5 显示，一审收案数最少的年份为 1969 年，仅仅 152488 件，1967 ~ 1977 年诉讼案件量一直不足 50 万件，长期处于较低水平，而这一时期，正是我国法制被完全破坏的时期，这一点充分证明了社会大众的法律观念对于诉讼案件数量的影响。

因此，在从政治、经济、制度各方面对诉讼案件情况进行分析的时候，往往只是反映出一个大致的趋势，而难以找到真正与诉讼案件具有高度相关性的一个或者数个影响因素。究其原因，就在于真正实行诉讼的主体是活生生的社会个人，不论是政治、经济、制度等哪方面因素，都是首先对人产生作用，然后才进一步影响到诉讼案件的数量。因此，我们也不能忽略真正直接作用于社会大众的观念对于诉讼案件量的巨大影响力。

---

① 参见汤鸣、李浩《民事诉讼率：主要影响因素之分析》，《法学家》2006 年第 3 期。

第四节　中国民事诉讼一审案件起诉和受理展望——立案登记制度的进一步完善

随着社会进一步发展，人民法治观念的增强，越来越多的民事纠纷开始出现，民事案件也呈现爆发式增长，但出于种种原因，民事案件的"立案难"现象也开始凸显，对此，在 2014 年 10 月党的十八届四中全会《中共中央关于全面推进依法治国若干重大问题的决定》中首次以党的决议形式明确提出"改革法院案件受理制度，变立案审查制为立案登记制，对人民法院依法应该受理的案件，做到有案必立、有诉必理，保障当事人诉权"，即以党的决议形式首次明确提出在我国建立"立案登记制度"。为贯彻这一中央决议要求，最高人民法院于 2015 年 4 月 15 日公布并于同年 5 月 1 日起施行的《登记立案规定》中，首次以司法解释的方式明确规定并建立了具有中国特色的"立案登记制度"。这一制度一施行，就使得当年民事诉讼一审收案数上涨了 21.58%，看似有效解决了"立案难"的问题，但毫无疑问，世间并无完美的制度，立案登记制实施后，依然存在大量的问题。

一　立案登记制度实施后出现的新问题[①]

（一）部分案件立案依然很"难"

实行立案登记制度之后，"立案难"问题已经大大缓解，但是依然存在一些问题：一是有些历史遗留案件等不被受理；二是因为大量案件涌入法院，部分法院为了"延缓"案件进入法院开始强制性"立案调解"。同时，按照《登记立案规定》第 1 条"人民法院对依法应该受理的一审民事起诉、行政起诉和刑事自诉，实行立案登记制"之规定，立案登记制仅适用于一审程序，并不适用于再审和执行程序。实行立案登记制后，一审立案问题得到缓解，而再审和执行立案问题依然严重。

---

① 张嘉军等：《制度·机构·机制：当代中国立案难问题实证研究》，法律出版社，2018，第 72～102 页。

（二）各法院对何谓立案登记认识不一，立案审查方式把握不一

法院与当事人对于"何谓立案登记制度"有不同理解。对于法院而言，实行"立案登记"依旧需要按照《民事诉讼法》第 119 条的规定对当事人的起诉进行严格审查，并非所有案件不经审查就可登记立案。但当事人认为，既然法律规定"有案必立，有诉必理"，那么所有案件法院都应当登记立案，"立案登记制度"就是形式审查而不是实质审查。

在实行立案登记制度后，各法院对于立案是采取形式审查还是实质审查的把握也不统一。部分律师和法官认为，当前立案登记制度与之前的实质审查并无本质上的不同；也有部分律师和法官认为，当前的立案登记制度与之前的实质审查有本质上的差异，现在更注重形式审查而不是实质审查。如果采取形式审查的话，那何谓形式审查、审查到何种程度算是形式审查等问题都困扰着一线工作的立案法官。

（三）滥用诉权，虚假诉讼／恶意诉讼大量增加

随着立案登记制度在全国的实施，立案的门槛有所降低，部分当事人出于不合法的目的和动机，在明知自己的请求缺乏事实和法律依据的情况下，滥用法律赋予的诉讼权利，以合法的形式进行不正当的诉讼，以期通过诉讼牟取不正当利益或者损害他人利益，导致大量虚假诉讼或恶意诉讼案件进入法院大门。[①] 对于这些虚假诉讼、恶意诉讼、无理缠诉等滥用诉权行为，现行处罚措施标准模糊，增加了审判机关的负担，扰乱了司法机关正常的立案秩序。

（四）立案调解制度被架空

立案调解是我国在进入 21 世纪以来各地改革创新探索出的一种新的纠纷化解方法。作为一种尊重当事人处分权、高效解决纠纷的多元化纠纷解决的尝试，对于节约司法资源和提高司法效率颇具意义，在实行立案登记制后，中央全面深化改革领导小组第十一次会议《关于人民法院推行立案登记制改革的意见》第四部分健全配套机制中要求"进一步完善调解、仲裁、行政裁决、行政复议、诉讼等有机衔接、相互协调的多元化纠纷解决机制"。从应然意义而言，在实行立案登记制度后，因为案件数量

---

① 姜树政：《立案登记制的实践困境与司法因应》，《山东审判》2016 年第 2 期。

增加，法院更会积极推行立案调解，实现案件分流，进而减轻法院审判的压力。但是，基层法院在实行立案登记制度后，立案调解的开展并不理想。因为符合立案条件的当场登记立案，使法官利用立案审查期组织当事人进行调解变得不可能。而当场不能判定是否符合起诉条件，意味着接收诉状的法院对本院是否具有该案的审判权尚未作出判断，这种情况下组织调解或委派调解的正当性值得斟酌。立案调解制度在许多法院实质上已处于"休眠"状态，如果对登记立案和当事人选择进行调解的关系不作进一步的明确，该条很可能被受理后的调解所包含而沦为"睡眠条款"①。

（五）　立案检察监督基本缺位

民事诉讼实践中，立案环节是检察监督最为薄弱的领域。一是立法对立案检察监督规定不明确。《民事诉讼法》第 14 条规定："人民检察院有权对民事诉讼实行法律监督。" 第 209 条规定："有下列情形之一的，当事人可以向人民检察院申请检察建议或者抗诉：（一）人民法院驳回再审申请的；（二）人民法院逾期未对再审申请作出裁定的；（三）再审判决、裁定有明显错误的。人民检察院对当事人的申请应当在三个月内进行审查，作出提出或者不予提出检察建议或者抗诉的决定。当事人不得再次向人民检察院申请检察建议或者抗诉。"以上均属于抽象性的原则规定。我国现行《民事诉讼法》《民事诉讼法司法解释》中均缺乏其他具体监督措施以及程序规定。二是检察机关缺乏对立案环节有效的监督手段。《人民检察院民事诉讼监督规则》第 3 条规定："人民检察院通过抗诉、检察建议等方式，对民事诉讼活动实行法律监督。"明确规定了监督措施，但未规定其具体效力以及规制后果。这直接导致检察机关通过检察委员会发出的有关立案检察建议得不到法院的重视而失去作用。三是有关立案申诉缺乏必要证据而难以启动检察监督程序。《登记立案规定》要求人民法院对于不予立案或不予受理案件应当出具书面的裁定或决定，并载明理由。原则上上述规定要求的书面凭证抑或是书面裁定与决定，为当事人寻求检察监督救济

---

① 曲昇霞：《论民事诉讼登记立案的文本之"困"与实践之"繁"》，《法律科学（西北政法大学学报）》2016 年第 3 期。

提供了必要的证据。^①但这一规定仍存在问题。书面凭证作为法院接收当事人诉状的确认，并未真正启动诉讼程序，因此应属于司法行政行为。检察监督以法院民事诉讼活动为限，司法行政行为是否能够启动申诉，仍然需要进一步的探索。

（六）驳回起诉率大大提高

对于进入法院的案件，法院在诉讼程序上也设置了多道"防火墙"，以防止不具有诉权的案件进入法院。一是在立案受理阶段，法院经过审查后将不符合《民事诉讼法》第 119 条以及属于第 124 条规定的案件直接不予受理；二是在审判阶段，法院审查后发现已经受理的案件并不符合《民事诉讼法》第 119 条规定以及属于第 124 条规定的案件，可以裁定驳回起诉。对此，2020 年《民事诉讼法司法解释》第 208 条明确规定："人民法院接到当事人提交的民事起诉状时，对符合民事诉讼法第一百一十九条的规定，且不属于第一百二十四条规定情形的，应当登记立案；对当场不能判定是否符合起诉条件的，应当接收起诉材料，并出具注明收到日期的书面凭证。需要补充必要相关材料的，人民法院应当及时告知当事人。在补齐相关材料后，应当在七日内决定是否立案。立案后发现不符合起诉条件或者属于民事诉讼法第一百二十四条规定情形的，裁定驳回起诉。"

二　立案登记制度实施中存在的问题的原因分析^②

（一）长期实行的立案实质审查制的惯性影响

在新中国成立后的民事诉讼司法实践中，对于起诉基本上进行严格审查。1982 年的《民事诉讼法（试行）》第 81 条就明确规定了当事人起诉的条件，法院对当事人的起诉进行较为严格的审查。其所确立的立案受理实质审查标准对我国立案审查制度具有深远影响。1991 年《民事诉讼法》经 2007 年和 2012 年两次修改，都未涉及起诉和受理条件问题，直至 2015 年全面实行立案登记制度。但是法官在长期的司法实践中形成的对起诉进行实质审查的固定和惯性思维并不能在短期内予以改变，依然会自觉或不

---

① 王少帅：《我国民事立案登记制度研究》，硕士学位论文，郑州大学，2016，第 25 页。
② 张嘉军等：《制度·机构·机制：当代中国立案难问题实证研究》，法律出版社，2018，第 103 ~ 147 页。

自觉地对当事人的起诉进行实质审查。

（二）立案登记制与《民事诉讼法》第 119 条冲突，未明确立案登记制审查的标准

从 1991 年《民事诉讼法》第 108 条、第 111 条到 2012 年《民事诉讼法》第 119 条、第 124 条，法律所规定的"起诉条件"并未发生实质性改变。《登记立案规定》规定了不予立案的案件类型①，这就意味着并非当事人起诉的案件无须审查都可以进入法院。立案登记制度与现行民诉法起诉条件的矛盾、冲突与错位导致各地法院在立案标准把握上的混乱以及当事人与法官在立案上的冲突。当前司法改革推进下的立案登记制，更多是强调在规定时间内"登记立案"，但并未明确对于当事人的起诉材料依据什么标准进行审查，也并未规定这一审查是纯粹形式上的还是实质上的审查。实际上，其更侧重的是对实践中立案"乱象"的治理，对不当的司法行为进行遏制，本质上未脱离实质审查起诉条件，对当事人诉权的保障更多体现为审查效率更高、释明更具体、救济更可行等方面。在符合起诉条件、当事人起诉材料充分、负责审查的人员能够作出判断时应当场予以登记立案。

（三）当事人对检察监督不了解，检察建议的效力不高

一是当事人认为检察机关的民行监督作用不大，不愿意主动向检察机关申诉。二是检察机关对于法院不予立案等仅能发检察建议或纠错通知，这些建议或通知的效力不够，无法改变法院不予受理的状况。《民事诉讼法》第 208 条规定："最高人民检察院对各级人民法院已经发生法律效力的判决、裁定，上级人民检察院对下级人民法院已经发生法律效力的判决、裁定，发现有本法第二百条规定情形之一的，或者发现调解书损害国家利益、社会公共利益的，应当提出抗诉。地方各级人民检察院对同级人民法院已经发生法律效力的判决、裁定，发现有本法第二百条规定情形之

---

① 《登记立案规定》第 10 条："人民法院对下列起诉、自诉不予登记立案：（一）违法起诉或者不符合法律规定的；（二）涉及危害国家主权和领土完整的；（三）危害国家安全的；（四）破坏国家统一和民族团结的；（五）破坏国家宗教政策的；（六）所诉事项不属于人民法院主管的。"这里仅仅罗列了几大不予受理的案件类型，但其实我国多年来基于各种批复、司法解释等规定了诸多种类案件不予受理。详见张嘉军等《政策抑或法律：民事诉讼政策研究》，法律出版社，2015，第 153 ~ 176 页。

一的，或者发现调解书损害国家利益、社会公共利益的，可以向同级人民法院提出检察建议，并报上级人民检察院备案；也可以提请上级人民检察院向同级人民法院提出抗诉。各级人民检察院对审判监督程序以外的其他审判程序中审判人员的违法行为，有权向同级人民法院提出检察建议。"依此规定，人民检察院对不予受理裁定的监督主要是抗诉和检察建议。三是《民事诉讼法》规定了申请检察监督的前置程序——先申请法院再审，而一审立案问题又很少申请再审，这一程序性设计就限制了当事人申请检察机关对立案进行监督。根据《民事诉讼法》第 209 条规定，当事人向人民检察院申请监督需要先向法院申请再审，只有在其再审申请被驳回、逾期未作出裁定或者再审判决/裁定有明显错误的，方可再向检察院申请检察监督。

《民事诉讼法》第 200 条规定列举了 13 类当事人可以申请再审的事由，在这 13 类申请再审的事由中，与不予受理有关的是"（一）有新的证据，足以推翻原判决、裁定的""（二）原判决、裁定认定的基本事实缺乏证据证明的""（五）对审理案件需要的主要证据，当事人因客观原因不能自行收集，书面申请人民法院调查收集，人民法院未调查收集的""（六）原判决、裁定适用法律确有错误的"。"有新的证据，足以推翻原判决、裁定的"情形，如果当事人在立案时，缺乏起诉的初步证据或者并不符合起诉的条件，在法院不予立案后，当事人又发现了新的证据，在诉讼时效期间内，当事人拿着这些证据再去法院立案即可，无须申请再审。"原判决、裁定认定的基本事实缺乏证据证明的"情形，法院针对案件是否受理的裁定主要基于对当事人起诉材料是否符合起诉要件的审查。"对审理案件需要的主要证据，当事人因客观原因不能自行收集，书面申请人民法院调查收集，人民法院未调查收集的"情形，在起诉阶段的证据，即是否符合立案的初步证据主要依赖当事人自己收集而非法院之职责，毕竟案件并未进入法院，即诉前阶段的证据应由当事人自行收集，案件只有被立案受理后，在审判阶段，对于符合法定情形的证据，如果当事人不能收集，可以申请法院依职权调取。为此，该情形在立案受理环节实际并不存在。"原判决、裁定适用法律确有错误的"情形，立案受理阶段适用的法律相对简单，涉及法条并不多，在作出不予受理裁定时适用的法律确有错误的可能性较小。因此，该条在司法实践中存在的可能性较小。基于上述分析可知，当事人如果在立案受理环节，因为起诉不符合有关规定而不予受理，当事人能够申请再审的可能性很小，因不予受理而申请再审的案件极少。

三　立案受理制度未来改革的基本原则[①]

（一）合一审查原则

大陆法系国家或地区在当事人起诉审查模式上大致有两种。一是二分模式。即当事人起诉到法院后，首先由法院一固定部门接收诉状，之后按照流程将该案件分配到某一审判庭或独任法官，该审判庭或独任法官接到诉状后，由该合议庭审判长或独任法官对当事人起诉的起诉要件和审判要件（为便于区别，笔者将此一律称为审判要件）一并进行审查。符合审判要件者方可以进入审判环节。从该模式来看，法院是将诉状接收部门和诉状审核部门分开，即接收诉状的窗口/部门并不直接对当事人的起诉进行审查，仅仅是登记接收诉状，之后再由审判庭对当事人的起诉从起诉要件到审判要件逐一审查。二是合一模式。即当事人起诉到法院后，由法院一固定部门对当事人的诉状予以接收，并直接对其起诉要件和审判要件一并进行审查，对于既符合起诉要件又符合审判要件的案件，直接进入审判环节。

我国是大陆法系国家，在对当事人起诉进行审查上，长期实行合一模式。法院立案庭在接到当事人诉状后，会对当事人的诉状是否符合格式要求等诉讼要件进行审查，同时也对此案本院是否拥有管辖权等审判要件一并进行审查。未来中国在对当事人起诉的审查上依然应继续秉持合一审查原则。

（二）有限审查原则

大陆法系国家或地区一般首先审查起诉要件，再审查诉讼要件/审判要件。这些国家或地区对于起诉要件或审判要件的具体审查内容有所差异（见表1-8）。

[①]　本部分内容参见本课题阶段性研究成果：张嘉军等《制度·机构·机制：当代中国立案难问题实证研究》，法律出版社，2018，第278~287页。

1. 日本。日本对起诉要件的审查主要是审查诉状内容是否完备以及是否缴纳诉讼费用，如果具备起诉要件，起诉适格；如果欠缺起诉要件，审判长责令补正，原告补正后，方为适格起诉，否则就驳回诉状（详见日本《民事诉讼法》第 137 条）。起诉要件审查合格后就进入审判要件审查阶段，对审判要件的审查主要集中于法院对该案是否有管辖权、当事人是否具有诉讼能力、诉讼标的特定、当事人具有诉的利益、不存在重复起诉（不存在既判力的判决）等。

2. 法国。法国对于当事人起诉要件的审查以及审判要件的审查没有具体的规定。当事人起诉既要提交符合格式要件的传唤状[①]或共同诉状，还要提交符合格式要求的传唤状副本，方视为其诉为适格。案件被受理之后，尽管法国民诉法并未明确规定法院还应当审查哪些审判要件，但是其从不予受理角度规定法院还应审查哪些内容，诸如当事人无诉讼能力、无诉的利益、超过诉讼时效或诉讼期限、不存在违反既判力的事项等。法国民事诉讼法中也并未言明这些是否系法院依职权审查的事项，但是明确规定，这些事项都允许当事人向法院提起异议，要求法院对此进行审查。

3. 德国。德国与日本对当事人起诉的审查具有很多相似之处。当事人向法院书记科递交起诉状后，书记官将起诉状呈送给审判长审查该起诉是否符合起诉要件，即审查诉状格式是否符合法定要求、是否缴纳诉讼费用以及被告是否属于该国审判管辖等。[②] 之后，法院进入对起诉审判要件的审查，德国不同于其他国家或地区之处在于，其将审判要件具体分为法院依职权强制审查以及由当事人提起异议审查（即任意性审查）两部分。具体言之，强制性审查包括管辖权、当事人能力、重复起诉、既判力事项。其中既判力事项包括仲裁协议和诉讼费用担保。除此之外的事项属于当事人提起异议法院方审查的任意性审查内容。

4. 韩国。韩国法院对起诉的审查是在法院接到当事人起诉状后，将

---

①　就其记载的内容及启动程序的功能而言，"相当于我国民事诉讼的起诉状"，但同时还有传唤功能。参见张卫平、陈刚《法国民事诉讼法导论》，中国政法大学出版社，1997，第 103 页。

②　〔德〕罗森贝克、施瓦布等：《德国民事诉讼法》，李大雪译，中国法制出版社，2007，第 684 ~ 685 页。

案件分配到合议庭或独任庭，合议庭审判长或独任庭法官首先对诉状是否符合格式要求以及是否缴纳诉讼费用进行审查，如果发现诉状内容存在瑕疵，要求限期补正，否则驳回起诉。之后，合议庭审判长或独任法官才对起诉的审判要件（诉讼要件）以及请求合法性进行审查。韩国诉讼要件也分为三大类，即有关诉讼主体的法院、当事人以及诉讼标的，具体包括：法院对案件有管辖权及审批权、具有当事人能力和诉讼能力、当事人适格、诉讼标的特定、具有诉的利益、不构成重复起诉、不具有涉及既判力的事项等。这些诉讼要件绝大多数属于法院依职权调查事项。不过，韩国对当事人诉讼要件是否具备的审查期限较长，可以截止于事实审辩论终结时。[①]

5. 我国台湾地区。我国台湾地区法院基本上也分为对起诉要件和审判要件（诉讼要件）的审查两个部分。法院在接收当事人起诉后，按照法院内部事务分配办法将案件分给相应的法官。法官首先对当事人起诉要件进行审查，即审查诉状是否符合格式规范、是否缴纳诉讼费用、是否一事再诉。审查之后，再对当事人的审判要件进行审查，主要审查是否存在以下情形：诉讼事件不属于普通法院管辖的；诉讼事件不属于受诉法院管辖而法院不能依法移送管辖的；原告或被告无当事人能力的；原告或被告无诉讼能力，未由法定代理人合法代理的；由诉讼代理人起诉而代理权有欠缺的；起诉不合程式或不具备其他要件的；起诉违反一事不再理原则的；等等。[②]

---

① 尽管起诉时当事人不具备诉讼要件抑或诉讼要件有瑕疵，但是当事人若在事实审辩论终结前补正其瑕疵，仍然可以获得本案判决。相反，如果起诉时具备诉讼要件，但在事实审辩论终结前丧失诉讼要件的，法院则不能对本案作出判决。至于法院对诉讼要件的审查是在本案判决前进行还是在法庭辩论终结前进行一直存在争议。韩国通说（肯定说）认为，诉讼要件是本案审理和判决的前提，因此对诉讼要件的调查应当在本案判决前进行。法院在实施诉讼要件调查前，不得以判决驳回原告的诉讼请求。与此相反，否定说认为，对于本案判决，诉讼要件与实体法上构成要件属于同一顺位，因此在讨论是否具备实体法上构成要件之前，没有必要预先审理诉讼要件；如果法院认定当事人的主张没有实体法上的依据，也就没有必要再审理诉讼是否具备诉讼要件，并可以直接对原告的诉讼请求作出驳回判决。详见〔韩〕孙汉琦《韩国民事诉讼法导论》，陈刚审译，中国法制出版社，2010，第150～151页。
② 参见陈波《民事诉讼要件理论研究》，硕士学位论文，复旦大学，2011，第12页。

表 1－8　大陆法系国家或地区的法院审查起诉内容

国家或地区	起诉要件审查的内容	审判要件审查的内容
日　本	1. 审查诉状内容是否完备 2. 是否缴纳诉讼费用	1. 法院对该案是否有管辖权 2. 当事人是否具有诉讼能力 3. 诉讼标的特定 4. 当事人具有诉的利益 5. 不存在重复起诉（不存在既判力的判决）
法　国	1. 符合格式要件的传唤状或共同诉状 2. 向法院提交符合格式要求的传唤状副本	1. 当事人诉讼能力 2. 诉的利益 3. 诉讼时效或诉讼期限 4. 违反既判力的事项等
德　国	1. 诉状格式是否符合法定要求 2. 是否缴纳诉讼费用 3. 被告是否属于该国审判管辖	1. 管辖权 2. 当事人能力 3. 重复起诉 4. 既判力事项（包括仲裁协议和诉讼费用担保）
韩　国	1. 诉状是否符合格式要求 2. 是否缴纳诉讼费用	1. 法院对案件有管辖权及审批权 2. 具有当事人能力和诉讼能力 3. 当事人适格 4. 诉讼标的特定 5. 具有诉的利益 6. 不构成重复起诉 7. 不具有涉及既判力的事项
我国台湾地区	1. 诉状是否符合格式规范 2. 是否缴纳诉讼费用 3. 是否一事再诉	1. 诉讼事件不属于普通法院管辖的 2. 诉讼事件不属于受诉法院管辖而法院不能依法移送管辖的 3. 原告或被告无当事人能力的 4. 原告或被告无诉讼能力，未由法定代理人合法代理的 5. 诉讼代理人起诉而代理权有欠缺的 6. 起诉不合程式或不具备其他要件的 7. 起诉违反一事不再理原则的

由表 8－1 可以清楚地发现，大陆法系国家或地区的法院在审查当事人起诉时，对于起诉要件的审查基本上在于诉状是否格式规范要求、是否

缴纳诉讼费用，仅有个别国家或地区的法院在审查起诉要件时也审查本院是否有管辖权、该起诉是否一事再诉等一般国家或地区在审查审判要件时方审查的内容。对于审判要件，法院审查对该案是否有审判权以及管辖权、当事人是否具有当事人能力、当事人是否有诉讼能力、诉讼标的是否特定、是否具有诉的利益、是否重复起诉、是否存在违反既判力事项、是否超过诉讼时效等，仅有个别国家审查当事人是否适格。由此可知，这些国家或地区的法院对起诉要件的审查更多系形式上的审查，即形式审查原则；而对审判要件的审查并非针对案件实体内容，相反基本上审查的是案件程序性问题，甚至对于与案件实体内容关系较密的内容也较少涉及，诸如当事人是否适格，采取的是有限审查原则。

　　我国并未刻意区分对起诉要件的审查和对审判要件的审查，在审查时一般首先对起诉状的格式规范进行审查，至于是否缴纳诉讼费用并不在此时审查。我国在对起诉的审查内容上远远超越其他国家或地区，诸如原告是否与本案有直接利害关系、起诉需要有具体的事实与理由、起诉不得违法等。这些内容的审查势必会涉及对实体内容的审查（见表1－9）。质言之，我国对起诉的审查内容过宽、过深，审查并非仅仅限于程序性内容，很多系实体性内容。在实行立案登记制度的背景下，我国未来应当坚持有限审查原则，在立案审查阶段的审查仅限于程序性事项。

表1－9　我国法院审查起诉内容

项　　　目	审查内容
积极内容	1. 原告是与本案有直接利害关系的公民、法人和其他组织 2. 有明确的被告 3. 有具体的诉讼请求和事实、理由 4. 属于人民法院受理民事诉讼的范围和受诉人民法院管辖
消极内容	1. 违反民事诉讼主管的 2. 违反一事再诉的 3. 违反诉讼期限的 4. 违法起诉或者不符合法律规定的 5. 涉及危害国家主权和领土完整的 6. 危害国家安全的 7. 破坏国家统一和民族团结的 8. 破坏国家宗教政策的

（三）"大服务"原则

全心全意为人民服务是我党的根本宗旨，这一思想在司法中的体现即为司法为民。新中国在成立法院之初，并未建立专门的立案庭，导致"立审不分"。为改变这一局面，最高人民法院着手建立独立的立案庭。20 世纪 90 年代建立的立案庭之功能更多在于立案，但是随着社会的发展，立案庭的功能也开始多元，其并不仅仅在于立案，还开始具有了服务功能。立案庭的服务触角也开始由单一向多元延伸、由线下向线上发展、由平面向立体演变，立案庭的大诉讼服务格局逐步形成。

但是调查也发现，目前不少基层法院立案庭并未建立诉讼服务中心，依然是单一的立案庭，立案庭的服务功能较为单一，并非多样化、立体化，个别立案庭的工作人员对当事人的态度蛮横，引发当事人的不满。不少基层法院的诉讼服务中心仅为摆设，尽管也设有导引台、调解室等，但是并没有服务人员。目前也有部分省份建立了网上立案系统①，但是这一系统对于普通民众或当事人而言，一是不清楚，二是不实用。使用网上立案系统，需要将所有材料扫描后上传，许多当事人根本不会操作，所以无法完成网上立案。而当事人好不容易将材料上传到网上立案系统后，还需要等待立案庭工作人员将材料由外网"摆渡"到内网后进行审核，对于审核不通过的材料，电话通知当事人再扫描上传材料，审核通过的电话通知当事人缴费后，立案庭最终才立案。立案后，当事人还需要带原件到审判庭审核。为此，审判庭还需要针对当事人的复印件与原件进行核对审查。这一过程对于部分当事人而言，反倒不如直接去立案庭当面直接立案便捷，直接到立案庭去立案，如果缺少什么材料，还可以与法官当面沟通。网上立案系统还需要进一步改进，让这一系统更便民。② 尽管一些省市开通了"12368 诉讼服务热线"③，确实方便了当事人与法院和法官的沟通和联系，但是在实践中，这一系统却也存在以下问题。一是有些基层

---

① 诸如上海、江苏、北京等省份都已经开通了网上立案系统。
② 尽管这一系统也存在这样那样的不足，但是能够开通网上立案系统毕竟对于传统立案方式而言已经是很大的进步，为当事人提供了多样的立案可选择方式。
③ 诸如北京、上海、江苏等省市都开通了这一服务平台，当时最高人民法院也开通了"12368 诉讼服务热线"。

法院没有专人值班接听电话，这一系统成为一摆设；二是很多民众不知道有这一服务平台，宣传不够，导致无人利用；三是该系统使用存在不便利之处。下一步应当进一步提升这一系统使用的便利性和使用率，争取实现当事人全国范围内直接拨打"12368"就可以和需要联系的法院进行直接联系沟通。

在当下实行立案登记制度背景下，笔者认为，我国立案庭的功能应当逐步发生转移和变化，由以前单纯立案审查功能向纠纷化解、诉讼服务等方面过渡，特别是要树立大服务思想，强化立案庭服务思维，在坚持"有限审查原则"下，深化服务内容，增加服务方式，更新服务手段，将立案庭由单一服务向多元服务转变，真正实现"线下与线上"服务互动、平面服务与立体服务交融的大服务格局。

四　立案登记制度进一步改革完善的具体措施①

（一）明确立案审查的尺度与形式

《中共中央关于全面推进依法治国若干重大问题的决定》提出："改革法院案件受理制度，变立案审查制为立案登记制，对人民法院依法应该受理的案件，做到有案必立、有诉必理，保障当事人诉权。"《登记立案规定》第10条规定了法院对于当事人起诉时审查的标准："人民法院对下列起诉、自诉不予登记立案：（一）违法起诉或者不符合法律规定的；（二）涉及危害国家主权和领土完整的；（三）危害国家安全的；（四）破坏国家统一和民族团结的；（五）破坏国家宗教政策的；（六）所诉事项不属于人民法院主管的。"违反这6点规定内容的不予登记立案。这里尽管指出了"违法起诉或者不符合法律规定的"不予受理，但是并没有进一步明确立案时如何把握当事人起诉的标准和条件。之后出台的《民事诉讼法解释》第208条非常明确地规定了法院对当事人起诉审查的标准："人民法院接到当事人提交的民事起诉状时，对符合民事诉讼法第一百一十九条的规定，且不属于第一百二十四条规定情形的，应当登记立案；对

---

① 本部分参见本课题阶段性研究成果：张嘉军等《制度·机构·机制：当代中国立案难问题实证研究》，法律出版社，2018，第287~300页。

当场不能判定是否符合起诉条件的，应当接收起诉材料，并出具注明收到日期的书面凭证。需要补充必要相关材料的，人民法院应当及时告知当事人。在补齐相关材料后，应当在七日内决定是否立案。立案后发现不符合起诉条件或者属于民事诉讼法第一百二十四条规定情形的，裁定驳回起诉。"即立案庭对于当事人起诉的审查依然是按照现行《民事诉讼法》所规定的起诉条件进行。政策规定与法律规定的背离让立案庭法官在登记立案时不免有些迷茫：对案件的立案审查的尺度应当如何把握，到底是审查制还是登记制？登记制与之前的审查制有何差异和不同？当前应当是形式审查还是实质审查？等等。有的法官认为，当前系形式审查，应放宽标准，让更多的案件进入法院；有的法官认为，当前依然是实质审查，依然应严格审查当事人的起诉条件。为此，未来应当进一步明确立案庭对于当事人起诉的审查是形式审查还是实质审查，以及在实际立案过程中，立案法官应当审查哪些材料以及对这些材料审查到何种程度等，方便法官进行立案受理工作。

（二）强化落实、培训与宣传

一是进一步强化立案登记制的贯彻落实，确保这一制度在司法实践执行中不打折扣。《登记立案规定》贯彻实施以来，各基层法院基本上严格按照这一规定实施，但是在调查中也发现，有不少基层法院并没有完全按照立案登记的要求进行登记立案。有不少基层法院并未按照规定出具书面收据清单、并未给当事人出具受理或不予受理的裁定书等。为此，各高级人民法院应当督促检查各基层法院对于《登记立案规定》的贯彻落实情况。二是强化立案庭工作人员的培训，提升立案庭众多并未通过国家统一法律职业资格考试的书记员的业务水平。调查发现，立案大厅特别是诉讼服务中心工作人员中有不少对于法律并不了解，甚至随便应付当事人。这一点在笔者对律师事务所的调研中反映得特别突出。为此，应当强化对立案庭工作人员特别是法官之外其他人员的培训，主要是对这些人员进行较为系统的特别是与立案有关的法律知识的培训。三是加强立案登记制实施条件、程序、要求等的宣传，消除社会民众对"有案必立，有诉必理"的误读。应当加强宣传，让当事人认识到实行立案登记制并非意味着当事人的起诉没有任何条件，立案登记制度也需要对当事人的起诉按照法律有关规定进行必要的审查。

(三) 强化立案调解，建构多元化解机制

一是建立立案调解前置程序。对于邻里纠纷、家庭内部纠纷、小额诉讼等案件，立法明确规定，在立案前，由立案庭先行调解。在尊重当事人意愿的前提下，立案庭既可以委托调解，也可以由立案庭法官进行调解。调解成功的话，当事人可以考虑撤诉，也可以要求法院出具调解书。对于不能达成调解协议的案件，符合立案条件的予以立案，不符合立案条件的，不予立案，出具不予受理裁定书。因为调解的缘故，先行调解案件的立案期限可以不受 7 日的限制，但最长不得超过 15 日。在立案阶段已经调解过的案件，如果调解不成功，进入审判阶段后，为了避免司法资源的浪费，审判阶段不再对这些案件进行调解。二是建构多元化解机制。由法院与人民调解委员会、保险协会、医疗纠纷协会等组织协调建立诉讼与非诉讼衔接机制，由退休法官、民调员以及其他社会组织人员组成调解组织，除上述现行调解的案件之外，其他案件经当事人同意，也可以在立案前可以交给这些调解组织进行调解，但是调解期限不得超过 20 日。

(四) 强化立案监督

一是建立案件不立案投诉窗口。对于法院不予受理又不出具书面裁定的案件，当事人往往投诉无门。《登记立案规定》第 13 条明确规定："对立案工作中存在的不接收诉状、接收诉状后不出具书面凭证，不一次性告知当事人补正诉状内容，以及有案不立、拖延立案、干扰立案、既不立案又不作出裁定或者决定等违法违纪情形，当事人可以向受诉人民法院或者上级人民法院投诉。人民法院应当在受理投诉之日起十五日内，查明事实，并将情况反馈当事人。发现违法违纪行为的，依法依纪追究相关人员责任；构成犯罪的，依法追究刑事责任。"该规定并未明确应当到受诉人民法院或者上级人民法院的哪一部门投诉，这无疑加大了当事人投诉的难度以及给予了受诉法院以及上级法院相关部门相互推诿的机会。课题组在调查中发现，不予受理的当事人一般会到上级法院立案庭去投诉，而受诉法院立案庭对于有些不予受理案件其实早在作出不予受理之前已经向上级法院立案庭汇报过，为此当不予受理当事人再到上级法院立案庭投诉时，上级法院立案庭往往并不支持投诉者的意见。为了避免这样的局面出现，

建议应在受诉法院或上级法院审管办或者纪检部门设立案件不予受理投诉窗口，对于法院不予受理的案件允许当事人进行投诉。该部门接到投诉后在固定的期限内给予当事人回复，对于不能立案的案件，应给当事人解释具体原因和理由。

二是强化检察监督的手段和效果。第一，人民检察院积极对立案受理进行监督。当事人提供充分证据证明其起诉符合法定条件的，检察院可以向法院发函，要求法院说明不立案的理由；人民法院不予答复或者所答复的不立案理由不成立的，人民检察院可以通过检察建议的方式建议人民法院立案；对法院立案活动中的违法行为，人民检察院可以发送纠正违法通知书；对于故意刁难当事人的情形，人民检察院还可以建议更换承办人，并通报法院的纪检监察部门。第二，建立跟踪反馈机制。法院与检察院之间可以建立联席会议制度，两院定期开会，及时通报立案方面的有关问题，及时纠正法院在立案受理方面存在的不便民、不及时立案、不出具立案受理书面材料等问题；同时，对于人民检察院发出的检察建议以及纠错通知书等，如果人民法院并未及时反馈信息的，人民法院也应当在这样的联席会议上予以解释和说明。第三，建立检察院与法院信息共享平台。目前人民法院和人民检察院在信息平台建设方面都是各自为政，二者之间并未联网，导致信息交流不及时，出现一些不必要的麻烦。法院可以在其信息平台系统中看到案件何时收卷、何时调解、何时立案受理等情况，但是人民检察院并不能看到，这样就让人民检察院无法及时对人民法院的立案受理进行监督。为了确保有关案卷材料的快速流转和信息共享，可以先由省级人民法院与省级人民检察院之间建立信息共享平台，实现二者省内系统之间的"联网"；再由最高人民法院与最高人民检察院之间建立信息共享平台，实现全国范围内法检之间信息共通共享。

（五）简化立案受理手续，逐步实现网上立案

在调查中不少法官反映，实行立案登记制度后，要求对于当事人符合起诉条件的起诉当场立案，并出具立案受理通知、举证通知、材料收取清单等材料。立案庭人手有限，显然无法应对。为改变这一情况，可以考虑在增加立案庭人手的同时，对于简单案件不出具证据材料等收据清单；对于复杂案件，如果当事人或者诉讼代理人不要求出具证据等清单的，也可以不出具。毕竟在起诉阶段，当事人提交的证据等多为复印件。在简化立案受理程序的同时，诚如前述，对于已经建立网上立案制度的省份还需要考虑如何改进这一系统，让这一系统更便于操作使用。而且，目前各省份的高级法院都有自己的网上立案系统平台，各个系统在板块设计、程序设计上都存在一定的差异。建议最高人民法院建立一个全国性的立案受理系统平台，当事人只需登录这一系统，就可以向全国任一法院起诉，实现网上快速立案。

　　此外，根据现实需要，中国的立案庭也要树立"大服务"思想，立案庭的功能和作用已经不再仅仅限于立案，还有其他诉讼服务工作以及纠纷解决工作。在坚持做好立案审查工作的同时，立案庭还需要做好其他工作。为此，未来中国的立案庭的规模需要扩张，人员需要增加。立案庭将成为未来中国司法机构的第一门户、窗口单位、服务单位。

第二章 中国民事诉讼一审案件类型实证研究

第一节 导论

法律适用需要在事实与规范之间建立关联，在法律实践和法学研究中，从不同层面对案件进行分类在某种程度上是必然的选择。如英国审前准备程序中的诉答程序、美国的案件登记表，依案件性质对案件的不同分类。在德国的民事诉讼中，也有对案件性质的具体分类，很多判决书中写明了"债务纠纷"等。[1] 在法院管理领域，民事案由标识和区分了不同类型的案件，有效避免了案件管理上的混乱，同时作为司法统计的一项因素，民事案由的划分越细致，司法统计的各项指标就能越精细准确。[2] 目前，依据最高人民法院《民事案件案由规定》（以下简称《案由规定》）[3] 对司法统计的案件类型的划分也已经非常细致，对于司法统计不够精细化的讨论主要是围绕数据的真实程度和实际操作的细致程度，笔者尚未见到对案由作为司法统计项目和案件管理依据的异议。[4] 因此，对民事诉讼一

---

① 参见宋旺兴《民事案由制度研究》，博士学位论文，武汉大学，2012，第17页。
② 参见赵晓耕《从司法统计看民国法制》，《武汉大学学报》（哲学社会科学版）2016年第3期。
③ 本书提到的《案由规定》为最高人民法院2011年修订后的。本书成稿后，最高人民法院2020年对《案由规定》又进行了修订。
④ 有学者比较了中日两国在案件审理期间的司法统计，发现日本司法统计的案件类型划分并不比中国的案由划分更细致。参见李浩《司法统计的精细化与审判管理——以民事案件平均审理期间为对象的考察》，《法律适用》2010年第12期。

审案件类型的研究，与民事案由制度、司法统计联系紧密。

从 1949 年始，最高人民法院依据民事案由每年对全国法院受理的各类民事案件数据进行司法统计并发布。[①]《案由规定》以民法理论对民事法律关系的分类为基础，以法律关系的内容即民事权利类型为准则，结合现行立法及审判实践，将案由分为层层涵盖的 4 个级别的体系。其中，第一级案由有 10 个，分别是：人格权纠纷；婚姻家庭、继承纠纷；物权纠纷；合同、无因管理、不当得利纠纷；劳动争议与人事争议；知识产权与竞争纠纷；海事海商纠纷；与公司、证券、保险、票据等有关的民事纠纷；侵权责任纠纷和适用特殊程序案件案由。在第一级案由项下，细分出人格权纠纷等 42 个第二级案由。在第二级案由项下列出了生命权、健康权、身体权纠纷等 424 种最常见和使用最广泛的案由，作为第三级案由。在部分第三级案由项下，又列出了如同居关系析产纠纷和同居关系子女扶养纠纷等一些典型、常见的 367 个第四级案由，形成了共 843 个大小案由的庞大体系。

本章主要研究对象是最高人民法院公布的司法统计数据以及笔者所在的课题组在 H 省 X 市 A 区人民法院和 B 县人民法院抽样所得的数据。这些司法统计数据主要是依据《案由规定》第一级的主要案由，并结合案件的总体数量和统计工作的便利，对纳入司法统计的案件进行类型划分。从 1949 年以来最高人民法院公布的司法统计公报来看，民事诉讼一审案件类型的名称相对稳定，案件类型的构成在时间轴上呈现"此消彼长"的动态变化，即我国法院受理的民事诉讼一审案件类型的结构变迁总体上与我国民事案由的发展轨迹一致，呈现从简单形态向复合形态、从偏重人身关系纠纷向偏重财产关系纠纷发展的态势。其中，主要案件的具体类型在时间轴上呈现"跌宕起伏"的动态变化，婚姻家庭、继承纠纷类，债务纠纷类，合同纠纷类，侵权责任纠纷类案件数量分别沿着不同的曲线轨迹，形成了各自的发展态势。通过对案件类型的司法数据进行收集、整

[①]　1949 年至 1999 年全国法院系统每年受理的民事诉讼一审案件数据参见最高人民法院研究室编《全国人民法院司法统计历史资料汇编》，人民法院出版社，2009，第 2 页；1996 年以来国家统计局社会和科技统计局历年发行的《中国社会统计年鉴》。1998 年以来全国法院系统每年受理的民事诉讼一审案件数据参见最高人民法院办公厅历年发行的《最高人民法院公报》。

理、分析、论证，探寻隐藏在"数目字"背后的案件类型发展变化规律，以法学特别是民事诉讼法学的理论范式探讨此种规律产生的原因及影响因素，并提出与未来的民事诉讼案件类型相适应的民事诉讼制度的发展展望。研究方法注重"点""面"结合，"点"即具体到 H 省 X 市 A 区人民法院和 B 县人民法院抽样所得的数据，采用微观视角剖析某个具体年份该基层法院具有个别意义的实际情况，发现问题；"面"即上升到全国法院系统案件总量数据，采用整体视角、系统视角探寻某个具体年份全国法院系统的普遍的、统一的整体情况；通过对比某一时间段"点"和"面"的有关数据情况，证明某基层法院案件类型的个别表象与全国法院系统案件类型的整体表象之间的互相印证、互相证成。

选择婚姻家庭、继承纠纷案件，合同纠纷案件，债务纠纷案件①，侵权责任纠纷案件4 种案件类型进行量化分析，有两个考量因素。一是基于统计资料的限制，1949 年以来最高人民法院的司法统计数据口径发生多次变化，仅婚姻家庭、继承纠纷案件，合同纠纷案件，债务纠纷案件，侵权责任纠纷案件类型的统计数据相对连贯，其他纠纷如土地、水利、铁路运输合同等案件类型仅在特定历史时期内进行过专门统计。而且自 2002 年以来，《最高人民法院公报》公布的全国法院民事诉讼一审案件司法统计栏目仅分为婚姻家庭、继承纠纷案件，合同纠纷案件，侵权责任纠纷案件 3 种类型。二是考虑案件类型的代表性。该 4 种案件数量的总和在当年全部民事诉讼一审案件的占比保持在 71.9% 以上。②

笔者将 1949 年以来全国法院民事诉讼一审案件类型的整体变迁大致

---

① 债务纠纷案件类型自 2001 年以后，在最高人民法院公布的司法统计项目中被合同纠纷案件类型所吸收。

② 新中国成立以来，根据最高人民法院公布的全国法院 1950～2001 年（除 1966 年以外）司法统计数据，计算出该 4 种案件数量的总和在当年全部民事诉讼一审案件的占比分别为：72.9%、81.0%、83.3%、79.1%、78.3%、81.6%、86.9%、79.3%、94.4%、90.9%、96.4%、93.1%、86.5%、84.9%、86.7%、87.4%、89.6%、83.4%、82.8%、76.3%、77.4%、78.1%、75.9%、73.8%、74.9%、78.0%、81.5%、81.2%、79.5%、71.7%、69.3%、74.0%、73.5%、77.9%、80.1%、82.6%、90.4%、90.4%、92.1%、93.1%、93.7%、94.0%、95.0%、95.2%、95.0%、95.1%、94.8%、94.6%、93.8%、93.3%。2002～2016 年，《最高人民法院公报》公布的全国法院民事诉讼一审案件司法统计栏目仅分为婚姻家庭、继承纠纷案件，合同纠纷案件，权属、侵权及其他纠纷案件三种类型。

分为 1949～1966 年、1967～1982 年、1983～2001 年、2002～2018 年四个时间段，通过对全国法院和 X 市 A 区人民法院、B 县人民法院 1949～2018 年在上述不同阶段的案件类型进行数据统计，分析不同阶段案件类型的变化，再现中国民事诉讼一审案件类型演进的基本状况和历史过程。① 民事诉讼一审案件类型的变迁，反映了我国民事诉讼制度的发展历程，也展现了新中国成立以来社会政治、经济、文化、法律等制度的发展，以及与民事诉讼一审案件类型阶段性变迁之间的深刻关系。考察中国民事诉讼一审案件类型结构和主要案件类型的基本状况，分析其背景及原因，探求其发展演进的基本规律，提出主要案件类型的发展趋势展望，以期对我国民事诉讼制度的应对性变革和完善有所裨益。

第二节　中国民事诉讼一审案件类型结构的阶段性变迁

新中国成立 70 年来，我国法院受理的民事诉讼一审案件类型的结构变迁总体上与我国民事案由的发展轨迹一致，呈现从简单形态向复合形态、从偏重人身关系纠纷向偏重财产关系纠纷发展的态势。1950 年，全国法院司法统计的民事诉讼一审案件主要集中在婚姻、继承、劳资、土地、房屋、工商业、债务、损害赔偿等类型上，且每一类案件类型中所涵盖的具体案由均较为单一，婚姻纠纷仅包括离婚、婚约、同居和其他等案由，继承纠纷仅包括子女抚养、遗嘱继承、脱离亲属关系、分家和其他案由，房屋纠纷仅包括房屋所有权、房屋租赁、房屋买卖、房屋典押和其他案由，工商业纠纷类型仅包括清算账目、合伙、承揽、运输和其他案由，借贷纠纷仅包括借贷、买卖、租赁、物品交付等案由。随着社会经济的发展，民事诉讼一审案件类型也在不断增加，1951 年出现了水利纠纷案由；1952 年出现了公私纠纷案由，主要包括加工订货、贷款、委托代销等案由；1953 年出现了军人婚姻案由；1954 年出现了山林纠纷案由；1956 年出现了牧场纠纷案由；1965 年出现了宅基纠纷案由；1966 年出现了涉外案件案由；1983 年则随着《民事诉讼法（试行）》

---

① 1949 年全国法院司法统计数据空缺、1966 年法院统计工作停顿，导致部分年度数据缺失，对中国民事诉讼一审案件类型历史演进过程的实证研究将不同程度地受到上述因素的影响。

的实施而出现了选民名单、宣告失踪人死亡、认定公民无行为能力、认定财产无主等非讼案件类型。同时，从 1983 年开始，全国法院民事诉讼一审案件统计指标将经济案件单列统计，建设工程、供用电、财产保险、科技协作、海洋环保、商标纠纷等新兴纠纷不断涌现，"三来一补"、中外合营、外资经营等涉外案件也开始出现，案件复杂程度增加。1985 年开始出现船舶碰撞、海域污染、共同海损、海难救助等海事海商纠纷，商标、专利、食品安全、医疗等侵权案件数量也不断增加。1986 年，出现了农村承包合同纠纷和企业内部承包合同纠纷。1987 年，最高人民法院司法统计出现了旅客和行李运输合同纠纷、船舶租赁和修造合同纠纷、海洋开发和利用合同纠纷、环境侵权纠纷等数据。1989 年出现了肖像权、名誉权、科技成果权等案件类型。1991 年出现了公示催告和督促程序案件。1992 年房屋拆迁、留置、抵押等案件类型出现在司法统计公报中。1993 年出现了专利许可、股票、债权、票据等纠纷类型。之后，随着经济社会发展和民事诉讼一审案由的扩张，被纳入司法统计的民事诉讼案件类型还在不断增加，1995～2000 年，证券、期货、公司纠纷，社会保险、人事争议、网络域名、反垄断等纠纷类型不断增加。2018 年民事案由新增了平等就业权纠纷、性骚扰损害责任纠纷等。

一　中国民事诉讼一审案件类型结构：1949～1966 年

基于最高人民法院公布的司法统计数据[1]，这一阶段的民事诉讼一审案件数量、增幅及主要案件类型的结构情况如表 2－1 以及图 2－1 所示。

表 2－1　全国法院民事诉讼一审案件类型统计（1949～1966 年）

单位：件，%

年份	一审受理案件总数	同比增长	婚姻家庭、继承纠纷案件		债务纠纷案件		合同纠纷案件		侵权责任纠纷案件	
			数量	占比	数量	占比	数量	占比	数量	占比
1949	—	—	—	—	—	—	—	—	—	—
1950	659157	—	305237	46.3	146689	22.3	18416	2.8	9882	1.5
1951	865700	31.3	517168	59.7	135518	15.7	35848	4.1	12714	1.5

---

① 1949 年，全国有部分法院尚未正式成立，因此未查找到最高人民法院关于 1949 年全国民事诉讼一审案件的统计数据。

续表

年份	一审受理案件总数	同比增长	婚姻家庭、继承纠纷案件		债务纠纷案件		合同纠纷案件		侵权责任纠纷案件	
			数量	占比	数量	占比	数量	占比	数量	占比
1952	1432762	65.5	985278	68.8	155480	10.9	40608	2.8	11899	0.8
1953	1755122	22.5	1160250	66.1	173324	9.9	20482	1.2	33698	1.9
1954	1216920	-30.7	769032	63.2	141971	11.7	14339	1.2	27192	2.2
1955	959726	-21.1	654066	68.2	99633	10.4	9060	0.9	20470	2.1
1956	739213	-23.0	557134	75.4	69466	9.4	5484	0.7	10017	1.4
1957	840286	13.7	581578	69.2	59004	7.0	7619	0.9	18292	2.2
1958	433197	-48.4	339201	78.3	32621	7.5	4715	1.1	32621	7.5
1959	384553	-11.2	330318	85.9	11783	3.1	2458	0.6	5037	1.3
1960	308024	-19.9	286991	93.2	5756	1.9	967	0.3	2989	1.0
1961	617478	100.5	559017	90.5	8012	1.3	1353	0.2	6756	1.1
1962	832290	34.8	688363	82.7	14740	1.8	2361	0.3	14054	1.7
1963	778881	-6.4	620985	79.7	21676	2.8	2819	0.4	15858	2.0
1964	633617	-18.7	518213	81.8	17332	2.7	2006	0.3	11886	1.9
1965	551971	-12.9	456822	82.8	14876	2.7	1261	0.2	9614	1.7
1966	353867	-35.9	304680	86.1	6736	1.9	501	0.1	5190	1.5

资料来源：（1）最高人民法院研究室编《全国人民法院司法统计历史资料汇编》，人民法院出版社，2009，第4页；（2）1996年以来国家统计局社会和科技统计局历年发行的《中国社会统计年鉴》；（3）1998年以来最高人民法院办公厅历年发行的《最高人民法院公报》。

（一）总体情况

民事案件总量高开低走，在1953年达到阶段性峰值。整体走势如图2-1所示，从1950年的近66万件到1953年阶段性峰值的近176万件，新中国成立初期的前4年民事案件数量增长迅猛。1954年之后，案件总数总体呈下降态势，但1957年略有增长，1958年又锐减近50%，1961年、1962年案件数量同比增长明显，特别是1961年的案件总数约62万件比1960年的约31万件增长了1倍多。1953年阶段性峰值是1960年阶段性最低值的近6倍。

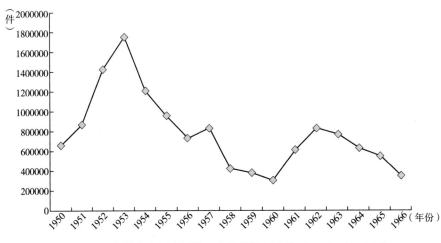

图 2－1　全国法院民事诉讼一审案件数量走势（1950～1966 年）

　　最高人民法院公布的 1950 年司法统计数据显示，全国法院民事诉讼一审受理的案件主要是婚姻、继承、劳资、土地、房屋、工商业、债务、损害赔偿等类型。[①] 1952 年最高人民法院公布的统计数据出现了"公私纠纷"，主要包括加工订货、贷款、委托代销等案件类型。[②] 1953 年、1954年、1955 年最高人民法院公布的统计数据中，缺少损害赔偿类案件统计数据，基于 1950 年、1951 年、1952 年的损害赔偿类案件在上一级统计科目"其他类案件"中约占 25％的比例，可以估算出相应年份中"其他类案件"包括的损害赔偿类案件数量，也即侵权责任纠纷案件数量（见图 2－2）。

　　婚姻家庭、继承纠纷案件数量在这一阶段的整体走势与民事诉讼一审案件总量的走势基本一致，从 1950 年的超 30 万件到 1953 年阶段性峰值的超 116 万件，新中国成立初期的前 4 年婚姻家庭、继承纠纷案件数量增长了近 3 倍。1954 年之后案件总数总体呈下降态势，但在 1957 年略有增长，1958 年又锐减约 42％，1961 年、1962 年案件数量同比增长明显，特别是 1961 年的案件总数近 56 万件比 1960 年增长了近 1 倍。

---

① 为便于全文统一口径，其中工商业纠纷案件包括清算账目、合伙、承揽、运输和其他案由，可以归类为"合同纠纷案件类型"，损害赔偿案件可归类为"侵权责任纠纷案件类型"。

② 为便于全文统一口径，加工订货、贷款、委托代销等案件类型归类为"合同纠纷案件类型"。

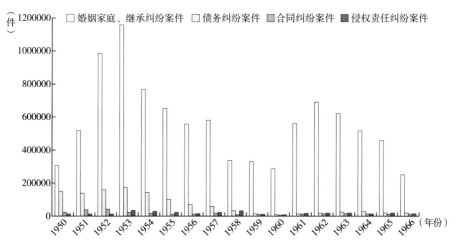

图 2 - 2　全国法院民事诉讼一审主要案件类型数量对比（1950～1966 年）

1953 年阶段性峰值的 116 万多件，是 1960 年阶段性最低值 28 万多件的 4 倍多。

债务纠纷案件数量在这一阶段的整体走势与民事诉讼一审案件总量的走势基本一致，从 1950 年的近 15 万件到 1953 年阶段性峰值的 17 万多件，新中国成立初期的前 4 年债务纠纷案件数量增长迅猛。1954 年之后案件总数总体呈下降态势，但 1957 年略有增长，1958 年又锐减 45%，在 1960 年达到阶段性最低值 5756 件之后，案件数量略有回升，但 1964 年之后再次下降，到 1966 年全国法院债务纠纷案件数量仅 6736 件。这一期间阶段性峰值为 1953 年的 17 万余件，是 1960 年阶段性最低值的近 30 倍。

合同纠纷案件数量在这一阶段的整体走势与民事诉讼一审案件总量的走势大体一致，略有差异。从 1950 年的近 2 万件到 1952 年阶段性峰值的 4 万余件，新中国成立初期的前 3 年合同纠纷案件数量增长了 1 倍多。1953 年之后案件总数总体呈下降态势，但 1957 年略有增长，之后持续走低，在 1960 年达到低值 967 件之后，案件数量略有回升，1964 年之后再次下降，到 1966 年全国法院合同纠纷案件数量创下新低，仅 501 件。这一期间阶段性峰值为 1952 年的 4 万余件，是阶段性最低值 1966 年的 501 件的 81 倍多。

　　侵权责任纠纷案件数量在这一阶段的整体走势与民事诉讼一审案件总量的走势基本一致。从 1950 年近 0.99 万件到 1953 年阶段性峰值的 3.3 万多件，新中国成立初期的前 4 年侵权责任纠纷案件数量增长了 2 倍多。1953 年之后案件总数总体呈下降态势，但在 1957 年、1958 年出现大幅增长，之后持续走低，在 1960 年达到最低值 2989 件之后，案件数量有所回升，特别是 1963 年侵权责任纠纷案件数量比 1960 年增长了 4 倍多，但 1964 年之后再次下降，到 1966 年，全国法院侵权责任纠纷案件数量达到 5190 件。这一期间阶段性峰值为 1953 年的 3.3 万多件，是 1960 年阶段性最低值的 10 倍多。

　　从这一阶段全国法院民事诉讼一审案件的总体数量以及四种主要类型的案件数量走势看，1953 年、1960 年、1961 年、1964 年是这一阶段的重要时间节点。

（二）各类型案件发展情况

　　这一期间的案件类型主要包括婚姻家庭、继承纠纷，债务纠纷，合同纠纷，侵权责任纠纷，四种类型的占比之和在 72.9% ~ 96.4% 之间。婚姻家庭、继承纠纷案件占比"一家独大"。各种类型的占比走势如图 2－3 所示。

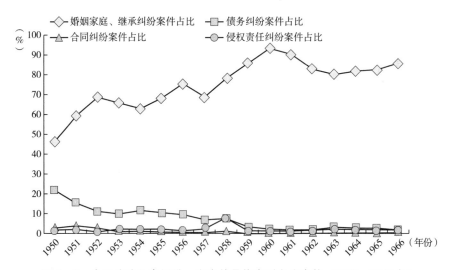

图 2－3　全国法院民事诉讼一审案件具体类型占比走势（1950 ~ 1966 年）

　　婚姻家庭、继承纠纷案件类型是这一阶段最主要的类型，案件数量占民事诉讼一审案件总数的比例逐渐提升。从 1950 年的 46.3% 提升至 1951

年的 59.7% 、1952 年的 68.8% 、1958 年的 78.3% ，再到 1960 年阶段性峰值的 93.2% ，从 1961 年之后略有降低，到 1966 年的 86.1% ，这一阶段婚姻家庭、继承纠纷案件的占比稳定保持在 46.3% ~93.2% 。

债务纠纷案件类型是这一阶段重要的类型，案件数量占民事诉讼一审案件总数的比例总体呈降低趋势。从 1950 年的 22.3% 逐步下降，仅 1954 年略有回升，至 1957 年首次降至 7.0% ；从 1958 年的 7.5% 之后，至 1966 年则仅占 1.9% ，其间稳定保持在 3.1% 以下。

合同纠纷案件类型在这一阶段的占比持续低位。从 1950 年的 2.8% 升至 1951 年的 4.1% 之后逐渐下降，至 1955 年首次降至 0.9% ；之后除了 1958 年回升至 1.1% ，直至阶段最低值 1966 年的 0.1% ，其间稳定保持在 1% 以下。

侵权责任纠纷案件类型在这一阶段的占比持续低位。除了 1958 年占比较高，达到 7.5% 之外，其他年份稳定保持在 0.8% ~2.2% 。

（三）X 市部分基层法院情况

X 市部分基层法院的案件类型走势与全国法院走势有所不同。以最高人民法院发布的全国法院民事诉讼一审案件类型的司法统计数据为参照，笔者随机调阅了 H 省 X 市 A 区、B 县法院民事诉讼一审案卷，对案件类型进行了数据统计，如表 2 - 2 所示。

表 2 - 2　X 市部分基层法院民事诉讼一审案件类型统计（1949 ~1966 年）

单位：件，%

年份	案件总数	同比增长	婚姻家庭、继承纠纷案件		债务纠纷案件		合同纠纷案件		侵权责任纠纷案件	
			数量	占比	数量	占比	数量	占比	数量	占比
1949	42	—	31	73.8	1	2.4	9	21.4	0	0.0
1950	48	14.3	1	2.1	0	0.0	47	97.9	0	0.0
1951	131	172.9	99	75.6	0	0.0	26	19.8	0	0.0
1952	194	48.1	178	91.8	1	0.5	13	6.7	0	0.0
1953	143	- 26.3	119	83.2	0	0.0	22	15.4	0	0.0
1954	6	- 95.8	5	83.3	1	16.7	0	0.0	0	0.0
1955	127	2016.7	125	98.4	2	1.6	0	0.0	0	0.0

续表

年份	案件总数	同比增长	婚姻家庭、继承纠纷案件		债务纠纷案件		合同纠纷案件		侵权责任纠纷案件	
			数量	占比	数量	占比	数量	占比	数量	占比
1956	189	48.8	187	98.9	0	0.0	2	1.1	0	0.0
1957	137	－27.5	137	100.0	0	0.0	0	0.0	0	0.0
1958	6	－95.6	6	100.0	0	0.0	0	0.0	0	0.0
1959	92	1433.3	92	100.0	0	0.0	0	0.0	0	0.0
1960	86	－6.5	86	100.0	0	0.0	0	0.0	0	0.0
1961	123	43.0	117	95.1	3	2.4	3	2.4	0	0.0
1962	394	220.3	363	92.1	1	0.3	28	7.1	0	0.0
1963	289	－26.6	262	90.7	0	0.0	0	0.0	6	2.1
1964	164	－43.3	147	89.6	6	3.7	0	0.0	4	2.4
1965	382	132.9	332	86.9	9	2.4	2	0.5	5	1.3
1966	149	－61.0	139	93.3	1	0.7	1	0.7	1	0.7

资料来源：若无其他说明，本章内同类图表数据皆来自课题组调取的 A 区人民法院或 B 县人民法院的裁判文书。

如前所述，本课题关于 X 市部分基层法院的统计数据来源于对该院已办结的民事案件卷宗的抽样，因此案件数量应当是相对数，但仍能从中分析其走势。案件数量从 1949 年的 42 件、1950 年的 48 件增加到 1951 年的 131 件，持续到 1957 年保持在 100 件以上，除了 1954 年、1958 年的 6 件，以及 1959 年、1960 年的 90 件左右，1963 年有 289 件，1965 年有 382 件，1962 年达到阶段性峰值 394 件。这一阶段，X 市部分基层法院的婚姻家庭、继承纠纷，债务纠纷，合同纠纷，侵权责任纠纷的案件数量之和在全部一审案件中的比例保持在 91.1%～100%，其中 16 个年份保持在 95%以上。① 具体案件类型占比走势如图 2－4 所示。

---

① 根据抽样统计的数据，计算出婚姻家庭、继承纠纷案件，债务纠纷案件，合同纠纷案件，侵权责任纠纷案件等 4 种案件数量的总和在 1949 年至 1966 年全部民事诉讼一审案件的占比分别为：97.6%、100.0%、95.4%、99.0%、98.6%、100.0%、100.0%、100.0%、100.0%、100.0%、100.0%、100.0%、99.9%、99.5%、92.8%、95.7%、91.1%、95.4%。

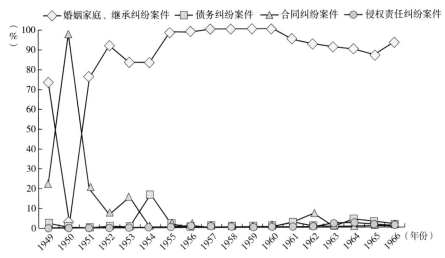

图 2 - 4　X 市部分基层法院民事诉讼一审主要案件类型占比走势（1949 ~ 1966 年）

总体来看，这一阶段的婚姻家庭、继承纠纷案件占民事诉讼一审案件收案数的绝大部分，债务纠纷、合同纠纷案件占比很小，但合同纠纷案件的占比在一些年份远高于全国法院的占比，侵权责任纠纷案件数量多数年份保持为零。婚姻家庭、继承纠纷案件的占比除了 1949 年的 73.8%、1950 年的 2.1%、1951 年的 75.6% 之外，其他年份占比均在 80% 以上，其中多数年份在 90% 以上。债务纠纷案件占比除了 1954 年的 16.7%，其他年份全部在 4% 以下，其中 9 个年份为 0。合同纠纷案件在 1949 年至 1953 年的占比分别为 21.4%、97.9%、19.8%、6.7%、15.4%，之后除了 1961 年、1962 年的占比分别为 2.4%、7.1% 外，其他年份占比均在 1.1% 之下，有些年份为 0。侵权责任纠纷案件的占比从 1949 年至 1962 年占比均为 0，1963 年至 1966 年的占比分别为 2.1%、2.4%、1.3%、0.7%。

X 市基层法院统计数据所反映的案件类型的比例及走势与全国法院的案件类型走势不尽相同。案件总体数量，婚姻家庭、继承纠纷案件占比的走势与全国的走势类似，但其他指标均表现出较大的个性差异。笔者认为，全国法院的整体情况与当时民事纠纷所处的特定的社会政治环境、经济环境、文化环境、法律环境等高度相关，地方法院的情况受制于全国法院整体情况，个中差别为当地民事纠纷案件类型的制约因素与全国平均水平的差别。

二 中国民事诉讼一审案件类型结构：1967～1982 年

1967～1976 年，全国以阶级斗争为纲，刚刚起步的民事诉讼程序法制建设也遭受了极大的破坏，民事诉讼一审案件收案数量急剧下降，民事诉讼脱离了法制化的轨道，这种判断从全国法院民事诉讼一审案件类型的司法统计数据中可见一斑。随着 1977 年之后拨乱反正、改革开放等重大政策的实施，社会经济政治等环境的变化对民事诉讼也产生了积极影响，表现为法院民事诉讼一审案件数量的快速增长。基于最高人民法院公布的司法统计数据，这一阶段的民事诉讼一审案件数量、增幅及主要案件类型的数量、占比情况如表 2 - 3 所示。

表 2 - 3 全国法院民事诉讼一审案件类型统计 （1967～1982 年）

单位：件，%

年份	案件总数	同比增长	婚姻家庭、继承纠纷案件		债务纠纷案件		合同纠纷案件		侵权责任纠纷案件	
			数量	占比	数量	占比	数量	占比	数量	占比
1967	223274	- 36.9	176670	79.1	3939	1.8	0	0.0	5684	2.5
1968	89122	- 60.1	70188	78.8	1289	1.4	0	0.0	2283	2.6
1969	62507	- 29.9	45263	72.4	912	1.5	0	0.0	1511	2.4
1970	103293	65.3	78396	75.9	0	0.0	0	0.0	1566	1.5
1971	155602	50.6	119294	76.7	0	0.0	0	0.0	2189	1.4
1972	102900	- 33.9	76428	74.3	0	0.0	0	0.0	1668	1.6
1973	269047	161.5	192112	71.4	0	0.0	0	0.0	6472	2.4
1974	286145	6.4	202656	70.8	3243	1.1	0	0.0	8581	3.0
1975	248623	- 13.1	183419	73.8	2162	0.9	0	0.0	8271	3.3
1976	225679	- 9.2	174390	77.3	1924	0.9	0	0.0	7562	3.4
1977	232645	3.1	177255	76.2	2339	1.0	0	0.0	9335	4.0
1978	300787	29.3	219770	73.1	3232	1.1	0	0.0	15900	5.3
1979	389943	29.6	240690	61.7	5217	1.3	0	0.0	34084	8.7
1980	565679	45.1	321244	56.8	10612	1.9	0	0.0	60052	10.6

续表

年份	案件总数	同比增长	婚姻家庭、继承纠纷案件		债务纠纷案件		合同纠纷案件		侵权责任纠纷案件	
			数量	占比	数量	占比	数量	占比	数量	占比
1981	673926	19.1	405010	60.1	13062	1.9	0	0.0	80610	12.0
1982	778941	15.6	448637	57.6	19460	2.5	0	0.0	104461	13.4

资料来源：（1）最高人民法院研究室编《全国人民法院司法统计历史资料汇编》，人民法院出版社，2009，第11页；（2）1996年以来国家统计局社会和科技统计局历年发行的《中国社会统计年鉴》；（3）1998年以来最高人民法院办公厅历年发行的《最高人民法院公报》。

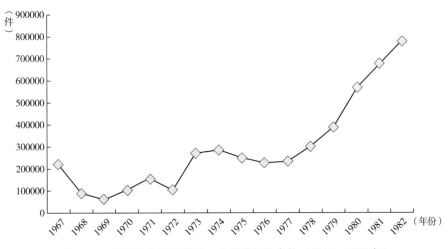

图 2-5 全国法院民事诉讼一审案件数量走势（1967~1982年）

（一）总体情况

案件数量总体走势先抑后扬，整体走势如图2-5所示。从1967年的22万余件到1976年的22万余件，10年间案件数量在波折中徘徊。1968年、1969年全国法院一审受理的民事诉讼案件总量一度降至10万件以下，1969年的6.2万余件应是新中国成立70年来的最低值。1977~1982年的5年间，全国法院受理的民事诉讼一审案件总量一路高歌猛进，1982年的77万余件约为1977年的23万余件的3.3倍。1968年的案件数量同比锐减60.1%，1973年的案件数量同比增长161.5%，1980年案件数量同比增长45.1%，这几个年份应特别关注。这一阶段民事诉讼一审主要类型案件数量对比见图2-6。

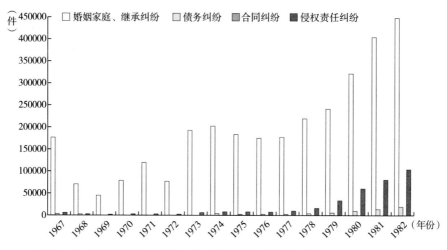

图 2－6　全国法院民事诉讼一审主要类型案件数量对比（1967～1982 年）

婚姻家庭、继承纠纷案件数量在这一阶段的整体走势与民事诉讼一审案件总量的走势基本一致，1967 年到 1976 年，10 年间案件数量在波折中徘徊。1968 年、1969 年、1970 年、1972 年全国法院一审受理的婚姻家庭、继承纠纷案件总量一度降至 8 万件以下，1969 年的 4.5 万余件应是新中国成立 70 年来的最低值。1977～1982 年的 5 年间，全国法院受理的一审婚姻家庭、继承纠纷案件总量一路高歌猛进，1982 年的 44 万余件是 1977 年 17 万余件的 2.5 倍，是 1969 年阶段性最低值 4.5 万余件的近 10 倍。1968 年的婚姻家庭、继承纠纷案件数量同比锐减 60.3%，1973 年的案件数量同比增长 151.4%，1980 年案件数量同比增长 33.5%，这几个年份应特别关注。

债务纠纷案件数量在这一阶段的整体走势与民事诉讼一审案件总量的走势基本一致，从 1967 年的 3939 件到 1976 年的 1924 件，10 年间案件数量在 3939 件以下，1970～1973 年缺乏统计数据。1969 年的 912 件应是新中国成立 70 年来的最低值。1977～1982 年的 5 年间，全国法院受理的一审债务纠纷案件总量一路高歌猛进，1982 年的 19460 件约是 1977 年 2339 件的 8.3 倍，约是 1969 年阶段性最低值 912 件的 21.3 倍。1968 年的债务纠纷案件数量同比锐减 67.3%，1980 年案件数量同比增长 103.4%，这几个年份应特别关注。

合同纠纷案件在这一阶段缺乏统计数据，反映了该阶段民事诉讼法制遭受破坏的事实。

侵权责任纠纷案件数量在这一阶段的整体走势与民事诉讼一审案件总量的走势基本一致。从 1967 年的 5684 件到 1976 年的 7562 件，10 年间案件数量在 8600 件以下徘徊。1969 年、1970 年、1972 年全国法院一审受理的侵权责任纠纷案件总量一度降至 2000 件以下，1969 年的 1511 件应是新中国成立 70 年来的最低值。1977～1982 年的 5 年间，全国法院受理的一审侵权责任纠纷案件总量一路高歌猛进，1982 年的 104461 件是 1977 年 9335 件的 11.2 倍，是 1969 年阶段性最低值 1511 件的 69.1 倍。1968 年的侵权责任纠纷案件数量同比锐减 59.8%，1973 年案件数量同比增长 288%，1980 年案件数量同比增长 76.2%，这几个年份应特别关注。

综上所述，婚姻家庭、继承纠纷案件，债务纠纷案件，侵权责任纠纷案件数最低值均出现在 1969 年，1968 年、1973 年、1980 年[①]是这一阶段的重要时间节点。

（二）各类型案件发展情况

这一期间的案件类型主要包括婚姻家庭、继承纠纷，债务纠纷，合同纠纷，侵权责任纠纷，四种类型的占比之和在 69.3%～83.4% 之间。[②] 婚姻家庭、继承纠纷案件占比整体呈下降趋势，但仍然"一枝独秀"。各种类型的占比走势如图 2-7 所示。

---

① 参见《最高人民法院工作报告（1981 年）》："近几年来，由于加强社会主义民主和社会主义法制，人民群众对于民事纠纷敢于提起诉讼，要求维护自己的合法权益；同时，随着国民经济的调整和经济政策的放宽，在全国经济形势越来越好的情况下，也出现了一些新的问题，反映在民事关系上，就产生了不少新的纠纷。因此，人民法院民事收案逐年大量上升，1979 年比 1978 年上升 29.6%，1980 年比 1979 年上升 45%，1981 年上半年比 1980 年同期上升 27%。民事收案中，不仅婚姻家庭、继承、房屋、宅基地、损害赔偿等案件显著增多，而且新增加了许多因不履行合同和为争山林、水利、农具、耕畜、肥料而发生的案件。总的来说，民事案件上升是正常的现象。" http：//www.gov.cn/test/2008 - 03/27/content_929820.htm，最后访问日期：2018 年 3 月 22 日。

② 根据表 2-3 有关数据计算可得，1967 年至 1982 年婚姻家庭、继承纠纷，债务纠纷，合同纠纷，侵权责任纠纷案件四种类型的案件数量之和在全部一审民事案件的占比分别为：83.4%、82.8%、76.3%、77.4%、78.1%、75.9%、73.8%、74.9%、78.0%、81.5%、81.2%、79.5%、71.7%、69.3%、74.0%、73.5%。合同纠纷案件在这一阶段缺乏统计数据。

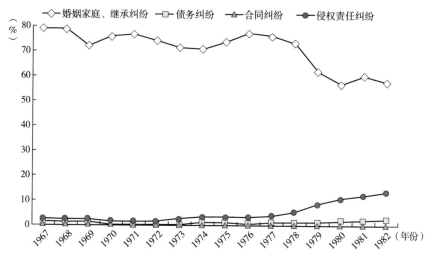

图 2-7　全国法院民事诉讼一审主要案件类型占比走势（1967～1982 年）

　　婚姻家庭、继承纠纷案件类型仍然是这一阶段民事诉讼一审案件中最主要的类型，但是其占民事案件总数的比例整体呈下降趋势，占比总体保持在 56%～80%。从 1967 年的 79.1% 降至 1974 年的 70.8%，1975 年之后有所回升，1979 年之后降至 61.7%，其中 1980 年为 56.8%，是 1952 年之后首次降至 60% 以下的年份。

　　债务纠纷案件类型是这一阶段民事诉讼一审案件中的重要类型，案件数量占民事案件总数的比例在前 10 年整体呈下降趋势，从 1967 年的 1.8% 下降至 1976 年的 0.9%；1977 年之后缓慢提升，从 1% 提升至 1982 年的 2.5%。1970～1973 年缺乏统计数据，其他年份稳定保持在 2.5% 以下。

　　侵权责任纠纷案件类型在这一阶段民事诉讼一审案件中占比，从 1967 年的 2.5% 到 1976 年的 3.4%，10 年间持续在 1.4%～3.4% 波动；自 1977 年之后增长较快，从 4% 至 1980 年首次突破 10%，至 1982 年达到 13.4%。

　　（三）X 市部分基层法院情况

　　X 市部分基层法院的案件类型走势（见表 2-4）与全国法院走势基本一致。

表 2 - 4　X 市部分基层法院民事诉讼一审案件类型统计（1967～1982 年）

单位：件，%

年份	案件总数	同比增长	婚姻家庭、继承纠纷案件		债务纠纷案件		合同纠纷案件		侵权责任纠纷案件	
			数量	占比	数量	占比	数量	占比	数量	占比
1967	125	-16.1	123	98.4	0	0.0	0	0.0	1	0.8
1968	28	-77.6	28	100.0	0	0.0	0	0.0	0	0.0
1969	30	7.1	30	100.0	0	0.0	0	0.0	0	0.0
1970	29	-3.3	29	100.0	0	0.0	0	0.0	0	0.0
1971	95	227.6	95	100.0	0	0.0	0	0.0	0	0.0
1972	78	-17.9	78	100.0	0	0.0	0	0.0	0	0.0
1973	102	30.8	89	87.3	2	2.0	0	0.0	8	7.8
1974	78	-23.5	76	97.4	0	0.0	0	0.0	0	0.0
1975	99	26.9	96	97.0	0	0.0	1	1.0	2	2.0
1976	78	-21.2	77	98.7	1	1.3	0	0.0	0	0.0
1977	71	-9.0	70	98.6	0	0.0	1	1.4	0	0.0
1978	2	-97.2	2	100.0	0	0.0	0	0.0	0	0.0
1979	33	1550.0	29	87.9	0	0.0	0	0.0	1	3.0
1980	60	81.8	43	71.7	1	1.7	2	3.3	8	13.3
1981	224	273.3	109	48.7	11	4.9	8	3.6	77	34.4
1982	332	48.2	168	50.6	25	7.5	21	6.3	74	22.3

　　案件总体数量的走势与全国法院案件数量的走势亦基本一致，从 1967 年的 125 件到 1976 年的 78 件，10 年间上下波动，并在 1969 年前后达到阶段性低值。1977～1982 年，随着全国民事诉讼法制建设的正规化，X 市部分基层法院民事诉讼案件受理数量也呈现快速增长态势，从 1978 年的 2 件逐年递增至 1982 年的 332 件，达到了该时期立案数量的峰值。

　　这一阶段，X 市部分基层法院的婚姻家庭、继承纠纷，债务纠纷，合同纠纷，侵权责任纠纷的案件数量之和在全部一审案件中的比例保持在 86.7%～100%，其中 9 个年份为 100%，12 个年份保持在 95% 以上，只有

1982 年的占比在 90% 以下。① 具体案件类型占比走势如图 2－8 所示。

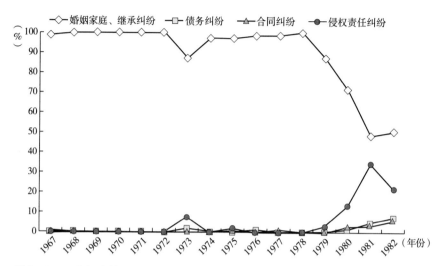

图 2－8　X 市部分基层法院民事诉讼一审主要案件类型占比走势（1967～1982 年）

总体来看，这一阶段的婚姻家庭、继承纠纷案件的占比与全国法院走势一致，呈下降趋势但仍然"一枝独秀"；合同纠纷、债务纠纷案件占比数量很小，但合同类案件的占比在一些年份远高于全国法院的占比，侵权责任类案件数量多数年份为零。1967～1976 年，除 1973 年，婚姻家庭、继承案件数量占民事诉讼一审案件总数的比例稳定保持在 97% 以上；合同纠纷、债务纠纷、侵权责任纠纷案件占比达到最低值，债务纠纷、合同纠纷、侵权责任纠纷案件数量分别在 8 个、9 个、7 个年份为零。1977 年之后，婚姻家庭、继承案件数量占民事诉讼一审案件总数的比例呈下降趋势，1980 年首次降至 80% 以下，此后保持在 50% 左右；债务纠纷、合同纠纷、侵权责任纠纷案件占比呈上升趋势，并分别突破历史峰值，达到 7.5%、6.3%、34.4%。

三　中国民事诉讼一审案件类型结构：1983～2001 年

1982 年《民事诉讼法（试行）》使民事诉讼有法可依，其奠定了我

---

① 根据抽样统计的数据，计算出婚姻家庭、继承纠纷案件，合同纠纷案件，债务纠纷案件，侵权责任纠纷案件的总和在 1967～1982 全部民事诉讼一审案件的占比分别为：99.2%、100.0%、100.0%、100.0%、100.0%、100.0%、97.1%、97.4%、100.0%、100.0%、100.0%、100.0%、90.9%、90.0%、91.6%、86.7%。

国民事诉讼法制规范化的基础，发挥了重要的历史作用。[①] 同时，随着法治意识的苏醒和经济理念的更新，立法还规定了选民资格案件、宣告失踪死亡案件、认定财产无主案件、认定公民行为能力案件等特别程序，对民事诉讼数量及案件类型也产生了一定的影响。随着时间的推移，国家经济体制改革不断深化，《民法通则》等一批重要的民事、经济法律陆续颁布、实施，民事司法实践中出现了诸多新情况、新问题。1991 年颁布实施了《民事诉讼法》，对 1982 年《民事诉讼法（试行）》进行全面修改。[②] 鉴于民事诉讼立法修改和政策调整，这一时期，民事诉讼制度的发展日新月异，民事案件收案数量大幅度增长，案件类型也呈现更加多元的态势，这些变化从最高人民法院对该时期全国法院民事诉讼一审案件的统计数据中可见一斑，如表 2 - 5、图 2 - 9 所示。

表 2 - 5　全国法院民事诉讼一审案件类型统计（1983 ~ 2001 年）

单位：件，%

年份	一审受理案件总数	同比增长	婚姻家庭、继承纠纷案件		债务纠纷案件		合同纠纷案件		侵权责任纠纷案件	
			数量	占比	数量	占比	数量	占比	数量	占比
1983	800516	2.8	447035	55.8	28985	3.6	44080	5.5	103849	13.0
1984	924103	15.4	496728	53.8	49323	5.3	85796	9.3	108647	11.8
1985	1073086	16.1	476860	44.4	73134	6.8	226695	21.1	109684	10.2
1986	1311562	22.2	586463	44.7	157714	12.0	322153	24.6	119268	9 1
1987	1579675	20.4	676176	42.8	256436	16.2	366456	23.2	129046	8.2
1988	1964095	24.3	772298	39.3	376440	19.2	508965	25.9	150927	7.7
1989	2506150	27.6	893579	35.7	577121	23.0	690765	27.6	172287	6.9
1990	2440040	- 2.6	958175	39.3	569494	23.3	588143	24.1	171128	7.0
1991	2443895	0.2	1013529	41.5	536626	22.0	563260	23.1	182499	7.5
1992	2600936	6.4	1059973	40.8	567669	21.8	652150	25.1	190773	7.3
1993	2983667	14.7	1108639	37.2	639266	21.4	894410	30.0	198131	6.6

① 《人民司法》编辑部：《认真贯彻执行民事诉讼法》，《人民司法》1991 年第 3 期。
② 杨荣新、陈桂明：《民事诉讼法若干修改依据与意图》，《政法论坛》1991 年第 3 期。

续表

年份	一审受理案件总数	同比增长	婚姻家庭、继承纠纷案件		债务纠纷案件		合同纠纷案件		侵权责任纠纷案件	
			数量	占比	数量	占比	数量	占比	数量	占比
1994	3437465	15.2	1211837	35.3	784453	22.8	1053701	30.7	213218	6.2
1995	3997339	16.3	1329995	33.3	941814	23.6	1278806	32.0	246334	6.2
1996	4613788	15.4	1414143	30.7	1164253	25.2	1519793	32.9	276038	6.0
1997	4760928	3.2	1450387	30.5	1259797	26.5	1483356	31.2	303673	6.4
1998	4830284	1.5	1442222	29.9	1300972	26.9	1455215	30.1	332708	6.9
1999	4929351	2.1	1410513	28.6	1414861	28.7	1410107	28.6	366931	7.4
2000	3530722	－28.4	1362052	38.6	1322658	37.5	1184613	33.6	387069	11.0
2001	3565255	1.0	1361013	38.2	1289611	36.2	1062302	29.8	406623	11.4

　　注：2000年、2001年经济纠纷案件专门统计，如把经济纠纷案件纳入统计范围，因此会大于公布的民事案件总数量。

　　资料来源：（1）最高人民法院研究室编《全国人民法院司法统计历史资料汇编》，人民法院出版社，2009，第17页；（2）1996年以来国家统计局社会和科技统计局历年发行的《中国社会统计年鉴》；（3）1998年以来最高人民法院办公厅历年发行的《最高人民法院公报》。

图2－9　全国法院民事诉讼一审案件数量走势（1983～2001年）

（一）总体情况

案件数量总体继续保持增长态势。整体走势如图2－9所示，从1983

年的约80.1万件到2001年的356.5万件，案件总量增长3.5倍。案件总量屡创历史新高，1989年案件总量首次超过200万件，1994年案件数量突破300万件，1996年突破400万件。伴随着城乡经济体制改革的深化，从1983年到1989年，案件总量同比保持两位数的增长率，其中4个年份的增长率达到20%以上；1989年的250.6万件，是1983年80.1万件的3倍多。但1990年案件数量同比下降2.6%，1991年案件数量与1989年基本持平，1992年案件数量同比增长6.4%，之后1993～1996年的4年间案件数量恢复了两位数的高增长率。但从1997年之后，案件数量再次出现波折，1997年、1998年、1999年、2001年的增长率分别是3.2%、1.5%、2.1%、1.0%，2000年案件数量同比下降28.4%。1990年前后、2000年前后的案件数量发生较大波动，这两个时间节点值得特别关注。这一阶段民事诉讼一审主要案件类型数量对比见图2–10。

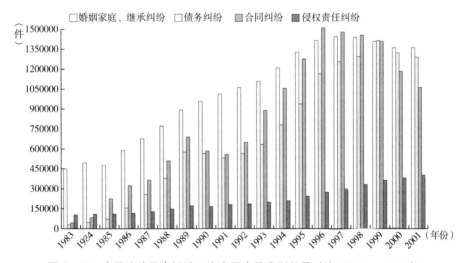

图2–10　全国法院民事诉讼一审主要案件类型数量对比（1983～2001年）

婚姻家庭、继承纠纷案件数量在这一阶段的整体走势与民事诉讼一审案件总量的走势基本一致。这一阶段婚姻家庭、继承纠纷案件总量从1983年的44万余件增长至2001年的136万余件，增长了2倍多，案件总量在1991年突破100万件后继续稳步增长，但2000年、2001年婚姻家庭、继承纠纷案件总量小幅回落。

债务纠纷案件数量在这一阶段的整体走势与民事诉讼一审案件总量的

走势基本一致。这一阶段债务纠纷案件总量从 1983 年的约 2.9 万件增长至 2001 年的约 129 万余件，增长 43 倍多，案件总量在 1989 年突破 50 万件后继续稳步增长，经过 1990 年、1991 年小幅回落之后继续高速增长，在 1996 年突破 100 万件后继续稳步增长，2000 年、2001 年债务纠纷案件总量小幅回落。

合同纠纷案件数量在这一阶段的整体走势与一审民事案件总量的走势基本一致。这一阶段合同纠纷案件总量从 1983 年的 4.4 万余件增长至 2001 年的 106 万余件，增长 23 倍多，案件总量在 1988 年突破 50 万件并在 1989 年达到高点 69 万余件后，经过 1990 年、1991 年小幅回落，从 1992 年起继续保持高速增长，于 1996 年达到历史峰值的近 152 万件，之后的 1997 年、1998 年、1999 年案件总量小幅回落至 140 万余件，但是 2000 年、2001 年合同纠纷案件降幅明显，分别回落至 118 万余件、106 万余件。

侵权责任纠纷案件的数量在这一阶段的整体走势与一审民事案件总量的走势有所不同。这一阶段侵权纠纷案件总量从 1983 年的 10 万余件增长至 2001 年的约 41 万余件，增长了约 3 倍，案件总量在 1994 年突破 20 万件、1997 年突破 30 万件，其间持续保持高速增长。

综上所述，债务纠纷案件、侵权责任纠纷案件数量在 1990 年前后①、2000 年前后出现持续增长后的回落，这两个时间节点应特别关注。

（二）各类型案件发展情况

这一阶段法院受理的民事诉讼一审案件类型主要包括婚姻家庭、继承

---

① 《最高人民法院工作报告（1990 年）》："一年来，民事案件持续大幅度上升。一九八九年，全国各级人民法院共受理一审民事案件一百八十一万五千三百八十五件，比上年上升百分之二十四点七六……在受理的案件中，婚姻家庭纠纷案件八十六万九千八百七十二件，占百分之四十七点九二，比上年上升百分之十六点三七；债务案件五十七万七千一百二十一件，占百分之三十一点七九，比上年上升百分之五十三点三一；赔偿案件十七万二千二百八十七件，占百分之九点四九，比上年上升百分之十四点一五。这三类案件占民事案件总数的近百分之九十。"《最高人民法院工作报告（1991 年）》："一九九〇年，全国各级人民法院共受理一审经济纠纷案件五十八万八千一百四十三件，比上年下降百分之十四点八六"，"经济纠纷案件的这些变化，从一个侧面反映了通过治理整顿，经济过热的现象受到抑制，经济领域特别是流通领域的一些混乱状况初步得到克服，经济秩序明显改善"。

纠纷，债务纠纷，合同纠纷①，侵权责任纠纷，四种类型的占比之和保持在78%～95%。② 婚姻家庭、继承纠纷案件，债务纠纷案件，合同纠纷案件占比此消彼长，逐渐呈"三足鼎立"态势，侵权责任纠纷案件占比小幅回升。各种类型的占比走势如图2－11所示。

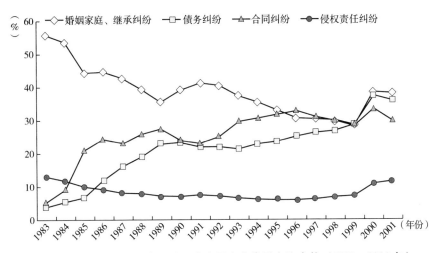

图2－11　全国法院民事诉讼一审主要案件类型占比走势（1983～2001年）

这一阶段，婚姻家庭、继承纠纷案件类型的占比逐步下降，并最终与债务纠纷案件、合同纠纷案件的数量占比呈现"三足鼎立"的局面。

---

① 1983～2001年，全国法院民事诉讼一审案件统计指标将经济案件单列统计，主要包括以下经济合同案件：购销合同纠纷、加工承揽合同纠纷、建设工程合同纠纷、货物运输合同纠纷、供用电合同纠纷、仓储租赁合同纠纷、财产保险合同纠纷、科技协作合同纠纷等；及"三来一补"、中外合营、外资经营等涉外经济纠纷案件；还包括商标纠纷、税务纠纷、环保纠纷等行政类案件以及其他案件。其中，经济合同纠纷案件、涉外经济纠纷案件应归为合同类纠纷案件分析范畴，行政类及其他案件数量约为1%，对整体案件数量及与案件类型的比例几乎不存在量化意义上的影响。为方便起见，本书直接把经济纠纷的案件数量作为"合同类案件类型"进行统计分析。1988～1991年，全国法院民事诉讼一审案件统计指标把交通运输纠纷案件从经济纠纷案件中单列出来进行统计，主要包括铁路、公路、水路运输合同纠纷案件，以及海事海损赔偿纠纷案件，案件总量为2000件～5000件，占整个经济纠纷案件比例的0.5%～0.7%，也可以忽略。

② 根据表2－5有关数据计算可得，1983～1999年，四种类型的案件数量之和在全部民事诉讼一审案件的占比分别为：77.9%、80.2%、82.5%、90.4%、90.4%、92.1%、93.2%、93.7%、94.1%、95.0%、95.2%、95.0%、95.1%、94.8%、94.6%、93.8%、93.3%。

婚姻家庭、继承纠纷案件占民事案件总数的比例从 1983 年的 55.8% 逐步下降，1988 年首次降至 40% 以下，1990 年、1991 年有小幅增长后继续回落，1998 年首次降至 30% 以下，1999 年达到历史最低值 28.6%，但是在 2000 年全国案件总量骤降 30% 左右的背景下，婚姻家庭、继承纠纷案件的占比提升了 10 个百分点，为 38.6%。

债务纠纷案件占比在这一阶段持续攀升，从 1983 年的 3.6% 逐步提高，1986 年突破 10%，1989 年首次突破 20% 后继续稳步提升，1999 年占比首次超过婚姻家庭、继承纠纷案件占比，在当年所有案件类型中占比最高，2000 年达到历史峰值的 37.5%，2001 年的案件数量占比 36.2%，是 1983 年的 10 倍多。

合同纠纷案件占比在这一阶段持续攀升，从 1983 年的 5.5% 逐步提高，1985 年一举跃升至 21.1%，之后保持在 20% 以上的占比，经历 1990 年、1991 年小幅回落后，持续保持稳步提升，1993 年首次突破 30%，在 1999 年前后发生小幅波动，并于 2000 年达到历史峰值的 33.6%。

侵权责任纠纷案件数量占比在这一阶段稳步回落，从 1983 年的 13% 跌至 1986 年的 9.1% 之后，继续一路下行，在 6%~9% 徘徊，但在 2000 年全国民事案件总数骤降约 30% 时，占比提高再次突破 10%，2001 年也为 11% 以上。

（三）X 市部分基层法院情况

X 市部分基层法院的案件类型走势（见表 2－6）与全国法院走势大体一致。案件总体数量的走势与全国法院案件数量的走势亦基本一致，从 1983 年的 520 件到 2001 年的 2911 件，案件数量总体保持增长趋势，总数增长了近 5 倍，但是在 1989 年、2000 年先后经历了两次案件数量的锐减。

表 2－6　X 市部分基层法院民事诉讼一审案件类型统计（1983~2001 年）

单位：件，%

年份	案件总数	同比增长	婚姻家庭、继承纠纷案件		债务纠纷案件		合同纠纷案件		侵权责任纠纷案件	
			数量	占比	数量	占比	数量	占比	数量	占比
1983	520	56.6	294	56.5	22	4.2	55	10.6	85	16.3
1984	432	－16.9	232	53.7	18	4.2	61	14.1	55	12.7

续表

年份	案件总数	同比增长	婚姻家庭、继承纠纷案件		债务纠纷案件		合同纠纷案件		侵权责任纠纷案件	
			数量	占比	数量	占比	数量	占比	数量	占比
1985	454	5.1	228	50.2	33	7.3	101	22.2	61	13.4
1986	397	-12.6	200	50.4	52	13.1	96	24.2	37	9.3
1987	465	17.1	161	34.6	130	28.0	130	28.0	17	3.7
1988	928	99.6	459	49.5	327	35.2	104	11.2	25	2.7
1989	422	-54.5	228	54.0	90	21.3	82	19.4	17	4.0
1990	1024	142.7	310	30.3	511	49.9	132	12.9	66	6.4
1991	891	-13.0	240	26.9	227	25.5	321	36.0	45	5.1
1992	933	4.7	351	37.6	300	32.2	196	21.0	73	7.8
1993	1318	41.3	332	25.2	296	22.5	554	42.0	57	4.3
1994	1779	35.0	533	30.0	469	26.4	676	38.0	87	4.9
1995	2705	52.1	689	25.5	1198	44.3	732	27.1	65	2.4
1996	2435	-10.0	649	26.7	961	39.5	728	29.9	81	3.3
1997	2559	5.1	925	36.1	880	34.4	551	21.5	176	6.9
1998	2526	-1.3	886	35.1	1071	42.4	370	14.6	190	7.5
1999	2408	-4.7	833	34.6	987	41.0	403	16.7	150	6.2
2000	1507	-37.4	452	30.0	691	45.9	266	17.7	77	5.1
2001	2911	93.2	897	30.8	876	30.1	694	23.8	357	12.3

这一阶段，X市部分基层法院的婚姻家庭、继承纠纷，债务纠纷，合同纠纷，侵权责任纠纷的案件数量之和在全部一审案件中的比例保持在84.7%~99.6%，其中13个年份保持在95%以上，只有1983年、1984年的占比在90%以下。① 具体案件类型占比走势如图2-12所示。

---

① 根据抽样统计的数据，计算出婚姻家庭、继承纠纷案件，合同纠纷案件，债务纠纷案件，侵权责任纠纷案件的数量总和在1983~2001年全部民事诉讼一审案件的占比分别为：87.6%、84.7%、93.1%、97.0%、94.3%、98.6%、98.7%、99.5%、93.5%、98.6%、94.0%、99.3%、99.3%、99.4%、98.9%、99.6%、98.5%、98.7%、97.0%。

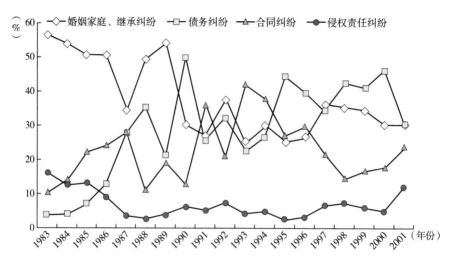

图 2－12　X 市部分基层法院民事诉讼一审案件主要类型占比走势（1983～2001 年）

总体来看，这一阶段的婚姻家庭、继承纠纷案件的占比与全国法院的走势一致，逐步失去"一枝独秀"的优势，并最终与债务纠纷案件、合同纠纷案件的数量占比呈现"三足鼎立"的局面。其中婚姻家庭、继承案件数量占民事诉讼一审案件总数的比例稳步下降，并首次降至 50% 甚至 30% 以下，并稳定保持在 25%～37%。债务类纠纷案件占比稳步上升，从 1983 年的 4.2% 达到 1990 年的 49.9%，之后保持在 20% 以上，1995 年又突破了 40%，达到 44.3%，之后 2 年有所徘徊。合同类纠纷案件占比整体呈现上升趋势，从 1983 年的 10.6% 到 1991 年的 36%，在 1993 年达到 42% 的历史峰值，其间多数年份保持在 20% 以上的占比，但在 1998～2000 年占比低于 20%。侵权责任纠纷案件占比有所下降，从 1983 年的 16.3% 降至 1988 年的 2.7%，之后保持在 5% 左右的低位增长，并在 2001 年达到 12.3% 的阶段性峰值。

四　中国民事诉讼一审案件类型结构：2002～2018 年

2002～2018 年，民事诉讼案件数量急剧增加，"立案难""申诉难"等问题集中，司法资源的有限性、配置的不合理性与人民群众日益增长的司法需求之间的矛盾较为突出。同时，这一时期也是我国民事诉讼法律制度急剧变革的时期，2002 年最高人民法院《关于民事诉讼证据的若干规定》实施，2007 年修订《民事诉讼法》，2012 年《民事诉讼法》

又进行了一次较大修改。这一时期，随着观念的转化和案件数量的急剧增加，民事诉讼案件类型也在发生深刻的变化。另外，从2002年至今，全国法院民事诉讼一审案件统计口径仅分为三种案件类型：婚姻家庭、继承纠纷，合同纠纷，权属、侵权责任纠纷及其他民事纠纷。民事诉讼一审案件数量及类型的变化如表2-7所示。

表2-7 全国法院民事诉讼一审案件类型统计（2002～2017年）

单位：件，%

年份	一审受理案件总数	同比增长	婚姻家庭、继承纠纷案件		合同纠纷案件		侵权责任纠纷案件	
			数量	占比	数量	占比	数量	占比
2002	4420123	24.0	1284415	29.1	2266695	51.3	869013	19.7
2003	4410236	-0.2	1264037	28.7	2266476	51.4	879723	19.9
2004	4332727	-1.8	1161370	26.8	2247841	51.9	923516	21.3
2005	4380095	1.1	1133333	25.9	2265362	51.7	981400	22.4
2006	4385732	0.1	1159826	26.4	2240759	51.1	985147	22.5
2007	4724440	7.7	1220772	25.8	2463775	52.1	1039893	22.0
2008	5412591	14.6	1320364	24.4	2933514	54.2	1158713	21.4
2009	5800144	7.2	1379692	23.8	3151716	54.3	1268736	21.9
2010	6090622	5.0	1423180	23.4	3222555	52.9	1444887	23.7
2011	6614049	8.6	1593743	24.1	3333595	50.4	1686711	25.5
2012	7316463	10.6	1686694	23.1	3776137	51.6	1853632	25.3
2013	7781972	6.4	1651666	21.2	4121224	53.0	2009082	25.8
2014	8307450	6.8	1635244	19.7	4589375	55.2	2082831	25.1
2015	10097804	21.6	1758926	17.5	6013386	59.6	2325492	23.0
2016	10762124	6.6	1735516	16.1	6717811	62.4	2308797	21.5
2017	11373753	5.7	1802151	15.8	7008397	61.6	1138487	10.0

资料来源：（1）最高人民法院研究室编《全国人民法院司法统计历史资料汇编》，人民法院出版社，2009，第24页；（2）1996年以来国家统计局社会和科技统计局历年发行的《中国社会统计年鉴》；（3）1998年以来最高人民法院办公厅历年发行的《最高人民法院公报》。

（一）总体情况

案件数量总体继续保持增长态势，但受两次民事诉讼立案制度变化的影响发生较大波动（见图2-13）。2003～2006年，案件数量基本持平，

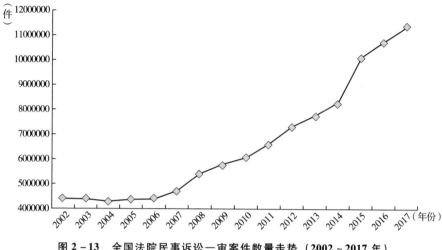

图 2－13　全国法院民事诉讼一审案件数量走势（2002～2017 年）

从 2007 年开始逐步增长，除了 2002 年、2008 年、2012 年、2015 年的案件总量同比保持两位数的增长率外，其他年份的案件总量同比均保持个位数的增长率。其中，2002 年、2015 年的案件数量同比增长 20% 以上，这两个时间点应特别关注。民事诉讼一审案件的收案量大幅增加，与这一时期经济的高速增长不无关系，同时也与民众法律意识、权利意识的觉醒，与社会公众放弃传统"厌诉"观念，与我国为解决立案难问题于 2015 年实行立案登记相关制度不无关系。

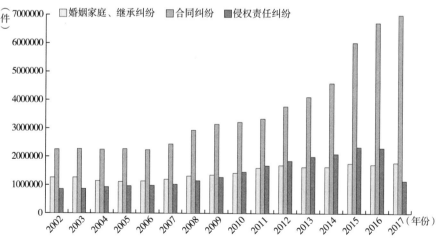

图 2－14　全国法院民事诉讼一审案件主要类型数量对比（2002～2017 年）

　　婚姻家庭、继承纠纷案件数量在这一阶段的整体走势与民事诉讼一审案件总量的走势大体一致。案件总量从2002年的128万余件经过2003~2006年的低位调整后，稳步增长至2017年的180万余件，其中2015年增幅较为明显。

　　合同纠纷案件数量在这一阶段的整体走势与民事诉讼一审案件总量的走势基本一致。案件总量在2002~2008年保持在200万件以上并逐步增长，其间经过2003年至2006年的小幅徘徊，在2009年突破300万件，2013年突破400万件，2015年突破600万件，2017年突破700万件。其中，2008年、2015年增幅较为明显。

　　侵权责任纠纷案件的数量在这一阶段的整体走势与民事诉讼一审案件总量的走势有所不同。案件总量从2002年的近87万件至2007年突破100万件，在2010年之后增幅扩大，2013年突破200万件，2015年增幅明显，但是2017年的近114万余件比2016年的230余万件骤降了51%。

　　综上所述，婚姻家庭、继承纠纷案件，债务纠纷案件，侵权责任纠纷案件数量同时在2002年前后、2008年前后、2015年前后发生较大波动，这3个时间节点应特别关注。

　　（二）各类型案件发展情况

　　这一阶段法院受理的民事诉讼一审案件类型，按照司法统计数据的口径仅分为三类：婚姻家庭、继承纠纷，合同纠纷，侵权责任纠纷。合同纠纷案件稳定占据"半壁江山"，婚姻家庭、继承纠纷案件进一步减少，侵权责任纠纷案件先增后减。各种类型的占比走势如图2-15所示。

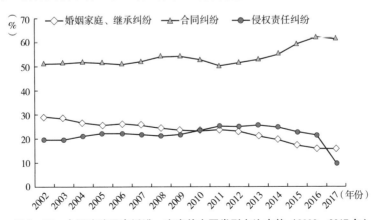

图2-15　全国法院民事诉讼一审案件主要类型占比走势（2002~2017年）

婚姻家庭、继承纠纷案件数量占比几乎逐年下降，从 2002 年的 29.1%
到 2014 年首次降至 20% 以下，2017 年达到该阶段最低值 15.8%。

合同纠纷案件占比逐步提高，从 2002 年以后保持在 50% 以上并稳步
增长，2016 年达到 62.4% 的历史峰值。

侵权责任纠纷案件占比 2004～2016 年保持在 20% 以上，并在 2013 年
达到历史峰值的 25.8%，但是 2017 年案件数量相比 2016 年骤降了 50%
以上。

（三）X 市部分基层法院情况

X 市部分基层法院的案件类型走势（见表 2－8）与全国法院走势
大体一致。

表 2－8 X 市部分基层法院民事诉讼一审案件类型统计（2002～2018 年）

单位：件，%

年份	案件总数	婚姻家庭、继承纠纷案件		债务纠纷案件		合同纠纷案件		侵权责任纠纷案件	
		数量	占比	数量	占比	数量	占比	数量	占比
2002	2482	1024	41.3	611	24.6	574	23.1	170	6.8
2003	1863	544	29.2	403	21.6	635	34.1	235	12.6
2004	3019	928	30.7	712	23.6	745	24.7	525	17.4
2005	1857	621	33.4	323	17.4	573	30.9	274	14.8
2006	1745	586	33.6	221	12.7	579	33.2	312	17.9
2007	1396	667	47.8	160	11.5	373	26.7	159	11.4
2008	2016	675	33.5	476	23.6	598	29.7	246	12.2
2009	1621	536	33.1	311	19.2	533	32.9	224	13.8
2010	1928	607	31.5	261	13.5	676	35.1	307	15.9
2011	1181	434	36.7	101	8.6	368	31.2	264	22.4
2012	315	103	32.7	11	3.5	141	44.8	53	16.8
2013	100	—	13.5	—	23.0	—	29.5	—	26.0
2014	100	—	22.5	—	22.0	—	30.0	—	21.0
2015	100	—	14.5	—	25.0	—	26.5	—	29.0
2016	100	—	10.0	—	33.5	—	30.5	—	21.0
2017	100	—	3.0	—	43.0	—	21.5	—	12.5
2018	100	—	6.0	—	39.0	—	19.5	—	13.0

注：2013 年以后的统计数据经过加工表现为相对占比数。

2002～2018 年，X 市部分基层法院的案件类型主要包括婚姻家庭、继承纠纷，债务纠纷，合同纠纷，侵权责任纠纷。其中婚姻家庭、继承纠纷案件数量占民事诉讼一审案件总数的比值呈现波动式下降趋势，在 2013 年降至 13.5%，在 2017 年达到历史最低值的 3%。债务纠纷案件占比稳步上升，多数年份的占比保持在 20% 以上，2017 年达到 43% 的峰值。合同类纠纷案件则总体先升后降，2002～2017 年保持在 20% 以上的占比，2012 年达到 44.8% 的历史峰值，但在 2018 年占比突然降至 19.5%。侵权责任纠纷案件占比在 2011 年首次突破 20%，2015 年达到 29% 的历史峰值，但在 2017 年以后又有所回落（见图 2 - 16）。

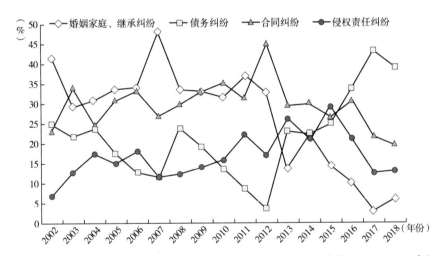

图 2 - 16　X 市部分基层法院民事诉讼一审案件主要类型占比走势（2002～2018 年）

第三节　中国民事诉讼一审案件主要类型的阶段性变迁

从 1949 年至今，我国民事诉讼一审案件的类型主要是婚姻家庭、继承纠纷，债务纠纷，合同纠纷，侵权责任纠纷，在不同历史时期，这些主要的案件类型呈现不同的历史变化，随着民事纠纷制度政策及司法实践的发展变迁，呈现此消彼长的特点。

一 婚姻家庭、继承纠纷一审案件类型的阶段性变迁

按照我国《案由规定》及司法统计标准，婚姻家庭、继承纠纷主要分为两大类：婚姻家庭纠纷和继承纠纷。婚姻家庭纠纷主要包括离婚纠纷、赡养纠纷、抚养（扶养）纠纷、抚育费纠纷等；继承纠纷主要包括法定继承、遗嘱继承等。婚姻家庭案件在我国民事案件中的地位举足轻重，毛泽东同志在评价1950年的《婚姻法》时曾说："婚姻法是有关一切男女利益的普遍性仅次于宪法的根本大法之一。"① 婚姻家庭纠纷案件无论在数量上还是所占比例上，一直处于较高的状态②，所占比例最高时达全国一审民事案件总数的90%以上（1961年该类案件的一审收案数为559017件，当年各类民事诉讼一审案件总数为617478件），最低也占15.8%（2017年该类案件的一审收案数为1802151件，当年全国各类民事诉讼一审案件数为11373753件）。

婚姻家庭继承纠纷案件是新中国成立以后较长一段时间民事诉讼一审案件的主要类型，始终贯穿于民事诉讼发展的历程。婚姻家庭、继承纠纷案件的数量变化受到不同时期国家政治、经济、社会发展状况以及民事诉讼立法、司法政策的影响，呈现不同的趋势。全国法院婚姻家庭、继承纠纷一审案件数量及占比如图2 - 17、图2 - 18所示。

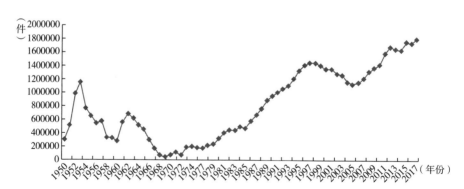

图2 - 17　全国法院婚姻家庭、继承纠纷一审案件数量走势（1950～2017年）

---

① 唐德华：《民商审判》，吉林人民出版社，2002，第4页。
② 相比之下，继承纠纷案件的数量和所占比例则一直比较低。因此，本书主要考察了婚姻家庭纠纷案件的变化，对继承纠纷案件考察较少。

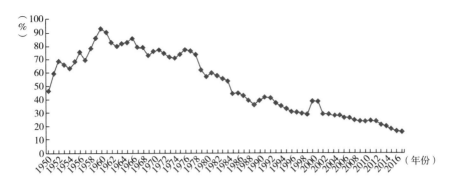

图 2-18 全国婚姻家庭、继承纠纷一审案件数量占比走势（1950~2017 年）

可以看出，新中国成立以来，婚姻家庭、继承纠纷案件的数量与占比的发展态势几乎完全相反。一方面，婚姻家庭、继承纠纷案件的数量持续、稳步增长，除 1953 年达到 1995 年之前的历史峰值，并在 1969 年达到历史低值。另一方面，婚姻家庭、继承纠纷案件的占比持续降低，在 1960 年前后达到历史峰值的 93.2% 以上后，持续下跌，在 2014 年跌至 20% 以下。1953 年出现婚姻家庭、继承纠纷案件的峰值，是因为 1950 年颁布了《婚姻法》。作为新中国颁布的第一部国家大法，明确规定了"废除包办强迫、男尊女卑和漠视子女利益的封建主义婚姻制度"，经过历时 3 年的宣传运动，终于使深受包办婚姻之苦的青年男子和千百万受虐待的妇女冲破封建婚姻的束缚，开始了自己的新生活。至 20 世纪 50 年代后期，一夫一妻制度在我国得到巩固，自由恋爱、自主结合的婚恋观得到广泛认同。在宣传贯彻婚姻法运动中，许多妇女不堪丈夫的虐待，勇敢地冲破"好女不侍二男""从一而终"等封建伦理的束缚，主动提出离婚。① 这一时期，离婚总数急速上升，1952 年法院离婚案已突破百万件，1953 年继续增长，高达 116 万余件，是新中国成立后第一次离婚高峰，并且在 1960 年前后占比达到历史峰值。在接下来的 20 年里，由于阶级斗争和极"左"思潮的禁锢，离婚人士往往受到舆论的谴责和歧视，离婚自由的法律规定逐渐被限制离婚的现实所取代。因此，在 1979 年，全国离婚案件总数已下降到 31.9 万件，但是占比仍然在

---

① 萧扬：《婚姻法与婚姻家庭 50 年》，《中国妇运》2000 年第 5 期。

50％以上。1980 年《婚姻法》进行修改，再次强调了婚姻自由包括结婚自由与离婚自由两个方面，越来越多的人对离婚持宽容的态度，人们开始对婚姻和家庭生活提出更高层次的要求，很多人希望尽快结束不幸福的、没有感情的、"死亡的"婚姻，这也开启了第二次离婚热的序幕。离婚案件数也由 1980 年的 34.1 万件增至 1990 年的 79.9 万件；1995 年则上升到 105.5 万件；1997 年持续增长到 120 万件，是 1980 年的 3.5 倍。①

　　2000 年前后，全国法院一审婚姻家庭、继承纠纷案件的数量和占比达到另一个峰值。究其原因，或与当时的金融危机、经济不景气等社会问题密切相关。

　　从图 2－19 可以看出，新中国成立以来，X 市部分基层法院婚姻家庭、继承纠纷案件的占比在 1980 年前基本保持在 80％以上的高位，其中有 10 多个年度保持在 95％以上。但是从 1979 年以后，随着改革开放、市场经济以及婚姻法的修改等经济社会发展因素的影响，婚姻家庭、继承纠纷案件的占比持续降低，从 1979 年的 87.9％快速跌落至 1981 年的 50％左右，并在之后的几十年间持续下降，其间偶有反复。可以发现，在不同历史时期，婚姻家庭、继承纠纷案件作为地方基层法院民事诉讼一审案件的主要案件类型，其在整个民事诉讼一审案件的占比，随着立法和司法政策的调整，呈现不同的变化趋势。基于数据调取的随机性原因，除个别年份占比与全国法院民事诉讼一审婚姻家庭继承案件占比存在差异外，地方基层法院婚姻家庭、继承案件占比的发展趋势与全国法院大体趋同。

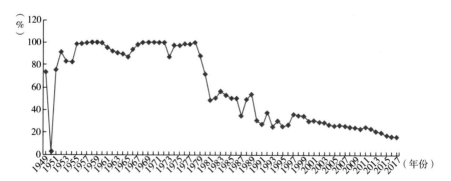

图 2－19　X 市基层法院婚姻家庭、继承纠纷一审案件数量占比走势（1949~2017 年）

---

　　①　萧扬：《婚姻法颁布 50 年与中国婚姻家庭的变化》，《百科知识》2000 年第 5 期。

二　债务纠纷一审案件类型的阶段性变迁

债务纠纷案件的内涵并不恒定，依据我国民事诉讼案由制度的变化而在不同时期有所变化。从 1950 年到 1953 年，债务纠纷、房屋纠纷、工商业纠纷作为 3 个第一级案由，债务纠纷案件包括借贷、买卖欠账、租赁和物品交付纠纷等，共 12 个第二级案由。从 1954 年至 1982 年，债务纠纷作为一级案由涵盖的民事诉讼一审案件种类范围相对保持稳定。从 1993 年到 2000 年，增加了"债"为第一级民事纠纷案由，并细分出如铁路、航空、公路、水路运输经济纠纷，货物运输合同纠纷等 14 个第三级案由。2000 年《合同法》统一了三大合同法，2001 年至今，合同纠纷案由为第一级案由，而债务纠纷、不当得利纠纷和无因管理纠纷被放在了"权属、侵权及不当得利和无因管理"之中，债务纠纷不再单列统计。债务纠纷案件是在《合同法》颁布之前人们发生经济往来产生纠纷的主要案由，与市民生活及经济社会秩序密切相关。债务纠纷案件的数量变化因受到不同时期国家政治、经济、社会发展状况以及民事诉讼立法、司法政策的影响，呈现不同的趋势。就全国法院一审债务纠纷案件数量及占比看，新中国成立初期，债务纠纷案件的数量在民事案件中仅次于婚姻案件，诉讼到人民法院的债务案件，大多数是 1949 年前形成的债务，其中主要是借贷纠纷。全国法院 1950～1952 年共受理债务案件 42 万余件。随着人民公社、"大跃进"、"文化大革命"等政治政策的接连实施，朴素的契约精神受到抑制。[1] 从 1955 年起，债务纠纷一审案件总体呈下降趋势，直至 1969 年全国法院仅受理 912 件，达到新中国成立以后的历史最低值。这种状况一直持续到 1978 年拨乱反正、改革开放，人民生活才步入正轨。契约互易精神重新被作为保持社会稳定的主要价值，债务纠纷案件随市场经济的发展而开始迅猛上升。

---

[1]　佟季：《定分止争六十载——统计数据中的民事审判》，《人民司法》2010 年第 5 期。

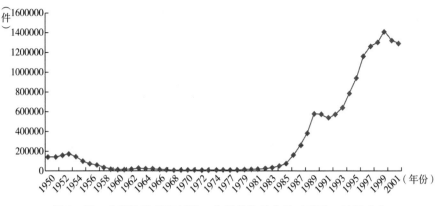

图 2 - 20　全国法院债务纠纷一审案件数量走势（1950～2001 年）

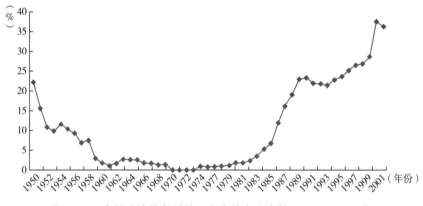

图 2 - 21　全国法院债务纠纷一审案件占比走势（1950～2001 年）

从图 2 - 20、图 2 - 21 可以看出，新中国成立以来，债务纠纷一审案件的数量与占比的发展态势不尽相同。一方面，债务纠纷一审案件的数量经过波折后持续增长。新中国成立初期的 10 年间，债务纠纷一审案件的数量稳中下降，并在 1960 年到达历史低值后持续了近 20 年的徘徊。自 1980 年后，随着改革开放及市场经济的发展，民营经济、集体经济、个人企业的兴起，债务纠纷案件数量快速增长、屡创新高。另一方面，债务纠纷案件的占比呈 "U" 形发展态势，债务纠纷案件在新中国成立初期的 10 年间，虽然数量相对不大，但是占比变化比较明显，从 1950 年的 20% 以上逐步跌至 1970 年的 0，之后快速上升，在 2000 年达到 37.5% 的历史峰值。在不同历史时期，债务纠纷案件的数量及比例在一定程度上反映了民间借贷的活跃程度及坏账比例，反映了社会发展中经济往来的信任度，反映了市场经济发展中的法治化的程度。

由于债务纠纷是商品或资金流转过程中出现的症结和障碍，社会和经济的发展因此主要可能从两个方面影响债务纠纷的数量。一方面是经济的总规模，即当经济增长导致经济总体规模增大，商品、资本、技术流量增加，从而产生大量的债务纠纷；相反，当经济萎缩时，经济的整体规模减小，商品、资本和技术的流量减少，债务纠纷的数量也相应减少。另一方面是经济运行状况，即当经济运行良好时，商品、资本和技术的流通相对顺畅，人们有较强的能力和良好的信用来履行其债务，因此债务纠纷的数量会减少；反之，当经济不景气，经营条件混乱时，信用能力下降，商品、资本、技术流通壁垒增加，债务无法履行，债权无法实现，债务纠纷的数量就会上升。由此可以进一步推断，当经济的总体规模增大时，案件数量会上升；当经济的运行秩序混乱时，案件数量也会上升。[①]

从图 2-22 可以看出，新中国成立以来，X 市部分基层法院一审债务纠纷案件的占比在 1980 年前基本保持低位发展，其中至少 10 个年度保持为 0。但是从 1981 年以后，随着改革开放、市场经济发展以及《民法通则》等法律法规的修改等经济社会发展因素的影响，债务纠纷案件的占比持续提升。可以发现，在不同历史时期，债务纠纷案件作为地方基层法院民事诉讼一审案件的重要案件类型，其在整个民事诉讼一审案件的占比，随着立法和司法政策的调整，呈现不同的变化趋势。基于数据调取的随机性原因，除个别年份占比与全国法院民事诉讼一审债务纠纷案件占比存在差异外，地方基层法院债务纠纷一审案件占比的变化趋势与全国法院大体趋同。

---

① 冉井富：《现代进程与诉讼：1978—2000 年社会经济发展与诉讼率变迁的实证分析》，《江苏社会科学》2003 年第 1 期。

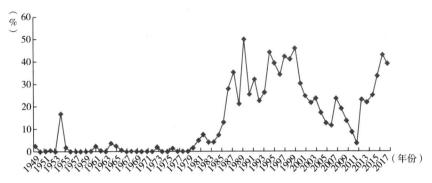

图 2 - 22　X 市基层法院债务纠纷一审案件数量占比走势（1949 ~ 2017 年）

三　合同纠纷一审案件类型的阶段性变迁

这一时期诉讼到人民法院的合同纠纷案件，大多数是新中国成立前形成的纠纷。同债权纠纷一样随着人民公社、"大跃进"、"文化大革命"等政治政策的实施，朴素的契约精神受到抑制。[①] 从 1952 年起，合同纠纷案件总体呈下降趋势，中间偶有反复，直至 1966 年全国法院仅受理501 件合同案件，达到新中国成立以后的历史最低值（1967 ~ 1982 年缺乏合同类纠纷案件统计数据）。这种状况一直持续到 1983 年契约互易精神重新被作为保持社会稳定的主要价值，合同纠纷案件数随市场经济的发展而迅猛上升。

从图 2 - 23、图 2 - 24 可以看出，新中国成立以来，合同纠纷案件的数量与占比的发展态势不尽相同。一方面，合同纠纷案件的数量在 1983年前后截然不同。1949 ~ 1982 年，合同纠纷案件的占比始终保持在 5% 以下。从数量上讲，1950 ~ 1954 年的案件数分别是 18416 件、35848 件、40608 件、20482 件、14339 件，分别占所有各类案件类型的 2.8%、4.1%、2.8%、1.2%、1.2%。之后，由于实行了社会主义公有制，此类纠纷开始逐步减少，至 1966 年其占比始终在 1.1% 以下徘徊。自 1982 年后，随着改革开放及市场经济的发展，民营经济、集体经济、个人企业的兴起，合同纠纷案件数量快速增长、屡创新高。但是在 1998 ~ 2002 年，

---

① 佟季：《定分止争六十载——统计数据中的民事审判》，《人民司法》2010 年第 5 期。

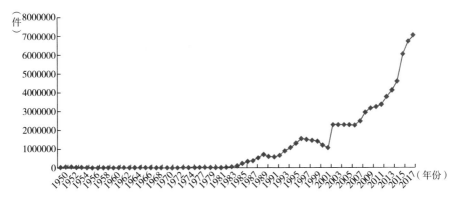

图 2 - 23 全国法院合同纠纷一审案件数量走势（1950～2017 年）

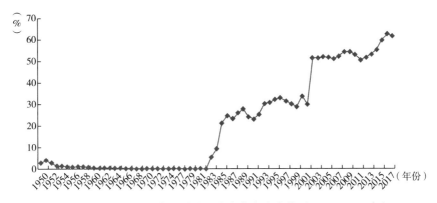

图 2 - 24 全国法院合同纠纷一审案件占比走势（1950～2017 年）

合同纠纷案件数量出现了负增长，此种现象应该与当时的国际、国内经济形势及社会发展状况相吻合。另一方面，合同纠纷案件的数量增长态势与占比增长态势总体一致，但在几个阶段有所不同。1983～1987 年，合同纠纷案件的数量增长较多，但占比增长更加迅猛，陆续突破 5%、10%、20%。2000 年《合同法》统一了三大合同法，2002 年至今合同纠纷案由为第一级案由。司法统计口径的变化使得合同纠纷案件的数量及占比在 2003 年前后陡然发生变化。在整个新中国成立以来 70 年的语境下进行比较，2011 年以来，合同纠纷案件数的增加量相对于合同纠纷案件占比的增加量，前者显然更为突出。总体上看，在不同历史时期，合同纠纷案件的数量及比例在一定程度上反映了市场经济的活跃程度及运行状况，反映了市场经济发展中的法治化的程度。

从图 2-25 可以看出，就 X 市部分基层法院一审合同纠纷案件数量及占比看，新中国成立初期的 5 年间合同纠纷案件的数量，占 1982 年前的 32 年的 80% 以上，当时诉讼到人民法院的合同纠纷案件，大多数是新中国成立前形成的经济往来纠纷。X 市部分基层法院一审合同纠纷案件的占比在 1979 年前基本保持低位发展，其中至少 10 个年度保持为 0。但是从 1981 年以后，随着改革开放、市场经济发展以及《民法通则》等法律法规的修改等经济社会发展因素的影响，合同纠纷案件的占比持续提升，从 1980 年前后的 3% 快速提高至 1987 年的 30% 左右，在 2012 年达到 44.8% 的历史峰值。可以发现，在不同历史时期，合同纠纷案件作为地方基层法院民事诉讼一审案件的重要案件类型，其在整个民事诉讼一审案件的占比随着立法和司法政策的调整呈现不同的变化趋势。基于数据调取的随机性原因，除个别年份占比与全国法院民事诉讼一审合同纠纷案件占比存在差异外，地方基层法院合同案件占比的发展趋势与全国法院大体趋同。但是作为内陆经济欠发达地区，X 市市场经济的发展水平相比我国东部、南部及沿海地区仍然存在不小差距，合同纠纷案件数量及其在全部民事案件中的占比在一定程度上反映了这一状况。

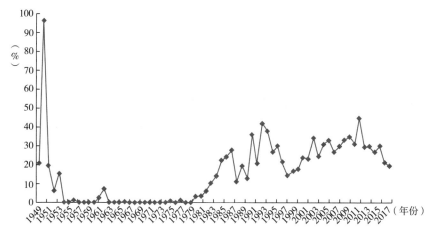

图 2-25　X 市部分基层法院合同纠纷一审案件占比走势（1949~2017 年）

四　侵权责任纠纷一审案件类型的阶段性变迁

侵权责任纠纷在 1950 年被作为第一级案由，称为损害赔偿纠纷。

1953 年至 1955 年该类案由没有统计显示。此后长达 29 年间，该类案
由为一级案由体系，且始终为损害赔偿纠纷，不过，名称有时为赔偿，
有时为赔偿纠纷。从 1985 年开始，赔偿纠纷为第一级案由，下分"医
疗费赔偿"和"其他赔偿"2 个第二级案由，以及经济类案由中的"经
济损害赔偿案件"，包括"药品纠纷损害赔偿"等 4 个第二级案由。
1992 年以后，赔偿纠纷仍为第一级案由，但改而细分为"人身损害赔
偿"和"财产损害赔偿"2 个第二级案由。同时在经济纠纷案由中增加
了"其他产品责任纠纷赔偿"和"铁路运输案件中侵权损害赔偿"2 个
第二级案由。按照《侵权责任法》的规定，增补了相关的侵权责任纠
纷案由，包括生命权、健康权、姓名权、名誉权、肖像权等。这些民事
权益，分别包含在人格权、婚姻、家庭、继承权，物权和知识产权等民
商事权益之中，而这些民事权益纠纷往往既包括权属确认纠纷也包括侵
权责任纠纷。

　　如图 2 - 26、图 2 - 27 所示，新中国成立以来，侵权纠纷案件的数
量、占比的发展态势不尽相同。合同纠纷案件的数量以 1979 年为分水
岭。1949 ~ 1977 年，侵权纠纷案件的数量大体保持在 5% 以下，多数年
份徘徊在 3% 以下。1950 ~ 1958 年，案件数量和占比不断波动。1958
年达到 32621 件，占比为 7.5%。之后，由于实行了社会主义公有制，
此类纠纷开始逐步减少，至 1966 年其占比始终在 2% 以下徘徊。自
1980 年后，随着改革开放及市场经济的发展，民营经济、集体经济、
个人企业的兴起，侵权责任纠纷案件数量快速增长、屡创新高。《民法
通则》全面详细列举了民事主体享有的财产所有权和与财产所有权有关
的财产权，即物权、债权、人身权、知识产权等民事权利，并给予了相
应的保护。故此《民法通则》被国外誉为"中国的人权宣言"[1]。可以
说，也正是从《民法通则》开始，我国侵权责任法的法律体系和理论
体系才逐渐开始建立并日趋发展完善。《民法通则》颁布后，我国又陆
续颁布了《产品质量法》《消费者权益保护法》《反不正当竞争法》
《国家赔偿法》等重要的法律，这些法律对产品责任、消费者权益、不

---

[1]　梁慧星：《民法总论》，法律出版社，1996，第 71 页。

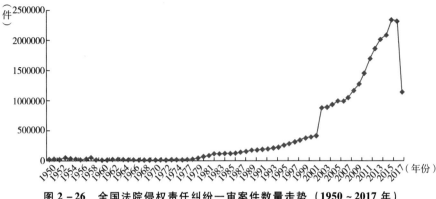

图 2 – 26　全国法院侵权责任纠纷一审案件数量走势（1950 ～ 2017 年）

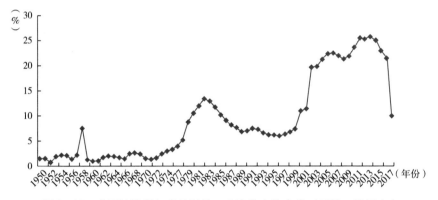

图 2 – 27　全国法院侵权责任纠纷一审案件占比走势（1950 ～ 2017 年）

正当竞争行为、国家赔偿责任等侵权责任行为作出了具体详细的规定。① 2001 年以来，最高人民法院还制定了一系列司法解释，主要包括《关于审理名誉权案件若干问题的解答》《关于审理名誉权案件若干问题的解释》等。2010 年颁布的《侵权责任法》对侵权行为共同适用的规则与制度作出较为系统的规定。之后，最高人民法院相继颁布了若干侵权法方面的重要司法解释，如《关于适用〈中华人民共和国侵权责任法〉若干问题的通知》《关于审理铁路运输人身损害赔偿纠纷案件适用法律若干问题的解释》《关于审理道路交通事故损害赔偿案件适用法律若干问题的解释》《关于审理环境侵权责任纠纷案件适用法律若干问题的解释》《关于审理利用信息网络侵害人身权益民事纠纷案件适用法律若干问题的规

---

① 程啸：《中国侵权法四十年》，《法学评论》2019 年第 2 期。

定》《关于审理食品药品纠纷案件适用法律若干问题的规定》《关于审理
医疗损害责任纠纷案件适用法律若干问题的解释》《关于审理海洋自然资
源与生态环境损害赔偿纠纷案件若干问题的规定》等，对于《侵权责任
法》的适用，铁路运输人身损害赔偿，环境侵权责任，利用信息网络侵
害人身权益的侵权责任，食品药品侵权责任，医疗损害责任，海洋自然
资源与生态环境损害赔偿责任等特殊侵权责任中的构成要件、减免责事
由、责任的承担、诉讼主体等问题作了详细的规定。总体来看，侵权责
任纠纷案件的数量及占比与几个重要法律及司法解释颁布前后的时间节
点基本一致，但 2016 年以后，侵权责任纠纷案件经过三十多年的快速
增长，增势乏力并出现下滑势头，占比也有所降低，说明随着市场经济
的发展、家庭及个人财产的积累及权属的明晰，产权制度日益稳定，与
此相对应的纠纷及司法救济逐渐退居幕后。

从图 2 - 28 可以看出，就 X 市部分基层法院一审侵权责任纠纷案件
数量及占比看，在 1979 年前基本保持低位发展，其中至少 10 个年度数量
为 0。但是从 1981 年以后，随着改革开放、市场经济以及《民法通则》
等法律法规的修改等经济社会发展因素的影响，侵权责任纠纷案件的占比
有明显提升，从 1980 年的 13.3% 快速提高至 1981 年的 34.4%，之后陆
续滑落至 1988 年的 2.7% 的低点后，在波动中向上攀升，在 2015 年前后
达到 29% 的另一个峰值。

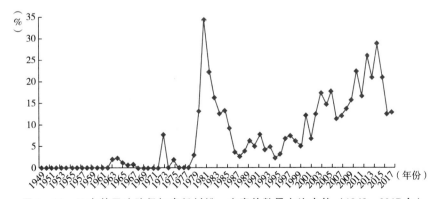

图 2 - 28　X 市基层法院侵权责任纠纷一审案件数量占比走势（1949～2017 年）

第四节　中国民事诉讼一审案件类型变迁的影响因素

案件类型的历史变迁包括横向的结构变迁和纵向的案件数量的变迁，二者均与经济社会发展、司法制度改革、诉讼主体价值取向等因素之间存在密切关联。同样的因素对不同民事案件类型的影响方式、途径和程度是不同的；同样的影响因素在不同的历史阶段对民事案件类型变迁的影响也各有特点。

一　经济社会发展基本决定了民事诉讼一审案件类型的阶段性变迁

司法制度作为社会制度的一部分，与社会整体的发展关联紧密，受社会政治、经济、文化等制度的深刻影响，并伴随着社会制度的变革而不断变化；同时，司法制度又以其特有的方式，在特定历史时期，通过解决社会矛盾纠纷，保障社会政治、经济、文化等制度的正常运行，维护社会基本秩序。民事诉讼一审案件类型作为民事司法制度的重要组成部分，亦无法脱离社会政治、经济、文化等制度而独立运行，社会发展变化对民事诉讼一审案件类型有着深刻的影响（见图2 - 29）。

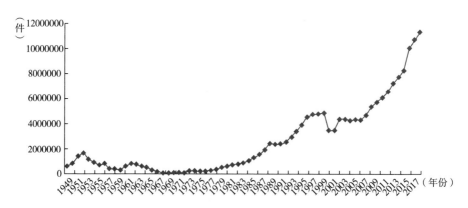

图 2 - 29　全国法院民事诉讼一审案件数量走势（1949 ~ 2017 年）

随着我国经济社会发展与变迁，社会结构快速地由乡土社会向工商业社会转变，反映在民事诉讼领域即"有降有升"。新中国成立至21世以来，我国法院一审受理的民事案件中，传统的民事纠纷如婚姻家庭、继承纠纷，邻里纠纷案件的占比日益下降，而新兴的市场经济发展中涌现出的合同纠纷案件占比日益上升。市场经济对传统观念的冲击是巨大的，传统的礼法观念开始瓦解，而现代社会的平等权利观念逐渐为人们所接受。国家经济政策的出台、调整和实施，直接促使法院受理案件范围的不断扩大和审理案件数量的不断增加。

债务纠纷案件和经济合同纠纷案件直接来源于经济活动和商品、资本的流通，因此社会经济的发展对债务纠纷和经济合同纠纷的数量变化有比较直接的影响。而离婚案件的直接起因是感情、观念等因素，所以社会经济发展对离婚纠纷案件数量的影响不是直接的，而是通过经济发展和技术进步所导致的社会制度与结构、生活方式、文化观念等的变化间接实现的。[1] 经济快速发展伴随的一些社会现象，如传统文化和传统道德逐渐瓦解，新的文化和道德观念尚未形成而出现的文化无序和道德失范，原有的社会和经济管理体制与日新月异的社会经济活动的数量和方式不相协调等。严格说来，这类现象不属于经济发展和现代化自身，但是综观各个国家和地区的现代化历程，都会伴随这类现象的发生；同时随着现代化的进一步发展，这种混乱和无序又会逐步消除。[2] 这些现象的存在一般会提升不同类型案件数量的占比，而且在特定的经济社会发展条件下会成为影响案件类型的主要原因，例如债务纠纷和经济合同纠纷案件的数量从 1993 年到 1996 年的迅速攀升。这些现象虽然不是现代化的组成部分，但必然伴随着现代化的发展。因此，这些现象对案件类型的影响应归结为现代化初期社会经济发展对民事案件类型的影响。另外，社会经济的发展对纠纷解决的选择有一定的影响，从而对民事案件的变化产生影响。

1949～1966 年，新中国经历了从成立、巩固政权到通过"一化三改造"向社会主义过渡，再到全面建设社会主义的探索时期，国家通过一

---

[1]　冉井富：《现代进程与诉讼：1978—2000 年社会经济发展与诉讼率变迁的实证分析》，《江苏社会科学》2003 年第 1 期。

[2]　冉井富：《现代进程与诉讼：1978—2000 年社会经济发展与诉讼率变迁的实证分析》，《江苏社会科学》2003 年第 1 期。

系列政治、经济、社会建设活动，政权得以稳固，社会主义政治协商和民主监督制度得以初步建立，国民经济得以恢复，将生产资料的私有制改造成社会主义公有制，国家掌握了国民经济的命脉。产权公有化为基本趋势①，全国经济体量相对较小，矛盾纠纷也相对较少，民事诉讼一审案件类型也体现出与时代特征相匹配的特征。1950～1953 年，经过开展土地改革和宣传贯彻《婚姻法》，全国法院受理的民事诉讼一审案件数量直线上升，这 4 年共受理民事案件 471 万余件。1954～1957 年，由于新的婚姻家庭制度的建立，特别是社会主义改造的完成，民事案件数量总体呈下降趋势，这 4 年共受理民事案件 375 万余件。1958～1960 年，农村实行人民公社和"大跃进"后，民事案件数量再度大幅下降，这 3 年共受理民事案件 112 万余件。1961～1965 年，通过落实农村人民公社的各项政策，部分实行了生产责任制，民事案件数量又有所回升，这 5 年共受理民事案件 341 万件。

1966～1976 年的"文化大革命"，社会以阶级斗争为纲，社会政治秩序混乱，经济急剧下滑，社会发展脱离了法制化轨道，社会政治、经济、文化等领域的非常态对民事诉讼一审案件类型产生了深刻的影响。民事纠纷的解决脱离了法制化轨道，全国法院民事诉讼一审案件数量急剧减少，全国法院收案数从 1966 年的 353867 件减少至 1976 年的 225679 件，其间收案数最少的年份是 1969 年，全国法院民事诉讼一审案件收案数仅为 62507 件；与收案数急剧下降的情形相一致，全国法院民事诉讼一审案件的结案数和结案率也在不断降低，结案率最低的 1972 年，全国民事诉讼一审案件未结案率高达 84%，未结案件占收案数的绝大多数。

1976～1982 年，是我国终结"文化大革命"、全面恢复社会秩序、

---

①　参见《1953 年政府工作报告》："从一九五三年起，我国就开始了经济建设的第一个五年计划，着手有系统地逐步地实现国家的社会主义工业化和对农业、手工业和资本主义工商业的社会主义改造。经济建设工作在整个国家生活中已经居于首要的地位。国营、合作社营和公私合营工业在工业总产值中的比重迅速上升。由于国营工业和合作社营工业一年一年壮大，由于资本主义工业开始成批地转为公私合营工业，这一比重在一九五四年预计将由一九四九年的百分之三十七增加到百分之七十一左右。这就是说，没有转为公私合营的资本主义工业在工业总产值中的比重，将只占百分之二十九左右了。"

从封闭走向改革的重要转折时期，实事求是的思想路线得以确立，政治体制改革起步，以经济建设为中心的理念初步形成，民主法制建设初步开展，农业生产和城市经济改革逐步展开，在政治变革、经济改革、法制建设、社会治理等因素的综合作用下，我国发生了翻天覆地的历史性变化，各种社会关系得到了新的调整。在拨乱反正的大背景下，我国民事诉讼法制也迎来了大发展的时期。1978 年《宪法》第 41、42 条规定了审判权由人民法院行使、群众代表陪审、公开审判等制度，1982 年《宪法》第 123～127 条确立了民事审判组织和审判机构的基本框架，最高人民法院于 1979 年 2 月制定颁布了《人民法院审判民事案件程序制度的规定（试行）》。[1] 1982 年通过并实施《民事诉讼法（试行）》，中国民事诉讼法律制度进入了全新的时代，该法恢复了民事诉讼的基本秩序，诉讼等法制化社会纠纷解决机制得以重建，民事诉讼一审案件数量及其类型布局也有了新的变化。1976～1982 年，全国法院民事诉讼一审案件的收案数较上一个时期有了大幅度的提升，从 1976 年的 225679 件急剧增加至 1982 年的 778941 件，增长率在 200% 以上。1979 年至 2008 年共受理民事案件 9840 万件，占新中国成立以来 60 年全国法院受理民事诉讼一审案件总数的 83.9%。随着民事诉讼法制化程度的提升，民事案件审判得以强化，民事诉讼一审案件结案率呈上升趋势，全国法院民事诉讼一审案件未结率从 1976 年的 35% 下降至 1982 年的 16%。

　　1982 年，我国各项事业的发展回归正常的历史轨道，开始了在新的历史起点上的转折和新建设征程。1982～1991 年，我国社会转型发展中有许多新的探索和实践。这一时期，提出了建设有中国特色的社会主义基本理念，确立了社会主义初级阶段"一个中心、两个基本点"的基本路线，确定了改革开放的基本方针与对内搞活、对外开放的经济体制改革目标，家庭联产承包责任制、统分结合的双层经营体制作为乡村集体经济组织的一项基本制度长期稳定下来，国有企业体制改革逐步开展，经济领域迸发了前所未有的活力，民众法律意识和权利意识的苏醒，

---

　　[1]　参见《人民法院审判民事案件程序制度的规定（试行）》之"六、裁判"部分。

与此伴生的民事纠纷也在不断增多。在法制建设上，以宪法为统领的部门法制建设加速，1982年《民事诉讼法（试行）》的颁布实施，使我国民事诉讼程序走向了法制化，民众对民事司法供给的需求不断增加，民事案件数量呈现井喷式增长，全国民事诉讼一审案件收案数量从1982年的778941件增至1991年的2443895件；在民事诉讼法制化轨道内，民事诉讼一审案件的未结案率也在不断下降，从1982年的16%降至1991年的9%。

　　1989年和1990年，我国GDP分别只增长了4.1%和3.8%，经济增长乏力，但1989年全国法院的民事诉讼一审案件仍持续大幅度上升。① 值得注意的是1990年的案件数量及类型的变化。1990年全国各级人民法院经济纠纷一审受理数、审结数同比分别下降了14.86%与10.62%。其中借款合同纠纷案件审结数同比下降17.13%、购销合同纠纷案件同比下降15.73%、建设工程承包合同纠纷案件同比下降15.89%。然而，将这些数据回归到当时社会的原始场景，并结合此前两年的政府工作报告和法院工作报告分析后会发现，法院相关案件数量下降的"例外"恰恰是受到当时针对性经济政策的影响。《1989年政府工作报告》就明确了当时治理整顿经济环境与经济秩序的政策。② 这一政策的实施导致了债务纠纷及

---

① 主要原因是：（1）随着我国社会主义公有制为主体的多种所有制经济的发展，商品经济的繁荣，公民之间、公民与法人之间的民事法律关系日趋广泛、复杂；（2）法制的逐步健全，特别是《民法通则》的颁布施行，人民法院受理的民事案件的范围日益扩大，著作权、名誉权、肖像权、姓名权等新类型案件逐渐增多；（3）法律知识的普及，公民法律意识的增强，使越来越多的人懂得如何运用法律手段保护自己的合法权益；（4）资产阶级思想的侵袭和封建意识、旧习俗活动的抬头；例如，在婚姻家庭关系上，出现了第三者插足、不履行抚养和赡养义务等情形。参见《最高人民法院工作报告（1990年）》，中华人民共和国中央人民政府网站，http://www.gov.cn/test/2008－03/27/content_929880.htm，最后访问日期：2018年3月25日。

② 《1989年政府工作报告》：治理经济环境和整顿经济秩序，是今明两年我国建设和改革的重点，也是政府工作的重点……整顿经济秩序特别是流通秩序，首先必须继续清理整顿各类公司……把治理整顿同深化改革密切结合起来……1989年的经济体制改革要着重完善和发展已经出台的各项改革措施，同时配合治理整顿，进行新的改革探索……各项改革必须紧紧围绕治理整顿这个中心，做到有利于压缩需求，调整结构，有利于增加有效供给，提高经济效益。

相关案件的大幅上升并在 1989 年出现了高峰①，在 1988 年、1989 年两年集中解决了流通领域的批量纠纷后，1990 年相关经济审判的同类案件数量自然发生"同比"下降，呈现与案件数量增长总体趋势相悖的暂时情景。②《1991 年最高人民法院报告》称，案件数量下降是因为相关经济整治活动取得了明显的效果。③ 而同在 1990 年，与治理整顿经济秩序无关的其他经济类案件仍保持增长，更是从侧面证实了当时相关案件大幅下降的"例外"是受到治理经济环境和整顿经济秩序、经济政策的影响。④《1991 年最高人民法院工作报告》写道："在经济纠纷案件总数下降的同时，有些经济纠纷案件仍然上升。其中农村承包合同纠纷案件 31217件，比上年上升 3.36%；财产租赁案件 7802 件，比上年上升 5.36%；涉外和涉港、澳、台案件共 535 件，比上年上升 39.38%。"

　　1992 年初，邓小平同志发表"南方谈话"，号召加快改革和发展；1993 年底，党的十四届三中全会通过的《关于建立社会主义市场经济体制若干问题的决定》，让市场在资源配置中起决定性作用，同时政府综合运用金融、财政和投资等手段，加强对经济的宏观调控。虽然 1991 ~ 2003 年，我国经济社会发展遭遇了不少困难和挑战，但总体而言，社会主体活力竞相迸发，经济、社会、文化、法制等领域的发展速度极快，与此伴生的民事纠纷案件数量和种类急剧增加，对民事诉讼法立法和民事类

---

① 《1989 年最高人民法院工作报告》："1988 年，全国法院受理经济纠纷案件 51.3615 万件，比上年增加 39.9%……公司、企业间追偿拖欠货款的案件，以及公司停办后的债务清偿案件继续增多；银行诉请追回逾期贷款的案件更是大量增加，1988 年受理了17.4445 万件，比上年增加了 1.5 倍。"

② 《1990 年最高人民法院工作报告》："一年来，经济审判工作认真贯彻执行为治理整顿、深化改革和社会主义经济建设服务的方针，针对一个时期以来经济过热、经济秩序特别是流通领域秩序混乱的情况，积极受理了各类经济纠纷案件。1989 年，全国各级人民法院共受理一审经济纠纷案件 694907 件，比上年上升 35.45%；审结一审经济纠纷案件673593 件，比上年上升 38.6%……其中，审理借款合同纠纷案件 251582 件，比上年上升 48.73%……审理购销合同纠纷案件 192808 件，比上年上升 29.5%……审理建筑工程承包合同纠纷 15409 件……"

③ 《1991 年最高人民法院工作报告》："经济纠纷案件的这些变化，从一个侧面反映了通过治理整顿，经济过热的现象受到抑制，经济领域特别是流通领域的一些混乱状况初步得到克服，经济秩序明显改善。"

④ 刘思萱：《经济法政策性特征的实证考察——基于 31 年最高人民法院工作报告的整理与分析》，《南京大学学报》（哲学·人文科学·社会科学版）2011 年第 1 期。

型提出了新的要求。为回应该时期经济社会发展对民事诉讼制度供给的强烈增长需求，1991 年《民事诉讼法》应运而生。随着国家市场经济体制建设与改革开放的不断深入，在 1991 年《民事诉讼法》框架下，我国民事司法实践也发生了深刻的变化，民事诉讼一审案件收案数量急剧增加，全国法院民事诉讼一审案件收案数量从 1991 年的 2443895 增加至 2003 年的 4410236 件。

2003 年以来，我国经济保持了相对持续高速增长的态势，但也存在诸如投资过热等问题，经济高速增长与矛盾伴生，反映在民事司法领域表现为民事案件数量的急剧增加。同时，国家治理模式的调整和治理方式的变化，也对社会矛盾纠纷化解产生诸多影响。不同时期所选择的治理模式和矛盾纠纷化解机制，对不同时期的纠纷解决产生不同的影响，对法院内部纠纷解决模式和政策选择、纠纷解决方式的选择等都产生深刻的影响，也对民事诉讼一审案件类型产生了一定的影响。从全国法院民事诉讼一审案件的处理情况看，民事案件收案数从 2003 年的 4410236 件，增加至 2017 年的 11373753 件，民事诉讼一审案件的收案量大幅增加，与这一时期经济高速增长、民众法律意识、权利意识觉醒、公众放弃传统"厌诉"观念不无关系。

二　民事立法及政策变化直接影响民事诉讼一审案件类型阶段性变迁

在民事诉讼法发展的不同历史时期，基于立法和民事司法政策的变化，民事诉讼一审案件数量及占比也发生着相应变化，在民事程序立法的规范化和司法实践推动下，民事司法政策逐步趋于稳定、理性和规范化。

新中国成立后，《婚姻法》共经历了三次比较大的立法变化：1950 年《婚姻法》的制定、1980 年《婚姻法》的修订以及 2001 年对 1980 年《婚姻法》的修正，反映了国家在不同历史时期运用法律手段对婚姻家庭关系进行整合规范。

1950 年《婚姻法》是新中国人民政权打破旧的婚姻制度、建立新的婚姻家庭关系制度的开始。新中国成立初期，仍然有很强的旧中国印记，为了发展新中国各项事业，特别是打碎一切束缚生产力发展的枷锁，必须要建立一个崭新的、合乎新社会发展的婚姻制度，尤其是把妇女从旧婚姻制度这条锁链下解放出来。为此，1950 年《婚姻法》第 1 条开宗明义规定："废除包办强迫、男尊女卑、漠视子女利益的封建主义婚姻制度。实行男女婚姻自由、一夫一妻、男女权利平等、保护妇女和子女合法利益的新民主主义的婚姻制度。"第 2 条规定："禁止重婚、纳妾。禁止童养媳。禁止干涉寡妇婚姻自由。禁止任何人借婚姻关系问题索取财物。"既表明了党和政府废除旧式封建婚姻制度的严正立场和坚定态度，也体现了新制度下的婚姻家庭观念。与此同时，党和政府开展了一系列宣传和贯彻《婚姻法》的运动，旨在加速旧式婚姻制度的衰亡和进一步确立适应社会主义制度需要的新型婚姻家庭关系。①

1980 年《婚姻法》是改革开放初期对婚姻家庭关系的一种新的整合和规范。1980 年《婚姻法》把"夫妻感情确已破裂、调解无效"作为判决离婚的法定条件和确定"计划生育"的基本原则。这两项主要内容在很大程度上是对"文化大革命"时期遗留的婚姻问题的解决和对改革开放初期婚姻家庭新问题的回应。"感情破裂"是离婚的法律原因，这与"文化大革命"对婚姻的影响有关。改革开放后，国家的政治经济生活步入正轨，人们对婚姻家庭质量的要求也有所提高，对情感的追求成为人们结婚的目标。"计划生育"原则被纳入《婚姻法》，与改革开放后巨大的人口压力分不开，② 政府采取严格的"计划生育"显得尤为迫切，1980 年《婚姻法》中明确规定"夫妻双方都有实行计划生育的义务"。

2001 年《婚姻法》的修正是对我国经济转型时期婚姻家庭中出现的一系列新问题的回应。这也是国家在新世纪初通过法律手段对婚姻家庭关系的重新规制。2001 年《婚姻法》的修正与社会主义市场经济体制的发

---

① 刘维芳：《试论〈中华人民共和国婚姻法〉的历史演进》，《当代中国史研究》2014 年第 1 期。

② 据 20 世纪 80 年代初的统计，中国每年净增人口 1100 多万人，每年必须增产几十亿斤粮食，才能保证新增人口的口粮需要。"近十亿人口中，全国解放后出生的青少年和儿童占了 65%。1954 年到 1960 年的七年中，出生的人口有一亿三千多万。他们之中有的已经结婚，有的按照婚姻法规定的结婚年龄，也将在近几年内进入结婚生育期。"继之而来的生育高峰将带来一系列的社会问题：粮食短缺、教育医疗卫生资源不足、住房条件受限、自然资源枯竭等，经济发展的步伐也将受到影响。参见刘维芳《试论〈中华人民共和国婚姻法〉的历史演进》，《当代中国史研究》2014 年第 1 期。

展是分不开的。1992 年党的十四大明确提出"建立社会主义市场经济体制"，1997 年党的十五大明确提出"依法治国，建设社会主义法治国家"的目标。随着改革开放的深入和计划经济向市场经济的转型，我国的经济结构、婚姻观、家庭观、法治观念都发生了很大的变化。在多元价值观下，一些传统的婚姻家庭价值观受到了严重的挑战。在一些地方，婚外恋等现象严重，"家庭暴力"问题日益突出。① 因此，2001 年《婚姻法》修订时增加了"禁止有配偶者与他人同居。禁止家庭暴力""夫妻应当互相忠实，互相尊重；家庭成员间应当敬老爱幼，互相帮助，维护平等、和睦、文明的婚姻家庭关系"等内容，还对离婚时的财产分割、离婚后子女的抚养教育、违反婚姻法的法律责任等作出更加明确、具体的规定。改革开放 20 年来，全国城乡居民储蓄大幅增加，房地产结构日趋多样化，而夫妻财产关系具有财产数额的大宗性、复杂性以及来源的隐蔽性等特点。1980 年《婚姻法》对共同财产、个人财产的定义和约定并不清楚，在离婚案件中经常出现隐藏、转让、出售、破坏夫妻共同财产，或伪造债务等情况。离婚还伴生了孩子的抚养、财产继承等一系列问题，为此，2001 年《婚姻法》的修订对夫妻双方财产作出更详细的规定，对离婚后儿童的权益作出更明确有力的保护，显示了法律积极应对新问题和新现象，规范塑造新型健康、稳定的家庭关系。

债务纠纷尤其是民间借贷纠纷案件数量及占比的历史演进主要与国家的经济政策有关。首先，计划经济条件下，有两个原因使民间借贷的边界过度压缩：一是采用政治、经济等多种手段严厉打击民间借贷；二是在计划经济的体制下，农户没有消费借贷的需要。1987 ~ 1996 年，民间借贷的边界扩展过程正是对原来边界不合理的自发调整。② 其次，民间借贷的风险变化导致其边界的波动。民间借贷在发展过程中面临各种风险，其中信用风险最大。民间借贷有着巨大的扩张动力，一旦其超出了小型或小规模的金融交易，其风险将迅速增大。对于面临过度金融风险的民间

---

① 据统计，1990 年中国有 34 万对夫妻离婚，1997 年达 119 万对，1999 年为 120 万对左右。参见刘维芳《试论〈中华人民共和国婚姻法〉的历史演进》，《当代中国史研究》2014 年第 1 期。

② 周素彦：《民间借贷：理论、现实与制度重构》，《现代经济探讨》2005 年第 10 期。

借贷活动，国家不太可能提供任何保护措施，民间借贷因此很难摆脱"扩张与风险增加—风险释放与收缩"的恶性循环。最后，在清理农村合作基金的同时，国家通过中央银行再融资，支持农村信用社向农民发放小农户贷款和其他贷款，这导致了2001年和2002年正式金融边界的迅速扩大。

1956年，全国人民代表大会常委会根据1954年《宪法》起草了《民法》第一稿。该草案以1922年的《俄罗斯民法典》为范本，排除了婚姻和家庭法，分为四部分：总则、所有权、债务和其他。债编又分为一般规则和各种债务，后者包括各种合同和损害赔偿、不当得利和无因经营。1950～1956年，为了满足各种经济成分并存的需要，国家广泛实行了承包制。几年来，合同立法已初具规模。但在社会主义三次大改造完成后，1958年取消了发展社会主义商品生产和商品交换的政策，取消了承包制。1962年，中共中央开始纠正经济工作中"左"的错误，指示"必须执行刑法和民法"。全国人民代表大会常委会第二次起草了《民法》，该草案反映了当时计划经济高度集中的特点，强调了产权转让的规划管理和行政管理。因此，经济和行政关系甚至被纳入了债法的调整范围。1962年以后，恢复和推进承包制作为调整国民经济的一项重要措施，国家相继颁布了一系列的承包制法律法规。社会和教育运动之后是"文化大革命"，契约制度再次被抛弃。

1978年底，中国共产党十一届三中全会揭开了中国历史的新篇章，社会主义法制建设立即进入了一个新阶段。1981年颁布《经济合同法》（1983年修订后重新颁布），1985年颁布《涉外经济合同法》。继《民法通则》之后，1987年颁布了《技术合同法》。此外，自1979年以来，国务院各部委和经济特区相继颁布了许多合同法规。1986年通过的《民法通则》是中华人民共和国成立以来正式颁布的第一部基本民法。《民法通则》尊重中国的民间习俗和多年的民事审判经验，忠实反映了改革开放以来出现的新的法律关系，既立足国情，又充分注意吸收当代立法的新经验。然而，即使有最高人民法院的相关司法解释作为补充，"合同"和"侵权"部分仍然很粗略。

1999年《合同法》统一了《涉外经济合同法》《经济技术合同

法》，结束了我国合同立法"三足鼎立"形成的相互重复、不和谐的局面，成为完善社会主义市场经济法律体系的重要一步。《合同法》的内容充分体现了统一的社会主义市场需求，摒弃反映计划经济体制的基本特征的经济合同的概念，充分体现当事人自治原则，体现了法律和现代市场经济的本质需要，规定各方主体都必须遵循的诚信原则，为建立信用经济奠定了基础。合同法确立了统一的交易规则，鼓励和便利了交易，有力地保障了社会主义市场经济的发展。《合同法》完善了合同成立、效力和违约责任制度，贯彻严格遵守合同的原则，有效维护了社会主义市场经济的良好秩序。

侵权责任纠纷案件数量及占比的历史演进主要与国家的立法及司法政策有关。总体来看，侵权责任纠纷案件的数量及占比与几个重要法律及司法解释颁布前后的时间节点基本一致，占比也在不断扩大。1986 年《民法通则》全面详细列举了民事主体享有的财产所有权和与财产所有权有关的财产权，即物权、债权、人身权、知识产权等民事权利，并给予了相应的保护，故《民法通则》被誉为"中国的人权宣言"。① 2010 年实施的《侵权责任法》对债权责任的构成要件、减免责任事由、责任的承担、诉讼主体等问题作了详细的规定。

三 民众法律意识的增强潜在影响民事诉讼一审案件类型阶段性变迁

法律意识则是人对法律现象、法律实质的认知。人对法律的认知不仅受到主体自身意识的影响，也会受客观环境等多种综合因素的影响和作用。民众法律意识的生成和强化，是一个渐进而复杂的过程，既受社会、政治、经济、文化、法制、教育等因素发展变迁的影响，也与民众自身受教育程度、认知能力、纠纷解决经历等紧密相关。作为民事诉讼主体的当事人的法律意识、社会关系、认知能力、处世态度甚至过往经历等，都会直接或间接地影响民事诉讼一审案件的类型。1949～1982年，总体而言，新中国法制建设尚在探索之中，法律体系和法律制度还

---

① 梁慧星：《民法总论》，法律出版社，1996，第 71 页。

不完善，民众的法律意识总体尚不强，这一背景与其他因素的综合作用，使得全国法院民事诉讼一审案件中传统意义上民事纠纷，如婚姻家庭继承纠纷、损害赔偿纠纷、土地山林等纠纷的数量和比例总体较高。但是改革开放以来，特别是进入 21 世纪以来，随着《物权法》《侵权责任法》等重要法律法规的颁布施行，市场经济条件下的经济纠纷、合同纠纷、物权纠纷的数量和比例不断提升，已经远远超过了传统民事纠纷的数量，可见民众法律意识变化对民事诉讼一审案件的数量及类型产生着深刻的影响。

除此之外，民事诉讼司法资源的供给直接影响民事诉讼一审案件类型阶段性变迁。自 2015 年 5 月起全国法院系统全面实施立案登记制改革，意味着对于原告提交的诉状及其相关材料只做形式性审查。除极少数特殊种类的起诉外，只要符合法律上对起诉的形式要求，原则上都予以立案，仅在形式不符合法律规定时才以一次性明确告知需修改补正的地方和期限的方式要求原告补正。① 最高人民法院公布的数据显示，自立案登记制度改革实施以来，全国法院现场登记率平均达到 95%。在过去一直抱怨很难分辨"民商事案件争议焦点"，很多常被法院拒之门外的"前案"都能顺利进入诉讼程序，立案困难的现象基本消失了。立案登记制实施的 2015 年，法院系统受理案件数量有较大幅度增加已成不争的事实。②

第五节　中国民事诉讼一审案件类型发展趋势展望

我国民事诉讼一审案件类型结构中，基本类型划分不够科学、非财产关系纠纷案件占比较大等问题值得关注，未来我国民事诉讼制度应针对案件类型有所侧重地进行制度的完善。

---

① 王亚新：《立案登记制改革：成效、问题及对策》，《法治研究》2017 年第 5 期。
② 据最高人民法院相关部门于 2016 年 3 月公布的数据，2015 年全国法院新收各类案件 17659861 件，同比上升 22.81%，新收增幅为近 10 年来最高。新收案件中民商事一审案件 10097804 件，考虑到本身的案件基数，绝对数的增加很明显。参见王亚新《立案登记制改革：成效、问题及对策》，《法治研究》2017 年第 5 期。

一 民事诉讼一审案件类型结构的发展展望

改革开放至今，我国民法立法基本形成了较为完备的民事主体制度，物权、债和合同制度，婚姻家庭与继承制度，知识产权制度，民事责任制度等基本法律制度，构建了适应社会主义市场经济需要的法律体系和基本的民事权利体系，确立了私法自治、诚实信用等民法的基本理念，维护了家庭的价值和社会功能。① 特别是 2017 年 3 月第十二届全国人大审议通过的《民法总则》，确立了民商事活动所共同遵循的基本规则，进一步完善了社会主义市场经济的法律规则，有力地维护了社会主义市场经济的法律环境和法治秩序，广泛确认了民事主体所享有的各项权益，为我国一审民事纠纷的案件类型奠定了良好基础。2011 年《案由规定》施行以来，司法实践中出现了诸多新类型民事案件，《中华人民共和国民法典》（以下简称《民法典》）于 2021 年 1 月 1 日施行后，最高人民法院对 2011 年《案由规定》进行了修改和完善，以便与《民法典》同步施行。修改后的《案由规定》以民事法律关系即民事权利类型为基础，第一级案由总体上分为人格权纠纷，婚姻家庭、继承纠纷，物权纠纷，合同、准合同纠纷，知识产权与竞争纠纷，劳动争议、人事争议，海事海商纠纷，与公司、证券、保险、票据等有关的民事纠纷，侵权责任纠纷，非讼程序案件案由，特殊诉讼程序案件案由，共计十一部分。每部分案件类型涵盖的具体类型因各种因素的变化而调整。

二 主要案件类型的发展趋势展望

（一）婚姻家庭、继承纠纷案件数量将持续萎缩，并以财产权益为主要争讼标的

21 世纪以来，随着经济社会的发展，许多的家庭和个人积累了相当数量的家庭或个人财富。这些财富不仅包括传统意义上的银行存款、金银首饰等物品，还包括现代社会中的不动产、公司股票、证券等具有高增值性和高流通性的财富。这些财富在婚姻家庭法律关系结束时，往往成为当

---

① 王利明：《回顾与展望：中国民法立法四十年》，《法学》2018 年第 6 期。

事人之间产生纠纷的主要标的。最高人民法院出台了一系列关于婚姻法的司法解释，加强了关于夫妻共同财产分割的规范。随着国家关于离婚纠纷控制的放松和对夫妻共同财产分割法律知识的供给强化，离婚纠纷数量保持平稳增长并且以财产纠纷为主要争点，将会是未来一段时期内婚姻家庭、继承纠纷的主流。

（二）合同纠纷案件数量将持续稳步增长，并在今后较长时期内成为民事纠纷最主要的纠纷类型

我国《物权法》《合同法》《侵权责任法》的颁布，确立了社会主义市场经济的基本法律制度，为市场的正常运行奠定了法律基础。随着社会主义市场经济基本法律制度的完善，合同纠纷也将会在今后较长时期内成为民事纠纷最主要的纠纷类型。

（三）侵权责任纠纷数量将有所增长，其中新类型案件的比例将不断增大

未来一段时间，现代社会普遍存在的产品责任、环境污染和生态危害责任、高度危险责任，以及医疗损害责任、缺陷产品召回等，是侵权责任纠纷的主要类型，根据社会经济发展的新情况、新问题，侵权责任纠纷的具体构成方面也将发生一些变化。

一是人格权纠纷案件数量将有所增加。《民法通则》、2010年《侵权责任法》、2017年《民法总则》确认了自然人的人身自由、人格尊严受法律保护，《民法典》将人格权纠纷单独成编，并明确规定了有关人格权的具体权益。随着互联网和大数据等技术的发展，"人肉搜索"、非法侵入他人网络账户、贩卖个人信息、网络电信诈骗等现象日益普遍，利用信息网络侵害人格权的行为将持续存在，需要提供司法救济的依据和指引。

二是知识产权纠纷案件数量继续增长。我国《著作权法》《商标法》《专利法》对于著作权制度、商标制度和专利制度已经作了比较完备的规定，对于激励创新、保护人们的智力劳动成果都发挥了重要作用。随着步入"高科技时代""互联网时代""大数据时代""信息时代""知识经济时代"，我国知识产权法律制度的完善也为知识产权纠纷提供了明确具体的救济依据和指引。

三是虚拟财产纠纷案件数量大量增加。现代网络通信技术、计算机技术、人工智能、生物工程技术等高科技迅猛发展，改变了传统生产和生活的形式，也改变了传统意义上的实体财产等财富表现形式，给民事主体网络空间的财产权利的保护带来了风险，需要法律制度对数据和网络虚拟财产的保护提供明确具体的救济依据和指引。

三　完善与新时代民事诉讼案件类型相适应的民事诉讼制度

（一）进一步完善人民法院民事受理制度

现行立法对法院民事受案范围的规定系采取概括与列举相结合的方式。由于立法的概括性规定涵盖力不强，加之列举规定的有限性，已越发难以发挥立法对司法实践的指导作用，因而亟待改进。应在民诉法中对法院的主管范围作原则规定，且该原则规定应尽量做到明确，易于操作。其他法律法规应当将原则规定具体化。同时，在不违背原则规定基本精神的前提下，其他法律和法规还可以从具体民事案件的特殊性出发，对其可诉性作特殊规定。确定人民法院民事受案范围时，应统筹几个方面的因素：诉讼手段的纠纷解决能力、非讼手段的纠纷解决能力、民事纠纷的复杂程度。

（二）进一步完善民事案由制度

民事案件案由是民事诉讼案件的名称，反映案件所涉及的民事法律所关系的性质，是人民法院对诉讼争议所包含的法律关系所进行的概括。[①]但是以文字为表现形式的法律不可能描述殆尽丰富多变的社会生活，法律的制定通常滞后于社会生活的发展，纠纷发生后，非要等到有了具体明确的条文规定再立案受理是不现实的。适当的做法应该是：在法律未明文禁止时，司法者应能动地对法律的精神作一个有利于社会整体的、宽泛而又合理的理解，最大限度地为纠纷主体提供司法救济的途径。因此，以诉讼标的理论为依据，调整案由制度，在当下有其可行性。

（三）及时吸收新类型民事案件

新类型案件特指由于法制发展、科技进步以及社会变革而新出现的、

---

① 罗东川、黄建中：《〈民事案件案由规定〉的理解与适用》，《人民司法（应用）》2008年第 5 期。

以案件的形式反映在司法活动中的社会新问题和新矛盾。新类型案件在民商事审判中既可以表现为新的案由，也可以表现为新的民事权利义务内容以及新产生的民事法律主体。受科技进步的影响，网络侵权、虚拟财产交易以及电子商务等新纠纷层出不穷，与此相关的新类型案件必将越来越多。社会发展和变革造成过去所不曾有的行业和法律主体不断出现，各种新的利益诉求不断增多，带来了很多社会问题和社会矛盾，最终会以诉讼形式诉诸司法。随着人民群众法治观念以及维权意识不断增强，人民群众更愿意诉诸司法来解决纠纷，不仅要求保护人身财产安全，还期待保护更为广泛的其他社会权利，这在很大程度上表现为特定时期的新类型案件。

第三章 中国民事诉讼一审庭审形式实证研究

第一节 导论

党的十八届三中全会通过的《中共中央关于全面深化改革若干重大问题的决定》指出:"改革审判委员会制度,完善主审法官、合议庭办案责任制,让审理者裁判、由裁判者负责。明确各级法院职能定位,规范上下级法院审级监督关系。推进审判公开、检务公开,录制并保留全程庭审资料。增强法律文书说理性,推动公开法院生效裁判文书。严格规范减刑、假释、保外就医程序,强化监督制度。广泛实行人民陪审员、人民监督员制度,拓宽人民群众有序参与司法渠道。"随后,党的十八届四中全会通过的《中共中央关于全面推进依法治国若干重大问题的决定》又明确指出:"推进以审判为中心的诉讼制度改革,确保侦查、审查起诉的案件事实证据经得起法律的检验……保证庭审在查明事实、认定证据、保护诉权、公正裁判中发挥决定性作用。"至此,我国又一轮司法体制改革拉开了大幕。根据中央两届全会的内容,可以看出新一轮司法改革的重心之一就是要推进"审判中心主义"改革,目的之一在于解决由于庭审形式存在"走过场"的现象导致的庭审虚化、庭审形式单一化和无效化等一系列严重问题。

推进"审判中心主义"改革,实际上同"庭审中心主义"改革并无二异。对于"庭审中心主义"核心内容的庭审形式,目前理论界并无太多关注,甚至"庭审形式"这一概念都不多见。纵观理论界对于庭审形式的研究成果,注重规范研究的多,侧重实证分析的少;侧重庭审形式中具体制度研究的多，将庭审形式作为一个整体研究的少；将一、二审庭审形式作为整体研究的多，一审庭审形式研究的少；等等。在此背景下，本书通过实地调研，搜集两基层法院自新中国成立以来的判决书，通过对判决书的挖掘，发现公开审判制度和合议制度是庭审形式的重要组成部分，可以说公开审判制度和合议制度的实施效果直接关系到庭审中心主义的落实质量。基于此，本章立足于我国一审庭审形式，结合公开审判和合议制这两个具体制度，对我国民事诉讼一审庭审形式做深入研究。

　　由于我国实行两审终审制，基层人民法院、中级人民法院以及高级人民法院，甚至包括最高人民法院均有一审案件的管辖权，因此，相对于国外初审法院与上诉法院的划分而言，在我国并没有真正意义上的初审法院。但从国外对初审法院的定义上来说，基层法院更接近初审法院的一些特征，本章对于庭审模式的论述从此展开。之所以将基层法院的一审庭审形式定位为本章考察的对象，主要考虑以下理由：一是一审程序相较于二审及再审程序，更接近事实发生的时间和地点，更接近当事人和法官，对于一审庭审模式的研究无疑会在很大层面上加深对一审庭审程序的认识；二是 1949 ~ 2019 年，我国法院审结的一审民事案件总数明显多于同期二审审结案件，如此规模的一审民事案件，其影响者甚众，加强对于一审庭审模式的研究势必会改善民众的诉讼观；三是一审程序大多适用于基层法院，这些法院的法官所特有的知识和经验对于庭审改革将会起到一定的推动作用，"而且就拓展有关司法的知识体系而言，也都是有意义的"①。我国民事审判第一审程序包括普通程序和简易程序。普通程序就是法院审理第一审民事案件通常使用的最基本的程序。普通程序是第一审程序中的主要程序，是整个民事审判程序的基础，它具有以下两个特点：第一，普通程序具有程序的完整性；第二，普通程序具有广泛的适用性。基于以上考虑，本章主要考察一审普通程序中的庭审形式，以求结构体系上的完整性。

　　早在新中国成立前，我国庭审形式中的公开审判与不公开审判以及合

---

① 苏力：《送法下乡：中国基层司法制度研究》，北京大学出版社，2010，第 177 页。

议制度就一直存在。新中国成立后，公开审判作为国家制度的重要组成部分在宪法中进行了明确的规定，无论是 1954 年《宪法》，还是 1978 年《宪法》和 1982 年《宪法》，都将公开审判制度规定为其内容。1954 年《宪法》第 76 条就规定，人民法院审理案件，除法律规定的特殊情况外，一律公开进行。1975 年《宪法》取消了公开审判制度，1978 年《宪法》又恢复了这项制度。现行 1982 年《宪法》第 125 条一字不改地重申了公开审判制度。1982 年的《民事诉讼法（试行）》第 8 条、第 103 条、第 115 条都对公开审判制度进行了相关规定。同时，从我国《民事诉讼法》《刑事诉讼法》《行政诉讼法》的规定中可知，我国是以公开审判为原则，不公开审判为例外，只有法律规定的特殊情形的，才允许不公开审理。而合议制度也在新中国成立之初得以确立。1949 年 9 月颁布、曾起临时宪法作用的《中国人民政治协商会议共同纲领》，1951 年颁布的《人民法院暂行组织条例》，1954 年颁布的《宪法》及《人民法院组织法》均对陪审制度作了明确的规定。同时，由审判员组成合议庭的职业法官合议制度也自此在实践中运作。1954 年《人民法院组织法》第 9 条明确规定："人民法院审判案件，实行合议制。人民法院审判第一审案件，由审判员和人民陪审员组成合议庭进行，但是简单的民事案件、轻微的刑事案件和法律另有规定的案件除外。人民法院审判上诉和抗诉案件，由审判员组成合议庭进行。"1979 年 7 月制定、1983 年 9 月修改的《人民法院组织法》基本沿用上述规定，只将其中的但书部分稍作修改，明确为"简单的民事案件、轻微的刑事案件和法律另有规定的案件，可以由审判员一人独任审判"。《人民法院组织法》还明确规定了审判委员会的组成和职责、组织原则。其后我国的刑事、民事、行政诉讼法，也都明确规定了合议制度。最高人民法院的相关司法解释也对合议制度作了具体规定。法律和司法解释，规定了适用合议制度的案件范围，合议庭的组成方式，合议庭和审判委员会的权限、权力，合议庭审理、评议案件、制作判决的规则。特别应当指出的是，1998 年最高人民法院《关于民事经济审判方式改革问题的若干规定》，1999 年的《人民法院五年改革纲要》，2000 年的《人民法院审判长选任办法（试行）》，尤其是 2002 年 7 月的《关于人民法院合议庭工作的若干规定》，就合议制度的整体组成、运作机制作了具体的规定，对合议制度进行了重大的改革。

课题组在两法院搜集到的为 1949 ~ 2012 年的判决书，为了更全面地反映近几年庭审形式的变化，课题组又采用随机抽样的方法在中国裁判文书网中下载了两法院 2013 ~ 2018 年的判决书，每个年份 100 份，共 1200份。本章是对 H 省 X 市 A 区、B 县法院 1949 ~ 2018 年的判决文书的实证考察。通过对裁判文书的深入挖掘，展现我国庭审形式因当时社会政治、经济、文化的发展变化以及法律、政策的变迁，呈现的不同发展阶段。此外，课题组对于判决文书的搜集、整理始于判决文书上网制度尚未形成之前，因此，在判决文书并不规范的当时，无法从判决文书中大量获取关于非正式庭审的庭审形式内容及表现方式，同时，对于庭审形式构成要素中的主体要素，亦无法从现有的裁判文书中获取，因此，囿于采集裁判文书的客观限制，本章在对一审庭审普通程序中的庭审形式进行分析的同时，更加侧重于对于庭审形式当中的程序要素以及庭审形式的组织结构和审理原则进行分析与论述。

第二节　中国民事诉讼一审庭审形式的变迁

课题组以民事诉讼一审程序为主题，对 H 省 X 市 A 区人民法院和B 县人民法院进行调研。选择 A、B 两个法院的主要考量在于：首先，课题组有成员曾就职于 H 省 X 市，对于调研数据的收集具有一定的便利性；其次，A 区、B 县法院虽然同位于 X 市，但经济发展状况完全不同，A 区属于 X 市的主城区，经济发展水平位于 X 市的前列，而 B 县辖区多属于农村地区，经济发展水平较低，不同区域、不同发展水平的法院的数据有一定的对比性。H 省属于经济欠发达省份，同时，由于我国公开的司法统计数据在新中国成立后的一段时间内并不完善，课题组对于全国性数据的搜集整理并不全面，因此对于能否全面反映我国自新中国成立以来庭审方式的变化，应当持一定谨慎乐观的态度。

表 3 - 1 和表 3 - 2 详细记录了自 1949 年以来，我国 H 省 X 市 A 区、B 县两法院在公开审理与不公开审理以及审判组织形式方面的客观数据。从中可以看出庭审形式的变迁具有明显的阶段性。

表 3－1　A 区、B 县法院公开审理与不公开审理数据统计 〔1949～2018 年〕

单位：件，%

年份	公开审理						不公开审理						总案件量
	A 区法院		B 县法院		总计	总占比	A 区法院		B 县法院		总计	总占比	
	数量	占比	数量	占比			数量	占比	数量	占比			
1949	0	0.00	0	0.00	0	0.00	0	0.00	0	0.00	0	0.00	0
1950	0	0.00	1	0.00	1	0.00	0	0.00	0	0.00	0	0.00	1
1951	0	0.00	4	100.00	4	40.00	6	100.00	0	0.00	6	60.00	10
1952	0	0.00	2	100.00	2	14.29	6	50.00	6	50.00	12	85.71	14
1953	5	83.33	1	16.67	6	42.86	3	37.50	5	62.50	8	57.14	14
1954	26	60.47	17	39.53	43	55.84	11	32.35	23	67.65	34	44.16	77
1955	45	57.69	33	42.31	78	80.41	13	68.42	6	31.58	19	19.59	97
1956	66	60.55	43	39.45	109	75.69	17	48.57	18	51.43	35	24.31	144
1957	72	51.06	69	48.94	141	80.57	14	41.18	20	58.82	34	19.43	175
1958	184	96.84	6	3.16	190	82.97	23	58.97	16	41.03	39	17.03	229
1959	3	75.00	1	25.00	4	80.00	1	0.00	0	0.00	1	20.00	5
1960	6	85.71	1	14.29	7	87.50	0	0.00	1	0.00	1	12.50	8
1961	14	87.50	2	12.50	16	94.12	0	0.00	1	0.00	1	5.88	17
1962	23	79.31	6	20.69	29	90.63	2	0.00	1	0.00	3	9.38	32
1963	31	72.09	12	27.91	43	97.73	1	100.00	0	0.00	1	2.27	44
1964	27	75.00	9	25.00	36	76.60	4	0.00	7	0.00	11	23.40	47
1965	0	0.00	382	100.00	382	98.96	2	0.00	2	0.00	4	1.04	386
1966	3	6.25	45	93.75	48	44.44	33	0.00	27	0.00	60	55.56	108
1967	1	12.50	7	87.50	8	13.79	46	0.00	4	0.00	50	86.21	58
1968	1	3.57	27	96.43	28	42.42	23	0.00	15	0.00	38	57.58	66
1969	0	0.00	23	100.00	23	34.85	21	0.00	22	0.00	43	65.15	66
1970	0	0.00	13	100.00	13	18.57	30	0.00	27	0.00	57	81.43	70
1971	0	0.00	44	100.00	44	37.93	33	0.00	39	0.00	72	62.07	116
1972	0	0.00	28	100.00	28	36.84	27	0.00	21	0.00	48	63.16	76
1973	2	5.41	35	94.59	37	36.27	39	0.00	26	0.00	65	63.73	102
1974	2	4.55	42	95.45	44	56.41	0	0.00	34	100.00	34	43.59	78
1975	1	50.00	1	50.00	2	1.94	33	32.67	68	67.33	101	98.06	103
1976	2	50.00	2	50.00	4	3.51	39	35.45	71	64.55	110	96.49	114
1977	5	71.43	2	28.57	7	7.00	66	70.97	27	29.03	93	93.00	100

| 年份 | 公开审理 | | | | | | 不公开审理 | | | | | | 总案件量 |
| | A 区法院 | | B 县法院 | | 总计 | 总占比 | A 区法院 | | B 县法院 | | 总计 | 总占比 | |
	数量	占比	数量	占比			数量	占比	数量	占比			
1978	45	51.72	42	48.28	87	71.31	22	62.86	13	37.14	35	28.69	122
1979	5	100.00	0	0.00	5	100.00	0	0.00	0	0.00	0	0.00	5
1980	0	0.00	58	100.00	58	100.00	0	0.00	0	0.00	0	0.00	58
1981	11	5.26	198	94.74	209	100.00	0	0.00	0	0.00	0	0.00	209
1982	9	2.79	314	97.21	323	100.00	0	0.00	0	0.00	0	0.00	323
1983	190	34.23	365	65.77	555	100.00	0	0.00	0	0.00	0	0.00	555
1984	41	16.53	207	83.47	248	98.41	2	50.00	2	50.00	4	1.59	252
1985	13	4.41	282	95.59	295	98.66	2	50.00	2	50.00	4	1.34	299
1986	385	60.63	250	39.37	635	71.35	127	49.80	128	50.20	255	28.65	890
1987	289	72.61	109	27.39	398	84.68	35	48.61	37	51.39	72	15.32	470
1988	420	81.55	95	18.45	515	66.28	131	50.00	131	50.00	262	33.72	777
1989	104	45.22	126	54.78	230	67.85	42	38.53	67	61.47	109	32.15	339
1990	583	87.93	80	12.07	663	64.75	169	46.81	192	53.19	361	35.25	1024
1991	653	94.50	38	5.50	691	81.97	54	35.53	98	64.47	152	18.03	843
1992	473	85.53	80	14.47	553	87.50	13	16.46	66	83.54	79	12.50	632
1993	481	79.64	123	20.36	604	90.42	14	21.88	50	78.1	64	9.58	668
1994	1310	84.73	236	15.27	1546	97.11	13	28.26	33	71.74	46	2.89	1592
1995	1338	65.20	714	34.80	2052	85.64	155	45.06	189	54.94%	344	14.36	2396
1996	998	50.25	988	49.75	1986	96.50	35	48.61	37	51.3	72	3.50	2058
1997	1394	59.73	940	40.27	2334	87.94	158	49.38	162	50.63	320	12.06	2654
1998	1267	51.36	1200	48.64	2467	98.21	0	0.00	45	100.00	45	1.79	2512
1999	1456	71.30	586	28.70	2042	95.73	7	7.69	84	92.31	91	4.27	2133
2000	238	18.03	1082	81.97	1320	91.54	56	45.90	66	54.10	122	8.46	1442
2001	1368	48.56	1449	51.44	2817	98.88	7	21.88	25	78.13	32	1.12	2849
2002	1846	76.00	583	24.00	2429	99.67	2	25.00	6	75.00	8	0.33	2437
2003	1172	64.47	646	35.53	1818	99.51	3	33.33	6	66.67	9	0.49	1827
2004	998	33.97	1940	66.03	2938	99.22	9	39.13	14	60.87	23	0.78	2961
2005	699	33.56	1384	66.44	2083	98.77	11	42.31	15	57.69	26	1.23	2109
2006	446	25.65	1293	74.35	1739	99.20	7	50.00	7	50.00	14	0.80	1753
2007	597	46.68	682	53.32	1279	99.69	2	50.00	2	50.00	4	0.31	1283

续表

年份	公开审理						不公开审理						总案件量
	A区法院		B县法院		总计	总占比	A区法院		B县法院		总计	总占比	
	数量	占比	数量	占比			数量	占比	数量	占比			
2008	810	37.29	1362	62.71	2172	99.86	1	33.33	2	66.67	3	0.14	2175
2009	711	53.95	607	46.05	1318	99.17	2	18.18	9	81.82	11	0.83	1329
2010	495	29.17	1202	70.83	1697	99.88	1	50.00	1	50.00	2	0.12	1699
2011	238	17.31	1137	82.69	1375	100.00	0	0.00	0	0.00	0	0.00	1375
2012	0	0.00	317	100.00	317	100.00	0	0.00	0	0.00	0	0.00	317
2013	86	58.50	61	41.50	147	98.66	2	100.00	0	0.00	2	1.34	149
2014	99	50.00	99	50.00	198	99.50	0.00	0.00	1	100.00	1	0.50	199
2015	75	48.70	79	51.30	154	98.09	0.00	0.00	3	100.00	3	1.91	157
2016	77	49.04	80	50.96	157	100.00	0.00	0.00	0.00	0.00	0	0.00	157
2017	75	47.17	84	52.83	159	96.95	5	100.00	0.00	0.00	5	3.05	164
2018	62	45.26	75	54.74	137	100.00	0.00	0.00	0.00	0.00	0	0.00	137
总计	44127件						3560件						47687件

表3-2　A区、B县法院审判组织形式数据统计（1949～2018年）

单位：件，%

年份	合议制						独任制						总案件量
	A区法院		B县法院		总计	总占比	A区法院		B县法院		总计	总占比	
	数量	占比	数量	占比			数量	占比	数量	占比			
1949	0	0.00	0	0.00	0	0.00	1	100.00	0	0.00	1	100.00	1
1950	0	0.00	0	0.00	0	0.00	1	50.00	1	50.00	2	100.00	2
1951	0	0.00	0	0.00	0	0.00	6	28.57	15	71.43	21	100.00	21
1952	0	0.00	0	0.00	0	0.00	4	36.36	7	63.64	11	100.00	11
1953	0	0.00	0	0.00	0	0.00	7	38.89	11	61.11	18	100.00	18
1954	0	0.00	0	0.00	0	0.00	7	58.33	5	41.67	12	100.00	12
1955	2	100.00	0	0.00	2	1.57	0	0.00	125	100.00	125	98.43	127
1956	184	68.66	84	31.34	268	98.17	0	0.00	5	100.00	5	1.83	273
1957	18	32.73	37	67.27	55	61.80	1	2.94	33	97.06	34	38.20	89
1958	123	0.00	89	0.00	212	98.60	0	0.00	3	100.00	3	1.40	215
1959	112	0.00	98	0.00	210	71.67	0	0.00	83	100.00	83	28.33	293

续表

年份	合议制					独任制					总案件量
	A 区法院		B 县法院		总计	总占比	A 区法院		B 县法院		总计	总占比	
	数量	占比	数量	占比			数量	占比	数量	占比			

年份	数量	占比	数量	占比	总计	总占比	数量	占比	数量	占比	总计	总占比	总案件量
1960	236	66.48	119	33.52	355	92.45	0	0.00	29	100.00	29	7.55	384
1961	12	50.00	12	50.00	24	77.42	2	28.57	5	71.43	7	22.58	31
1962	0	0.00	0	0.00	0	0.00	206	52.82	184	47.18	390	100.00	390
1963	0	0.00	5	100.00	5	1.81	1	0.37	271	99.63	272	98.19	277
1964	0	0.00	0	0.00	0	0.00	0	0.00	164	100.00	164	100.00	164
1965	0	0.00	8	100.00	8	2.09	0	0.00	374	100.00	374	97.91	382
1966	2	33.33	4	66.67	6	4.05	1	0.70	141	99.30	142	95.95	148
1967	4	22.22	14	77.78	18	36.00	0	0.00	32	100.00	32	64.00	50
1968	0	0.00	24	100.00	24	85.71	1	25.00	3	75.00	4	14.29	28
1969	0	0.00	28	100.00	28	93.33	0	0.00	2	100.00	2	6.67	30
1970	0	0.00	18	100.00	18	100.00	0	0.00	0	0.00	0	0.00	18
1971	0	0.00	32	100.00	32	84.21	0	0.00	6	100.00	6	15.79	38
1972	0	0.00	32	100.00	32	82.05	0	0.00	7	100.00	7	17.95	39
1973	0	0.00	42	0.00	42	95.45	2	100.00	0	0.00	2	4.55	44
1974	0	0.00	25	100.00	25	40.98	2	5.56	34	94.44	36	59.02	61
1975	0	0.00	18	100.00	18	19.57	6	8.11	68	91.89	74	80.43	92
1976	0	0.00	2	100.00	2	3.23	0	0.00	60	100.00	60	96.77	62
1977	68	97.14	2	2.86	70	98.59	0	0.00	1	100.00	1	1.41	71
1978	0	0.00	0	0.00	0	0.00	0	0.00	0	0.00	0	0.00	0
1979	5	100.00	0	0.00	5	100.00	0	0.00	0	0.00	0	0.00	5
1980	0	0.00	17	100.00	17	29.31	0	0.00	41	100.00	41	70.69	58
1981	11	22.92	37	77.08	48	37.21	0	0.00	81	100.00	81	62.79	129
1982	8	8.79	83	91.21	91	75.21	1	3.33	29	96.67	30	24.79	121
1983	141	49.30	145	50.70	286	73.90	15	14.85	86	85.15	101	26.10	387
1984	41	46.07	48	53.93	89	97.80	0	0.00	2	100.00	2	2.20	91
1985	12	11.21	95	88.79	107	36.52	0	0.00	186	100.00	186	63.48	293
1986	116	75.32	38	24.68	154	43.87	58	29.44	139	70.56	197	56.13	351
1987	289	78.11	81	21.89	370	84.86	3	4.55	63	95.45	66	15.14	436
1988	421	82.55	89	17.45	510	77.86	7	4.83	138	95.17	145	22.14	655
1989	82	46.86	93	53.14	175	67.05	11	12.79	75	87.21	86	32.95	261

续表

年份	合议制						独任制						总案件量
	A区法院		B县法院		总计	总占比	A区法院		B县法院		总计	总占比	
	数量	占比	数量	占比			数量	占比	数量	占比			
1990	606	90.45	64	9.55	670	78.45	0	0.00	184	100.00	184	21.55	854
1991	652	94.77	36	5.23	688	87.20	45	44.55	56	55.45	101	12.80	789
1992	362	82.09	79	17.91	441	84.81	68	86.08	11	13.92	79	15.19	520
1993	337	76.94	101	23.06	438	67.28	181	84.98	32	15.02	213	32.72	651
1994	916	80.14	227	19.86	1143	70.73	448	94.71	25	5.29	473	29.27	1616
1995	870	75.92	276	24.08	1146	49.31	503	42.70	675	57.30	1178	50.69	2324
1996	751	58.04	543	41.96	1294	63.43	248	33.24	498	66.76	746	36.57	2040
1997	1207	74.88	405	25.12	1612	72.09	190	30.45	434	69.55	624	27.91	2236
1998	1143	50.24	1132	49.76	2275	90.28	171	69.80	74	30.20	245	9.72	2520
1999	758	60.06	504	39.94	1262	59.33	791	91.45	74	8.55	865	40.67	2127
2000	129	11.81	963	88.19	1092	78.79	121	41.16	173	58.84	294	21.21	1386
2001	775	38.94	1215	61.06	1990	67.96	697	74.31	241	25.69	938	32.04	2928
2002	894	65.49	471	34.51	1365	56.03	957	89.36	114	10.64	1071	43.97	2436
2003	791	59.61	536	40.39	1327	73.03	377	76.94	113	23.06	490	26.97	1817
2004	567	24.26	1770	75.74	2337	82.17	328	64.69	179	35.31	507	17.83	2844
2005	489	31.61	1058	68.39	1547	75.28	209	41.14	299	58.86	508	24.72	2055
2006	380	31.07	843	68.93	1223	70.05	66	12.62	457	87.38	523	29.95	1746
2007	529	49.26	545	50.74	1074	83.84	68	32.85	139	67.15	207	16.16	1281
2008	677	39.45	1039	60.55	1716	80.00	105	24.48	324	75.52	429	20.00	2145
2009	636	55.55	509	44.45	1145	88.14	58	37.66	96	62.34	154	11.86	1299
2010	429	40.24	637	59.76	1066	64.29	65	10.98	527	89.02	592	35.71	1658
2011	219	18.67	954	81.33	1173	86.25	19	10.16	168	89.84	187	13.75	1360
2012	0	0.00	143	100.00	143	56.30	0	0.00	111	100.00	111	43.70	254
2013	80	90.91	8	9.09	88	59.06	55	90.16	6	9.84	61	40.94	149
2014	84	84.00	16	16.00	100	50.00	66	66.00	34	34.00	100	50.00	200
2015	77	77.00	23	23.00	100	54.64	56	67.47	27	32.53	83	45.36	183
2016	83	83.84	16	16.16	99	55.31	62	0.00	18	0.00	80	44.69	179
2017	49	58.33	35	41.67	84	45.65	56	56.00	44	44.00	100	54.35	184
2018	50	50.00	50	50.00	100	52.36	39	0.00	52	0.00	91	47.64	191
总计	32044 件						14086 件						46130 件

　　由图 3 - 1 与图 3 - 2 可知，自 1949 年以来，我国的庭审形式的发展呈折线发展趋势。具体而言，我国的庭审形式的发展主要有以下几个阶段：1949～1954 年，1955～1966 年，1967～1978 年，1979～2012 年，2013～2019 年。在五个历史阶段中，庭审形式存在不同的特点。

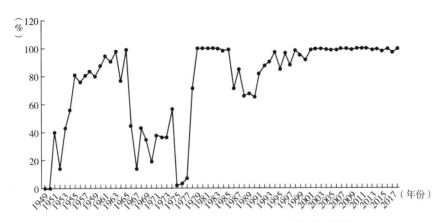

图 3 - 1　A 区、B 县法院公开审理案件占比折线图

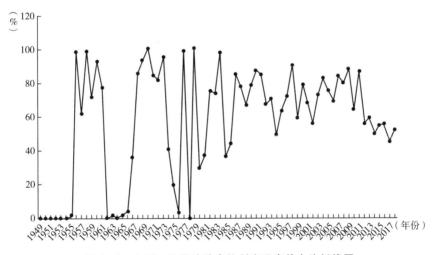

图 3 - 2　A 区、B 县法院合议制审理案件占比折线图

一　中国民事诉讼一审庭审形式变迁：1949～1954 年

　　在这一阶段，不公开审理的案件数量占比大都高于公开审理的案件数量占比，可查询到的 A 区、B 县人民法院的案件总量分别为 0 件、1 件、

10 件、14 件、14 件、77 件。受传统诉讼观念的影响，以及广大人民群众的法制观念尚未形成，此时诉讼案件少的现实情况可以被预想到，但 A 区、B 县的人民法院在新中国成立后 6 年的案件总量还不足 200 件的现实使课题组大胆推测——在这一阶段，更多的案件是以不公开审理的方式予以解决。

此外，受法官数量和"一人断案"诉讼观念的影响，适用合议制审理的案件数量几乎为 0，独任审判成为这一阶段的主流。

二　中国民事诉讼一审庭审形式变迁：1955～1966 年

在这一阶段，公开审理成为我国庭审的主要形式。1954 年《宪法》第 76 条明确规定："人民法院审理案件，除法律规定的特别情况外，一律公开进行。被告人有权获得辩护。"因此在 1954 年，公开审理案件数量占比首次超过了不公开审理案件并呈上升趋势，1965 年，公开审理的案件数量占全年案件数量高达 98.96%，达到了新中国成立以来的历史最高点。

这一阶段，适用合议制审理的案件数量大幅上升，部分年份所占案件总量百分比超过了适用独任制审理的案件，其主要原因在于 1954 年《宪法》及《人民法院组织法》均对陪审制度作了明确的规定。同时，由审判员组成合议庭的职业法官合议制度也开始在实践中运作。1954 年《人民法院组织法》第 9 条明确规定：人民法院审判案件，实行合议制。人民法院审判第一审案件，由审判员和人民陪审员组成合议庭进行，但是简单的民事案件、轻微的刑事案件和法律另有规定的案件除外。人民法院审判上诉和抗议的案件，由审判员组成合议庭进行。

三　中国民事诉讼一审庭审形式变迁：1967～1978 年

在这一阶段，公检法系统基本处于瘫痪状态，这一阶段的审判多以不公开审理、公开宣判进行，审判活动遭到了极大破坏，因而这一阶段不公开审理的案件数量占比再次反超公开审理的案件数量占比。同时，由于 1975 年《宪法》删除了关于公开审判的规定，这一年公开审判的案件数量占比达到了这一阶段的历史最低点 1.94%。

四　中国民事诉讼一审庭审形式变迁：1979～2012 年

这一阶段，法院的审判活动得以恢复，公开审理的案件数量和占比均有不同程度的上升。伴随着 1982 年"公开审理"重新被写入宪法，公开审理成为当今的主流庭审形式。

但在 1979～1982 年这短短四年间，独任制的案件数量再次大幅上升，原因在于 1979 年 7 月修订的《人民法院组织法》对简单民事案件的审判组织作出修改，明确为"简单的民事案件、轻微的刑事案件和法律另有规定的案件，可以由审判员一人独任审判"。在修订后的《人民法院组织法》刚开始实施的 3 年内，由于缺乏司法解释对于何为简单的民事案件进行界定，大量案件被视为简单的民事案件并通过独任制的审判组织进行审理。

1982 年后，经过三年"独任审判热"后，对于民事案件性质的界定趋于理性。与此同时，法律和相关司法解释规定了适用合议制度的案件范围，合议庭的组成方式，合议庭和审判委员会的权限、权力，合议庭审理、评议案件、制作判决的规则。特别应当指出的是 1989 年最高人民法院公布的《关于民事经济审判方式改革问题的若干规定》、1999 年公布的《人民法院五年改革纲要》、2000 年公布的《人民法院审判长选任办法》，尤其是 2002 年 7 月公布的《关于人民法院合议庭工作的若干规定》，就合议制度的整体组成、运作机制作了具体的规定，对合议制度进行了重大的改革。合议制自此进入新的历史发展时期。

五　中国民事诉讼一审庭审形式变迁：2013～2019 年

2013 年以后，伴随着司法改革进程的不断深入，我国的庭审形式又发生了一些新的变化，诸如庭审直播、员额制改革对审判方式的变革等。

以庭审直播为例，通过表 3-3 与表 3-4 可以发现，江苏省、浙江省、安徽省、云南省、河南省以及广东省的庭审直播案件总量排名较为靠前，其中江苏省、浙江省、安徽省的庭审直播案件量平均值同样居于领先地位，而海南省、天津市、内蒙古自治区、西藏自治区、新疆维吾尔自治区以及新疆生产建设兵团的庭审直播总量较为靠后，其中内蒙古自治区、西藏自治区与新疆维吾尔自治区的庭审直播案件量平均值排名仍然处于落后地位。通过与国家统计局网站 2018 年度全国各省份 GDP 的排名进行对比，发现广东、江苏、浙江、河南四省份的 GDP 较为靠前，而海南、内蒙古、西藏、新疆四省份的 GDP 较为靠后，反映了在 GDP 总量大的省份，因为经济纠纷较多，涌入法院的案件数量也随之增多，在案件量基数大的现实情况下，庭审直播的数量也会随之增多，同时，诸如北京、重庆等地，因为人均GDP水平较高，拥有较多的资源投入法院信息化建设，虽然行政区划少、法院数量少等因素导致庭审直播的案件总量不多，但在行政区域内的法院庭审直播平均数量较多。与此相对应的是，对于经济欠发达地区而言，社会资源与经济投入也更向社会基础设施建设倾斜，意味着对于司法信息化建设的投入较低，案件直播总量和平均直播量也随之减少。

表3－3　各省份及新疆生产建设兵团人民法院庭审直播总量排名

省　份	庭审直播总量	排　名
江苏省	728956	1
浙江省	264316	2
安徽省	207072	3
云南省	159771	4
河南省	142221	5
广东省	135991	6
山西省	122403	7
贵州省	121215	8
吉林省	94616	9
河北省	93885	10
四川省	86977	11
甘肃省	80667	12
福建省	74887	13
重庆市	62716	14
辽宁省	56575	15
黑龙江省	40981	16
青海省	37737	17
江西省	37128	18
北京市	31944	19
湖南省	31732	20
湖北省	29687	21
陕西省	19822	22
宁夏回族自治区	13068	23
上海市	8361	24
山东省	7965	25
海南省	6331	26
天津市	5318	27
内蒙古自治区	4897	28

续表

省　　份	庭审直播总量	排　　名
最高人民法院及其巡回法庭	2632	29
西藏自治区	2072	30
新疆维吾尔自治区	813	31
新疆生产建设兵团	252	32

表 3 - 4　各省份及新疆生产建设兵团人民法院庭审直播平均值排名

省　　份	庭审直播平均值	排　　名
江苏省	5975	1
浙江省	2517	2
安徽省	1643	3
重庆市	1394	4
北京市	1331	5
贵州省	1224	6
云南省	1072	7
吉林省	1017	8
山西省	913	9
广东省	861	10
福建省	780	11
河南省	773	12
甘肃省	714	13
青海省	686	14
河北省	492	15
宁夏回族自治区	451	16
辽宁省	442	17
四川省	410	18
最高人民法院及其巡回法庭	376	19
上海市	334	20
江西省	315	21
黑龙江省	247	22
湖北省	232	23
湖南省	222	24
海南省	211	25

续表

省　　　份	庭审直播平均值	排　　　名
天津市	205	26
陕西省	164	27
山东省	46	28
内蒙古自治区	40	29
西藏自治区	25	30
新疆维吾尔自治区	7	31
新疆生产建设兵团	6	32

此外，地理位置同样对庭审形式具有一定影响。诸如云南、贵州两省份，其无论是 GDP 总量还是人均 GDP，在全国都处于中等偏下水平，但因为地处高原，宜人的自然气候使它们成为庭审直播中储存信息数据服务器的天然生存地。众所周知，高性能、大储存量的服务器需要低温环境才能更好地发挥作用，而云南、贵州两省份常年四季如春，还有丰富的太阳能和风能资源，有利于庭审直播的服务器更好地发挥作用。

第三节　中国民事诉讼一审庭审形式存在的问题及成因

一　庭审形式中存在的问题

庭审形式在我国长期以来处于被忽视的地位，原因有多方面。具体而言，庭审形式当中的公开审判制度和合议制度流于形式，致使我国的庭审质量较为一般。为了对庭审形式当中存在的问题进行改革，自 2000 年以来，最高人民法院出台了一系列司法解释与规范性文件，如《关于加强人民法院审判公开工作的若干意见》《关于司法公开的六项规定》《关于人民法院接受新闻媒体舆论监督的若干规定》《关于确定司法公开示范法院的决定》《人民法院审判长选任办法（试行）》《关于人民法院合议庭工作的若干规定》《关于进一步加强合议庭职责的若干规定》等。这些司法解释与规范性文件以庭审方式、庭审主体、庭审工作机制等方面为侧重点，对我国的庭审形式进行了一定程度的改革，进一步完善了庭审形式过程中的制度保障，提升了庭审的效率与质量。但这些改革只是对于庭审形式当中的表面问题作出了细化规定，并没有涉及深层次问题。同时，由于传统诉讼观念和审理方式的影响，有些改革措施并没有完全落实，庭审形式在实践中仍然存在"庭审虚化""公开审判与不公开审判公告随意性大""判决文书形成过程审批化""媒体与司法的关系缺乏规范"等问题，严重影响了"庭审中心主义"改革进程，导致公开审判制度与合议制度的功能没有充分发挥。这些问题在我国基层人民法院体现得尤为明显，特别是少数经济落后地区，民众的法律素养不高，法官队伍素质有待提高，法院受到的监督不够，在民事案件的审判过程中仍然存在只向当事人公开的公开审理，甚至在公开审理的过程中有些环节对当事人也不进行公开以及合议庭职能弱化等现象，进而又导致了法院审判工作中其他问题的出现。

（一）庭审虚化

公开审判制度首先要求每个案件的每次庭审活动都应当以开庭审理的方式进行，同时庭审也是法院和法官运用审判权对案件进行审理以及当事人运用诉讼权利维护自己合法权利的重要环节。在庭审活动中，法官运用职权对证据进行调查、当事人对案件事实进行辩论以及对证据进行质证等活动关乎庭审活动质量的高低。在书面审理的庭审模式下，因为缺乏当事人之间言词的对抗，法官对于案件事实查明的难度大大上升，当事人的诉讼权利也无法得到充分保障。

1. 合议庭的裁判功能弱化

（1）合而不审

合议庭作为我国审判形式中的审判组织，应当对承办的合议案件负责。但由于我国长期"案多人少"的现实状况，合议庭的组成人员过于固定。合议制最大的优点在于合议庭内的不同法官对案件进行评议，从而保证案件裁判结果的正确性。但在这种相对固定的合议庭内，只有承办法官对案件真正了解，"配庭"法官在庭审过程中流于形式，法官只重点关注自己承办的案件，对庭审案件的事实认定与法律适用的"合议"流于"走过场"，合议庭的功能无法充分发挥。这样就导致了庭审活动流于形式问题的出现，即"形合实独"①。

（2）陪而不审

人民陪审员制度是中国特色社会主义司法制度的重要组成部分。在21世纪初，我国司法实务中普遍存在的"陪而不审"现象一度引发陪审制"存废"之争，立法者在此问题上亦一度犹豫不决。2004年8月28日，全国人大常委会通过《关于完善人民陪审员制度的决定》（以下简称《决定》）。这是我国人民陪审员制度发展历史上的第一部单行法律，对陪审制度的各个方面作了比较全面的规定，使我国的陪审制度在体制和机制上趋于完善。2013年10月23日，最高人民法院院长周强代表最高人民法院做了《关于人民陪审员决定执行和人民陪审员工作情况的报告》。报告指出，"我国人民陪审员制度是人民司法的优良传统，是审判工作充分依靠群众、密切联系群众的有效方法，是人民法院弘扬司法民主、促进司法公开、保障司法公正、增强司法公信的有力保证"。《决定》颁布和实施以来，人民陪审员制度本质属性日益显现、队伍来源更加广泛、工作机制不断完善、工作效果更加明显。但在司法实践过程中，不乏存在人民陪审员实际上只是为法官"配庭"的现象，这一点在基层人民法院体现得尤为明显。由于我国现行民事诉讼法规定民事诉讼一审案件原则上由基层人民法院管辖，加之基层人民法院受人员编制所限，在进行员额制改革后，"法官"人数较之从前甚至还有一定的减少，"案多人少"的矛盾日益突出，有时甚至连形式上的合议庭都组建不出。而迫于案件数量的压力，此时只能寻找人民陪审员来"充人数"，囿于陪审员队伍专业素养，承办法官基于案件质量考量，对于陪审员的意见仅限参考。从另一个角度而言，人民陪审员也有自己的工作，对于庭审活动参加的积极性不高，有时候仅是完成一项任务，对于案件审理的过程，陪审员似乎也没有太多理解与思考。这样一来就存在陪而不审的现象。

（3）审而不议

现阶段合议庭对案件的评议，主要还是依靠案件承办人对于案件的事

---

① 左卫民、汤火箭、吴卫军：《合议制度研究：兼论合议庭独立审判》，法律出版社，2001，第78页。

实进行总体汇报，然后提出案件裁决意见。由于上述合而不审问题的存在，合议庭内的其他法官并没有真正参与到庭审当中，有的甚至连案卷都没有完整阅读，也就很难对案件的事实认定与法律适用发表自己的意见。此外，即使合议庭组成人员在合议阶段提出自己的意见，因为案件量的压力，也很难对出现的争议问题进行深入讨论与研究；还有些合议庭组成人员在评议出现分析时，不进行深入讨论，而是第一时间将案件提交至审判委员会，更进一步加剧了审而不议这一问题。更有甚者，有些合议庭根本没有集体评议案件这一环节，而是直接由案件承办法官对案件进行事实认定和法律适用，形成评议笔录后再由合议庭内的其他法官直接签字，这样就算完成案件的评议流程。类似这种由合议庭案件承办法官主持、其他法官"配庭"的庭审方式以及事后简单签名了事的合议庭组成方式被人们形象地称为"一坐一签"式。

2. 公开的程度有限

在公开审判制度下，庭审活动的公开与庭审结果的公开是制度的必然要求。但这个语境下公开不是说庭审活动的全过程公开，也不是说庭审结果必须要一字一句地反映在判决文书之上。在理论研究中，曾经出现半公开与彻底公开的学术争论，但最终无疾而终。而在立法上，有关非讼程序中不公开审判的立法尚未启动。[①] 在不公开审理的案件的庭审形式中，合议庭或者独任审判应当首先对案件适用不公开审理制度进行明确解释，但遗憾的是，司法实践中很少有法官会这么做。此外，对于公开审理的案件，人民法院往往疏于在社会旁听层面上下功夫，比如没按照法律规定及时公告，未告知申请旁听应提交的材料等，这种做法间接将公开审理变成了只对当事人公开。

（二）现行庭审人员配备不均

我国法官承担的工作，与其他地区或国家的法官大不相同。其他地区或国家的法官通常只负责案件的审理工作，而其他的辅助性工作则由专门的法院工作人员进行。比如，美国各级法官都有法官助理，主要负责审阅诉状，撰写有关诉讼文书、记录摘要、起草判决意见等工作。我国的主要

---

① 廖中洪：《制定单行〈民事非讼程序法〉的建议与思考》，《现代法学》2007 年第 3 期。

法庭辅助人员现阶段有书记员和法官助理两种，而且其功能相当有限，主要是法庭记录、送达文书或整理案卷等。因此法官不仅要审理案件、撰写诉讼文书，还要调查取证、整理档案，这些工作分散了法官的精力，法官完成自己所分配的案件尚很紧张，自然少有心力在合议庭上讨论其他承办法官的案件。

案件审理重复劳动是又一重要原因。如某些案件经法官审理后，还要经过庭长、院长审批，甚至经审判委员会讨论。此外，案件过高的开庭率也浪费了我们大量的司法资源，在许多国家，真正走完整个诉讼过程的案件只占受理案件的一小部分。例如，在美国、加拿大等国家，真正开庭的案件只有 3% 左右，许多案件在审理前准备阶段通过和解、简易判决等方式得以解决。

管理和应付各种各样的其他事情上。又如，立案工作在国外通常由司法辅助人员来完成，而在我国，则专门由一批法官来承担。执行官，按照世界各国的通例不属于法官序列，而我国的执行官则划归法官序列。

（三）合议制度适用范围过于宽泛

根据我国现行《民事诉讼法》的规定，民事案件一般适用合议制进行审理，法律另有规定的除外。而近些年来最高人民法院在法院系统"案多人少"的现实压力下，逐步推进案件的繁简分流，许多适用简易程序进行审理的简单案件和小部分适用特别程序进行审理的案件都适用独任制。但从对我国民事诉讼法关于合议制及独任制的规定来看，独任制目前只能在基层人民法院及其派出法庭在审理一审民事案件时适用，中级及以上的人民法院均不能适用。而合议制可以适用于各级法院且能广泛适用于一审、二审及再审案件。由此可见，在现阶段，合议制度在我国民事诉讼领域被广泛适用。

具体到司法实践状况而言，我国近些年来经济势头发展良好，诉讼案件量大幅上升，国家对司法投入了大量的人力、物力和财力，但仍然无法很好地处理案多人少的现实压力，导致许多民事案件超期审判。合议庭中的组成法官每天要面临大量诉讼案件的审判，导致合议庭不堪重负，配庭现象层出不穷。

（四）法官助理出庭制度不规范

法官助理制度是法院人员分类管理改革中的一个重要环节。作为法院人员分类管理改革的重要配套制度，我国的法官助理制度改革与法官员额制改革一样，与审判组织模式密切相关。最高人民法院按照法官职业化的要求进行法官员额制改革，致使传统的"法官—书记员"模式逐渐被"法官—法官助理—书记员"模式所替代，其中法官助理制度经历了多年的试点，积累了许多宝贵的经验，但在理论和实践中仍然有许多值得探讨的地方。

为贯彻中央关于深化司法体制改革的总体部署，优化审判资源配置，明确审判组织权限，完善人民法院的司法责任制，建立健全符合司法规律的审判权力运行机制，增强法官审理案件的亲历性，确保法官依法独立公正履行审判职责，2015年9月21日，最高人民法院出台《关于完善人民法院司法责任制的若干意见》，该意见第19条对法官助理的职责作出如下规定："（1）审查诉讼材料，协助法官组织庭前证据交换；（2）协助法官组织庭前调解，草拟调解文书；（3）受法官委托或者协助法官依法办理财产保全和证据保全措施等；（4）受法官指派，办理委托鉴定、评估等工作；（5）根据法官的要求，准备与案件审理相关的参考资料，研究案件涉及的相关法律问题；（6）在法官的指导下草拟裁判文书；（7）完成法官交办的其他审判辅助性工作。"

从上述规定不难看出，在法官的指导下草拟裁判文书是我国法官助理的主要职责，但是在实际的庭审当中，法庭上并没有法官助理的专门座位，法官助理在草拟判决书的过程中，除了接受法官的指导，还要参阅书记员记录的庭审笔记，这样一来有违背直接言词原则之嫌。在百度搜索页面输入关键词"法官助理"，可以检索到上海、台州、枣庄等地的法院尝试将法官助理纳入庭审人员之列，但由于法官助理出庭制度的缺失，法官助理出庭不规范。

二　庭审形式存在问题的成因

庭审形式，从静态角度上来讲，指法律对庭审过程中各种表现形式与组织形式的条文表述。从动态角度上讲，则指庭审形式中的各种制度在庭审活动中的具体运行模式。基于此，对庭审形式的具体内容进行研究，不能仅在立法层面对其予以关注，还应当对其在司法运行过程中呈现的状态高度重视。在庭审过程中，庭审形式的顺利运行，是通过庭审形式中各种制度的顺利运行得以实现的。庭审形式的运行也离不开各种制度规定的指导。

（一）案件承办人制度存在缺陷

合议制度的本质要求合议庭内的所有组成人员都要对案件进行审理、决策，没有人可以置身于合议庭之外。但考察合议制度的运行现状可以发现，合议庭的功能在一定程度上发生了异化，即"形合实独"问题。

长期以来，案件承办人制度是我国法院的主要责任制度之一，即案件承办人承办的案件质量是法院对于法官考核的标准之一，承办人的绩效均与案件办理的质量直接挂钩。而一旦出现错判现象，追究的首先是案件承办人的责任。在庭审过程中，合议庭在进行案件审理的过程中常常出现"两人配庭，一人审判"的现象。

从最高人民法院《关于进一步加强合议庭职责的若干规定》第3条的规定中可以发现，案件承办法官在从收案到结案的过程中，承担了绝大部分工作，如主持庭前调解、主持庭前会议、制作审判提纲、庭后相关笔录的整理以及判决书的制作等。在庭审过程中，合议庭内的其他成员象征性地出席庭审而不真正参与庭审发表意见，这与会议制度建立之初的价值属性不相符。在承办人制度下，承办人的主要职责是帮助审判长进行法庭审理，当审判长和承办人是同一人时，就极其容易出现表面是合议庭而实质是独任制的裁判模式。在合议庭对案件进行合议时，因为案件承办人参与了案件的全部环节，对案件的情况最为了解，合议阶段基本上由承办人发表对于案件事实认定与法律适用的意见，再听取合议庭内其他成员的意见，但在"形合实独"的合议庭内，合议庭内的其他组成人员对于案件的了解不足，同时因为自己不是案件的第一责任人，对于案件的责任感也就大大降低，通常对案件承办人的意见表示同意或默许，更有甚者仅仅在评议笔录上签名了事。此外，法官在作为其他案件承办人的合议庭成员时，一般不会发表与案件承办人相反的意见，以此期待使对方在自己承办的案件中不与自己针锋相对。

在我国现行承办人制度下，案件承办人成了案件实际上的办理者，合议庭的多人参与、共同决策的制度内涵就成为一句空话，合议制度也就无法发挥集思广益、提升审判质量的功能，从而无法实现司法民主的价值目标。

（二）审判长选任制不合理

2000 年 7 月，为了克服长期以来法院内部存在对合议庭的行政干预以及改变"审而不判""判而不审"的问题，最高人民法院出台了《人民法院审判长选任办法（试行）》（以下简称《办法》）。《办法》对审判长的选任以及审判长职责等方面进行了具体的规定。在司法运行的过程中，审判长选任制度对于排除行政干预、提高法官法律素养以及诉讼效益等方面具有一定的积极作用。但不应忽视的是，审判长制度在实行员额制改革的当下，其对庭审形式造成的负面影响越来越大，甚至直接影响了合议制度的运行，主要表现在以下几个方面。

第一，《办法》对于审判长选任的规定与我国合议制度存在理论上的冲突。根据我国现行《民事诉讼法》《刑事诉讼法》《行政诉讼法》的规定，合议庭不是固定的组织，具有临时性，而审判长只存在于合议庭内部。但在审判长选任制度中，却将审判长作为一个职称或者职务固定下来，不因合议庭使命的终结而卸任。同时，《民事诉讼法》第 41 条的规定："合议庭的审判长由院长或者庭长指定审判员一人担任；院长或者庭长参加审判的，由院长或者庭长担任。"但在《办法》中，审判长的选任必须按照法定的原则和流程进行，这显然与《民事诉讼法》的规定相违背。

第二，审判长的行政色彩过于浓重。根据我国现行《民事诉讼法》的规定，审判长这一称谓应当仅存于合议庭上，负责主持合议制下的案件审理和协调合议庭内成员，而在审判长选任制度下，审判长成为一个行政称谓，在庭下也拥有极大权力。此外，部分法院甚至将审判长视为庭长或者副庭长的"接班人"。在司法实践过程中，有的法院还将合议庭成员与审判长固定化，冠之以专业审判小组的名义进而形成固定的组成审判组织，在这种情况下，合议庭丧失了其本身"一案一庭"形式要求，而审判长拥有的这种行政化权力，最终可能演变为对合议庭内的其他法官的行政管理权。

（三）法官队伍的素质有待提高

一种制度能够良好地运行，除了制度本身规定得比较完善之外，还需要执行者具有较高的法律素质。对于合议制度而言，其运行效果与合议庭成员的素质高低息息相关。换言之，合议庭组成人员的法律素养与合议庭能否良好运行具有密切关系。因此，合议制度改革的重点除完善制度本身之外，还应当重视合议庭组成人员法律素养的提升。近些年来，世界各国司法机构对于法官的要求越来越高，法官职业化与精英化成为各国司法改革的重点。法官的职业化和精英化要求法官候选人必须经过长期的法学教育和实践基础才能够晋升为法官，只有这样，法官才具有完善的法律思维和丰富的法律专业知识，进而实现法官的精英化。但通过对我国法官来源的考察可以发现，我国的法官既有来自军转干的军人，也有来自政府部门的行政人员，还有来自普通高校的专科毕业生，这种复杂的法官来源造成了现阶段我国法官队伍内业务能力参差不齐的状况。

为了缓解法官水平参差不齐的尴尬局面，我国于 1995 年出台了《法官法》，虽然在一定程度上提升了法官整体素质，但因为已有的法官队伍属于公务员编制，非因重大错误法官不能被除名，法官这一职业的整体素质仍然不容客观。近些年来，随着司法体制改革进程的不断加快，从整体而言我国法官的职业素质和法律涵养有了显著提升，但这种提升与日益增长的司法需求相比，仍然处于明显滞后的状态。就目前我国法官整体来说，其职业素质与法律涵养仍处于较低水平，因为案多人少的现实和薪资水平待遇不高，高学历人才在毕业后进入法院的愿望较低，法官职业化与精英化的进程仍然缓慢。

（四）法官的任职资格不高

我国对于法官任职资格规定的门槛较低，主要表现在法官任职没有过高的职业及年龄要求。根据我国《公务员法》《人民法院组织法》《法官法》的规定，在我国要想成为法官，其必要条件是通过国家法律职业资格考试，在此之后，法院根据具体人员的学历高低以及任职法院级别的不同，要求任职者具有 5 年的法律职业从业经验，满足上述条件即有资格成为法官。而英美法系国家对于法官任职资格的规定明显要严于我国。"担任地方法院的法官必须具有不少于 7 年出庭律师的经历，担任高级法院的法官必须具有 10 年以上出庭律师的经历。"此外，我国对于法官任职的年龄要求是年满 23 周岁，这一年龄要求远远低于世界其他国家。

法律产生于人类社会对于解决纠纷的迫切需求，与社会生活的关系密不可分，而缺乏社会阅历的法官，在处理法律纠纷时往往不能作出符合社会经验与法律价值的判决。在庭审活动中，如果法官不具备丰富的社会阅历和长期的职业经验，其对于庭审活动中出现的各种状况就不能及时把控，进而影响庭审活动的进行，导致诉讼拖延的现象发生，甚至可能影响最终案件的裁判质量。

除此之外，我国的《法官法》对于任职法官的法律专业能力水平也要求不高。根据《法官法》的规定，担任法官只需要具有本科学历以及法律知识即可，而在部分学历确有困难的地区，法官的任职学历要求还可以放宽至专科。法官精英化在客观上要求法官具有专业的法律思维，不仅体现在受过法律教育，而且体现在经受过具有明确方向的专业法律训练。此外，法官法律素质的培养需要经过长期且专业的法学教育和职业经验的考验，通过法律职业资格考试只能证明其具备了一定的法律专业知识与基本的法律素养，但与专业化的高素质法官相比，其在职业经验或对于复杂法律关系的判断上仍存在很大不足。以是否取得法律职业资格证书作为法官任职的标准之一是不恰当的。

（五）裁判文书签发机制存在缺陷

裁判文书签发机制，是指案件经过独任法官或合议庭审理后，将裁判意见层层上报给其所属庭长、院长，并由庭长、院长对其裁判意见作出审查、核定的一项审批流程。张卫平教授认为："批案制度使得审判权集中在院长、庭长这些有职位的法官身上，普通法官并不具有实质意义的审判权。"①

在案件审批制度下，院长和庭长才是真正的审判者，其对案件享有最终的审核权。这种审核权出现在最高人民法院《关于人民法院合议庭工作的若干规定》当中，但该规定并未明确院长或者庭长在何种情况下享有对于案件承办人的案件审核权与复核权，导致案件审批制度具有很大的随意性。在司法审判实践中，院长、庭长往往没有直接参与庭审，对于案

---

① 张卫平：《体制、观念与司法改革》，《中国法学》2003 年第 1 期。

件的判断仅来源于案件承办人制作的判决文书和自己对于法律的理解。这种随意性在合议庭作出的裁判与庭长或者院长对于案件理解出现偏差时体现得尤为明显，当审核者认为合议庭的裁判结果存在偏差时，可以将案件提交至审判委员会，进一步加剧了"审而不判"问题。

在员额制改革前，院长和庭长除了是担任行政管理职务的管理者之外，同时也是法官，本身就具备司法审判和行政管理双重职能，对于院长及庭长提出的具体意见，除极少数法官坚持自己的意见外，大多数法官受限于被管理者的角色往往会"言听计从"，这种现实状况下，院长、庭长的建议复议权，通常会在实际运行过程中演变成一种行政管理的权力。这种异化带来的结果就是承办案件的法官会在院长、庭长建议复议理由的指导下，对裁判文书作出修改，甚至直接按照其理由制作判决文书。判决文书审批制度导致了审者不判、判者不审问题的恶化。

虽然近些年来随着"让裁判者裁判，让裁判者负责"的司法改革进程的不断深入，案件承办法官可以直接签发案件，使案件审批现象得到了一定程度的遏制，但仍不能忽视案件审批制度对现阶段我国合议制度造成的影响。

第四节　中国民事诉讼一审庭审形式的展望

一　推进庭审实质化

（一）重新界定合议制度的适用范围

合议制度在我国民事审判领域被广泛适用，在案多人少的现实压力面前，这种广泛适用会导致一系列弊端的产生。目前，立法对于合议制度的适用范围规定得过于宽泛，使合议庭的组成法官不堪重负，合议庭的存在也流于形式。在这种情况下，应当对合议制的适用范围与适用法院进行重新划分，适当扩充可以适用独任制进行审理的案件类型，并适当缩减合议制在我国适用的案件范围。

一方面，合议制本身具有共同商议、集体决策的制度功能，在合议制下，合议庭的组成人员可以共同作出相对正确的高质量判决。另一方面，由于我国目前的法官队伍整体素质不高，采取合议制对案件进行审理能够在一定程度上保证案件整体的裁判质量。但课题组认为，面对近几年来呈爆炸增长态势的案件数量，过多的适用合议制很可能导致合议制无法发挥其本身应有的功能。同时，随着员额制改革的不断推进，具有良好法律素养与职业经验的法官助理通过这一改革被不断充实进我国的法官队伍，其整体素质也会随着法官员额制的常态化而不断提高，对于目前法院系统存在的有限的司法资源与无限增长的诉讼案件数量的矛盾而言，比较合理的改革路径是扩大独任制案件的适用范围。

笔者认为应当根据案件的审级程序和疑难程度来重新界定合议制适用的案件范围。具体而言，应当将独任制审理作为基层人民法院审理民事诉讼一审案件的基本原则，即除特别疑难、复杂的案件外，基层人民法院在审理普通民事诉讼一审案件时应当一律适用独任制，而中级人民法院在审理普通民事诉讼一审案件时，应当以适用合议制为基本原则，但对于标的额不大或简单案件应当允许适用独任制进行审理。此外，由于我国的二审案件大多采取书面审理的方式进行，这从另一个侧面反映出并非所有的上诉案件都属于疑难、复杂案件，应当允许二审程序中独任制的适用，但应当在立法中明确规定二审案件适用独任制进行审理的具体情形。

（二）建构符合中国民事审判实际的心证公开制度

廖中洪教授认为，在我国确立心证公开的目的，应考虑以下两个问题："一是民事诉讼以及民事审判中定案事实的特征；二是我国以及世界民事诉讼发展和改革的潮流与趋势。"[1] 由于我国长期以来受到辩证唯物主义的影响，作为唯心主义思潮产物的自由心证与我国现有的审判制度进行无缝衔接的现实难度很大。虽然有学者提出我国应当构建符合我国国情与审判实际的自由心证制度，但这种观点和裁判理念在现实中被严格限制。反对者认为自由心证中存在的证明法则与证明逻辑与实事求是的司法理念相违背，比起能客观反映案件事实的证据体系与证明标准，自由心证似乎离发现真实还存在一定差距。但司法审判的历史显示，一份正确而可靠的裁判结果，不仅有赖于对于案件事实的客观证据，同时也和因为客观

---

[1]　廖中洪：《心证公开若干问题研究》，《法学论坛》2006 年第 3 期。

证据证明的案件事实使法官产生了对于事实认定的主观意识和内心确信。在自由心证制度下，法官的内心确信同样来源于客观存在的证据对于事实的证明力。但需要特别指出的是，法官运用心证对案件进行裁判的过程必须是理性的。基于上述原因，对于自由心证的运用不能不加限制，一定要在法定证据制度实施的基础上，根据我国审判实践的具体情况，逐步考虑设立法官自由心证公开制度。

1. 法官心证的独立性

公开审判制度的实现，不仅依靠制度本身的完美设计，同时还要依靠法官具有良好的职业道德和职业操守，只有具备了这些品质，法官才能拥有独立的心证空间。而独立的心证空间是法官或者合议庭进行独立审判的必然要求。基于学术角度考量，理论界对于我国是否适合建立的心证公开制度的争鸣对于法学界认识自由心证是有价值与意义的，但应当明确的是，在现阶段我国的司法现状下，建立心证公开制度是大势所趋。心证公开制度的建立可以约束法官审判行为和当事人的诉讼行为。首先要保证给予法官独立的心证空间，使法官或者合议庭在案件审判过程中形成一套可靠而真实的独立心证。

2. 庭审实质公开

庭审的实质公开不等同于庭审的彻底公开。由于庭审形式的多样化，法庭在审理阶段可供公开的内容十分丰富，其中就包括法官的心证公开。心证公开是指法官在法庭审理中，所形成的心证于法庭上，向当事人表露与开示，使其知悉，认识与理解。"心证公开是法官行使释明权的重要方式，是公开审判制度的重要发展方向。"[1] 最早的心证公开制度可以追溯到 20 世纪中期的德国，在 1967 年，"德国斯图加特地方法院的审判长 Bender 创造了心证公开的裁判方式，即在判决前公开合议庭的心证，并采纳当事人的诉讼建议"[2]。对我国现行的民事诉讼法及司法现状进行考察不难发现，无论是立法还是审判实际，法官掌控着是否将自己的心证对当事人以及全社会进行公开的权利。这种公开与否的随意性，导致当事人

---

① 刘敏：《论司法公开的扩张与限制》，《法学评论》2001 年第 5 期。
② 邓建民、周瑶：《论民事诉讼中的公开审判制度》，《西南民族大学学报》（人文社科版）2005 年第 11 期。

在庭审过程中及获得判决后对于程序选择的不确定性。这种不确定性导致了案件双方当时人不能有效预知判决结果，进而不能提供证据向法官证明已经发生的事实，使案件的事实不能得到最大限度的展示，也就错过了获得一份正义判决的可能。现代民事案件的审理过程，其实就是在法官的主持下，双方当事人进行证据交换并进行辩论的过程。在这种流程下，"一是让法官了解纠纷的争点，当事人对民事纠纷的态度和意向；二是当事人也可以从中大致了解法官的裁判思路，准备选用的法律条文，进而组织有效的辩论"①。在证据交换的过程中，"承审法官准确、适时地运用释明权，履行释明的义务，将心证的意见告知当事人，与当事人及其诉讼代理人进行多方辩论"②。如此，既符合人类历史的认识规律，同时对于提升诉讼效益、节约诉讼资源具有很大的促进作用。基于上述理由，课题组认为目前我国为进一步提升庭审形式的多样化和透明度，建立现代的法官心证公开制度势在必行。

3. 判决适用的法律公开

在对判决文书说理部分进行加强的基础上，不应当忽视判决文书法律适用的规范性。现阶段，我国的部分法院在审判活动中忽视了法律适用的等级与效力。如有些法院在判决书中除了引用法律与司法解释的规定外，还会引用司法机关或者行政部门出台的一些规范性文件，同时，针对类似问题还会引用最高人民法院或者高级人民法院对于一些地方法院关于实体问题或程序问题的答复。应当明确的是，只有法律和司法解释可以作为法律适用的依据被写入判决文书，类似规范性文件和答复一类非法律文件可以在审判中作为认定案件事实的根据加以运用，但绝对不能作为法律适用的来源被援引进判决文书当中。

4. 民事判决文书公开

公开审判的制度要求判决结果要一律公开。因此，裁判文书的公开对于实现公开审判制度具有重要意义。裁判文书反映了一个案件是否同时具备了实体正义与程序正义的具体表现形式，当事人和社会各界民众可以通

---

① 李祖军：《民事诉讼目的论》，法律出版社，2000，第38页。
② 林祈福：《民事诉讼程序保障理论发展与释明权》，博士学位论文，中国政法大学，2005，第10页。

过裁判文书发现法律对于人类社会生活中具体行为的规范，并预测自己的行为是否符合法律规范。除此之外，裁判文书通过记录双方当事人为证明案件事实提交的证据及辩论过程、法官对证据采纳与否及其理由、根据证据认定的案件事实以及具体的法律适用来展现庭审过程，这一过程既包含法官的判决过程，同时也包含法官进行自由心证的过程。一场庭审的权威性正是通过一份拥有详尽说理的判决书得以展现。裁判文书的公开，不仅可以使当事人了解自己胜诉或者败诉的理由，更为重要的是，一份完美的判决书是法制宣传教育中最好的教科书。针对目前我国裁判文书公开存在的问题，本书认为裁判文书公开可以从以下两个方面进行完善：裁判文书的内容公开，即法官在判决书中应尽可能详尽地写明认定的证据、证据证明的事实、合议庭对案件裁决的法律理由，突出合议的公开性；裁判文书的形式公开，即简化判决文书公开程序，通过报刊媒体、互联网向社会各界公开发布裁判文书，并允许公民进入法院依法查阅有关裁判案例。

自 2012 年推出裁判文书上网后，民事判决文书公开得到一定程度的展现，但时至今日，笔者在研究过程中经常发现某份判决文书无法在中国裁判文书网中查询到，证明现阶段并非每份判决文书都可以通过裁判文书上网这一方式进行公开。

二　优化庭审人员配置

（一）改革现行案件承办人制度

党的十八届三中全会关于司法体制改革的论述提出，完善主审法官、合议庭负责制，让审理者裁判，让裁判者负责。在合议庭审理的案件中，主审法官将作为审判长，参与合议庭审理案件的审理。在适用独任制进行审判的案件中，案件的审理权和裁判权都归于独任法官一人，因而法官要独自承担案件的全部责任。而在合议制度下，合议庭作为案件审理的主体，不能仅有案件承办法官对案件承担责任。当案件承办法官作为合议庭成员对案件进行审理时，其地位应当与合议庭内的其他法官相同，或者说合议庭内的其他法官具有和案件承办法官相同的职责。并且，应当将合议庭作为一个审判主体和裁判主体，由合议庭的全体成员对案件的审理和裁判结果承担责任。

党的十八届三中全会后，基于案件分配角度的考量，大部分法院虽然将案件承办人的称谓变成了主审法官，但实际上主审法官仍然承担着案件承办人所应承担的工作和责任，合议庭内部成员的地位仍然不平等，致使合议庭的功能仍然没有实现。此外，案件承办人制度，严重地破坏了合议制度价值属性，虚化了合议制度的功能。因此，要实现合议庭的有序运行，必须从以下几个方面对现行案件承办人制度进行大刀阔斧的改革。

第一，理顺合议庭组成人员之间的关系。主审法官（也就是案件承办人）应当作为合议庭内进行技术劳动（如卷宗的整理、判决文书的撰写、送达司法文书等）的主要工作者，是合议庭在案件审理过程中的具体执行者，而非案件审理过程中唯一工作者。

第二，建立合议庭共同阅卷制度和参与庭前会议机制。在案件审理前，合议庭成员应该阅读案卷、证据及其他诉讼材料，这种阅读不是流于形式的，而是应当通过撰写阅卷笔录的形式得以完全实现。同时，合议庭成员还应当共同出席庭前会议，并在庭前会议后与主审法官共同确立审判提纲。

第三，完善合议庭的责任承担。合议庭是作为一个整体对案件进行审理，合议庭内的所有组成人员都应当对案件审理的庭审质量与裁判结果负责。具体而言，合议庭对外作为一个整体应当承担因案件质量低下、裁判结果错误所带来的后果，对内考虑由主审法官承担主要责任，而由其他法官承担连带责任。

第四，建立以合议庭为整体的绩效考核标准。在考核过程中对外不再区分主审法官与合议庭组成法官，而是将合议庭作为一个整体给出绩效考核分数，考虑到主审法官是合议庭的主要执行者，对内按照具体分工的不同对主审法官和合议庭组成法官委以不同的权重系数。

（二）完善审判长选任制度

在司法运行的过程中，审判长选任制度对于排除行政干预、提高法官法律素养以及诉讼效益等方面具有一定的积极作用。但不应忽视的是，审判长制度在实行员额制改革的当下，其对庭审形式造成了一定的负面影响。然而审判长选任制在实践中也暴露出了一系列的问题，因此，有必要完善审判长选任制度，以确保合议制度的顺畅运行。

第一，理清《人民法院审判长选任办法》与《民事诉讼法》之间的关系。根据法律的效力，宪法和法律具有最高的法律效力，但是《人民法院审判长选任办法》中关于审判长选任的规定与我国《民事诉讼法》中关于审判长选任的根据相冲突。

第二，理顺审判长身份定位及其与合议庭之间的关系。应当明确的是，审判长只能在合议庭中出现，其与合议庭其他成员之间的关系应当是平等的，只不过审判长在庭审过程中承担着组织者和协调者的角色。同时，还应该明确审判长不具备法院的行政事务管理职能，其在庭后的身份也仅仅是一名普通法官。

第三，确保审判长在合议庭评议上严格遵守少数服从多数的原则。在司法实践中，因为审判长存在审判职能和隐性行政管理职能的双重属性，审判长意见与合议庭内其他成员意见不符时，审判长将案件提请院长提交审判委员会的做法时有发生。应当通过制定具体的评议规则，明确当合议庭内已经出现多数意见时，审判委员会不能介入案件的审理与评议。

三　进一步改革裁判文书签发机制

从过往我国司法实践的情况来看，一份判决结果的产生，不仅需要合议庭内部进行评议，同时，最终形成的判决意见也要经过层层审批，这也在某种程度上意味着参与整个审判过程的合议庭并不拥有实质上的审判权与裁判权，对于案件的裁判的决定权实质上掌握在拥有案件审批权的庭长、院长手中，这严重违背了合议庭对于案件进行独立审判的制度原则。我国法律规定，合议制和独任制是我国基本审判组织形式，合议庭或者独任法官是我国审判组织的组成人员，只有审判组织才拥有对于诉讼案件的审判权与裁判权，但在案件审批制度下，这种审判权和裁判权发生了转移，使庭审流于形式，直接言词原则没有得到彻底贯彻，同时极其容易导致难以保障最终裁判结果的公正性。

在党的十八届三中全会、四中全会后，随着又一轮司法体制改革进程的不断推进，院长、庭长的审批权在一定程度上得到遏制。《人民法院第四个五年改革纲要（2014—2018）》（以下简称《纲要》）中提出要改革裁判文书签发机制，其中规定在适用独任制进行审理的案件中，独任法官拥有裁判文书签发权，独任法官可以自行签发裁判文书，院长、庭长在适用独任制进行审理的案件中不再享有案件审批权。但《纲要》并没有规定合议庭案件裁判文书具体的签发机制。从课题组的调研情况来看，在现实中，虽然院长、庭长在适用独任制进行审理的案件中没有审批权，但有些独任法官为了规避风险，在进行完裁判文书的制作后，仍然习惯性地将裁判文书提交给院长或者庭长进行审批，虽然最终签字的仍是独任法官，但此时院长、庭长仍然拥有案件的实际审批权。同时，由于《纲要》没有对适用合议制进行审理的案件的裁判文书的审批机制进行具体规定，院长、庭长仍然要对合议庭的裁判意见进行审批，导致改革没有得到实际落实。

对裁判文书签发机制进行改革一定要触及根本问题，即司法责任制问题，对于案件最终的裁判结果的司法责任，一定要落实在合议庭组成人员或独任法官之上，只有严格司法责任，才能够使合议庭组成法官或者独任法官对于自己的案件真正负责。

四　改革审判委员会工作机制

前文曾经详细论述了审判委员会参与案件讨论所带来的弊端，理论界对此存在审判委员会的存废之争。主张废除审判委员会制度的学者的主要观点认为，在诉讼案件的审理过程中，参与庭审全过程的是合议庭的组成人员或独任法官，从对案件了解程度而言，合议庭或独任法官理应享有对于案件的审判权和最终的裁判权，审判委员会介入案件讨论，违背了直接言词原则，同时也在事实上拥有了对于案件定性的审判权和对于案件最终的裁判权。而主张继续保留审判委员会制度的学者的主要观点认为，即使审判委员会存在种种弊端，也在一定程度上违反了诸多诉讼原则，但从审判委员会在我国长期运行的司法效果来看，审判委员会介入案件讨论能在一定程度上弥补合议庭因在案件事实认定和法律适用层面产生分歧而造成的裁判结果片面化，同时，在维护个案公正方面具有一定的积极作用。笔者认为，尽管案件审理过程的公正与裁判结果的公正同样重要，但诉讼效益与诉讼公正在一定程度上存在矛盾，对于庭审进程中是否应当牺牲一定的诉讼原则来维护最终的司法公正是一个价值取向的问题，在现阶段我国法官素质整体不高的情况下，应当以维护司法公正为制度的最终落脚点。考虑到种种现实情况，本书认为在现阶段我国不宜彻底取消审判委员会制度，而应当根据审判委员会制度在司法实践运行中存在的种种问题进行深入分析，在总结问题的基础上，有针对性地对审判委员会的工作机制进行改革。具体而言，对于审判委员会制度的改革应从以下几个方面入手。

第一，严格限定审判委员会参与案件讨论的范围，调整审判委员会制度的工作重心。在我国设立审判委员制度之初，就明确了审判委员会的主要任务是对于实践当中发生的重大、疑难案件进行集体讨论、总结审判工作中出现的问题和可取经验以及参与其他审判工作。但在司法实践当中，审判委员会对于审判工作中出现问题和经验总结的制度功能被弱化，而对于具体案件的集体讨论的制度功能被过分夸大，导致审判委员会制度成为部分案件中的实际审判组织，不仅违背了审判委员会制度设计之初的价值构思，同时也违背了审判原则与审判价值的要求。对于审判委员会制度在长期运行过程中存在的问题，应当结合当下新一轮司法体制改革的具体要求，严格限定审判委员会参与讨论的案件范围以及调整审判委员会的工作重心。审判委员会应当将工作重心转移到对于审判工作中出现问题和良好经验的总结当中，对于出现的新兴、疑难、复杂的案件进行有范围限制的讨论，同时对于重大案件不应当介入，因为重大案件可能只是在案件影响力、社会关注度等方面进行的界定，对于案件本身是否在事实认定、法律适用等方面存在困难尚存疑虑。

第二，改革审判委员会参与案件的讨论形式。根据我国《人民法院组织法》第39条规定："合议庭认为案件需要提交审判委员会讨论决定的，由审判长提出申请，院长批准。审判委员会讨论案件，合议庭对其汇报的事实负责，审判委员会委员对本人发表的意见和表决负责。审判委员会的决定，合议庭应当执行。审判委员会讨论案件的决定及其理由应当在裁判文书中公开，法律规定不公开的除外。"由此可以看出，审判委员会参与讨论的案件，对于案件的事实定性和最终裁判结果都具有最终决定权，但这一做法违背了庭审当中的直接言词原则，不过由于合议庭或独任法官往往在庭审后才可以确定案件是否属于疑难复杂的新型案件，此时要求审判委员会直接参与庭审以符合直接言词原则并不现实。课题组认为，法院可以在案件审理过程中建立庭审录音录像制度，仅需在法庭内设置专门录音录像设备，同时对产生的录音录像素材以90日为一周期进行循环覆盖设置。在建立庭审录音录像制度后，对于合议庭认为需要由审判委员会参与讨论的案件，不再由案件承办人就案件情况向审判委员会汇报，而是由审判委员会委员对案件庭审活动的录音录像自行收听、观看，虽然较之前的案件汇报流程耗时耗力，但有利于审判委员会查明案件事实，同时也是对直接言词原则的贯彻，更有利于保障最终裁判结果的公正性与准确性。

第三，细化审判委员会的回避原则。虽然《人民法院组织法》中规定了审判会员会也应当适用回避原则，但我国现行《民事诉讼法》规定的回避人员却不包括审判委员会的组成人员。一是因为审判委员会的组成人员长期来看并不固定；二是因为审判委员会人员的组成机制并不透明，当事人不能获悉审判委员会的具体组成人员，也就无从提出回避申请。应当在《民事诉讼法》中明确规定审判委员会的组成人员同样适用回避原则，同时在案件审理开始前，不仅应对审判组织成员进行公示，审判委员会的组成人员也应对外界公布，方便当事人对审判委员会的组成人员提出回避申请。

五　规范法官助理出庭制度

对于法官助理是否可以出庭这一问题，目前学界和实务界并无统一看法。通过课题组的走访调查发现，许多员额法官希望法官助理能够出现在庭审当中，更多地参与庭审活动，在庭审内外都能更好地辅助自己。而多数法官助理和学者并不赞同法官助理出庭，对于法官助理而言，在员额制改革后，由于相关配套措施并不完善，无论是法官还是法官助理数量都不足。从司法实践现状来看，大部分法院是一个法官助理同时辅助两到三名甚至更多法官，因此法官助理出庭的现实条件不足。有学者认为，传统的诉讼关系就是法院以及双方当事人的三角关系，而代表国家行使审判权的只能是法官，法官助理并不具备审判权，且庭审当中也无法官助理的座席，法官助理出庭还会引发一系列法理问题。

本书认为，应当构建或者应当规范法官助理出庭制度，使法官助理亲历庭审，贯彻直接言词原则。具体而言，法官助理出庭，不应当列于审判席之上，而是将其座位与书记员的座位并列。在庭审过程中，法官助理的工作不应当是简单、机械地重复书记员的工作，而应当侧重于法庭调查与法庭辩论中相关事实的查明和明晰双方的争点所在。

第四章　中国民事诉讼一审原告
身份实证研究

第一节　导论

新中国成立以来，民事诉讼一审原告的身份变迁，是在我国社会整体变迁的宏观视野下，人民身份、职业、阶层变化在民事诉讼中的历史缩影，反映了法律赋予某种社会存在以民事主体地位，从而在其特定功能实现的内在推动下，呈现的民事主体交往模式的变化，以及民事法律关系纷争的变迁。① 原告身份的变迁，体现民事主体与民事诉讼主体制度的变迁。我国民事主体制度与民事诉讼主体制度与国家建设和改革进程同步，在不同时期反映了社会发展和国家改革的需要，并在新中国成立 70 年以来的历史进程中，发挥了稳定社会秩序和推动社会发展的巨大作用。

本章以新中国成立以来民事诉讼一审原告的身份变迁为观察对象，以对我国整体社会结构产生重大历史影响的关键时间节点作为年代划分依据，具体细分为 1949～1978 年、1979～1992 年、1993～2012 年、2013～2019 年四个历史阶段，观察上述不同时期，在我国政治、经济、社会整体发生宏观变迁的环境下，原告身份发生了哪些变化，并在此基础上分析引起不同身份、阶层的利益群体启动诉讼的动力机制及影响因素。在法与社会现实的互动关系中，探寻法制现代化的现实轨迹和动力基础，展示中国当代法制现代化在历史与现实之间的宏观图景。

---

① 制定法在国家层面赋予某种社会存在以民事主体地位，其主要目的是通过法律对某类社会关系界定权利义务边界，调整特定领域的交往关系，从而更有效地实现社会组织的秩序化，并以此承担某种特定社会功能。

1949～1978 年，是我国社会主义事业的探索阶段。该阶段是以农民占人口绝大多数的农业社会，社会结构相对简单，主要由工人、农民和知识分子构成。国家实行以公有制为主体的单一计划经济体制，通过计划控制社会资源并进行分配。具有极强复合性特征的单位制几乎覆盖了整个社会，形成了"国家—单位—个人"的总体格局，中国社会呈现"高度整合"和"低度分化"的特点。在此背景下，我国民事诉讼一审原告身份较为单一，职业上以农民为主，类型上以自然人为主，原告文化程度多数为"小学及以下"，性别上则以女性为主。

1979～1992 年，是我国有中国特色社会主义的初创阶段。党的十一届三中全会"划时代地开启了改革开放和社会主义现代化建设历史的新时期"[①]，我国因此走上了改革开放的道路，工作重心转移到经济建设上来。随着市场化推进和经济成分愈益多样化，社会结构开始走向分化并日渐复杂化。我国民事诉讼一审原告身份开始向多样化发展，工人身份的原告在数量上有所增多，在某些时期和地区超过了农民的数量。干部比例明显增多，反映了这个时期行政人员"下海潮"的时代特色。个体工商户、法人开始出现在裁判文书中，原告文化程度有所提高，"初中""高中"占了相当数量的比例，男性原告开始多于女性。

1993～2012 年，我国有中国特色社会主义正式走上社会主义市场经济道路，拉开了市场经济改革的序幕，奠定了中国社会主义市场经济新时代的基础。中国社会主义经济体制发生彻底变革，改革开放、社会转型、经济发展进入加速阶段，社会结构发生巨大变化。工人、学生、个体工商户、合伙，以及法人原告的数量有了较大比例的增长，干部原告比例明显减少，出现了较多"本科"及"硕士以上"文化程度的原告，男性原告数量明显多于女性。

2013～2019 年，中国特色社会主义走向"全面深化改革、系统整体推进改革的新时代"，开创了我国改革开放的新局面。[②] 党的十八

---

①　习近平：《关于十九届四中全会〈决定〉的说明》，https：//article. xuexi. cn，最后访问日期：2019 年 10 月 9 日。

②　习近平：《关于十九届四中全会〈决定〉的说明》，https：//article. xuexi. cn，最后访问日期：2019 年 10 月 9 日。

届三中全会"划时代"地推出了 336 项重大改革举措。经过不懈努力，"啃下了不少硬骨头"，重要领域和关键环节改革成效显著，主要领域基础性制度体系基本形成，为推进国家治理体系和治理能力现代化打下了坚实基础。[①] 工人、个体工商户和合伙原告数量持续增长，原告文化层次有较大比例提高，男性原告比例高于女性原告，社会组织、人民检察机关作为原告提起公益诉讼在法律上有了明确依据。

民事纠纷是特定社会不同社会阶层利益冲突的风向标，集中呈现不同历史阶段的主要社会矛盾。而民事诉讼是不同社会阶层利益表达、个体权利救济的重要途径，从原告的身份变迁情况，能够观察不同历史阶段的社会分层、社会资源配置、社会利益表达机制和冲突机制的实际作用情况，不同社会阶层主要利益冲突的诉权保护情况，以及不同身份原告对可资利用的不同纠纷化解途径、规则、程序的认同和选择情况。本章以 1949 ~ 2019 年中国民事诉讼一审原告身份变迁为观察对象，主要数据来源于新中国成立以来中华人民共和国中央人民政府发布的历年工作报告，最高人民法院、最高人民检察院发布的历年工作报告，中华人民共和国国家统计局历年发布的《中国统计年鉴》《全国年度统计公报》，中华人民共和国司法部官网公布的数据，中国消费者协会官网公布的历年统计数据，以及课题组从 H 省 X 市 A 区、B 县两个基层法院收集到的 1949 ~ 2012 年的裁判文书，和中国裁判文书网上刊载的上述两家基层法院 2013 ~ 2018 年的裁判文书。上述数据中，具体类目的信息有交叉重合部分，可相互印证，为数据分析的科学性提供保障。

本章主要以 H 省 X 市 A 区、B 县人民法院的民事诉讼一审案件为观察对象，探讨原告身份的变迁进程。

首先，通过新中国成立以来民事诉讼一审程序原告的身份变迁，从纵向角度观察历史流变中的中国社会结构变迁与当代中国特色法律制度生长的交互关系。社会结构变迁是特定社会政治、社会制度、社会经

---

① 刘少华整理《坚持和巩固什么、完善和发展什么》，《人民日报》（海外版），http：// politics. people. com. cn/n1/2019/1113/c1001 - 31451539. html，最后访问日期：2019 年 10 月 9 日。

济、社会生活、社会观念综合影响的结果。法律是一国社会整体变迁的反映装备，同时也是强大的推动装备，两者之间存在内在、双向的推动和制约。新中国成立以来，我国法制的逐步完善以及司法制度改革的逐步深入，离不开社会整体发生巨大变迁的宏观背景。全方位的社会分层、职业分化、身份多元等引起的社会变革，必然对法律及司法提出革故鼎新的需求，而随着法制完善以及司法体制日益走向理性和成熟，也必然能够促进社会秩序、社会关系，以及社会整体结构走向良性运转。以往有关社会结构变迁与法律相互关系的论争主要有两种观点：一种是重视和强调一国法制及司法对新的社会秩序、社会结构、社会身份的决定性作用；另一种观点则截然相反，认为法律整体架构发展必须缓慢追随社会结构变迁的步伐。然而，尽管法律对于社会变迁的被动反映在人类社会发展历史进程中以常态现象存在，但新中国成立以来我国法律对社会整体的积极推动作用同样引人注目，而且，迈入新时代的中国，法律的这种巨大推动作用正在逐步加大并发出历史最强音。因此，社会结构变迁与法律制度相互之间的关系存在互动的可能，而绝非单向作用。

其次，通过新中国成立以来我国民事诉讼一审程序原告的身份变迁，从横向角度观察在不同历史时期的特定时代背景下，法律在社会现代化进程中的"真实面貌"和实际效用。新中国成立以来，我国历经规范重建、制度整合、体制改革等一系列的探索，具有中国特色社会主义的法制体系和司法制度初具规模，并日益突显其在国家治理体系和治理能力现代化中的重要作用。民事诉讼在裁判依据方面完成了以政策为依据向以法律为依据的转变，在权利保护方面完成了从区别对待到平等保护的转变，在审判领域方面完成了从"小民事"向"大民事"的转变，在诉讼模式方面实现了从"超职权主义"向"职权主义与原告主义混合模式"的转变，在治理主体方面完成了法院"独角戏"向社会"大舞台"的转变。[1] 本章力图以整体主义的叙事方式，将法律发展的现象嵌入社会变迁的现实图景中，以民事诉讼一审程序原告身份变迁及社会行动现实反映当代我国法律的发展变化轨迹，在法与社会现实的互动关系中探寻法制现代化的现实轨

---

① 王玲芳：《四十年民事审判理念的变迁》，《人民法院报》2018 年 11 月 26 日，第 2 版。

迹和动力基础。

再次，通过新中国成立以来我国民事诉讼一审程序原告的身份变迁，从微观角度描述和解释不同历史时期我国民事诉讼一审程序中不同身份原告的诉讼需求及其实现程度的现实图景。通过不同历史时期启动诉讼程序的原告的身份变化，能够大致窥见不同利益群体的诉讼规模、对诉讼的偏好程度等情况，以及不同历史时期我国对于不同身份民事主体的诉权供给状况，探寻不同利益群体对于权利救济的可诉性程度，在机会和能力上是否相等，并以此展现我国民事诉讼模式的转变轨迹，分析我国民事诉讼逐步走向现代化的影响因素和动力机制。对上述问题的经验性观察、描述和解释，有利于了解不同利益群体对于诉讼的社会需求、偏好，以及对整体诉讼规模的贡献率，将当代司法利用者与司法供给者之间的关系，当代中国国家与公民之间的关系，不仅仅作为一种结构来理解，而且作为一种实践形态来理解[1]，并在此基础上对分析过程中呈现的规律性现象进行总结和把握，预测未来可能发生的变化，以更加科学地配置司法资源，更加理性地规划和培育法律服务市场。

我国当代中国社会主义诉讼现代化的独特模式，不仅体现了法律文明发展的世界性和国际化潮流，而且也反映了独特的民族性和本土色彩，是两者的有机结合，是我国民族精神和时代精神的结晶，同时也是我国在新时代条件下对世界法制现代化和法律全球化的伟大贡献。法制现代化在不同国家具有不同的表现形式和实现道路，现代化的起点、进程及程度也是不平衡的。[2] 法制现代化是一个经验性命题，而绝非单纯的逻辑演绎，是对于既往以及正在发生中的具体诉讼经验的历史总结和抽象概括，其扎根于具体实践，在不同国家有着不同的具体样态和实现逻辑，因此，对其应持中性价值观点，避免忽略各国在现代化实践中历史起点、凭借条件、发展环境、动力机制存在的差异和不平衡因素的影响，认识到其具体路径、所处进程、实现程度的多样性。

---

① 陈立周、徐远超：《近年来我国城市基层社区微观研究述评》，《长沙大学学报》2008 年第 1 期。

② 夏锦文：《论法制现代化的多样化模式》，《法学研究》1997 年第 6 期。

第二节　中国民事诉讼一审原告身份的基本情况

一　中国民事诉讼一审原告身份：1949～1978 年

（一）原告职业数据分析

这段时期我国民事纠纷类型单一，工人、农民占社会总人口绝大多数，相应地提起民事诉讼的工人、农民原告占据较大比例。人民法院处于初创阶段，各项工作的规范化建设仍在探索中，加之经历动乱和恢复重建，保存下来的裁判文书存在信息缺失等问题。H 省 X 市 A 区人民法院和 B 县人民法院裁判文书中的数据信息显示，该段时期两地原告呈现共性的同时，也存在明显差异。

1. A 区人民法院民事诉讼一审原告职业数据分析（见表 4 - 1）

表 4 - 1　A 区人民法院民事诉讼一审原告职业数据（1949～1978 年）

单位：%

年份	工人	农民	干部	无业	学生	其他	未知
1957	5.26	0.00	0.00	0.00	0.00	0.00	94.74
1960	75.00	0.00	0.00	0.00	12.50	0.00	12.50
1961	46.38	23.19	2.90	0.00	1.45	10.14	15.94
1962	24.76	1.46	3.88	0.00	0.49	1.94	67.48
1963	40.00	20.00	0.00	0.00	0.00	0.00	40.00
1966	25.00	0.00	0.00	0.00	0.00	0.00	75.00
1967	0.00	97.33	1.33	0.00	0.00	0.00	1.33
1968	0.00	0.00	0.00	100.00	0.00	0.00	0.00
1973	58.82	0.00	0.00	0.00	0.00	11.76	29.41
1978	0.00	100.00	0.00	0.00	0.00	0.00	0.00

注：因部分年份裁判文书相关信息缺失，故未列出，但为与标题一致，表题、图题仍使用统一起止年份，下同。

资料来源：若无其他说明，本章内所有图表数据皆来自课题组调取的 A 区人民法院或 B 县人民法院的裁判文书。

表 4 - 1 数据显示，1949～1978 年 A 区人民法院裁判文书中原告职业信息"未知"数量最多。除 1967 年、1968 年与 1978 年外，工人原告数

量最多。除个别年份外，农民原告仅占较少比例。工人、农民之外的各类原告仅在个别年份少量出现。

工人原告在该段时期数据波动较大，1957 年仅为 5.26%，1960 年骤然升至 75% 后开始下降，其后在 24% ~ 47% 波动，1966 年降到 25.00% 后数据持续缺失 6 年，1973 年达到 58.82% 后数据再度缺失。农民原告在 5 个年份有明确数据，其中 1967 年和 1978 年分别达到 97.33% 和 100%，显著高于其他类目原告。其余 3 个年份中，1961 年达到 23.19%，而 1962 年仅占 1.46%。除 1967 年和 1978 年，工人原告均多于农民。工人与农民原告数量悬殊的是 1960 年、1967 年、1973 年和 1978 年。干部原告仅出现在 1961 年、1962 年和 1967 年，所占比例均未超过 4%。1968 年原告职业信息记载为无业的比例是 100%，其余年份未发现该类原告。学生原告出现在 1960 ~ 1962 年，所占比例从 12.50% 持续下降到 1.45% 和 0.49%。其他类原告出现在 1961 年、1962 年和 1973 年。

2. B 县人民法院民事诉讼一审原告职业数据分析（见表 4 - 2）

表 4 - 2　B 县人民法院民事诉讼一审原告职业数据（1949 ~ 1978 年）

单位：%

年份	工人	农民	干部	无业	学生	其他	未知
1949	50.00	50.00	0.00	0.00	0.00	0.00	0.00
1953	4.00	0.00	0.00	0.00	0.00	0.00	96.00
1955	0.81	0.00	0.00	0.00	0.00	0.00	99.19
1957	12.82	0.00	2.56	0.00	0.00	0.00	84.62
1958	33.33	0.00	0.00	0.00	0.00	0.00	66.67
1959	20.48	10.84	0.00	0.00	0.00	0.00	68.67
1960	0.00	3.57	0.00	0.00	0.00	0.00	96.43
1961	40.00	0.00	0.00	0.00	0.00	0.00	60.00
1962	0.55	26.37	0.00	0.00	0.00	0.00	73.08
1963	2.86	66.12	0.00	0.00	0.00	0.00	31.02
1964	2.04	71.43	0.00	0.00	0.00	0.00	26.53
1965	7.72	42.12	0.64	0.00	13.18	0.96	35.37
1966	2.13	65.96	0.00	0.00	2.84	0.00	29.08
1967	7.41	74.07	0.00	0.00	0.00	3.70	14.81
1968	33.33	22.22	5.56	0.00	5.56	11.11	22.22
1969	80.00	0.00	0.00	0.00	0.00	20.00	0.00

年份	工人	农民	干部	无业	学生	其他	未知
1970	33.33	28.57	4.76	0.00	0.00	0.00	33.33
1971	19.51	24.39	1.22	0.00	0.00	2.44	52.44
1972	35.48	20.97	0.00	0.00	0.00	0.00	43.55
1973	9.41	15.29	2.35	0.00	0.00	2.35	70.59
1974	29.41	61.76	2.94	0.00	0.00	5.88	0.00
1975	15.05	81.72	3.23	0.00	0.00	0.00	0.00
1976	29.49	48.72	1.28	0.00	0.00	2.56	17.95
1977	100.00	0.00	0.00	0.00	0.00	0.00	0.00

表 4－2 数据显示，1949～1978 年 B 县人民法院裁判文书中原告职业信息"未知"的数量最多。除数据缺失年份外，农民原告数量大多年份明显多于工人、干部、学生和其他职业几个类别。干部、学生和其他职业原告仅在个别年份少量出现，未发现无业类原告。

工人原告在 1953～1955 年少量出现，1957 年开始明显增长，但 1961 年达到 40% 后开始回落。1968～1977 年，除个别年份数量畸高或畸低，多数年份比例在 15% 到 36% 之间。农民原告在 1975 年达到最高比例 81.72%，且大部分年份显著高于其余类别。干部原告第一次出现在 1957 年，且历年比例均未超过 6%。学生原告第一次出现在 1965 年，占 13.18%，1966 年下降到 2.84%，1968 年小幅反弹到 5.56%。其他原告除 1969 年达到了 20.00% 和 1968 年达到了 11.11%，其余年份则均在 10% 以下。

3. 小结

这一阶段，A 区和 B 县人民法院裁判文书中未知数据均最多，但 A 区明显多于 B 县。提起诉讼的原告绝大部分是工人和农民，同时也有少量干部、学生以及从事其他职业的人员。两地的工人原告与农民原告比例存在差异。A 区工人原告明显多于农民，B 县农民原告则明显多于工人。无业类原告仅在 1968 年出现在 A 区人民法院，B 县人民法院未发现相关信息。干部原告仅在个别年份出现。A 区干部原告数量 1962 年超过了农民，1967 年超过了工人；B 县干部原告数量 1957 年超过了农民。但该段时期干部原告的数量变化未呈现明显规律。两地学生原告的共同规律是，都只出现在 3 个年份，所占比例整体上均呈下降趋势，但 A 区和 B 县学生原告出现的具体年份不同，A 区出现在较早时期，B 县则出现较晚，而且 B 县学生原告在比例上略高于 A 区。

（二）原告类型数据分析

新中国成立后到改革开放前，我国实行以公有制为主体的计划经济体制，经济成分、就业途径较为单一，该阶段原告以自然人为主，A 区人民法院出现了个体工商户类原告，B 县人民法院未发现相关信息。

1. A 区人民法院民事诉讼一审原告类型数据分析（见表 4 - 3）

表 4 - 3　A 区人民法院民事诉讼一审原告类型数据（1949 ~ 1978 年）

单位：%

年份	自然人	企业/公司	个体工商户	合伙	其他
1949	95. 24	0. 00	0. 00	0. 00	4. 76
1950	100. 00	0. 00	0. 00	0. 00	0. 00
1951	100. 00	0. 00	0. 00	0. 00	0. 00
1952	100. 00	0. 00	0. 00	0. 00	0. 00
1953	100. 00	0. 00	0. 00	0. 00	0. 00
1955	100. 00	0. 00	0. 00	0. 00	0. 00
1956	100. 00	0. 00	0. 00	0. 00	0. 00
1957	100. 00	0. 00	0. 00	0. 00	0. 00
1960	100. 00	0. 00	0. 00	0. 00	0. 00
1961	99. 06	0. 00	0. 94	0. 00	0. 00
1962	99. 05	0. 48	0. 48	0. 00	0. 00
1963	100. 00	0. 00	0. 00	0. 00	0. 00
1966	100. 00	0. 00	0. 00	0. 00	0. 00
1967	100. 00	0. 00	0. 00	0. 00	0. 00
1968	100. 00	0. 00	0. 00	0. 00	0. 00
1973	100. 00	0. 00	0. 00	0. 00	0. 00
1974	100. 00	0. 00	0. 00	0. 00	0. 00
1975	100. 00	0. 00	0. 00	0. 00	0. 00
1977	100. 00	0. 00	0. 00	0. 00	0. 00
1978	100. 00	0. 00	0. 00	0. 00	0. 00

表 4 - 3 数据显示，1949 ~ 1978 年 A 区人民法院自然人原告占绝大多数，其他身份、个体工商户和企业/公司仅有少量数据，未发现合伙类原告的相关信息。除 1949 年、1961 年和 1962 年，其他年份自然人原告比例均为 100%。1962 年的裁判文书中有明确记载企业/公司作为原告的信息，但所占比例仅为 0.48%。个体工商户原告在 1961 年和 1962 年出现，但是仅分别占 0.94% 和 0.48%。其他身份原告仅出现在 1949 年的裁判文书中，占比 4.76%。

2. B 县人民法院民事诉讼一审原告类型数据分析（见表 4 - 4）

表 4 - 4　B 县人民法院民事诉讼一审原告类型数据（1949 ~ 1977 年）

单位：%

年份	自然人	企业/公司	个体工商户	合伙	其他
1949	100.00	0.00	0.00	0.00	0.00
1950	100.00	0.00	0.00	0.00	0.00
1951	98.40	0.00	0.00	0.00	1.60
1952	100.00	0.00	0.00	0.00	0.00
1953	96.15	3.85	0.00	0.00	0.00
1954	100.00	0.00	0.00	0.00	0.00
1955	98.40	1.60	0.00	0.00	0.00
1956	100.00	0.00	0.00	0.00	0.00
1957	100.00	0.00	0.00	0.00	0.00
1958	100.00	0.00	0.00	0.00	0.00
1959	100.00	0.00	0.00	0.00	0.00
1960	100.00	0.00	0.00	0.00	0.00
1961	100.00	0.00	0.00	0.00	0.00
1962	99.46	0.54	0.00	0.00	0.00
1963	100.00	0.00	0.00	0.00	0.00
1964	99.39	0.00	0.00	0.00	0.61
1965	100.00	0.00	0.00	0.00	0.00
1966	100.00	0.00	0.00	0.00	0.00
1967	100.00	0.00	0.00	0.00	0.00
1968	100.00	0.00	0.00	0.00	0.00
1969	100.00	0.00	0.00	0.00	0.00

续表

年份	自然人	企业/公司	个体工商户	合伙	其他
1970	100.00	0.00	0.00	0.00	0.00
1971	100.00	0.00	0.00	0.00	0.00
1972	100.00	0.00	0.00	0.00	0.00
1973	100.00	0.00	0.00	0.00	0.00
1974	98.68	1.32	0.00	0.00	0.00
1975	100.00	0.00	0.00	0.00	0.00
1976	100.00	0.00	0.00	0.00	0.00
1977	100.00	0.00	0.00	0.00	0.00

由表 4－4 可知，1949～1977 年 B 县人民法院自然人原告占绝大多数，除其中 6 个年份外，其余比例均为 100%，这一点与 A 区人民法院基本一致。企业/公司和其他原告仅占少数比例。企业/公司类原告仅在 4 个年份出现，所占比例由 1953 年的 3.85% 下降到 1974 年的 1.32%，1962年达到了该时期的最低比例 0.54%。其他原告仅出现在 1951 年和 1964年，分别占据 1.60% 和 0.61% 的较低比例。未发现合伙、个体工商户类原告的信息。

3. 小结

这一阶段，两法院自然人原告数量最多，其他身份、企业/公司类原告仅在个别年份有少量数据，个体工商户仅在 A 区人民法院裁判文书中出现相关信息，没有合伙类原告。1962 年两法院均出现了企业/公司类原告，但 B 县的数量高于 A 区。其他身份原告 1949 年在 A 区人民法院占据4.76%，1951 年和 1964 年在 B 县人民法院分别占据 1.60% 和 0.61%。个体工商户类原告仅出现在 A 区人民法院，1961 年和 1962 年分别占据了0.94% 和 0.48%，B 县人民法院则未发现该类原告。

（三）原告文化程度数据分析

这一阶段我国尚处在农民占人口绝大多数的农业社会，社会成员文化水平普遍不高。裁判文书中，小学及以下和初中文化程度的原告占据绝大多数比例，但小学及以下和初中文化程度原告在两地的比例存在细微区别，反映了该时期城乡地区在教育文化、经济发展方面存在现实差异。

1. A 区人民法院民事诉讼一审原告文化程度数据分析 （见表 4 – 5）

表 4 – 5　A 区人民法院民事诉讼一审原告文化程度数据 （1949 ~ 1978 年）

单位：%

年份	小学及以下	初中	高中	专科	本科	硕士及以上	未知
1961	1.45	0.00	0.00	1.45	0.00	0.00	97.10
1962	2.43	0.49	0.00	0.00	0.49	0.00	96.60
1967	0.00	0.00	1.33	0.00	0.00	0.00	98.67
1968	100.00	0.00	0.00	0.00	0.00	0.00	0.00
1973	5.88	0.00	0.00	0.00	0.00	0.00	94.12
1978	0.00	100.00	0.00	0.00	0.00	0.00	0.00

由表 4 – 5 可知，这一阶段有较多年份数据缺失。已有数据中，不同文化程度的原告比例由高到低分别为小学及以下、初中、专科、高中和本科。高中、专科和本科文化程度原告仅在部分年份少量出现，高中文化程度原告仅出现在 1967 年，专科文化程度原告出现在 1961 年，本科文化程度原告出现在 1962 年，硕士及以上文化程度原告未在裁判文书中发现。

2. B 县人民法院民事诉讼一审原告文化程度数据分析 （见表 4 – 6）

表 4 – 6　B 县人民法院民事诉讼一审原告文化程度数据 （1949 ~ 1978 年）

单位：%

年份	小学及以下	初中	高中	专科	本科	硕士及以上	未知
1965	0.00	0.35	0.00	0.00	0.00	0.00	99.65
1971	14.04	28.07	12.28	0.00	0.00	0.00	45.61
1972	10.26	28.21	10.26	5.13	2.56	0.00	43.59
1973	0.00	3.53	0.00	0.00	0.00	0.00	96.47
1974	0.00	1.89	0.00	1.89	0.00	0.00	96.23
1975	1.08	0.00	1.08	0.00	0.00	0.00	97.85
1976	0.00	2.60	1.30	0.00	0.00	0.00	96.10

表 4 – 6 中亦有较多年份数据缺失。该时期提起诉讼的原告文化程度较低，主要为小学及以下、初中和高中，未发现硕士及以上文化程度原告。初中文化程度原告比例显著高于其他类目，小学及以下和高中文化程度原告比例基本持平，专科和本科类原告比例极小。

3. 小结

这一阶段，两地法院对原告文化程度的记载都较不明显，"未知"数据占比最大；原告文化程度均较低，小学及以下和初中文化程度原告占据多数。A 区大多数年份原告文化程度为小学及以下比例高于初中。B 县原告初中文化程度数量最多，并且明显多于小学及以下文化程度。B 县人民法院原告为高中、专科和本科文化程度的占比明显大于 A 区人民法院。

（四）原告性别数据分析

我国于 1950 年颁布了新中国第一部法律《婚姻法》，确立了一夫一妻、婚姻自主、反对包办买卖婚姻等原则，并在全国大力宣传，产生了广泛影响。该阶段，我国社会结构简单，纠纷类型单一，离婚占民事诉讼一审案件的绝大多数，女性提起民事诉讼维护自身权益的人数也日益增多。

1. A 区人民法院民事诉讼一审原告性别数据分析（见表 4 - 7）

表 4 - 7　A 区人民法院民事诉讼一审原告性别数据（1949 ~ 1978 年）

单位：%

年份	男	女	未知
1949	32. 50	40. 00	27. 50
1951	33. 33	66. 67	0. 00
1952	21. 23	78. 21	0. 56
1953	47. 41	52. 59	0. 00
1957	5. 00	5. 00	90. 00
1960	0. 00	100. 00	0. 00
1961	24. 76	75. 24	0. 00
1962	33. 65	60. 10	6. 25
1963	15. 38	84. 62	0. 00
1966	0. 00	25. 00	75. 00
1967	40. 00	60. 00	0. 00
1968	0. 00	100. 00	0. 00
1973	29. 41	58. 82	11. 76
1977	17. 65	82. 35	0. 00
1978	0. 00	100. 00	0. 00

由表 4 - 7 可知，1957 年和 1966 年原告性别信息未知数据比例较高，分别为 90% 和 75%。女性原告在绝大多数年份均明显多于男性。男性原告该段时期的最高比例是 1953 年的 47.41%，1960 年、1966 年、1968 年和 1978 年未发现男性原告数据，1977 年男性原告比例仅为 17.65%。

2. B 县人民法院民事诉讼一审原告性别数据分析（见表 4 - 8）

表 4 - 8　B 县人民法院民事诉讼一审原告性别数据（1949 ～ 1978 年）

单位：%

年份	男	女	未知
1949	50.00	50.00	0.00
1950	97.78	0.00	2.22
1953	4.00	16.00	80.00
1954	0.00	0.00	100.00
1955	0.00	1.63	98.37
1957	15.38	20.51	64.10
1958	33.33	0.00	66.67
1959	50.60	39.76	9.64
1960	27.59	58.62	13.79
1961	25.00	56.25	18.75
1962	27.32	54.64	18.03
1963	22.83	53.99	23.19
1964	23.93	53.37	22.70
1965	22.25	45.81	31.94
1966	20.00	51.72	28.28
1967	24.49	65.31	10.20
1968	29.63	62.96	7.41
1969	30.00	70.00	0.00
1970	51.72	48.28	0.00
1971	22.11	74.74	3.16
1972	21.79	75.64	2.56
1973	24.71	52.94	22.35
1974	30.67	69.33	0.00
1975	19.35	80.65	0.00
1976	30.77	69.23	0.00
1977	66.67	33.33	0.00

由表 4 - 8 可知，这一阶段女性原告整体数量明显多于男性，两者比例悬殊。1959 年之前女性原告数量较低，1950 年和 1958 年未发现相关数据。1960 年女性比例大幅提升到 58.62%，之后波动上升并一直保持较高比例，除个别年份外均在 50% 以上。1975 年达到这一时期的最高值 80.65% 后开始回落，1977 年为 33.33%。男性原告 1950 年达到该时期的最高比例 97.78%，1949 年、1950 年、1959 年、1970 年和 1977 年 5 个年份达到 50% 及以上并等于或超过女性原告比例，其余年份未超过 34%。

3. 小结

这一阶段，两地法院女性原告数量整体多于男性，A 区人民法院所有年份女性原告多于男性，B 县人民法院大部分年份女性原告多于男性。

二 中国民事诉讼一审原告身份：1979 ~ 1992 年

改革开放前 10 年主要是观念变革的 10 年，之后则是直接"触动利益"的 10 年。[①] 1987 年 10 月，党的十三大明确社会主义经济是商品经济，把商品经济看成社会主义的内在属性，由此摆脱将指令性计划当成社会主义公有制经济根本特征的传统观念。国有企业制度变革把每个工人卷入变化之中，"下海潮"中，不少机关干部、科技人员纷纷"下海"经商。与此同时，随着对外开放不断深入，大量外资涌入中国，各种类型的合资、外资企业纷纷设立。

1984 ~ 1991 年，乡镇企业异军突起，城市经济体制改革出现高潮。1984 年以后，乡镇企业作为新型的经济主体得到空前发展，逐渐成为国民经济的重要支撑。1985 年底，全国乡镇企业总数达到 1222.5 万个，职工总数近 7000 万人。1991 年乡镇企业总产值达到 11621.7 亿元，工业产值占全国工业总产值近 1/3。我国农村约 22% 的劳动者在乡镇企业中就业。

民事诉讼一审原告身份由此开始向多样化发展，工人原告有所增多，在某些时期和地区超过了农民原告的数量。干部原告比例明显增多，反映

---

① 佟新：《社会变迁与工人社会身份的重构——"失业危机"对工人的意义》，《社会学研究》2002 年第 6 期。

了这个时期行政人员"下海潮"的时代特色。个体工商户、法人开始出现在裁判文书中；原告文化程度有所提高，"初中""高中"占了相当数量的比例；男性原告开始多于女性。

（一）原告职业数据分析

1978 年改革开放后，国家将工作重心转到经济建设上来，社会结构发生变化，原告身份比例也发生了明显变化。干部身份的原告比例有所增加，大量工人脱离体制加入自由职业群体，无业和其他职业原告比例增加。

1. A 区人民法院民事诉讼一审原告职业数据分析（见表 4 - 9）

表 4 - 9　A 区人民法院民事诉讼一审原告职业数据（1979 ~ 1992 年）

单位：%

年份	工人	农民	干部	无业	学生	其他	未知
1979	60.61	6.06	9.09	3.03	0.00	0.00	21.21
1980	100.00	0.00	0.00	0.00	0.00	0.00	0.00
1981	100.00	0.00	0.00	0.00	0.00	0.00	0.00
1982	44.44	0.00	11.11	22.22	0.00	11.11	11.11
1983	56.70	18.56	6.19	14.43	0.00	3.09	1.03
1984	9.09	90.91	0.00	0.00	0.00	0.00	0.00
1985	0.00	100.00	0.00	0.00	0.00	0.00	0.00
1986	43.94	25.00	13.64	6.82	3.03	3.79	3.79
1987	44.33	20.20	10.34	6.40	2.46	12.32	3.94
1988	72.73	9.09	9.09	0.00	0.00	9.09	0.00
1989	60.23	10.53	20.47	5.85	0.00	0.58	2.34
1990	54.24	16.07	11.38	6.70	1.56	6.70	3.35
1991	51.16	18.25	13.62	7.71	1.54	4.37	3.34
1992	52.59	19.17	10.36	4.15	3.37	5.96	4.40

由表 4 - 9 可知，1979 ~ 1992 年 A 区人民法院裁判文书中原告职业信息较完整。工人原告数量最多，其次是农民原告，除 1984 年和 1985 年外，工人原告均明显多于农民。与改革开放之前相比，干部、无业、其他职业均明显增加。

2. B 县人民法院民事诉讼一审原告职业数据分析（见表4－10）

表4－10　B 县人民法院民事诉讼一审原告职业数据（1979~1992年）

单位：%

年份	工人	农民	干部	无业	学生	其他	未知
1980	32.76	0.00	1.72	1.72	0.00	0.00	63.79
1981	18.52	0.53	5.82	0.53	0.00	0.53	74.07
1982	21.83	1.41	5.28	2.46	0.35	6.69	61.97
1983	16.67	8.93	1.49	2.68	0.30	0.00	69.94
1984	43.88	16.76	3.19	1.60	0.27	0.53	33.78
1985	20.00	23.57	4.29	3.21	0.36	0.00	48.57
1986	9.03	39.58	4.17	0.00	2.08	0.00	45.14
1987	19.10	17.98	11.24	0.00	0.00	0.00	51.69
1988	22.39	59.70	5.22	0.75	0.00	0.00	11.94
1989	12.40	65.12	3.10	0.00	0.00	1.55	17.83
1990	10.86	61.14	5.14	0.57	1.14	0.00	21.14
1991	11.25	73.75	6.25	0.00	0.00	3.75	5.00
1992	16.13	52.69	5.38	1.08	0.00	1.61	23.12

表4－10数据显示，1979~1992年 B 县人民法院的裁判文书中原告职业信息记载逐渐详细明确。农民原告占比整体呈上升趋势。工人原告占比起伏较大，整体呈下降趋势。与改革开放前相比，干部、无业、其他职业和学生的原告比例均明显增加。

3. 小结

这一阶段，两地法院裁判文书中未知数据比例有所下降，工人、农民和干部占比较高，占比最低的是学生，无业和其他职业原告在个别年份变化明显。工人原告比例起伏较大，A 区人民法院的工人原告比例多数年份超过农民原告，B 县人民法院正相反。上述数据变化反映了改革开放后城乡、职业以及行业人员流动加快的实际。

（二）原告类型数据分析

改革开放后，企业/法人、个体工商户、合伙型原告开始出现并呈增长趋势，自然人原告比例随之下降。A 区和 B 县存在城乡差异，具体数据上呈现不同的结果。A 区地处城市，经济发展快，思想开放活跃，企业/

法人类原告数量较多，某些年份超过了自然人原告；B县地处城乡接合部，企业/法人类一直没有超过自然人原告比例，仅有两年二者数据较为接近。合伙原告该时期仅出现在A区人民法院。

1. A区人民法院民事诉讼一审原告类型数据分析（见表4-11）

表4-11　A区人民法院民事诉讼一审原告类型数据（1979~1992年）

单位：%

年份	自然人	企业/法人	个体工商户	合伙	其他
1979	100.00	0.00	0.00	0.00	0.00
1980	100.00	0.00	0.00	0.00	0.00
1981	85.19	0.00	7.41	0.00	7.41
1982	100.00	0.00	0.00	0.00	0.00
1983	90.38	9.62	0.00	0.00	0.00
1984	29.27	70.73	0.00	0.00	0.00
1985	38.46	61.54	0.00	0.00	0.00
1986	68.39	31.61	0.00	0.00	0.00
1987	70.45	29.55	0.00	0.00	0.00
1988	71.59	26.96	0.14	0.43	0.87
1989	71.78	28.22	0.00	0.00	0.00
1990	60.11	39.76	0.00	0.00	0.13
1991	50.96	47.76	1.15	0.00	0.13
1992	56.91	42.79	0.29	0.00	0.00

表4-11数据显示，这一阶段A区人民法院提起诉讼的原告中自然人所占比例最高，企业/法人原告仅次于自然人，个体工商户与其他原告数量极少，但两者均多于合伙原告。企业/法人原告1983年开始出现，1984年增至该阶段最高比例70.73%，之后几年虽然时有波动，但整体仍然呈上升趋势，而且涨幅较为稳定。1984年与1985年企业/法人原告占比以明显优势超过自然人原告。个体工商户仅在1981年、1988年、1991年和1992年出现，占比较低，1981年达到该段时期的最高比例7.41%。合伙类原告仅在1988年出现，占比仅为0.43%。其他原告1981年达到该时期的最高比例7.41%。

2. B 县人民法院民事诉讼一审原告类型数据分析（见表 4 - 12）

表 4 - 12 B 县人民法院民事诉讼一审原告类型数据（1979 ~ 1992 年）

单位：%

年份	自然人	企业/法人	个体工商户	合伙	其他
1980	100.00	0.00	0.00	0.00	0.00
1981	95.43	4.57	0.00	0.00	0.00
1982	86.38	13.62	0.00	0.00	0.00
1983	92.05	6.85	0.00	0.00	1.10
1984	97.92	1.82	0.00	0.00	0.26
1985	80.06	18.80	0.00	0.00	1.14
1986	80.56	18.89	0.00	0.00	0.56
1987	57.89	42.11	0.00	0.00	0.00
1988	56.67	42.08	0.00	0.00	1.25
1989	71.67	28.33	0.00	0.00	0.00
1990	64.34	35.29	0.00	0.00	0.37
1991	72.22	26.85	0.93	0.00	0.00

表 4 - 12 数据显示，这一阶段 B 县人民法院自然人原告所有年份占比均最高，但总体呈下降趋势。企业/法人类原告数据波动较大，1987 年和 1988 年接近自然人原告比例。企业/法人类原告明显高于除自然人外的原告。其他原告各个年份所占比例较小，变化趋势不明显，1988 年达到该时期最高比例 1.25%。个体工商户仅在 1991 年占比 0.93%。未发现合伙类原告。

3. 小结

这一阶段，两法院自然人原告比例最高，企业/法人原告其次，个体工商户与其他类原告数量极少但均多于合伙类原告。

自然人原告比例呈下降趋势，1979 年后虽然个别年份出现波动，但整体比例在下降。企业/法人原告这一时期数据波动较大，但整体呈上升趋势，大部分年份的比例小于自然人但高于其他类目原告。B 县人民法院企业/法人原告出现的时间早于 A 区人民法院。其他身份原告与个体工商户原告仅在个别年份少量出现，变化趋势不明显。合伙原告 1988 年在 A

区出现，占比 0.43%，B 县未发现该类原告信息。

（三）原告文化程度数据分析

1. A 区人民法院民事诉讼一审原告文化程度数据分析（见表 4 – 13）

表 4 – 13　A 区人民法院民事诉讼一审原告文化程度数据（1979～1992 年）

单位：%

年份	小学及以下	初中	高中	专科	本科	硕士及以上	未知
1979	3.03	6.06	3.03	0.00	0.00	0.00	87.88
1981	4.35	4.35	0.00	0.00	0.00	0.00	91.30
1982	0.00	0.00	0.00	0.00	14.29	0.00	85.71
1986	7.03	6.25	3.13				83.59
1987	7.88	11.82	10.84	0.99	1.48		67.00
1988	0.00	10.00	10.00				80.00
1989	7.60	15.79	18.71	4.68	0.58	0.00	52.63
1990	14.19	17.96	13.53	4.43	0.67	0.22	49.00
1991	7.82	22.91	18.60	5.93	1.08		43.67
1992	11.14	24.09	14.77	4.15	1.81		44.04

与改革开放前相比，这一阶段原告文化程度整体上有较大提高，高学历原告比例呈上升趋势。自 1987 年起，初中、高中、专科和本科文化程度原告均开始稳步增加，1990 年出现了硕士及以上文化程度原告。初中文化程度原告由 1979 年的 6.06% 上升到 1992 年的 24.09%，增长了近 3 倍。高中文化程度原告由 1979 年的 3.03% 上升到 1992 年的 14.77%，上升了近 4 倍。本科文化程度原告 1982 年达到该时期的最高比例 14.29%。

2. B 县人民法院民事诉讼一审原告文化程度数据分析（见表 4 – 14）

表 4 – 14　B 县人民法院民事诉讼一审原告文化程度数据（1979～1992 年）

单位：%

年份	小学及以下	初中	高中	专科	本科	硕士及以上	未知
1980	0.00	0.00	1.72	0.00	0.00	0.00	98.28
1981	0.00	1.59	0.53	0.00	0.00	0.00	97.88
1982	0.35	0.35	0.70	0.00	0.35	0.00	98.24
1983	1.19	2.68	3.57	0.00	0.00	0.00	92.56
1984	1.87	5.60	2.40	0.00	0.27	0.00	89.87

续表

年份	小学及以下	初中	高中	专科	本科	硕士及以上	未知
1985	2.50	7.86	2.86	1.07	0.00	0.00	85.71
1986	5.56	10.42	4.17	0.00	0.00	0.00	79.86
1987	4.49	4.49	2.25	1.12	0.00	0.00	87.64
1988	4.48	5.97	5.97	0.75	0.00	0.00	82.84
1989	13.18	13.18	6.20	0.78	0.00	0.00	66.67
1990	20.57	30.29	11.43	1.14	0.00	0.00	36.57
1991	28.75	22.50	11.25	2.50	0.00	0.00	35.00
1992	19.89	32.80	9.68	2.69	0.00	0.00	34.95

表4－14数据显示，B县人民法院初中文化程度原告在各个年份均呈现较高比例，其与高中和专科类原告均呈上升趋势，本科原告出现的年份少、比例低，未发现硕士及以上文化程度原告。这一时期B县人民法院提起诉讼的原告文化程度整体明显提高。

3. 小结

这一阶段，原告文化程度明显提升，初中、高中文化程度原告比例提高，专科和本科文化程度原告增长明显，出现了硕士及以上文化程度原告，但两地发展情况存在差异：A区初高中、专科、原告增长明显，出现了硕士及以上原告；B县专科、本科占比较小，出现年份较少，没有硕士及以上文化程度原告。两法院初中文化程度原告均占较高比例。

（四）原告性别数据分析

1. A区人民法院民事诉讼一审原告性别数据分析（见表4－15）

表4－15　A区人民法院民事诉讼一审原告性别数据（1979～1992年）

单位：%

年份	男	女	未知
1979	48.48	51.52	0.00
1980	100.00	0.00	0.00
1981	47.83	52.17	0.00
1982	33.33	55.56	11.11
1983	57.14	42.86	0.00
1984	90.91	9.09	0.00

续表

年份	男	女	未知
1985	100.00	0.00	0.00
1986	46.97	53.03	0.00
1987	60.49	39.51	0.00
1988	31.50	68.50	0.00
1989	48.55	51.45	0.00
1990	58.50	40.62	0.88
1991	51.33	44.07	4.60
1992	36.72	31.02	32.26

由表 4 - 15 可知，1983 年之前女性原告比例在多数年份高于男性原告，但自 1984 年起，仅 3 个年份超过男性原告。整体上看，这一时期男性原告比例高于女性，呈现上升趋势。女性原告比例呈下降趋势，最高比例是 1988 年的 68.50%。

2. B 县人民法院民事诉讼一审原告性别数据分析（见表 4 - 16）

表 4 - 16 B 县人民法院民事诉讼一审原告性别数据（1979～1992 年）

单位：%

年份	男	女	未知
1980	13.79	24.14	62.07
1981	38.50	24.60	36.90
1982	50.18	41.70	8.13
1983	38.60	35.67	25.73
1984	49.07	48.00	2.93
1985	56.07	43.57	0.36
1986	57.64	42.36	0.00
1987	62.92	24.72	12.36
1988	63.97	36.03	0.00
1989	57.36	42.64	0.00
1990	57.30	37.30	5.41
1991	57.50	41.25	1.25
1992	46.24	51.08	2.69

由表 4 - 16 可知，B 县人民法院男性原告比例与以往相比有较大提升，整体呈上升趋势。1988 年达到该时期的最高值 63.97%，是 1980 年的最低比例 13.79% 的近 5 倍。女性原告数量与以往年份相比有所下降，仅在 1980 年和 1992 年超过男性原告。

3. 小结

这一阶段，两法院男性原告整体比例均明显高于女性，呈上升趋势；女性原告比例下降。但 A 区人民法院有 6 个年份的女性比例高于男性，而 B 县人民法院仅有 2 个年份的女性比例高于男性。

三 中国民事诉讼一审原告身份：1993～2012 年

1992 年党的十四大正式宣布，将"社会主义市场经济体制"作为我国经济体制改革的目标。自此，我国经济体制发生了巨大变革，改革开放、经济发展进入高速发展时期，市场经济比重不断加大，社会活力得到了极大激发，"市场化"一夜之间成为社会各领域、各行业的进军方向。这一时期，我国国有企业整体进入改组、改造阶段，"公司"作为新的社会经济活动主体，不仅在名称上取代了"企业"的传统称呼，而且在经营方式、管理规则上发生了重大变化。新的经营方式和就业途径不断出现，资源和劳动力流动在全国范围内加快，个体经营方式和从业人员数量迅猛发展。

（一）原告职业数据分析

1. A 区人民法院民事诉讼一审原告职业数据分析（见表 4 - 17）

表 4 - 17　A 区人民法院民事诉讼一审原告职业数据（1993～2012 年）

单位：%

年份	工人	农民	干部	无业	学生	其他	未知
1993	43.10	21.03	11.03	8.28	3.10	8.62	4.83
1994	45.26	18.54	13.87	3.50	2.04	4.96	11.82
1995	42.08	11.56	5.32	5.58	3.12	2.34	30.00
1996	53.12	19.28	8.04	5.69	0.42	3.61	9.85
1997	65.46	22.22	5.39	4.40	1.54	0.44	0.55
1998	40.85	22.55	4.25	6.54	0.98	0.98	23.86
1999	34.91	11.89	9.95	4.64	0.67	0.59	37.35

续表

年份	工人	农民	干部	无业	学生	其他	未知
2000	35.94	10.14	4.61	7.37	0.46	6.91	34.56
2001	13.13	40.32	10.88	4.64	5.31	7.69	18.04
2002	34.07	17.82	3.77	7.86	0.00	9.96	26.52
2003	24.16	43.90	1.43	1.82	0.39	5.19	23.12
2004	24.78	21.31	1.12	4.71	1.36	7.31	39.41
2005	22.37	12.57	2.03	16.27	0.74	8.50	37.52
2006	16.61	10.96	1.66	10.96	2.33	17.28	40.20
2007	12.17	3.85	3.04	12.37	1.01	5.48	62.07
2008	6.56	82.24	1.16	2.51	1.35	0.39	5.79
2009	11.35	46.63	4.60	2.45	3.07	1.23	30.67
2010	2.07	0.69	0.00	1.03	0.00	1.03	95.17

表 4 - 17 数据显示，工人原告比例在大部分年份中最高，农民原告比例大部分年份低于工人但显著高于其余原告，无业和其他职业原告比例明显增加，干部原告比例最低。

排除数据缺失的 2011 年和 2012 年，以及未知数据达 95.17% 的 2010 年，这一阶段工人原告比例整体呈下降趋势。1997 年达到该时期最高值 65.46%，2010 年达到最低值 2.07%。农民原告比例起伏较大，整体呈上升趋势。干部原告比例较低且整体呈下降趋势，1994 年达到该时期最高值 13.87%，2002 年以后未超过 5%。无业原告比例与以往时期相比有较大提升，2005 年达到这一时期的最高值 16.27%，2008 年后逐渐回落。学生原告比例较以往时期大幅增加，2001 年达到最高值 5.31%。其他职业原告与改革开放前相比明显提高，2006 年达到最高值 17.28%。

2. B 县人民法院民事诉讼一审原告职业数据分析（见表 4 - 18）

表 4 - 18　B 县人民法院民事诉讼一审原告职业数据（1993 ~ 2012 年）

单位：%

年份	工人	农民	干部	无业	学生	其他	未知
1993	13.66	60.79	5.29	0.88	0.44	3.08	15.86
1994	21.79	44.69	7.82	1.12	1.12	1.12	22.35
1995	14.22	57.35	4.10	0.00	0.24	0.00	24.10

续表

年份	工人	农民	干部	无业	学生	其他	未知
1996	10.94	50.34	2.86	0.34	0.84	1.85	32.83
1997	8.23	67.62	2.41	0.99	0.44	1.21	19.10
1998	8.88	69.20	3.53	0.32	0.32	0.75	17.01
1999	8.33	59.10	3.86	0.31	0.77	4.17	23.46
2000	11.54	63.17	3.70	0.44	0.59	1.63	18.93
2001	10.87	55.48	2.74	0.68	0.43	0.51	29.28
2002	7.23	58.68	2.07	2.69	0.62	3.72	25.00
2003	9.84	53.99	2.93	2.39	0.80	0.00	30.05
2004	10.28	61.31	2.28	0.64	0.43	1.14	23.91
2005	26.28	37.25	0.69	0.40	1.09	0.49	33.79
2006	1.89	30.64	0.34	0.09	0.69	1.12	65.24
2007	5.28	31.81	0.71	0.29	0.00	1.28	60.63
2008	19.73	22.13	0.10	0.00	0.10	0.38	57.57
2009	0.21	15.45	0.00	0.00	0.21	1.50	82.62
2010	0.36	9.83	0.12	0.00	0.12	0.60	88.97
2011	21.94	7.22	0.00	0.00	0.00	0.00	70.83
2012	0.36	8.63	0.00	0.00	0.00	0.00	91.01

　　表4－18数据显示，这一阶段B县人民法院的裁判文书中原告职业信息未知数据较多。大部分年份已知数据比例由高到低依次为农民、工人、干部、其他、无业和学生。农民原告在整体数据中占比最多，但总体呈下降趋势。工人原告在2005年达到这一时期的最高值26.28%，之后仅在2008年和2011年出现较大反弹，其余年份均较低。干部原告整体比例呈下降趋势，1994年达到该段时期的最高比例7.82%，2005年后均在1%以下。无业原告整体呈下降趋势，2002年、2003年达到较高数值，分别为2.69%、2.39%，之后均占较低比例。其他职业原告整体呈下降趋势。学生原告与之前其他时期相比数量有所增加。

　　3. 小结

　　这一阶段，两地法院裁判文书中的未知数据比例较高。大部分年份A

区人民法院原告职业比例最高的是工人，B 县人民法院比例最高的则是农民。A 区人民法院工人原告、学生原告比例整体上高于 B 县。B 县人民法院农民原告的比例显著高于 A 区人民法院。A 区人民法院无业、干部和其他职业原告比例显著高于 B 县人民法院。

上述数据体现了城乡差异。这一时期位于城市的 A 区由于体制转轨引起"下岗潮"，出现大量无业人员以及暂时无法用当时职业类型概括的新型就业群体。而城乡接合部的 B 县人员多数务农，受到的影响不明显，数据上体现为无业和其他职业明显低于 A 区。

（二）原告类型数据分析

1. A 区人民法院民事诉讼一审原告类型数据分析（见表 4 - 19）

表 4 - 19　A 区人民法院民事诉讼一审原告类型数据（1993 ~ 2012 年）

单位：%

年份	自然人	企业/法人	个体工商户	合伙	其他
1993	42.03	57.34	0.00	0.00	0.63
1994	53.25	45.68	0.33	0.07	0.66
1995	57.08	42.92	0.00	0.00	0.00
1996	51.75	47.97	0.07	0.00	0.21
1997	69.12	30.38	0.50	0.00	0.00
1998	69.73	29.95	0.00	0.31	0.00
1999	71.63	28.30	0.00	0.00	0.07
2000	67.35	31.49	0.00	0.00	1.17
2001	64.28	33.63	0.00	0.00	2.09
2002	78.80	20.71	0.00	0.00	0.49
2003	81.04	18.79	0.00	0.00	0.17
2004	77.25	18.50	3.56	0.00	0.69
2005	73.44	24.48	1.53	0.14	0.42
2006	69.28	30.27	0.00	0.00	0.45
2007	82.78	16.89	0.00	0.00	0.33
2008	77.02	22.53	0.11	0.11	0.22

续表

年份	自然人	企业/法人	个体工商户	合伙	其他
2009	87.67	11.59	0.12	0.00	0.62
2010	75.77	24.08	0.15	0.00	0.00
2011	94.17	5.83	0.00	0.00	0.00

表4－19数据显示，这一阶段A区人民法院自然人原告除1993年之外，比例均为最高；其次为企业/法人；个体工商户、合伙、其他原告仅为少数。自然人原告整体呈上升趋势，仅个别年份小幅波动。企业/法人原告比例仅低于自然人原告，但整体呈下降趋势。合伙原告出现在1994年，但占比一直很低。

2. B县人民法院民事诉讼一审原告类型数据分析（见表4－20）

表4－20　B县人民法院民事诉讼一审原告类型数据（1993~2012年）

单位：%

年份	自然人	企业/法人	个体工商户	合伙	其他
1993	65.71	34.29	0.00	0.00	0.00
1994	63.48	35.82	0.71	0.00	0.00
1995	34.53	65.11	0.00	0.00	0.36
1996	47.64	50.85	0.20	0.00	1.31
1997	74.94	23.60	0.17	0.00	1.29
1998	77.91	21.93	0.00	0.00	0.16
1999	74.12	25.43	0.34	0.00	0.11
2000	67.87	31.62	0.34	0.00	0.17
2001	79.92	20.08	0.00	0.00	0.00
2002	79.47	17.08	2.13	0.00	1.31
2003	80.09	18.84	0.15	0.61	0.30
2004	83.82	16.03	0.00	0.10	0.05
2005	79.65	19.82	0.18	0.00	0.35
2006	87.22	12.01	0.31	0.00	0.46
2007	86.34	13.66	0.00	0.00	0.00
2008	79.84	19.98	0.00	0.00	0.18
2009	74.05	25.95	0.00	0.00	0.00

年份	自然人	企业/法人	个体工商户	合伙	其他
2010	67.47	32.37	0.00	0.00	0.16
2011	71.77	28.23	0.00	0.00	0.00
2012	60.88	38.80	0.00	0.00	0.32

表 4 - 20 显示，这一阶段 B 县人民法院自然人原告数量大部分年份最多，其次为企业/法人。个体工商户、合伙类和其他原告仅占少数，但出现频率和所占比例均较以往时期有所增长。

3. 小结

这一阶段，两法院自然人原告整体比例大部分年份最高且发展平稳；企业/法人原告的比例在多数年份仅低于自然人，但整体呈下降趋势；个体工商户、其他原告比例较低且变化趋势不明显，但与以往时期相比有了较大发展；出现了合伙原告。

（三）原告文化程度数据分析

1. A 区人民法院民事诉讼一审原告文化程度数据分析（见表 4 - 21）

表 4 - 21　A 区人民法院民事诉讼一审原告文化程度数据（1993 ~ 2012 年）

单位：%

年份	小学及以下	初中	高中	专科	本科	硕士及以上	未知
1993	7.04	14.81	10.00	3.33	1.11	0.00	63.70
1994	3.16	10.70	9.82	4.21	0.53	0.18	71.40
1995	3.76	6.99	5.57	1.68	0.13	0.00	81.87
1996	1.10	5.10	4.69	1.79	0.41	0.00	86.90
1997	3.04	7.14	4.93	2.83	0.10	0.00	81.95
1998	0.87	10.43	5.80	2.03	0.00	0.00	80.87
1999	1.69	6.75	5.31	2.28	0.25	0.00	83.73
2000	0.46	4.15	5.07	2.76	0.46	0.00	87.10
2001	5.64	6.66	2.17	1.01	0.00	0.00	84.52
2002	0.22	0.44	0.65	0.44	0.00	0.00	98.26
2003	3.04	2.88	0.48	0.32	0.00	0.00	93.27
2004	0.50	0.25	0.25	0.00	0.00	0.00	99.01
2005	0.37	0.37	0.00	0.00	0.00	0.00	99.26

续表

年份	小学及以下	初中	高中	专科	本科	硕士及以上	未知
2006	0.00	0.00	0.00	0.00	0.00	0.00	100.00
2007	0.20	0.20	0.41	0.00	0.00	0.00	99.19
2008	8.94	10.06	2.42	0.37	0.37	0.00	77.84
2009	15.03	14.72	5.21	0.61	1.23	0.00	63.19

表 4 – 21 数据显示，这一阶段 A 区人民法院裁判文书中，原告文化程度未知数据比例较高，小学及以下文化程度原告比例下降，初中、高中文化程度数据起伏较大，本科文化程度原告增多，1994 年出现了硕士及以上文化程度原告。

2. B 县人民法院民事诉讼一审原告文化程度数据分析（见表 4 – 22）

表 4 – 22　B 县人民法院民事诉讼一审原告文化程度数据（1993 ~ 2012 年）

单位：%

年份	小学及以下	初中	高中	专科	本科	硕士及以上	未知
1993	10.53	17.11	7.89	1.32	0.00	0.00	63.16
1994	10.11	16.85	3.93	5.62	0.56	0.00	62.92
1995	10.14	11.59	1.21	0.72	0.24	0.00	76.09
1996	9.43	15.66	4.21	2.36	0.17	0.00	68.18
1997	14.57	18.76	4.86	0.55	0.22	0.00	61.04
1998	10.16	15.72	5.78	1.50	0.11	0.00	66.74
1999	6.96	17.16	6.34	1.85	0.00	0.00	67.70
2000	13.72	8.41	4.42	0.88	0.00	0.00	72.57
2001	3.65	7.99	3.30	1.22	0.26	0.00	83.59
2002	7.44	8.88	4.34	1.24	0.41	0.00	77.69
2003	3.66	6.27	1.57	1.83	0.00	0.00	86.68
2004	0.93	3.01	1.07	0.21	0.00	0.00	94.77
2005	0.38	1.52	0.25	0.38	0.13	0.00	97.34
2006	0.08	0.85	0.17	0.08	0.08	0.00	98.73
2007	0.29	0.29	0.00	0.15	0.00	0.00	99.27
2008	0.12	0.24	0.12	0.00	0.12	0.00	99.41
2009	0.22	0.00	0.22	0.00	0.00	0.00	99.57
2010	0.46	0.00	0.00	0.00	0.00	0.00	99.54

表 4 - 22 数据显示，这一阶段 B 县人民法院裁判文书中，原告文化程度信息的未知数据比例较高。初中文化原告比例绝大多数年份高于其他文化程度原告，小学及以下文化程度原告比例整体呈下降趋势，本科文化程度原告的比例有所增加，未发现硕士及以上文化程度原告。

3. 小结

这一阶段，两法院原告文化程度信息中未知数据比例最高。本科文化程度原告比例明显提高，A 区 1994 年出现了硕士及以上文化程度原告。

（四）原告性别数据分析

1. A 区人民法院民事诉讼一审原告性别数据分析（见表 4 - 23）

表 4 - 23　A 区人民法院民事诉讼一审原告性别数据（1993 ~ 2012 年）

单位：%

年份	男	女	未知
1993	29.13	28.08	42.79
1994	48.08	39.63	12.29
1995	29.58	26.42	44.00
1996	53.39	42.74	3.87
1997	57.76	42.14	0.10
1998	54.84	39.35	5.81
1999	42.38	30.92	26.71
2000	42.19	42.97	14.84
2001	52.78	47.22	0.00
2002	49.31	44.57	6.12
2003	59.82	37.89	2.30
2004	54.89	38.14	6.97
2005	57.88	41.93	0.19
2006	67.00	32.01	0.99
2007	49.60	27.13	23.28
2008	62.65	36.77	0.58
2009	55.23	44.77	0.00
2010	55.21	44.79	0.00
2011	48.90	51.10	0.00

表 4 - 23 显示，这一阶段 A 区人民法院原告性别信息记录明确规范，未知数据较以往年份大幅减少。多数年份男性原告比例略高于女性原告，

整体呈上升趋势，从 1993 年最低比例 29.13% 上升到 2006 年最高比例 67.00% 后略有回落。女性原告比例波动较小，1995 年为最低值 26.42%，2011 年为最高值 51.10%。

2. B 县人民法院民事诉讼一审原告性别数据分析（见表 4－24）

表 4－24　B 县人民法院民事诉讼一审原告性别数据（1993～2012 年）

单位：%

年份	男	女	未知
1993	58.59	39.65	1.76
1994	84.27	15.73	0.00
1995	47.78	30.87	21.35
1996	44.43	33.28	22.30
1997	50.05	42.64	7.31
1998	58.70	38.82	2.48
1999	63.16	34.74	2.11
2000	62.55	31.93	5.52
2001	63.00	34.84	2.17
2002	64.36	35.23	0.41
2003	66.16	33.65	0.19
2004	64.76	35.01	0.24
2005	61.00	36.38	2.61
2006	57.93	37.91	4.16
2007	55.20	44.80	0.00
2008	56.66	41.47	1.87
2009	64.85	34.49	0.66
2010	58.96	40.33	0.71
2011	58.87	40.26	0.87
2012	32.73	36.69	30.58

表 4－24 显示，这一阶段 B 县人民法院原告性别信息未知数据较往年大幅减少。男性原告比例较高且整体平稳上升。女性原告比例有升有降，总体平稳。

3. 小结

这一阶段，两法院原告性别信息未知数据较以往大幅减少，男性原告比例明显高于女性，男性原告整体呈上升趋势。

四　中国民事诉讼一审原告身份：2013～2018 年

2013～2018 年，两法院裁判文书中的原告身份数据主要通过中国裁判文书网收集。以"民事案篇""基层法院""H 省 X 市 A 区人民法院""H 省 X 市 B 县人民法院"为检索项，收集到 18981 篇裁判文书。其中2013 年 241 篇，2014 年 1807 篇，2015 年 2916 篇，2016 年 4322 篇，2017年 4989 篇，2018 年 4706 篇。排除内容重复以及关联案件的裁判文书后，从上述各个年份中分别抽取 100 份裁判文书，从中提取原告相关信息，发现原告职业、文化程度信息均未显示，而原告类型、性别信息记载明确。提起诉讼的自然人在数量上占绝对优势，企业/法人也占据一定比例，男性原告比例显著高于女性原告。

（一）原告类型数据分析（见表 4 - 25）

表 4 - 25　A 区、B 县人民法院民事诉讼一审原告类型数据（2013～2018 年）

单位：%

年份	自然人	企业/法人	个体工商户	合伙	其他
2013	78.00	22.00	0.00	0.00	0.00
2014	73.00	20.00	0.00	0.00	7.00
2015	63.00	37.00	0.00	0.00	0.00
2016	78.00	21.00	0.00	0.00	1.00
2017	78.00	22.00	0.00	0.00	0.00
2018	71.00	20.00	0.00	0.00	9.00

表 4 - 25 数据显示，这一阶段两法院自然人原告比例最高，其次为企业/法人，未发现个体工商户或合伙原告。自然人原告比例未出现明显波动。

（二）原告性别数据分析（见表 4 - 26）

表 4 - 26　A 区、B 县人民法院民事诉讼一审原告性别数据（2013～2018 年）

单位：%

年份	男	女	未知
2013	71.00	29.00	0
2014	87.00	13.00	0

续表

年份	男	女	未知
2015	64.00	36.00	0
2016	74.00	26.00	0
2017	69.00	31.00	0
2018	75.00	25.00	0

表 4－26 数据显示，这一阶段两法院的裁判文书中均明确记载了原告性别信息，不存在未知数据。提起诉讼的男性原告比例显著高于女性，整体呈上升趋势。

（三）小结

这一阶段两法院原告能够明确被归类为自然人、企业/法人和其他，未发现难以涵盖的类型。法人作为原告起诉的比例明显低于作为被告被诉的比例。法人类型的被告方数量众多，且保险公司、汽车贸易公司、物业服务公司占据绝大多数比例。

检索到的裁判文书中关联案件较多，例如同一原告基于同一类诉讼标的分别起诉不同被告，当事人围绕同一民事争议启动反诉程序以及同一案件在不同诉讼阶段产生不同裁判文书等现象，充分显示民事争议日益复杂、诉讼资源集中解决疑难复杂案件的实际。该时期我国倡导推进民事纠纷多元化处理机制，基层政府和民间组织，如社区居民委员会和村民委员会、人民调解委员会、仲裁委员会以及消费者协会等在诉前分流了大量民事争议。2012 年我国《民事诉讼法》修订时增加了开庭前准备程序，使大量事实清楚、争议不大的简易案件在庭审之前解决，实现了诉讼资源的集约化处理。

第三节　中国民事诉讼一审原告身份的变迁溯因

司法制度是对社会变迁的反映，同时也是社会发展的巨大推动力。新中国成立以来，我国民事诉讼一审原告身份的变迁与社会整体变革具有内在的一致性，其演变过程凸显社会结构整体变迁对民事司法的影响，客观上展现了我国民事司法理念、诉讼制度、审理程序、诉讼模式的变革。经过独特的发展历程后，我国逐步形成了切合自身实际、符合自我发展规律的中国特色社会主义民事诉讼制度。民事纠纷是特定社会不同社会阶层利益冲突的风向标，集中呈现不同历史阶段的主要社会矛盾，而民事诉讼是不同社会阶层利益表达、个体安全保护权利救济的重要途径。从原告的身份变迁，能够观察不同历史阶段的社会分层、社会资源配置、社会利益表达机制和冲突机制的实际作用情况，不同社会阶层主要利益冲突的诉权保护情况，以及不同身份原告对可资利用的不同纠纷化解途径、规则、程序的认同和选择情况。具体而言，新中国成立以来原告身份的变化，与国家所有制改革、社会结构变迁、民事立法进步、诉讼观念转变等因素息息相关。

一　社会结构变迁的根本影响

新中国成立以来，特别是改革开放后，经济体制改革不断走向深入，中国社会结构随之发生了深刻而巨大的变化。不仅社会功能性结构的各个结构要素①产生了剧烈的分化和组合，社会成员地位结构②的流动也急剧加快。这种变化的表现之一是我国社会结构总体从城乡二元结构转变为城乡、体制内外双二元结构。

体制改革影响下的社会结构变迁，意味着人们社会资源占有状况、权利享有情况、社会地位及其社会关系组合模式的变化，具体表现为社会成员身份、职业、教育、相互关系以及交往模式的改变，以及由此带来的利益冲突类型、利益表达途径和争议解决方式的改变。

(一)　从"高度集中"走向"多元发展"

1949 年，新成立的中华人民共和国面临着极为复杂的局面，建立在公有制和计划经济体制基础之上的高度集中的国家治理模式更有利社会的迅速稳定，以及举全国之力进行社会总体动员。20 世纪 50 年代中后期，中国社会基本生产单元的户和家庭被打破。为了实现对社会生活的总体控制和整合，新中国的社会基本组织体系得以迅速重建，其表现形式主要是

---

① 社会学理论认为，社会功能性结构包括经济、政治、组织、制度等结构要素。

② 一般认为，社会成员地位结构是指受经济地位、职业、受教育水平、权力、社会声望等要素影响的社会阶级和阶层关系结构。

乡村的"人民公社"，以及城市的"单位制"，除此之外，还包括数量众多的辅助性基层组织，例如生产大队、街道组织等。这种高度集中的组织体系，在当时的总体性社会动员和集中控制方面显示出了强大优势。其权威建立在政治和行政的基础框架上，力度则来源于对社会成员生活资料的再分配和基本生存条件的集中控制上。集体组织深入其成员生活的方方面面，对单个个体形成全方位控制。对城市群体而言，单位不仅是其进行职业活动的场所，而且是政治活动、社会交往、文化交流的重要空间。

"单位制"的社会结构中，国家全面掌握社会整体资源，通过"国家—单位—个人"实现全体社会秩序的操控和管理，作为独特的复杂结构中介，"单位"发挥着重要的纽带作用，实现了对社会全方位的覆盖，并发挥着极强的管控作用。社会整体在这一时期突显的特征表现为一个问题的两面性，即在"高度整合"的同时，显现"低度分化"的表征。在高度一致的总体性社会中，社会分化程度较小，社会群体收入普遍不高且差异并不明显，集中化、组织化的基层社会治理模式，对社会成员实行"从摇篮到坟墓"的管控。单位一般设置医院、托儿所、幼儿园、小学、中学、保卫处等配套机构，成员的住房由单位分配，缔结婚姻关系需要单位同意并开具证明，邻里纠纷、家事纠纷一般交由单位组织处理。在这样结构紧密的熟人社会中，社会成员对法院等司法机构的心态是疏离的，对于诉讼的需求也较为平淡，相应的，法律服务人员，如律师等数量也较为稀缺。

高度集中的国家治理模式更有利于社会的迅速稳定，以及举全国之力进行社会总体动员，但其也有致命缺陷。一方面，高度密集的联动性导致任何细微的变化都将串联式引发社会整体的动荡，社会学将这种影响称为"总体性危机"。也正是因为如此，改革开放的头 10 年主要表现为观念变革，大多数群体在行动上处于怀疑、犹豫、观望状态。同时，总体性社会的诸多习惯沿袭至今，惯性地发挥着作用，例如对政策的倚重，举凡变革皆从"政策"出，改革的方向和道路选择都受到政策的创造性思维决定和影响，任何行动的采取都将"政令"制定作为首要考虑因素。另一方面，是社会整体活力的钳制。

改革开放后，我国社会结构由总体性走向分层。从高度一致的总体性社会迈向分化，应当被视为一种巨大的进步，之后几十年中国经济领域迸发出的蓬勃活力正是由此而来。但分化的同时也产生了切割所产生的社会碎片化状态。一方面，国家治理领域由集权走向分权，行政决策权由最高部门和少数人手里广泛分散和下放到各个层级，地方事权愈益归属各基层部门。另一方面，总体性社会走向全方位分化，产业、地域、社会群体、阶层等均呈现多元样态，高度一致社会转变为多阶层社会。上述两个方面几乎同时进行，分化交织在分权的过程中，产生的效果是社会的双重切割。随之带来的效应，是政治权威与法律权威在价值理念与意识形态保持统一前提下的适度分离，以及社会成员资源占有能力和社会地位的差距不断拉大，利益冲突的体量、规模和复杂性日益明显。

（二）　从"单一结构"走向"行业分化"

我国社会结构 70 年来发生了巨大变化。农业领域从业人员大幅减少，"工人"比例空前壮大，"农民工"成为国家工业领域重要的组成部分，各种企业组织形式和从业人员在社会中发挥着重要作用，高科技、高技术专业人员占比显著上升，新阶层、新行业、新的社会群体不断增加。

1. 农民结构的变化

1949 年，我国农业人口将近总人口数的 90%。改革开放以来，随着城镇化进程和社会主义现代化建设步伐的加快，我国农民数量大幅度减少，工人队伍显著壮大，尤其是产生了农民与工人身份交叉的特殊群体——"农民工"。

1949 年底，我国总人口数 54167 万人，其中农业人口 48402 万人，约占总人口数的 89.36%；城镇人口 5765 万人，仅占总人口数的 10.64%。1952 年，我国经济活动人口 2.1 亿人，从业人员 2 亿人，其中第一产业人口 1.7 亿人，占 85%；第二产业人口 1531 万人，约占 7.7%；第三产业人口 1881 万人，约占 9.4%。[1] 到了 1978 年，我国典型农业大国的国情仍然没有太大变化，该年度总人口数为 96259 万人，其中农业人

---

[1]　参见中华人民共和国国家统计局官网，http://www.stats.gov.cn，最后访问日期：2019 年 9 月 10 日。

口 79014 万人，占比 82.08%；而城镇人口 17245 万人，仅占 17.92%。从业人数占全体就业人数的 70%。[①]

改革开放带来了巨大的变化，就业领域空前广泛，社会资源分配途径渐趋多元，对于城乡就业者来说，都有了更多的选择和自由。比较明显的变化发生在 2011 年，这一年，我国城镇人口首次超过农业人口，第三产业从业人数超过了第一产业人数。该年度我国年底总人口数 134735 万人，其中城镇人口数 69079 万人，占比 51.27%；而农业人口为 65656 万人，占总人口数的 48.73%。第三产业从业人数占比 35.7%，而第一产业仅占 34.8%，第三产业从业人数首次超过第一产业。[②] 农业人口大幅减少，体现为农业人员向城镇分流，从事行业分化，务农人员减少，进城务工人员大幅增加。改革开放之初，农民工兼具农民与务工双重身份，随着改革开放深入，单纯从事乡镇企业、个体经营、私营企业的人员大量增多，而且大量体力劳动者向管理者转变。

2017 年，我国将近 14 亿人的总人口数中，城镇人口 8.1 亿人，占比 58.52%；农村人口 5.8 亿人，占比 41.48%。我国经济活动人口 8 亿多人，从业人员 7.8 亿人，其中第三产业人口占比达到了 44.9%，第二产业人口占 28.1%，而第一产业人口仅占 27.0%。[③]

经过 70 年的发展变迁，我国人口总数增加了，而在人口结构比重中，农村人口总数以及农业从业人员数量都大规模降低了。通过教育、婚姻、务工、经商等途径涌向城市被农业人口认为是改变命运的重要途径。农村外出寻找资源和机会，转移、分化到非农产业从事劳动的人员多数为青壮年劳动力；留守农村的农业劳动力人员，纯粹务农的比例也下降了，通过租种外出务工人员土地从事大规模化农业经营的人员比例渐趋增多，跨领域从事农、林、牧、渔、农家乐等经营的兼业人员增多，与此相应，农村人口呈现高度老龄化趋势。

---

① 参见中华人民共和国国家统计局官网，http：//www.stats.gov.cn，最后访问日期：2019 年 9 月 10 日。

② 参见中华人民共和国国家统计局官网，http：//www.stats.gov.cn，最后访问日期：2019 年 9 月 10 日。

③ 参见中华人民共和国国家统计局官网，http：//www.stats.gov.cn，最后访问日期：2019 年 9 月 10 日。

2. 工人结构的变化

工人队伍空前壮大的同时，其自身结构也发生了重大而且显著的变化。

首先，国有企业从业人员在工人中所占比重呈现大幅度降低的趋势。1952年，城镇从业人员2486万人，其中国有单位从业人员1580万人，占比63.6%；集体单位从业人员23万人，占比0.9%；个体从业人员883万人，占比35.6%。除此之外，几乎没有在任何其他所有制形式领域从事劳动的人员。到了1978年改革开放之初，城镇从业人口9514万人，其中国有单位从业人员7451万人，占城镇工人总数的比重为78.3%；集体单位从业人员2048万人，所占比重为21.5%。改革开放以后，多种经济成分大量发展，出现了大量股份合作单位、联营单位、有限责任公司、股份有限公司、私营企业的从业人员，国有单位、集体企业劳动人员出现分流。尤其是1990年之后，国有企业改革出现了全国范围内的"下岗潮"，国有单位人员大量减少。在人口总数增长的同时，国有单位职工从1991年的10664万人下降到2017年的6064万人，而集体企业职工则从1991年的3628万人下降到2017年的406万人。1991年，城镇从业人员16977万人，国有单位职工10664万人，占比62.8%；集体企业职工3628万人，占比21.4%。2017年，城镇从业人员17644万人，其中，国有单位从业人员6064万人，占比34.4%；集体企业从业人员406万人，占比仅为2.3%。然而，如果扣除党政机关公务人员、国有事业单位人员后，实际上国有企业职业总数已经减少到3000万人。与此同时，私营企业人员大幅增加到1.3亿多人，与其他所有制产业，如外商投资单位、港澳台投资单位以及其他所有制成分的从业人员之和达到2亿多人。[①]

其次，劳动行业的分化，最为突出的表现为服务业劳动人员数量增加。如前文所述，我国三次产业人口比例自改革开放来不断发生变化，突出表现为第一产业从业人员持续减少，第二、第三产业从业人员比例持续

[①]　参见中华人民共和国国家统计局官网，http://www.stats.gov.cn，最后访问日期：2018年7月10日。

上升，并且差距在不断拉大。到了2011年，第三产业从业人员超过第一产业，在所有从业人员中居于第一位。2014年，第二产业从业人员也超过了第一产业，第一产业从业人数退居第三位，为21919万人，仅占三次产业结构的28.3%；第二产业从业人数22693万人，占三次产业结构的29.3%；第三产业人口数32839万人，占三次产业结构的42.4%，位居第一。到了2017年，第一产业从业人员20944万人，占三次产业结构的27.0%；第二产业从业人数21824万人，占三次产业从业人员数28.1%；第三产业从业人员数34872万人，占三次产业从业人员数的44.9%。[①] 工人队伍中从事服务业的人数占了绝大多数比例，尤其是随着我国高科技领域现代服务业的加速增量式发展，电子商务、物流、通信、金融等与新科技、新技术相关的新形态工人队伍高速增长并迅速成长。

再次，"农民工"成为工人队伍中的主力。2017年，我国"农民工"总量达到了工人队伍的60%。[②] 如前文所述，农业人口流入城市，农业劳动力向非农业劳动力转移，给工人队伍输入了大量新鲜血液。尽管在文化教育、知识技术结构、平均收入等方面"农民工"低于普通工人的平均水平，在身份上多数还保留着农业户籍，但他们吃苦耐劳，在劳动密集型行业，如建筑业、基础设施建设、服务业、生产流水线等领域，成为庞大的新生力量，显示出巨大优势。

3. 私营企业从业人员的变化

我国社会结构的另一个巨大变化体现为私营企业从业人员的迅猛增长，私营企业主作为特殊的社会阶层，在现代社会发挥了愈益重要的作用。新中国成立初期，我国通过工商业领域的社会主义改造，在新中国消灭了"民族资产阶级"。改革开放伊始，为了解决"知青"返城带来的冲击和诸多社会问题，作为权宜之计，一定规模和数量的个体经济出现在我国广大城乡地区。虽然极为有限，然而这在事实上形成了一个特殊的社会群体，并标志着社会经济力量中出现了新的行动者。改革开放的头10年，

[①] 参见中华人民共和国国家统计局官网，http://www.stats.gov.cn，最后访问日期：2018年7月10日。

[②] 参见中华人民共和国国家统计局官网，http://www.stats.gov.cn，最后访问日期：2018年7月10日。

私营经济已经初具规模，1992 年我国确立社会主义市场经济后，国家相关政策的出台为社会整体经济发展确定了方位，私营经济开始突破性发展。这一时期出现了改革开放后的第二次"下海潮"，民间力量异军突起，突出表现为行政官员、知识分子投身商海，这种现象不仅在数量上拉升了私营企业的比例，而且使得该领域从业人员的结构和素质明显产生了跨越式发展。2012 年来，在新常态经济发展条件下，私营企业呈现了迅猛发展的总体态势，每年平均新增登记数呈 20% 以上增速，每年平均新增注册资本金呈近 60% 增长。截至 2017 年底，我国城镇私营企业从业人员数 13327 万人，农村私营企业从业人员数 6554 万人，注册资本金占全国企业注册资本的 55% 以上，全国私营企业总数占据企业总数将近 90%。其中，中小企业占据了私营企业的绝大部分比例。目前，我国私营企业主平均文化教育水平不高，与国有单位及公务员群体相比学历差距较大。另外，该群体在收入上呈现高度分化的状态，占绝对数量比例的中小企业年均净收入偏低。据统计，我国半数以上的私营企业聚集在东部沿海地区，绝大部分从事商业服务领域经营，20% 以上是"下海"的原国有单位的行政机关人员或企事业单位人员。①

4. "知识分子"结构的变化

新中国成立之初，除了工人阶级、农民群体外，"知识分子"也在当时的总体性社会中占据一定的结构比重。70 年来，我国知识分子群体同样发生了巨大变化，主要表现为政治地位、经济地位、从事行业领域不断分化等波动性变化。知识分子以高学历、"高脑力"为主要特征，随着我国现代化事业的发展，在社会从业人员的结构中比重不断增加，由 1978 年的 4% 增加到了 2015 年的 13%。② 改革开放初期，知识分子主要分布在国有单位从事专业技术领域工作，以国家财政工资为主要收入来源。改革开放后，在某些时段曾出现该部分群体的收入、社会地位与经济发展不同步、不平衡的现象，即所谓的"脑体倒挂"。随着市场经济发展逐步走向

---

① 参见中华人民共和国国家统计局官网，http：//www.stats.gov.cn，最后访问日期：2018 年 7 月 10 日。

② 参见中华人民共和国国家统计局官网，http：//www.stats.gov.cn，最后访问日期：2018 年 7 月 10 日。

深入，市场在资源配置中逐渐显现出其正态分布的规律性，该部分群体的经济收入与社会地位显著提高，从原来的国有单位所有制成分分化到各种所有制行业和单位中，其收入来源发生了巨大的变化，在国家现代化发展中起到关键性作用，成为知识、技术和科技创新的重要主体，形成了我国中产阶层的主要组成部分。

5. 新的社会阶层和社会群体不断出现

经济体制改革不断走向深入，随之出现了大量难以通过传统行业、主流所有制形式和社会职业分工来加以定性、归类的"新阶层""新群体"。这些群体伴随着社会结构的发展，以及新的生产方式和服务方式产生，不断涌现、扩张、更新，流动性、变动性、分化频率速度非常之快，如自由职业人员、新媒体从业人员、"北漂"、"海待"、"散户"等，在我国社会总体社会结构中所占比例逐年上升，影响程度也不断增强。

社会结构变迁，意味着不同领域、不同行业社会成员构成的改变，以及人们相互之间的社会关系以及交往方式的变化。新中国成立以来，我国民事诉讼一审原告职业、类型、性别、文化程度等层面的变迁正是这种变化在诉讼领域的实际体现。

二　民事主体地位确立的基础性作用

马克思指出："立法者应该把自己看作一个自然科学家。他不是在创造法律，不是在发明法律，而仅仅是在表述法律，他用有意识的实在法把精神关系的内在规律表现出来。如果一个立法者用自己的臆想来代替事情的本质，那么人们就应该责备他极端任性。"[1]

民事主体是人的社会地位在私法上的展现，同时也是私权保护和私法运行的核心基础。民事主体制度是一国政府深入社会进行组织管理的法律化努力，通过一系列私法核心价值（如自由、平等）的宣示，以及一整套具体制度（如民事权利制度、财产制度、契约制度等）的确认，彰显对人的主体尊严的尊重，并最终成为赋予社会主体以权利地位、实现和满足其理性诉求的法律手段。

---

[1]　《马克思恩格斯全集》第 1 卷，人民出版社，1995，第 347 页。

新中国成立初期，打破"旧秩序""旧身份"的同时，面临的首要任务是"新秩序""新身份"的重建和认定。经济体制、意识形态、政治信仰以及法律观念趋同性高度一致等客观因素，使"苏联范式"影响到我国政治、经济、社会及文化生活的各个方面。在此背景下，我国立法、法律制度、法学理论也向苏联学习。具体到民事领域，民事主体等基础理论与基本制度也呈现鲜明的苏联特色。

1949～1978年，是我国社会主义事业的探索阶段。这一时期，国家实行以公有制为主体的单一计划经济体制，通过计划控制社会资源并进行分配。高度集中的计划经济否定人的差别性，个体自由、自我利益的追求和实现被视为罪恶，国家计划几乎覆盖于全部经济领域，私法的空间全部被国家计划填充，几乎不存在其赖以产生和发展的基础，我国民事主体制度及其他相关保护制度处于停滞状态，这一时期的民事主体立法被认为是"迷失的30年"[1]。1949年9月，具有临时宪法性质的《中国人民政治协商会议共同纲领》以及《中华人民共和国中央人民政府组织法》颁布，为新中国搭建了基本的政治框架，奠定了人民政权和人民民主权利的法制基石。新中国成立后正式颁布的第一部法律，是对整个社会基础关系涉及最为广泛的《中华人民共和国婚姻法》（1950年5月1日）。该法虽然完全照搬了"苏联模式"，今天看来存在诸多瑕疵，但在当时，这部法律的问世意义重大，它宣告了传统婚姻家庭关系中女性依附关系的终结，男女平权、女性人格独立、一夫一妻、婚姻自主等现代婚姻观念在法律层面得以确立，男尊女卑、一夫多妻、包办买卖、家长专制等旧习俗被彻底废除。在此背景下，我国民事诉讼一审原告身份较为单一，职业上以农民为主，类型上以自然人为主，原告文化程度多数为"小学及以下"，性别上则以女性为主。

1979～1992年，是我国有中国特色社会主义的初创阶段。党的十一届三中全会"划时代地开启了改革开放和社会主义现代化建设历史的新时期"，国家各项工作逐步走入正轨，国家工作重心迅速转移到国民经济和社会主义各项事业的建设上，我国走上了改革开放的道路，民事领域的

---

① 姜战军：《中国民法70年：体系化和科学化不断实现中形塑自由、平等的现代社会》，《华中科技大学学报》（社会科学版）2019年第5期。

法制建设及司法制度建设全面得到恢复和发展。随着市场化推进和经济成分愈益多样化，社会结构开始走向分化并日渐复杂化，我国民事主体制度与国家改革进程同步，全面复苏和蓬勃发展，在不同时期反映了社会发展和国家改革的需要。这一时期，历经十几年的摸索和走走停停，由计划经济向市场经济体制的转变过程中，伴随着改革由"起步"至"初步进展"，到"全面推进"，再到"进一步深化"，市场经济主体从无到有、从简单到复杂，在内涵和外延上不断扩大，并由此深刻影响了民事主体立法。回应国家"以经济建设为中心"，以及"有中国特色社会主义建设"的全局性指导思想方针，我国先后制定了一系列重要的民商事法律制度，在一些关键领域确立了适应当时改革开放和国家建设急需的法律关系调整规范，为上述领域社会经济交往活动提供了明确的法律指引和坚实的法律保障。1981 年的《经济合同法》将"法人"一词首次规定进法律条文中。1986 年《民法通则》明确了个体工商户、承包经营户、联营的主体地位，明确规定"法人"的核心特征是"独立责任"。1992 年，党的十四大报告明确提出我国经济体制改革的目标是建立"社会主义市场经济体制"。党的十四届三中全会通过的《中共中央关于建立社会主义市场经济体制若干问题的决定》进一步明确指出，社会主义市场经济体制的建立和完善，必须有完备的法制规范和保障。要搞好立法规划，抓紧制定关于规范市场主体、维护市场秩序、加强宏观调控、完善社会保障、促进对外开放等方面的法律。为适应我国社会主义经济体制改革的迅速发展，立法机关根据我国 1982 年《宪法》及其修正案，结合《民法通则》的基本精神和基本原则，制定、颁布和修改了一大批民事单行法、民事特别法及民事法规、条例，民事主体立法迅速发展。我国民事诉讼一审原告身份开始向多样化发展，工人身份的原告在数量上有所增多，在某些时期和地区超过了农民的数量。干部比例明显增多，反映了这个时期行政人员"下海潮"的时代特色。个体工商户、法人开始出现在裁判文书中，原告文化程度有所提高，"初中""高中"占了相当数量的比例，男性原告开始多于女性。

1993～2012 年，我国有中国特色社会主义正式走上社会主义市场经济道路，拉开了市场经济改革的序幕，经济体制发生彻底变革，改革开放、社会转型、经济发展进入加速阶段，社会结构发生巨大变化，开启了中国社会主义市场经济的新时代。1993 年 12 月《公司法》的颁布是我国民事主体制度发展的标志性事件。在《公司法》之前，我国关于个人之外民事主体的立法均为以所有制为基础，如《全民所有制企业法》《集体所有制企业法》《私营企业暂行条例》等，体现出鲜明的所有制身份特征。而《公司法》一改这种模式，从所有制标准转变为企业组织标准，将公司分为有限责任公司、股份有限公司，为各类公司不分所有制平等地参与经济活动提供了组织形式基础。此外，1997 年《合伙企业法》的颁布，为法人主体之外重要的组织类型——合伙企业提供了比较完善的组织形式；1999 年的《个人独资企业法》则对自然人个人设立独资企业这种企业组织形态进行了系统规定。工人、学生、个体工商户、合伙，以及法人原告的数量有了较大幅度增长，干部原告比例明显减少，出现了较多"本科"及"硕士以上"文化程度的原告，男性原告数量明显多于女性。

2013～2019 年，中国特色社会主义走向"全面深化改革、系统整体推进改革的新时代"，开创了我国改革开放的新局面。党的十八届三中全会"划时代"地推出了 336 项重大改革举措。经过不懈努力，"啃下了不少硬骨头"，重要领域和关键环节改革成效显著，主要领域基础性制度体系基本形成，为推进国家治理体系和治理能力现代化打下了坚实基础。2014 年党的十八届四中全会通过的《中共中央关于全面推进依法治国若干重大问题的决定》明确提出，要"加强重点领域立法"，特别是"加强市场法律制度建设，编纂民法典"。2017 年 3 月 15 日，第十二届全国人大第五次会议审议通过了《民法总则》，自 2017 年 10 月 1 日起施行。2020 年 5 月 28 日，第十三届全国人大第三次会议表决通过了《民法典》，自 2021 年 1 月 1 日起施行。《民法典》是新中国成立以来第一部以"法典"命名的法律，同时也是新中国立法史上第一次以法典编纂形式进行的立法活动。自此，我国民事主体制度有了比较系统和完善的规定。《民法典》明确提出"民事主体"的概念，将"公民"修改为"自然人"，人格权独立成编，并将调整对象从平等主体的"财产关系与人身关系"修改为"人身关系与财产关系"，彰显对人的主体地位及人格尊严的尊重。虽然在法人分类上，以"盈利法人""公益法人""捐助法人"为基础的分类受到批评，但相对于《民法通则》以企业法人、非企业法人为基础的分类有明显进步，以特别法人确定城镇农村经济组织和居委会、村委会主体地位的规定也值得肯定。另外，"非法人组织"对不具有法人资格的各类组织作出了基本规定。我国民事主体制度已经基本完备。

习近平总书记在对新中国成立以来的立法工作评价时说："这是一个了不起的重大成就。"我国自改革开放以来立法活动全面恢复，到 2010 年基本建成中国特色社会主义法律体系，基本实现了国家各项活动和社会生活的有法可依。截至 2019 年 8 月底，全国人大及其常委会通过 1 部《宪法》及 5 个《宪法修正案》，现行有效法律 274 件，行政法规 600 多件，地方性法规 12000 多件，以宪法为核心的中国特色社会主义法律体系进一步完善。①

总体而言，我国改革开放后到 1992 年，也就是在"有计划的商品经济"条件下民事主体立法的探索，主要取得的成就是关于"市场主体法律制度的初步建立""经济合同主体的诞生"，以及通过《民法通则》确定了民事主体制度的基本框架。这一阶段的主体立法是为适应改革开放后商品经济进一步发展要求而制定的。面对改革开放后短时间内涌现的不同经济主体，我国颁布了一批民事单行法规，但这些法规的制定者多为各个经济主管部门，调整范围局限于商品经济关系的某一方面，存在个别规定不相协调的现象，因此并不能满足商品经济进一步发展的法律统一性要求。由于没有完全摆脱计划经济的束缚，加上立法者认识上的局限性，有些民事主体立法非但没有保障经济主体的权利，反而限制了其参与经济活动的机会。基于上述原因，我国颁布了《民法通则》以调整民事关系，作为民事主体共同遵循的概括性基础性法律。但作为过渡性的立法文件，《民法通则》的各种局限性使其不能结束混乱的民事主体立法局面。1992年至今，在"市场经济环境中"的民事主体立法，反映了我国市场主体日趋多样和稳定的态势。我国民法不再全面以苏联和东欧社会主义国家立法和理论为继受对象，而是广泛接受西方理论制度，《合同法》就是典型例证。改革开放程度不断加深，人们在经济上摆脱计划指令束缚的同时，

---

① 许安标：《新中国 70 年立法的成就与经验》，《中国人大》2019 年第 21 期。

在政治上也逐渐脱离阶级斗争的影响，民事主体中个人主体实现了从"公民"到"自然人"概念的转变，1999 年的《合同法》和《担保法解释》，修订后的《著作权法》《商标法》等都采用了"自然人"概念。自然人作为民事主体享有完全民事权利能力，"自然人不能涉足合同领域"的限制随着《经济合同法》等的废除宣告结束。《物权法》的实施意味着自然人的私物权得到了有力的保护，自愿原则弘扬了私法自治理念，充分保障了民事主体的行为自由，有力维护了社会主义市场经济的法律环境和法治秩序。《民法典》自 2021 年 1 月 1 日起施行，符合中国发展需要的中国特色社会主义民法体系，民事主体保护制度已经基本完备。

综上所述，民事主体立法，以及民事主体制度的建立和完善，是在法律层面对社会经济变革的集中体现，它赋予新的社会身份和新的社会行动者以法律资格，确定新的民事权利义务内容和新的责任类型，为民事主体的社会交往、经济活动和权利主张提供正当依据。体现在原告身份变化上，是在特定历史时期，处在变革阶段无法以过往的身份和职业类型评价的"未知""无业""其他"等数据的变化。民事主体的立法和制度完善，为不同身份当事人通过诉讼途径实现利益诉求提供了权利基础，从而无论是在实质上还是形式上，都对民事诉讼一审当事人身份的变迁起着基础性的影响和作用。

三　程序主体尊严保障的决定性作用

作为通过法律实现矫正正义的基础程序，民事诉讼在修正社会利益失衡的过程中，充当着社会冲突的"减压阀"和"平衡器"。愈是变迁剧烈的社会阶段，这种作用就愈明显。在民事诉讼过程中，不同利益主体获得平等对抗、对话交流的机会，将尖锐的利益冲突或社会矛盾转化为法律问题，将价值争议转化为理性的技术问题，这种特性或者手段，能够分散、缓解、避免社会矛盾扩大给社会系统带来的巨大冲击。民事诉讼有其独立的程序价值。

传统中国的法律体系中，诸法合体，以刑为主，并不存在独立的私法部门，民事纠纷刑罚化处理，不仅表现为刑事责任与民事责任混同，而且民事纠纷与刑事追诉共用诉讼程序，民事主体与刑事被告处于类似的客体地位。新中国成立后，在相当长的一段时间内，人民法院代表国家积极主动行使职权，主导诉讼进程，当事人程序主体地位没有得到足够的重视和彰显。"重刑轻民""重实体轻程序"的程序工具主义司法观在一段时期内普遍存在。改革开放以来，市场经济对交易安全、行为自由和主体平等的追求，内在地要求强调主体地位的独立性、意志自由和主体之间地位平等，以适应多样化、流动化、价值多元的不同市场主体的需求。在民事诉讼程序中确立和巩固当事人平等的诉讼地位，保障当事人的程序主导权，实现"程序主体性原则"，是实现和保障程序主体尊严的重要途径。

（一）程序主体尊严的确立

我国于1950年12月31日草拟了新中国第一部诉讼法草案——《诉讼程序试行通则（草案）》，集刑事诉讼与民事诉讼程序于一体，旨在为两者提供程序指引。① 1951年9月3日，《人民法院暂行组织条例》颁布。② 1954年，我国首部《宪法》，以及《人民法院组织法》《人民检察院组织法》颁布，民事诉讼的具体原则和相关制度进一步丰富和完善。③ 最高人民法院《关于各级人民法院民事案件审判程序总结》于1956年10月印发④，并在1957年9月将上述"总结"的基本内容条文化，制定了共计84条的《民事案件审判程序（草案）》。⑤ 1957年下半年"反右"斗争开始，民事诉讼制度发展陷入停滞。《关于各级人民法院民事案件审判程序总结》未被认真执行，《民事案件审判程序（草案）》也未获通过。"文化大革命"期间，刚刚起步的民事诉讼法制、民事司法制度建设遭到极大破坏。1979年《人民法院审判民事案件程序制度的规定（试行）》

---

① 主要涉及民事诉讼程序中的管辖、起诉、受理、代理、调解、审判、判决、上诉、抗告、再审、执行、监督审判等内容。
② 上述条例中，主要确立了公开审判、巡回审判、陪审等审判制度。
③ 上述法律规定了人民法院、人民检察院的组织体系和基本职能，确立了合议制度、辩护制度、公开审判制度、人民陪审员制度、法律监督制度、人民调解制度，形成了中国司法制度的基本体系。
④ 主要规定了案件的接受、案件审理前的准备工作、审理、裁判、上诉、再审、执行等内容。
⑤ 尽管在内容上存在缺乏管辖等制度的缺憾，但值得肯定的是，这一时期我国民事诉讼法制以及民事诉讼程序规则正在不断探索中逐步建立。

颁布，该规定延续了 1956 年《关于各级人民法院民事案件审判程序总结》的基本内容，同时补充规定了"管辖""案件回访""法院办事细则"等内容。1982 年，《民事诉讼法（试行）》的颁布实施，标志着我国民事诉讼法制建设的全面恢复和发展。

1991 年《民事诉讼法》的施行以及之后相关司法解释的大量颁布，为民事诉讼主体尊严的确立和保障提供了制度依据。首先，当事人的平等尊严得到了确认。《民事诉讼法》确认了诉讼当事人的平等地位，同时，通过赋予双方当事人"同等"或"对等"的诉讼权利和诉讼义务，使诉讼主体的平等尊严具体化。其次，当事人的主导权得到确认。通过程序控制权和实体权益处分权实现处分原则和辩论原则的制度化，从而为民事诉讼主体的主导权提供了制度依据。在程序的启动、终结，诉讼资料的确定，实体权利的处分等方面充分尊重当事人的自主意愿。[1] 我国民事诉讼制度中的程序主体尊严正式得以确立。

（二）诉讼主体与民事主体的"有限分离"

1987 年，我国颁布了调整民商事领域法律关系的基本法《民法通则》，规定了"公民"和"法人"的民事主体资格，"二元"化的民事主体结构得以形成。这不仅是我国民事法制在初创时期全面借鉴苏联"自然人和法人两分法"、不承认"非法人组织"主体地位的结果，同时也是我国当时正处于由计划经济向市场经济转变的改革初期，市场活动主体仍然非常单一、众多非法人组织[2]仍处于萌芽状态的原因。尽管《民法通则》之后，一些单行法规承认了部分民事活动中"非法人组织"的主体地位，但由于《民法通则》的基本法地位，"二元"化的民事主体结构仍然未有变化。

改革开放走向深入后，我国市场经济蓬勃发展，各种类型的非法人团体大量涌现，在经济社会中日益显露重要地位。为了实现对纠纷解决的需要，我国 1991 年《民事诉讼法》将"公民、法人和其他组织"规定为"民事诉讼主体"，以赋予"非法人组织"当事人能力，为其提供诉讼救

---

[1]　李祖军：《民事诉讼法·诉讼主体篇》，厦门大学出版社，2005，第 23~24 页。

[2]　例如，个人合伙组织、合伙型联营组织、中外合作经营企业、外资企业、企业分支机构、乡镇企业、事业单位和科研单位设立的企业等。

济和程序保障，从而确立了"三元"化的诉讼主体结构。之后，虽然历经2007年、2012年、2017年的修订，《民事诉讼法》仍然保留了"其他组织"的诉讼主体资格，诉讼主体"三元"结构维持不变。

2017年3月，《民法总则》颁布，正式规定民事主体结构为"自然人、法人和非法人组织"，从而结束了我国民事实体法中民事主体"二元"化、民事程序法中诉讼主体"三元"化、程序法诉讼主体与实体法权利主体分离的局面。

诉讼主体与民事主体在一定时期的"分离"现象在一定程度上体现了"立法是对社会实际生活的反映""立法滞后于社会生活"的现实。民事诉讼是程序法与实体法共同作用的场域，程序法和实体法是"一鸟之两翼，一车之两轮"。实体法对权利主体的确认滞后于经济社会发展，但"法官不能拒绝裁判"，因此程序法在一定程度上是在裁判中"发现""充实""完善"着实体权利和实体法，程序法有其独立价值。

我国民事诉讼法在实体法尚未赋予某些"新型社会主体"主体资格的情况下，在诉讼法中赋予其诉讼主体资格，从而为社会主体参与民事诉讼程序提供了可能，对民事诉讼一审程序原告身份的变迁产生了重要影响。

（三）程序主体尊严的保障

程序主体尊严是人的尊严在司法领域中的体现，获得公平对待权是维护和实现人的尊严的重要权利，它先于法律产生，是由人的社会本质决定的。体现在民事诉讼领域中，其意义在于，任何人认为自己的权利与他人发生争议时，都可以请求国家给予司法救济，并且在诉讼过程中获得充分的参与、陈述、辩论机会。因此，社会主体选择通过诉讼维护权利时，"胜诉"与"获得公正对待"是被裁判者的双重愿望。"平等"构成程序主体尊严的基本要素。

然而，无论在理论上还是实践中，"无差别的绝对平等"是不存在的，近现代平等观将平等划分为形式的平等、结果的平等和实质的平等，同时承认"合理的差别"，否认"不合理的差别"。因此，"平等"是一种理性的、比例上的平等，更强调机会的均等。不同社会成员之间，在社会地位、经济能力、受教育程度、资源占有和获取能力上存在现实差异，这直接影响着他们"接近司法"的机会，以及实际的诉讼能力，因而"实现当事人诉讼地位的完全平等"是不可能的。为实现对程序主体尊严的保障,需要在程序上为弱势主体提供程序保障。20世纪70年代以来,西方国家兴起"接近正义"(access to justice)的运动,旨在"为程序利用者提供充分使用民事司法机会的保障"。20世纪90年代末期,该项运动空前高涨,英、美、德、日等国家相继进行了民事司法改革。[①] 该项运动的实质是保障司法利用者充分使用司法的机会,并且得到了国际人权公约和现代宪法的普遍确认。

社会成员之间在财力、智力上存在差距是任何国家都普遍存在的事实,当事人往往由于经济上的困境而无力提起或参与诉讼,从而导致无法平等地行使和实现诉权,其诉讼地位不可能实现实质上的平等。因此,对程序主体尊严的保障,需要重视司法的"可接近性",充分为社会主体提供利用司法的机会,在诉讼程序的设计、运作过程中,为当事人提供相应的保障。例如,在立法上平等配置当事人在民事诉讼各阶段的诉讼权利和诉讼义务;在司法上要求法官中立地行使司法权;设立诉讼费用的缓、减、免制度,并广泛开展法律援助服务等。

我国1982年《民事诉讼法(试行)》规定了"支持起诉"原则,规定机关、社会团体、企业事业单位对损害国家、集体或者个人民事权益的行为,可以支持受损害的单位或者个人向人民法院起诉。同时,为保障因经济困难而无力承担诉讼成本的当事人充分利用民事司法的机会,我国最高人民法院、司法部1999年联合下发《关于民事法律援助工作若干问题的联合通知》,为符合经济困难标准并且确实需要法律帮助的公民,在赡养费、扶养费、抚育费、劳动报酬、工伤等方面提起民事诉讼提供法律援助,对律师代理费、法院诉讼费实行缓、减、免。2006年12月19日,

---

① 西方国家"接近正义"的三次浪潮:第一阶段(亦称波),通过创立具有实际效果的法律援助和法律商谈制度,力图使司法制度对无财力者更为容易利用的计划和尝试;第二阶段表现为提供少数民族、身残者、女性、老人的权利以及消费者利益、环境利益等"扩散性"、"片断性"或"集合性"利益的法律代表;第三阶段不仅是前两个阶段的继续,而且还大大超越了前两个阶段,不单是要向处于不利地位的利益和集团提供法律代表,而且还要关注整个纠纷处理机构,特别是实体法的简化,以及法院、律师、诉讼的代替手段的产生等。详情参见李祖军《民事诉讼法·诉讼主体篇》,厦门大学出版社,2005,第15~17页。

国务院《诉讼费用交纳办法》颁布，规定了"司法救助"制度，规定当事人交纳诉讼费用确有困难的，可以向人民法院申请缓、减、免交诉讼费用。另外，为保障"扩散性"、"片断性"或"集合性"利益，1991 年《民事诉讼法》建立了代表人诉讼制度，并对代表人诉讼实行诉讼费用的缓交。2012 年修订《民事诉讼法》，对公益诉讼作出明确规定。2017 年 6 月 27 日，《民事诉讼法》第三次修正，明确检察机关可以作为原告提起公益诉讼。

综上所述，新中国成立以来，我国在对程序独立价值的认识上，通过对当事人程序主体地位的确立和保障，为不同社会主体提供平等权、参与权、处分权等程序主体权，以实现对程序主体尊严的尊重和维护，"诉讼主体与民事主体分离，程序权利与实体权利独立"。这不仅意味着所有的社会行动者都能够获得平等的机会参与程序、平等对话、陈述意见或辩论，以实现民事实体法上的人的尊严保护，同时也意味着民事诉讼程序对作为自主、理性主体的当事人的程序尊严的充分肯定。因此，程序主体尊严的确立和保障，对民事诉讼一审程序当事人的身份变迁产生了重要影响。

四　诉讼观念差异的直接影响

新中国成立 70 年来，尤其是改革开放之后，在中国跨越式的飞速发展和突变式的剧烈改革过程中，人们的诉讼观念也不可避免地受到了影响和冲击。但观念作为意识层面的主观形态，不可能出现断裂式发展，因而在其变迁过程中往往会夹带着诸多"传统观念"前行。[①]

诉讼观念通常被认为是与诉讼制度相对的范畴，是指在一定物质生活条件下，人们关于诉讼制度和诉讼现象的感性认知，以及对运用诉讼解决纠纷的期望值或信任度。

诉讼观念的形成，一般包括诉讼认知、诉讼功能预测和行为选择。诉讼认知是诉讼评价、诉讼情感以及诉讼心理等内容综合作用的结果。其中，诉讼评价是人们根据特定需求，对诉讼是否能够满足自身需要、能够在多大程度上满足何种需要的衡量和判断。诉讼情感是人们对诉讼制度的

---

① 蒋安、李蓉：《诉讼观念的变迁与当代司法改革》，《法学评论》2002 年第 1 期。

认同或者否定、支持或者反对、拥护或者厌恶的情绪状态。社会主体在诉讼认知的基础上进行诉讼功能预测及行为选择，表现为对诉讼功能的信任度或期望值，以及通过诉讼途径解决纠纷的意愿。①

作为一种主观世界对客观现象的反映和判断，诉讼观念的具体评价标准因人而异，因此具有极大的不确定性。但由于观察对象的客观性，即民事诉讼的运行实际，以民事诉讼原告的身份变迁作为切入点进行观察，在一定程度上能够在原告的不同身份—诉讼观念差异—提起诉讼三者之间发现一些客观联系，并借此观察三者之间的互动关系，从而也能够在一个侧面反映不同社会阶层对诉讼的认同程度和实际需求程度。

民事诉讼一审原告的身份变迁，在一定程度上体现了不同身份原告对诉讼的认同态度和诉讼意愿，其中的具体影响因素是复杂的，既有不同原告生活环境不同和个体差异的作用，也有整体社会环境以及诉讼本身运行状况的功效，前者如原告的身份、职业、受教育程度、性别等因素的影响，后者如司法公信力、诉讼周期的长短、判决实现程度、非诉纠纷解决机制的发达程度等，除此之外，纠纷性质、谈判成本、律师费用、诉讼风险、胜诉预期等因素，都会对不同主体的诉讼观念产生影响。以下仅从"体制"内外身份差异、"城乡"身份差异对不同社会群体诉讼观念的影响，以及改革开放以来上述两种社会结构变迁对诉讼观念造成的影响进行探讨。

（一）"体制"内外身份差异对诉讼观念的影响

新中国成立之初，社会分化程度较小，社会群体收入普遍不高且差距并不明显，在集中化、组织化的基层社会治理模式下，形成了结构紧密的熟人社会。社会成员对诉讼的心态是疏离的，对于诉讼的需求也较为平淡。

改革开放以来，我国以公有制为主体的所有制形式发生重大改变，国有单位战略性调整和企业改组的步伐不断加快，大批国有单位职工下岗、失业、再就业。私营企业自 1999 年以来以年均 47％ 的增长率迅猛增长，而国有企业的比重则大幅减少，2002 年私营企业在数量上超过

---

① 蒋安、李蓉：《诉讼观念的变迁与当代司法改革》，《法学评论》2002 年第 1 期。

国有企业。经过一系列的剧烈分化，逐渐形成了"体制"内外的身份差别。

"体制"内沿袭了部分"单位"制的管理和组织模式，在一定范围内保持着结构相对紧密的"熟人"关系网络，组织为其成员的利益诉求或冲突化解提供了部分途径。"体制"内环境相对稳定，且部分人员对于"体制"带来的社会地位有较强的归属感、荣誉感和优越感，对于诉讼的态度多数倾向于"尽量避免"。与之相对的是，"体制"外人员流动性强，在改革过程中的部分时期，由于社会整体保障机制尚未跟上经济社会的迅猛发展，多数人员有较强的危机感。相对于"体制"内人员，"体制"外人员的社会交往圈子更为广泛，社会关系更为复杂，但"熟人关系"网络却多数仅限于血缘或姻亲关系。"体制"外人员多数有较强的"契约"和权利保障意识，对于诉讼的态度较为认可，认为其能够提供具有国家强制约束力的权利保障，因此不失为化解纠纷的最优选择。

上述诉讼观念差异在"体制"内外不同身份的成员中较具代表性，但在某些特殊历史时期，也会因为社会发展阶段的偶然因素或个别因素影响，产生对上述主流态度的偏离。例如，改革开放初期，我国基层法院民事诉讼一审收案数的发展方向、速率，与国有企业数量的发展态势相关性极高，而私营企业的发展数量曲线则与之完全相反。对比这两种"体制"内外不同身份的当事人，发现两者在提起诉讼的意愿和目标上完全不同。对于私营企业来说，在追求利益最大化的目标驱使下，使其能够从自利的理性人角度慎重考虑诉讼的成本和收益，诉讼周期长短、诉讼费用高低对其是否提起诉讼具有重要影响。与之相反的是，在该段时期，某些国有企业的代表人提起诉讼时往往不计成本、后果，而是更为注重作为管理者的业绩，如企业财务账目在上级主管部门或行政法规规则上获得符合要求的处理等等。

随着中国特色社会主义建设不断深入，"体制"内外的差异不断缩小，而且"体制"内外的相互流动逐渐成为普遍现象，这在一定程度上导致"体制"内外不同身份主体在诉讼观念上的变动性和异质性因素增加，同时也必将最终将观念转化为行动，直接影响到他们提起诉讼的频率和程度。

（二）"城乡"身份差异对诉讼观念的影响

新中国成立后，我国严格的户籍制度将城乡分离开来，"城乡"两种身份在文化、教育、就业、医疗等社会资源占有方面存在显著差别。改革开放以来，尽管我国经济体制改革最先发轫于农村，但相对于城市而言，传统村落内部的整体秩序和交往方式并未受到根本冲击。尽管村民个体在人身依附性和对自由的束缚性上得到了"松绑"，但乡村结构紧密的"熟人社会"秩序依然保留，村民在村一级自治组织的管理下保持着紧密的联系。城乡界限依然存在，但由于体制内外这一结构因素，不仅在传统社会结构的基础上出现了新的二元结构，而且也对传统城乡二元结构产生了冲击，使其不同于以往的城乡二元结构。农民可以选择远赴大城市打工，也可以选择就近进厂打工或进城经商，大批城市边缘群体的出现成为城乡新二元结构的显著特征。

城乡不同身份成员的社会交往方式，以及成员相关之间社会关系性质的不同，直接影响着他们对诉讼的主观态度，并最终体现在两者实际提起诉讼的频率和程度上。对于乡村成员而言，诉讼并不是解决纠纷的最佳选择。这不仅表现为他们对于"新规则"的陌生，而且还表现为对于"陌生人社会规则"的不适应。以人民调解为例，实证数据显示，人民调解在乡村的实施效果明显好于城市。人民调解从产生之初就具有极强的行政依附性质，建立在居委会、村委会基础上的实际，使民众对其有"政府部门"的较强认知。乡村熟人社会环境下，更加容易认同村支书、村委会解决纠纷的便捷性和权威性。而城市人员流动性大，"法治"观念较强，同时对"法治"有着较为单一的认知，认为通过法院提起诉讼才是法律的正当途径，对人民调解存在一定程度的误解和忽视。

随着城市化进程的加快，城乡差异的不断缩小，城乡之间相互流动的现象日益普遍，城乡不同身份主体的诉讼观念也在互相融合、缩小差距。同时，随着大量青壮年劳动力涌向城市，乡村老龄化、空壳化现象加剧，许多纠纷不再围绕居住元素产生，乡村的社会交往方式和社会关系性质也在不断发生新的变化，村委会对该类纠纷的调解作用有限，农村成员的诉讼观念也必然会产生相应变化，表现在民事诉讼一审原告的身份变化上，由农民作为原告提起诉讼的总数也必然在数据上有所体现。

改革开放以来，虽然在某些年份出现了微妙变化，有些年份甚至呈现负增长趋势，但我国民众选择通过诉讼解决民事纠纷的数量总体上呈上升趋势。我国社会性纠纷解决机制，如人民调解、公证、民间仲裁、劳动仲裁、消费者协会、律师调解以及形式多样的行政性或基层法律服务对于诉讼起到了分流作用，某些年份甚至出现了较高的替代作用。但总体来看，诉讼仍然是民众解决纠纷的主流选择。这些变化在某种程度上体现了我国不同社会群体对民事诉讼观念的转变。

第五章　中国民事诉讼一审委托代理人实证研究

第一节　导论

中国民事诉讼委托代理人制度从无到有、从萌芽到兴盛的发展历程贯穿了历史长河，从古至今，委托代理人制度经历了奴隶社会的最早雏形，封建社会"抱告"制度的逐渐发展，民国时期律师制度的兴起壮大，新中国成立初期的继承与探索，直至1982年民事诉讼代理制度正式确立，后又经过数次立法改革，时至今日，中国民事诉讼委托代理人制度已渐成规模，成为我国民事诉讼制度理论与实践的重要一环。

委托代理人最早可追溯至奴隶社会，当时还未出现真正意义上的诉讼模式，但纠纷时有发生，不可避免地会出现早期的"争讼"情形，某些贵族阶层由于等级制度的严格限制，不能直接参与争讼，因而派遣他人进行相关争讼活动，这便是委托代理人的雏形。

封建社会是委托代理人制度的发展初期，具有特殊身份的当事人不便直接参加诉讼或者在参加诉讼时受到法律限制，此时这些特定人群通常须由他人代理进行相关诉讼活动，"刀笔吏""讼师"等职业也逐渐兴起。关于委托代理活动的文字记载，始见于西周时期《周礼·秋官司寇·小司寇》："凡命夫命妇，不躬坐狱讼。"《周礼疏》曰："古者取囚要辞皆对坐，治狱之吏皆有威严，恐狱吏褒，故不使命夫命妇亲坐。若取辞之时，不得不坐，当使其属子或子弟代坐也。"表明贵族上层人士可以请人或者命令其家臣代理参加诉讼。[①] 委托代理人及代理制度在传统中国源远

---

① 邓建鹏：《清朝诉讼代理制度研究》，《法制与社会发展》2009年第3期。

流长，"抱告"制度萌芽于宋代①，但作为委托诉讼代理的专业术语"抱告"到明代方出现，在清朝逐渐成为颇繁使用的法律词汇。抱告当时偶称"抱状"或"抱呈"，即怀抱状纸或呈状之意。② 明律禁止官员出面参与民事诉讼，而由家人代诉，清袭明律，将"抱告"的相关规定加以细化，分两种情况：一是无诉讼能力者，为须遣抱告，此即现代意义上的法定代理；二是非无诉讼行为能力而身份特殊者，为得遣抱告，此即现代意义上的委托代理。③ 在晚清法律改革过程中，法部设计了 12 种诉讼状纸，其中，民事委任状为凡民事原告之抱告及一切有委任权者于诉状外附用之。光绪三十三年清政府制定的《各级审判厅试办章程》第 52 条规定："职官、妇女、老幼、废疾为原告时，得委任他人代诉。"这一条款与传统社会必须适用抱告的当事人范围一致④，是传统诉讼制度中的官吏不躬坐狱讼、老幼病残可代理之原则的延续。这时的抱告制度成为现代委托代理制度的演化基础。⑤

1900 年在台湾颁布的《辩护士规则》开启了中国律师制度立法的先河。⑥ 1912 年 9 月 16 日，北洋政府颁布了《律师暂行章程》，这是中国历史上第一个关于律师制度和律师业的单行法规，后又颁布了《律师章程》《律师甄别章程》等，中国律师制度由此正式建立。1921 年，各地方律师公会为方便联系，统一管理，组织成立了"中华民国律师协会"，这是当代中国律师协会的前身。1927 年后，民国政府沿袭北洋政府施行的律师制度，并逐步发展使之更加规范化。1949 年新中国成立，废除国民党的六法全书和律师制度，在人民法院建立"公社律师室"，尝试建立新的律师制度。1954 年 9 月，第一届全国人民代表大会第一次会议通过了《中华人民共和国宪法》，从立法上正式确立了辩护制度，并于次年在全国 28

---

① 虽然学界普遍认为抱告制度起源于元代，但事实上宋代就已经出现抱告制度的雏形。参见姚志伟《抱告制度之渊源辨析》，《河北法学》2010 年第 1 期。
② 邓建鹏：《清朝诉讼代理制度研究》，《法制与社会发展》2009 年第 3 期。
③ 委托代理可引申理解为包含法定代理之义，本章仅指委托代理，不作引申。
④ 邓建鹏：《清朝诉讼代理制度研究》，《法制与社会发展》2009 年第 3 期。
⑤ 参见《我国古代诉讼代理人制度》，http://bjgy.chinacourt.gov.cn/article/detail/2011/07/id/882582.shtml，最后访问日期：2018 年 9 月 19 日。
⑥ 参见王泰升《台湾日治时期的司法改革》（上），《法学论丛》（台湾）第二十四卷第二期。

个城市开始试行，我国律师制度正式施行，当年的 81 名律师是我国律师业的先驱。"文化大革命"期间，律师制度逐渐被取缔，直到党的十一届三中全会为律师制度带来曙光。1980 年 8 月 26 日，《中华人民共和国律师暂行条例》发布，为当代中国第一部关于律师制度的"基本法"，规定了律师的任务和权利、律师资格、律师工作机构及附则等。这一时期的律师同法官、检察官一样被定义为基层法律服务工作者，律师制度迎来了春天。① 律师制度本身作为委托代理人制度的重要组成部分，其重建和蓬勃发展为委托代理人制度带来了巨大的良性冲击，是委托代理人制度得以长久持续发展的奠基石。

我国现行的民事诉讼代理制度最早出现于 1982 年《民事诉讼法（试行）》，其第 50 条规定："当事人、法定代表人、法定代理人，都可以委托一至二人代为诉讼。当事人的近亲属、律师、社会团体和当事人所在单位推荐的人，以及经人民法院许可的其他公民，都可以被委托为诉讼代理人。"这是我国当代民事诉讼委托代理人制度立法规定之先河。1991 年 4 月 9 日，第七届全国人民代表大会第四次会议通过《民事诉讼法》，之后分别于 2007 年、2012 年、2017 年进行了修正。现行《民事诉讼法》第 57～62 条是关于民事诉讼代理制度的法律规定，涉及法定代理人、委托代理人、授权委托书、代理权变更和解除、代理人权利、离婚诉讼代理六个方面。此外，2015 年公布施行《民事诉讼法解释》，其中第 84～87 条是关于委托代理人尤其是公民代理的细化规定（见表 5－1）。

表 5－1　中国民事诉讼中关于委托代理人制度的立法规定

法律名称	关于委托代理人权利的规定	关于委托为诉讼代理人对象的规定
1982 年《民事诉讼法（试行）》	第 45 条第 1 款　当事人有权委托代理人，有权申请回避，提供证据，进行辩论，请求调解，提起上诉，申请执行。	第 50 条第 1 款　当事人、法定代表人、法定代理人，都可以委托一至二人代为诉讼。当事人的近亲属、律师、社会团体和当事人所在单位推荐的人，以及经人民法院许可的其他公民，都可以被委托为诉讼代理人。

① 参见张志铭《回眸和展望：百年中国律师的发展轨迹》，《国家检察官学院学报》2013 年第 1 期；王公义《律师是什么——新中国律师业 60 年五个发展阶段的理性思考》，《中国司法》2009 年第 12 期。

续表

法律名称	关于委托代理人权利的规定	关于委托为诉讼代理人对象的规定
1991 年《民事诉讼法》	第50条第1款　当事人有权委托代理人，提出回避申请，收集、提供证据，进行辩论，请求调解，提起上诉，申请执行。	第58条　当事人、法定代理人可以委托一至二人作为诉讼代理人。律师、当事人的近亲属、有关的社会团体或者所在单位推荐的人、经人民法院许可的其他公民，都可以被委托为诉讼代理人。
2007 年《民事诉讼法》	第50条第1款　当事人有权委托代理人，提出回避申请，收集、提供证据，进行辩论，请求调解，提起上诉，申请执行。	第58条　当事人、法定代理人可以委托一至二人作为诉讼代理人。律师、当事人的近亲属、有关的社会团体或者所在单位推荐的人、经人民法院许可的其他公民，都可以被委托为诉讼代理人。
2012 年《民事诉讼法》	第49条第1款　当事人有权委托代理人，提出回避申请，收集、提供证据，进行辩论，请求调解，提起上诉，申请执行。	第58条　当事人、法定代理人可以委托一至二人作为诉讼代理人。下列人员可以被委托为诉讼代理人： （一）律师、基层法律服务工作者； （二）当事人的近亲属或者工作人员； （三）当事人所在社区、单位以及有关社会团体推荐的公民。
2015 年《民事诉讼法解释》		第84条　无民事行为能力人、限制民事行为能力人以及其他依法不能作为诉讼代理人的，当事人不得委托其作为诉讼代理人。 第85条　根据民事诉讼法第五十八条第二款第二项规定，与当事人有夫妻、直系血亲、三代以内旁系血亲、近姻亲关系以及其他有抚养、赡养关系的亲属，可以当事人近亲属的名义作为诉讼代理人。 第86条　根据民事诉讼法第五十八条第二款第二项规定，与当事人有合法劳动人事关系的职工，可以当事人工作人员的名义作为诉讼代理人。 第87条　根据民事诉讼法第五十八条第二款第三项规定，有关社会团体推荐公民担任诉讼代理人的，应当符合下列条件：

续表

法律名称	关于委托代理人权利的规定	关于委托为诉讼代理人对象的规定
2015 年《民事诉讼法解释》		（一）社会团体属于依法登记设立或者依法免予登记设立的非营利性法人组织； （二）被代理人属于该社会团体的成员，或者当事人一方住所地位于该社会团体的活动地域； （三）代理事务属于该社会团体章程载明的业务范围； （四）被推荐的公民是该社会团体的负责人或者与该社会团体有合法劳动人事关系的工作人员。 专利代理人经中华全国专利代理人协会推荐，可以在专利纠纷案件中担任诉讼代理人。
2017 年《民事诉讼法》	第 49 条　当事人有权委托代理人，提出回避申请，收集、提供证据，进行辩论，请求调解，提起上诉，申请执行。	第 58 条　当事人、法定代理人可以委托一至二人作为诉讼代理人。 下列人员可以被委托为诉讼代理人： （一）律师、基层法律服务工作者； （二）当事人的近亲属或者工作人员； （三）当事人所在社区、单位以及有关社会团体推荐的公民。

综合我国民事诉讼法制度发展和上述立法条文可知，我国一直采用当事人本人诉讼主义以及以诉讼权利为导向的任意诉讼代理制度[①]，立法变迁并没有对委托代理人制度产生实质性的影响，委托代理人制度的具体规定变化不大，可以委托诉讼代理人的权利一直作为当事人诉讼权利的首项加以规定，这是对委托诉讼代理人权利及委托代理人制度的肯定和推崇，侧面反映了委托代理人制度对于民事诉讼整体构造的不可或缺。且立法条文一直采用并列有限列举方式，没有"等"字兜底。从 1982 年《民事诉讼法（试行）》发展至 2017 年《民事诉讼法》，可以委托诉讼代理人的主体由"当事人、法定代表人、法定代理人"变为"当事人、法定代理人"，可以被委托为诉讼代理人的对象由"当事人的近亲属、律师、社会团体和当事人所在单位推荐的人，以及经人民法院许可的其他公民"变为"律师、基层法律服务工作者；当事人的近亲属或者工作人员；当事

---

① 参见蔡彦敏《我国民事诉讼中的委托代理人制度》，《国家检察官学院学报》2013 年第 2 期。

人所在社区、单位以及有关社会团体推荐的公民"。立法条文的变化主要体现在以下三个方面。一是可以委托诉讼代理人的主体删除了"法定代表人"，更加明确了当事人、法定代表人与法定代理人之间的区别适用，法定代表人在某种程度上即当事人，具备当事人的权利和义务。二是对可以被委托为诉讼代理人的对象进行了调整和规范。首先删除了"经法院许可的其他公民"，当事人近亲属或者工作人员之外的公民代理人必须是由"当事人所在社区、单位以及有关社会团体推荐的公民"，这是规范公民代理的举措，加强了公民代理的程序限制，严格审查公民代理人资格，旨在强调公民代理的程序规范性。其次增加了"基层法律服务者"和"当事人的工作人员"。基层法律服务是自 1980 年代初中期逐步形成并发展起来的一种法律服务工作，2012 年《民事诉讼法》首次将"基层法律服务者"列入立法规定，扩展了委托代理人的范围，弥补了律师在人员配置和地域分布上的不足和缺失。"当事人的工作人员"则是主要针对当事人为单位、公司、企业等情形的，其工作人员可以担任委托代理人进行诉讼活动。三是立法条文将原本的平行列举规定改为分项列举规定，这是立法条文清晰化、条理化的进步。[1]

时至今日，民事诉讼委托代理人即指受当事人、法定代理人委托并以他们的名义在授权范围内进行民事诉讼活动的人。[2] 委托代理要求代理人和被代理人均具有诉讼行为能力，代理人必须是基于委托人的授权而产生，且代理人的诉讼权限不能超越委托人的授权范围。具体而言，民事诉讼委托代理人可以分为以下四类：一是律师；二是基层法律服务工作者；三是与被代理人有特定身份关系的人，包括近亲属和工作人员；四是其他组织推荐的公民。

第二节　中国民事诉讼一审委托代理人的基本情况

纵观中国民事诉讼一审委托代理人的发展历程，在 1982 年以前，中

---

[1]　参见蔡彦敏《我国民事诉讼中的委托代理人制度》，《国家检察官学院学报》2013 年第 2 期。

[2]　参见江伟主编《民事诉讼法》，高等教育出版社，2016，第 96 页。

国尚未出现委托代理人这一法律概念，委托代理人首次作为法律专业术语诞生于 1982 年《民事诉讼法（试行）》，后经近四十年的不断演变发展至今。委托代理人制度的发展依赖于民事诉讼法和司法解释的演变，随着立法规定和司法政策的不断变化而变化，由于我国民事诉讼立法中关于委托代理人制度的规定分别在 1982 年、1991 年、2012 年、2015 年出现了变化，故本节以我国《民事诉讼法》修订的具体年限为划分历史节点，将 1949 年中华人民共和国成立以来中国民事诉讼一审程序委托代理人的基本情况划分为以下五个时间阶段：1949～1981 年、1982～1990 年、1991～2011 年、2012～2014 年、2015～2019 年。课题组通过对 H 省 X 市 A 区人民法院和 B 县人民法院的裁判文书随机抽样，并对样本进行汇总统计和数据分析，结合我国不同历史时期政治、经济、文化等变革，对数据进行实证研究。我国立法改革和司法实践进程中，大多针对案件类型、结案方式、当事人类型等进行整理汇总，鲜有对民事诉讼一审委托代理人的数据统计，因此以委托代理人为数据统计命题进行实证研究，完善司法统计基础，填补法院数据缺漏，对推动我国民事诉讼法治进程具有深远意义。

一　中国民事诉讼一审委托代理人：1949～1981 年

1949 年中华人民共和国成立，法制建设正处于百废待兴的历史阶段。此时我国大部分人民法院尚未建立，全国民事诉讼一审案件在这一时期也不过百万之数，委托代理人制度也处在形成发展的前期，还没有出现正式有效的法律统称，委托代理在此期间存在相当长的历史空白。然而，律师制度和部分公民代理却在这一历史流变时期的夹缝中生存并成长。党中央宣布废除国民党的六法全书及一切其他法律。1950 年 12 月，中央人民政府司法部草拟《京、津、沪三市辩护人制度施行办法（草案）》①，发出《关于取缔黑律师及讼棍事件的通报》。至此，完全废除了旧的委托诉讼代理制度，包括律师制度。②

---

① 参见张志铭《回眸和展望：百年中国律师的发展轨迹》，《国家检察官学院学报》2013 年第 1 期。

② 参见张永进《职业公民代理治理：制度与实践》，《研究生法学》2011 年第 2 期。

1954 年 9 月 15 日～9 月 28 日，第一届全国人民代表大会第一次会议举行。会议通过《宪法》；通过全国人民代表大会、国务院、人民法院、人民检察院等组织法。[①] 会议选举董必武为最高人民法院院长，张鼎丞为最高人民检察院检察长，这象征着最高人民法院和最高人民检察院登上了历史的舞台，新中国法制建设稳步进行中。《宪法》第 76 条和《人民法院组织法》第 7 条第 1 款均规定 "被告人有权获得辩护"。《人民法院组织法》第 7 条第 2 款规定："被告人除自己行使辩护权外，可以委托律师为他辩护，可以由人民团体介绍的或者经人民法院许可的公民为他辩护，可以由被告人的近亲属、监护人为他辩护。人民法院认为必要的时候，也可以指定辩护人为他辩护。" 该规定首次明确提出被告人可以委托律师、近亲属、监护人代理进行诉讼活动，虽然没有直接明确将 "委托代理人" 这一法律概念纳入立法，但其实质上仍属于对委托代理人制度适用的法律规定。辩护制度于 1955 年在全国 28 个城市试行，律师制度也得以正式产生，此时律师人数仅有 81 人。截至 1957 年 6 月，全国 19 个省市成立了律师协会，30 万人口以上城市和中级人民法院所在地县市一般都成立了法律顾问处，全国计 800 余处，在职律师达 2500 多人，兼职律师 300 多人。[②] "文化大革命" 期间，律师制度被迫退出历史舞台，直至 1978 年 12 月中共十一届三中全会后才逐渐恢复重建。正因如此，在 1949～1981 年这 33 年间，鲜有律师代理出现，公民代理则因为中国社会传统的家庭伦理观念 "帮亲帮友" 而偶有发生。

H 省 X 市于 1947 年设立，下设 B 县和 A 区。课题组选取 A 区人民法院和 B 县人民法院在 1949～1981 年的民事诉讼一审裁判文书作为调查样本，能够代表中国中小城市的整体发展概况，其数据统计具有典型意义。课题组将民事诉讼一审程序委托代理人的研究对象分为律师、基层法律服务工作者、公民三个类别，涵盖了当前委托代理人的主要范围。

---

① 参见中共中央党史研究室《中华人民共和国大事记（上）》，《世纪行》2009 年第 10 期。
② 参见王公义《律师是什么——新中国律师业 60 年五个发展阶段的理性思考》，《中国司法》2009 年第 12 期。

（一）A区人民法院民事诉讼一审委托代理人（见表5-2）

表5-2　A区人民法院民事诉讼一审委托代理人情况（1949～1981年）

年份	总案件数（件）	律师（人）	占总代理人比例（%）	占该类案件比例（%）	基层法律服务工作者（人）	占总代理人比例（%）	占该类案件比例（%）	公民（人）	占总代理人比例（%）	占该类案件比例（%）	合计（人）
1949	42	0	0.00	0.00	0	0.00	0.00	0	0.00	0.00	0
1950	1	0	0.00	0.00	0	0.00	0.00	0	0.00	0.00	0
1951	6	0	0.00	0.00	0	0.00	0.00	0	0.00	0.00	0
1952	179	0	0.00	0.00	0	0.00	0.00	0	0.00	0.00	0
1953	117	0	0.00	0.00	0	0.00	0.00	0	0.00	0.00	0
1954	1	0	0.00	0.00	0	0.00	0.00	0	0.00	0.00	0
1955	2	0	0.00	0.00	0	0.00	0.00	0	0.00	0.00	0
1956	184	0	0.00	0.00	0	0.00	0.00	0	0.00	0.00	0
1957	19	0	0.00	0.00	0	0.00	0.00	0	0.00	0.00	0
1958	0	0	0.00	0.00	0	0.00	0.00	0	0.00	0.00	0
1959	10	0	0.00	0.00	0	0.00	0.00	0	0.00	0.00	0
1960	58	0	0.00	0.00	0	0.00	0.00	0	0.00	0.00	0
1961	107	0	0.00	0.00	0	0.00	0.00	0	0.00	0.00	0
1962	212	1	100.00	0.47	0	0.00	0.00	0	0.00	0.00	1
1963	14	0	0.00	0.00	0	0.00	0.00	0	0.00	0.00	0
1964	1	0	0.00	0.00	0	0.00	0.00	0	0.00	0.00	0
1965	1	0	0.00	0.00	0	0.00	0.00	1	100.00	100.00	1
1966	5	0	0.00	0.00	1	50.00	20.00	1	50.00	20.00	2
1967	76	1	33.33	1.32	0	0.00	0.00	2	66.67	2.63	3
1968	2	0	0.00	0.00	0	0.00	0.00	1	100.00	50.00	1
1969	1	0	0.00	0.00	0	0.00	0.00	3	100.00	300.00	3
1970	1	0	0.00	0.00	0	0.00	0.00	4	100.00	400.00	4
1971	1	0	0.00	0.00	0	0.00	0.00	4	100.00	400.00	4
1972	1	0	0.00	0.00	0	0.00	0.00	4	100.00	400.00	4
1973	18	0	0.00	0.00	0	0.00	0.00	2	100.00	11.11	2
1974	24	1	25.00	4.17	0	0.00	0.00	3	75.00	12.50	4

续表

年份	总案件数（件）	律师（人）	占总代理人比例（%）	占该类案件比例（%）	基层法律服务工作者（人）	占总代理人比例（%）	占该类案件比例（%）	公民（人）	占总代理人比例（%）	占该类案件比例（%）	合计（人）
1975	7	1	25.00	14.29	0	0.00	0.00	3	75.00	42.86	4
1976	1	0	0.00	0.00	0	0.00	0.00	2	100.00	200.00	2
1977	69	1	33.33	1.45	0	0.00	0.00	2	66.67	2.90	3
1978	3	0	0.00	0.00	0	0.00	0.00	1	100.00	33.33	1
1979	34	0	0.00	0.00	0	0.00	0.00	0	0.00	0.00	0
1980	3	0	0.00	0.00	0	0.00	0.00	1	100.00	33.33	1
1981	28	1	8.33	3.57	0	0.00	0.00	11	91.67	39.29	12
合计	1228	6	11.54	0.49	1	1.92	0.08	45	86.54	3.66	52

资料来源：若无其他证明，本章内所有表数据皆来自课题组调取的 A 区人民法院或 B 县人民法院的裁判文书。

1949～1981 年，A 区人民法院共受理民事诉讼一审案件 1228 件，涉及债务、合同、婚姻、家事、侵权等多种类型，但与 B 县人民法院较为不同的是，A 区人民法院 1962 年便出现了第一起律师代理案件，随后分别在 1967 年、1974 年、1975 年、1977 年、1981 年各受理了 1 起律师代理案件，共 6 起律师代理案件。此外，1966 年，A 区人民法院受理了 1 起由基层法律服务工作者代理的合同类型案件，开创了当地基层法律服务工作者作为委托代理人的先河。而直至 2012 年《民事诉讼法》通过并施行，基层法律服务工作者才被正式纳入委托代理人的法定范围。此外，共出现公民代理 45 人，占总代理人数的 86.54%。

（二）B 县人民法院民事诉讼一审委托代理人（见表 5 - 3）

表 5 - 3　B 县人民法院民事诉讼一审委托代理人情况（1949～1981 年）

年份	总案件数（件）	律师（人）	占总代理人比例（%）	占该类案件比例（%）	基层法律服务工作者（人）	占总代理人比例（%）	占该类案件比例（%）	公民（人）	占总代理人比例（%）	占该类案件比例（%）	合计（人）
1949	0	0	0.00	0.00	0	0.00	0.00	0	0.00	0.00	0
1950	47	0	0.00	0.00	0	0.00	0.00	0	0.00	0.00	0

续表

年份	总案件数（件）	律师（人）	占总代理人比例（%）	占该类案件比例（%）	基层法律服务工作者（人）	占总代理人比例（%）	占该类案件比例（%）	公民（人）	占总代理人比例（%）	占该类案件比例（%）	合计（人）
1951	125	0	0.00	0.00	0	0.00	0.00	0	0.00	0.00	0
1952	15	0	0.00	0.00	0	0.00	0.00	0	0.00	0.00	0
1953	24	0	0.00	0.00	0	0.00	0.00	0	0.00	0.00	0
1954	0	0	0.00	0.00	0	0.00	0.00	0	0.00	0.00	0
1955	2	0	0.00	0.00	0	0.00	0.00	0	0.00	0.00	0
1956	0	0	0.00	0.00	0	0.00	0.00	0	0.00	0.00	0
1957	0	0	0.00	0.00	0	0.00	0.00	0	0.00	0.00	0
1958	0	0	0.00	0.00	0	0.00	0.00	0	0.00	0.00	0
1959	83	0	0.00	0.00	0	0.00	0.00	0	0.00	0.00	0
1960	29	0	0.00	0.00	0	0.00	0.00	0	0.00	0.00	0
1961	17	0	0.00	0.00	0	0.00	0.00	0	0.00	0.00	0
1962	184	0	0.00	0.00	0	0.00	0.00	0	0.00	0.00	0
1963	275	0	0.00	0.00	0	0.00	0.00	0	0.00	0.00	0
1964	164	0	0.00	0.00	0	0.00	0.00	0	0.00	0.00	0
1965	383	0	0.00	0.00	0	0.00	0.00	0	0.00	0.00	0
1966	145	0	0.00	0.00	0	0.00	0.00	0	0.00	0.00	0
1967	50	0	0.00	0.00	0	0.00	0.00	0	0.00	0.00	0
1968	27	0	0.00	0.00	0	0.00	0.00	0	0.00	0.00	0
1969	30	0	0.00	0.00	0	0.00	0.00	0	0.00	0.00	0
1970	29	0	0.00	0.00	0	0.00	0.00	0	0.00	0.00	0
1971	95	0	0.00	0.00	0	0.00	0.00	0	0.00	0.00	0
1972	78	0	0.00	0.00	0	0.00	0.00	0	0.00	0.00	0
1973	85	0	0.00	0.00	0	0.00	0.00	0	0.00	0.00	0
1974	76	0	0.00	0.00	0	0.00	0.00	0	0.00	0.00	0
1975	93	0	0.00	0.00	0	0.00	0.00	0	0.00	0.00	0
1976	79	0	0.00	0.00	0	0.00	0.00	1	100.00	1.27	1

续表

年份	总案件数（件）	律师（人）	占总代理人比例（％）	占该类案件比例（％）	基层法律服务工作者（人）	占总代理人比例（％）	占该类案件比例（％）	公民（人）	占总代理人比例（％）	占该类案件比例（％）	合计（人）
1977	4	0	0.00	0.00	0	0.00	0.00	0	0.00	0.00	0
1978	1	0	0.00	0.00	0	0.00	0.00	0	0.00	0.00	0
1979	1	0	0.00	0.00	0	0.00	0.00	0	0.00	0.00	0
1980	59	0	0.00	0.00	0	0.00	0.00	0	0.00	0.00	0
1981	199	2	50.00	1.01	0	0.00	0.00	2	50.00	1.01	4
合计	2399	2	40.00	0.08	0	0	0	3	60.00	0.13	5

B 县人民法院在 1949～1981 年共受理民事诉讼一审案件 2399 起，涉及债务、合同、婚姻、家事、侵权等多个方面。其中 1949～1975 年近 30 年中，没有出现一起委托代理的案件，仅在 1976 年的 1 起婚姻类型案件出现 1 名公民代理，1981 年有 2 起律师代理的合同类型案件和 2 起公民代理的侵权类型案件。在此期间，B 县人民法院共有委托代理人 5 名，出现委托代理人的案件占总案件数量约 0.21％，不可谓不贫乏。

（三）A 区与 B 县人民法院民事诉讼一审委托代理人对比（见表 5－4）

表 5－4　A 区与 B 县人民法院民事诉讼一审委托代理人对比情况（1949～1981 年）

单位：件，人

法院名称	总案件数	律师	基层法律服务工作者	公民代理	合计
A 区人民法院	1228	6	1	45	52
B 县人民法院	2399	2	0	3	5

如表 5－4，虽然 B 县人民法院案件基数较大，但在委托代理人数量及种类方面均不如 A 区。综合原因有以下几点。第一，社会背景不同。B 县行政区划属"县"一级，城市化水平较低，因此经济、贸易、金融、文化等都欠发达，法律制度和思想普及较慢；而 A 区在法律上虽然属于县级行政区，但行政机构级别实际上是地级，位于 X 市主体的核心组成

部分和区域发展的中心，城市化水平较高，接受先进法律制度的能力较强，更有利于委托代理人制度的推进和发展。第二，人口素质不同。B 县农村人口比例较大，文化素质水平相对较低，法治进程发展缓慢，少有律师组织和基层法律服务组织。A 区公民普遍具有较高的知识储备和较强的法律意识。第三，诉讼心态不同。B 县农村人口偏多，普遍对诉讼活动产生抵触和排斥心理，"打官司"在农村人甚至是绝大多数人心中可谓"洪水猛兽"，避之不及。公民代理需要的是代理人和被代理人合法、自愿进行，当普通民众对此行为呈强烈的负面印象时，公民代理便极难开展。反之，A 区民众对民事诉讼接受度较高，可以正视"打官司"这种行为活动，这里具有更好的诉讼舆论环境，委托代理人制度尤其是公民代理易有效行之。

两法院委托代理人的统计情况虽不能代表全国所有法院，但在某种程度上也可以反映出其他法院委托代理人的适用情况。综合上述数据统计和分析可以得出，不同地区的政治、经济、文化、社会等方面的差异足以影响该地区委托代理人法律制度的发展。

二　中国民事诉讼一审委托代理人：1982～1990 年

党的十一届三中全会是新中国成立以来党的历史上具有深远意义的伟大转折。这次全会重新确立解放思想、实事求是的指导思想，恢复党的民主集中制的优良传统，提出使民主制度化、法律化的重要任务，委托代理人制度作为民主制度化、法律化的产物应运而生。1982年 12 月 4 日，第五届全国人民代表大会第五次会议通过并施行的《宪法》第125 条规定："被告人有权获得辩护。"1982 年 3 月《民事诉讼法（试行）》首次以立法的形式规定委托代理人制度。其中第50条规定："当事人、法定代表人、法定代理人，都可以委托一至二人代为诉讼。当事人的近亲属、律师、社会团体和当事人所在单位推荐的人，以及经人民法院许可的其他公民，都可以被委托为诉讼代理人。"1982 年后，委托代理人制度飞速发展，尤其是律师代理和公民代理的案件数量大大增多。

（一）A 区人民法院民事诉讼一审委托代理人（见表 5 - 5）

表 5 - 5 A 区人民法院民事诉讼一审委托代理人情况（1982 ~ 1990 年）

年份	总案件数（件）	律师（人）	占总代理人比例（%）	占该类案件比例（%）	基层法律服务工作者（人）	占总代理人比例（%）	占该类案件比例（%）	公民（人）	占总代理人比例（%）	占该类案件比例（%）	合计（人）
1982	10	1	33.33	10.00	0	0.00	0.00	2	66.67	20.00	3
1983	141	9	21.43	6.38	0	0.00	0.00	33	78.57	23.40	42
1984	56	9	9.89	16.07	0	0.00	0.00	82	90.11	146.43	91
1985	104	5	25.00	4.81	0	0.00	0.00	15	75.00	14.42	20
1986	218	44	27.50	20.18	2	1.25	0.92	114	71.25	52.29	160
1987	313	82	32.41	26.20	5	1.98	1.60	166	65.61	53.04	253
1988	691	33	97.06	4.78	0	0.00	0.00	1	2.94	0.14	34
1989	617	145	25.99	23.50	6	1.08	0.97	407	72.94	65.96	558
1990	756	152	33.70	20.11	14	3.10	1.85	285	63.19	37.70	451
合计	2906	480	29.78	16.52	27	1.67	0.93	1105	68.55	38.02	1612

A 区人民法院在此期间，共受理民事诉讼一审案件 2906 件，委托代理人数量共计 1612 人，委托代理人总数与案件总数的比重为 55.47%，其中律师代理 480 人，占比 29.78%；基层法律服务工作者代理 27 人，占比 1.67%；公民代理 1105 人，占比 68.55%。

如表 5 - 6 所示，1982 ~ 1990 年，A 区人民法院委托代理人数量有升有降，但基本呈增长态势，委托代理人数量与案件数量的比重呈现不规则的起伏。为更清晰地显示 A 区民事诉讼一审案件委托代理人的适用频率情况，结合数据作出图 5 - 1。

表 5 - 6 A 区人民法院民事诉讼一审委托代理人比重情况（1982 ~ 1990 年）

年份	1982	1983	1984	1985	1986	1987	1988	1989	1990
案件数量（件）	10	141	56	104	218	313	691	617	756
委托代理人数量（人）	3	42	91	20	160	253	34	558	451
委托代理人数量与案件数量的比重（%）	30.00	29.79	162.5	19.23	73.39	80.83	4.92	90.44	59.66

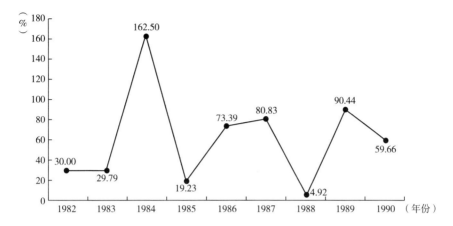

图 5 - 1　A 区人民法院民事诉讼一审委托代理人比重折线图（1982～1990 年）

　　1982 年和 1983 年，A 区人民法院民事诉讼一审案件委托代理人数量与案件数量的比重基本相同，均为 30% 左右，但在 1984 年，A 区人民法院的委托代理人比重激增，高达 162.50%，委托代理人数量为 91 人，而案件数量为 56 件，委托代理人数量明显高于案件数量。查找原始数据发现，1984 年，A 区人民法院受理 8 件债务案件，律师代理 3 人，公民代理 13 人；45 件合同案件，律师代理 4 人，公民代理 69 人；3 件婚姻案件，律师代理 2 人。对比同等案件数量来看，1984 年 A 区人民法院出现的律师代理数量正常，但公民代理数量远超以往。课题组从官网、年鉴等各处搜集资料得知，这源于债务类和合同类案件易有公民代理参与进行诉讼活动。A 区人民法院在 1985 年的委托代理人比重有了明显降低，且低于 1982 年和 1983 年的平均值。在随后的 1986 年和 1987 年，委托代理人比重又恢复了稳定增长。然而在 1988 年，A 区人民法院受理民事诉讼一审案件 691 件，仅有 34 名委托代理人，委托代理人数量与案件数量的比重仅为 4.92%，系 1982～1990 年的历史最低数值，且与其他年限的数值相差较大。1988 年，A 区人民法院受理 240 件债务案件，律师代理 12 人；37 件合同案件，律师代理 4 人，公民代理 1 人；368 件婚姻案件，律师代理 6 人；33 件家事案件，律师代理 5 人；9 件侵权责任案件，律师代理 6 人；4 件如劳动争议、物权纠纷、特别程序等其他类型案件，无委托代理人。该年度数据与1984年对比可以发现，1984年，债务案件和合同案件的公民代理人数较多，反观1988年，债务案件和合同案件共277起，公民代理人数仅为1人。其次，1988年婚姻类型案件数量居于榜首，达368件，而委托代理人数量仅有律师6人，该类型案件的委托代理人比例极低。综上可得，公民代理的数量是影响委托代理人整体比重的关键因素，基层法律服务工作者代理比重普遍偏低，案件类型对委托代理人适用情况也有一定影响，不同类型的民事案件有不同的委托代理人适用结果。

（二）B县人民法院民事诉讼一审委托代理人（见表5-7）

表5-7　B县人民法院民事诉讼一审委托代理人情况（1982~1990年）

年份	总案件数（件）	律师（人）	占总代理人比例（％）	占该类案件比例（％）	基层法律服务工作者（人）	占总代理人比例（％）	占该类案件比例（％）	公民（人）	占总代理人比例（％）	占该类案件比例（％）	合计（人）
1982	324	11	15.94	3.40	0	0.00	0.00	58	84.06	17.90	69
1983	366	10	25.00	2.73	0	0.00	0.00	30	75.00	8.20	40
1984	384	7	23.33	1.82	0	0.00	0.00	23	76.67	5.99	30
1985	354	20	17.09	5.65	1	0.85	0.28	96	82.05	27.12	117
1986	181	10	20.83	5.52	0	0.00	0.00	38	79.17	20.99	48
1987	154	23	18.55	14.94	1	0.81	0.65	100	80.65	64.94	124
1988	239	37	34.26	15.48	1	0.93	0.42	70	64.81	29.29	108
1989	182	28	29.47	15.38	1	1.05	0.36.26	66	69.47	36.26	95
1990	273	55	31.61	20.15	0	0.00	0.00	119	68.39	43.59	174
合计	2457	201	24.97	8.18	4	0.50	0.16	600	74.53	24.42	805

B县人民法院在1982~1990年，共受理民事诉讼一审案件2457件，委托代理人数量共计805人，委托代理人总数与案件总数的比重为32.76％。其中律师201人，占比24.97％；基层法律服务工作者代理4人，占比0.50％；公民代理600人，占比74.53％。可以很明显地发现，

B县人民法院审理的民事诉讼一审案件中，委托代理人出现的频率与1949~1981年的统计数据相比大幅度增加，律师增长较为稳定，公民代理人数则飞速增长，基层法律服务工作者代理仍旧保持低频状态。相较于律师代理和基层法律服务工作者代理，人们更倾向于选择公民代理方式进行相关诉讼活动。

如表5-8所示，1982~1990年，B县人民法院委托代理人总体为增长态势，为更清晰地显示B县民事诉讼一审案件委托代理人的适用频率，结合数据作出图5-2。

表 5 - 8　B 县人民法院委托代理人比重情况（1982 ~ 1990 年）

年份	1982	1983	1984	1985	1986	1987	1988	1989	1990
案件数量（件）	324	366	384	354	181	154	239	182	273
委托代理人数量（人）	69	40	30	117	48	124	108	95	174
委托代理人数量与案件数量的比重（%）	21.30	10.93	7.81	33.05	26.52	80.52	45.19	52.20	63.74

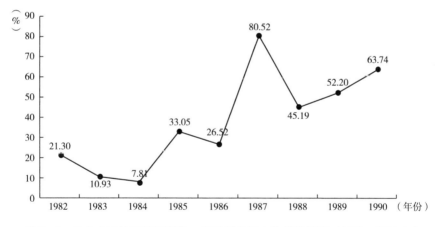

图 5 - 2　B 县人民法院民事诉讼一审委托代理人比重折线图（1982 ~ 1990 年）

由图5-2可以发现，1982~1986年，B县人民法院民事诉讼一审案件委托代理人数量与案件数量的比重有起有伏，整体上呈缓慢增长态势。1987年委托代理人比重猛增，达到了峰值80.52%。该年度民事诉讼一审案件154起，委托代理人共计124人，其中律师代理23人，基层法律服务工作者代理1人，公民代理100人。纵向比较来看，这也是公民代理在

1982～1990 年适用率最高的年度。课题组分析认为，这与立法建设有关。1986 年《民法通则》颁布，自 1987 年 1 月 1 日开始施行。这是我国首部对民事活动中一些共同性问题所作的法律规定，属于民法体系中的一般法，完善了民事法律体系立法规定之不足。此外，《民法通则》第 9～14 条、第 17 条、第 19 条、第 36 条、第 54～62 条详细规定了自然人、法人、精神病人等的民事权利能力和民事行为能力。第 63 条明确规定了民事代理及其适用范围："公民、法人可以通过代理人实施民事法律行为。代理人在代理权限内，以被代理人的名义实施民事法律行为。被代理人对代理人的代理行为，承担民事责任。依照法律规定或者按照双方当事人约定，应当由本人实施的民事法律行为，不得代理。"第 64～70 条规定了民事代理的种类、形式、违法代理及法律后果等诸多事项，形成了完整的民事代理体系，为民事诉讼委托代理打下了坚实的制度基础，有助于委托诉讼代理制度的发展和壮大。

（三）A 区与 B 县人民法院民事诉讼一审委托代理人对比（见表 5－9）

表 5－9　A 区与 B 县人民法院民事诉讼一审委托代理人对比情况（1982～1990 年）

法院名称	总案件数（件）	律师（人）	基层法律服务工作者（人）	公民（人）	合　计（人）
A 区人民法院	2906	480	27	1105	1612
B 县人民法院	2457	201	4	600	805

在 A 区人民法院与 B 县人民法院两相对比之前，先依年限进行纵向比较。1949～1981 年，A 区人民法院与 B 县人民法院民事诉讼一审委托代理人总数与总案件数的比重分别为 4.23% 和 0.21%，1982～1990 年分别为 55.47% 和 32.76%，是 1949～1981 年的 13 倍和 156 倍，委托代理人制度有了实质性发展，在民事诉讼一审制度中逐渐占有了一席之地。

1982～1990 年，A 区人民法院与 B 县人民法院受理的民事诉讼一审案件数量相差不多，但从整体上来看，委托代理人的适用比重存在一定差距，仍然是 A 区人民法院具有明显优势，但差距逐渐减小。具体到委托代理人类型而言，A 区的律师代理和基层法律服务工作者相较于 B 县有较

为明显的优势，在公民代理方面，B 县发展迅猛，与 A 区的差距渐渐
缩小。

三　中国民事诉讼一审委托代理人：1991～2011 年

1991 年《民事诉讼法》第 58 条规定："当事人、法定代理人可以委
托一至二人作为诉讼代理人。律师、当事人的近亲属、有关的社会团体或
者所在单位推荐的人、经人民法院许可的其他公民，都可以被委托为诉讼
代理人。"与《民事诉讼法（试行）》相比，1991 年《民事诉讼法》一方
面取消了法定代表人可以委托诉讼代理人的规定，排除因法定代表人即当
事人却单列的非必要性；另一方面调整了委托代理人类别的顺序，将律师
放在了列举的第一位。有学者认为，律师顺序前置既符合我国律师制度的
发展现状，也反映立法者对律师成为委托诉讼代理人主体的期许。[①] 1992
年，党的十四大作出了一系列具有深远意义的决策，包括一系列与法制
和法治息息相关的决定。譬如，"一手抓经济建设，一手抓民主法制"
的战略方针；围绕经济建设这个中心，加强社会主义民主法制和精神文
明建设，促进社会全面进步；积极推进政治体制改革，使社会主义民主
和法制建设有一个较大的发展，建设有中国特色的社会主义民主政治；
高度重视法制建设，要把民主法制实践和民主法制教育结合起来，不断
增强广大干部群众的民主意识和法制观念；等等。法制建设迎来了改革
发展的春天。

法律服务工作直接关系到国家法律能否正确实施，关系到当事人的合
法权益能否得到切实保障，关系到社会的稳定。1992 年 6 月 20 日，司法
部、国家工商行政管理局联合发布了《关于进一步加强法律服务管理有
关问题的通知》。该通知明确规定："公民个人一律不得向社会提供有偿
法律服务，根据《刑事诉讼法》《民事诉讼法》《行政诉讼法》的有关规
定，公民经人民法院许可，可以担任被告人或当事人的辩护人、代理人参
加诉讼活动，但不得以营利为目的，不得借此向被告人或当事人收取报

---

① 参见邓和军《刍论我国民事诉讼委托代理制度的几个问题》，《法学评论》2016 年
第 5 期。

酬，也不得以此为谋生的手段。"1993 年 8 月 31 日司法部发布的《关于公民个人未经批准不得从事有偿法律服务问题的批复》规定："除律师事务所、公证处、基层法律服务所和经司法行政机关批准的其他社会法律咨询服务机构外，其他任何单位和个人未经司法行政机关批准，均不得面向社会提供有偿法律服务。"

1997 年 9 月 12 日至 18 日，中国共产党第十五次全国代表大会指出，依法治国、建设社会主义法治国家是党领导人民治理国家的基本方略，是发展社会主义市场经济的客观需要，是社会文明进步的重要标志，是国家长治久安的重要保障。

2000 年 3 月 31 日，司法部令第 59 号《基层法律服务所管理办法》和第 60 号《基层法律服务工作者管理办法》将"基层法律服务工作者"这一专业术语纳入立法。

2000 年 6 月，江泽民《在中央思想政治工作会议上的讲话》中指出："法律和道德作为上层建筑的组成部分，都是维护社会秩序、规范人们思想和行为的重要手段，它们相互联系、相互补充。法治以其权威性和强制手段规范社会成员的行为。"

2004 年司法部的工作重点之一就是在全国范围内进行法律服务市场的清理整顿，取缔非法设立的法律服务机构。[①] 这是对法律服务机构的强制规范管理，旨在建立统一规范的法律服务机构体系，形成良好的委托代理人制度实施环境。

综上所述，1991～2011 年是法治建设发展的高速时期，更是委托代理人制度发展的高速时期，在此期间，相关国家政策也不断颁行，为法律制度的发展和建设塑造了优良的外部环境。与此同时，国家也大力鼓励和提倡法律思想和法律文化的传播和发展，推行依法治国，为建设中国特色社会主义法治国家而不断努力。委托代理人制度正是搭乘了国家政策大方向的"顺风车"，才得以迅速、有效发展。

---

① 参见张永进《职业公民代理治理：制度与实践》，《研究生法学》2011 年第 2 期。

（一）A 区人民法院民事诉讼一审委托代理人（见表 5 –10）

表 5 – 10　A 区人民法院民事诉讼一审委托代理人情况（1991 ~ 2011 年）

年份	总案件数（件）	律师（人）	占总代理人比例（%）	占该类案件比例（%）	基层法律服务工作者（人）	占总代理人比例（%）	占该类案件比例（%）	公民（人）	占总代理人比例（%）	占该类案件比例（%）	合计（人）
1991	783	171	24.12	21.84	37	5.22	4.73	501	70.66	63.98	709
1992	681	108	21.82	15.86	29	5.86	4.26	358	72.32	52.57	495
1993	751	143	25.77	19.04	31	5.59	4.13	381	68.65	50.73	555
1994	1465	125	14.97	8.53	168	20.12	11.47	542	64.91	37.00	835
1995	1608	362	46.17	22.51	104	13.27	6.47	318	40.56	19.78	784
1996	1404	291	39.06	20.73	71	9.53	5.06	383	51.41	27.28	745
1997	1402	660	62.50	47.08	65	6.16	4.64	331	31.34	23.61	1056
1998	1312	323	72.10	24.62	36	8.04	2.74	89	19.87	6.78	448
1999	1539	413	62.20	26.84	110	16.57	7.15	141	21.23	9.16	664
2000	926	549	50.97	59.29	38	3.53	4.10	490	45.50	52.92	1077
2001	1318	701	54.09	53.19	16	1.23	1.21	579	44.68	43.93	1296
2002	1855	436	72.07	23.50	157	25.95	8.46	12	1.98	0.65	605
2003	1153	328	53.59	28.45	163	26.63	14.14	121	19.77	10.49	612
2004	1014	458	41.86	45.17	212	19.38	20.91	424	38.76	41.81	1094
2005	730	349	45.68	47.81	157	20.55	21.51	258	33.77	35.34	764
2006	399	246	42.86	61.65	101	17.60	25.31	227	39.55	56.89	574
2007	283	40	49.38	14.13	31	38.27	10.95	10	12.35	3.53	81
2008	579	288	71.29	49.74	48	11.88	8.29	68	16.83	11.74	404
2009	556	186	56.02	33.45	52	15.66	9.35	94	28.31	16.91	332
2010	1104	451	48.24	40.85	204	21.82	18.48	280	29.95	25.36	935
2011	240	97	42.17	40.42	67	29.13	27.92	66	28.70	27.50	230
合计	21102	6725	47.04	31.87	1897	13.27	8.99	5673	39.69	26.88	14295

1991 ~ 2011 年，A 区人民法院受理民事诉讼一审案件 21102 件，委托代理人数量共有 14295 人，委托代理人总数与案件总数的比重为 67.74%。其中，律师代理 6725 人，占比 47.04%；基层法律服务工作者代理 1897 人，占比 13.27%；公民代理 5673 人，占比 39.69%。整体而言，仍旧是律师代理最多，公民代理次之，基层法律服务工作者代理最少。

如表 5 - 11 所示，A 区人民法院在 1991～2011 年委托代理人数量与案件数量的比重数值有了显著提高，虽有所起伏，但在整体上仍是呈上升趋势的。并且粗略计算，有四年的比重数值超过了 100%，足以说明委托代理人制度在此期间的大力发展。为更清晰地展现 1991～2011 年 A 区人民法院委托代理人制度的发展状况，结合数据制作比重折线图 5 - 3。

如图 5 - 3 所示，A 区人民法院在 1991～2011 年委托代理人数量与案件数量的比重出现了三次较大起伏。1991～1995 年，比重呈现缓慢降低趋势，随后逐渐上升至 1997 年的小高峰 75.32%；然而比重于 1998 年骤降至 34.15%，又迅速在 2000 年达到高峰 116.31%；2000～2004 年呈现明显的漏斗状；2004～2006 年是委托代理人数量与案件数量比重的持续高峰期，均达到了 100% 以上；2007 年，比重达到了 1991～2011 年的历史最低值 28.62%；随后至 2011 年呈现不规则的缓慢增长态势。纵观这一趋势图，最为明显的是，委托代理人数量与案件数量的比重数值在 2006 年达到了峰值 143.86%，是 1991～2011 年该比重均值 67.74% 的 2 倍有余。2006 年，A 区人民法院共受理民事诉讼一审案件 399 件，委托代理人共计 574 人，律师代理 246 人，占比 42.86%；基层法律服务工作者代理 101 人，占比 17.60%；公民代理 227 人，占比 39.55%。比较发现，2006 年委托代理人的代理类型占比与 A 区人民法院在 1991～2011 年的代理类型整体占比非常相似，2006 年委托代理人数量与案件数量的比重达到峰值是因为三种不同类型的委托代理比重均超越其他年份。其中，债务案件 49 件，律师代理 25 人，基层法律服务工作者代理 8 人，公民代理 15 人，共计 48 人；合同案件 211 件，律师代理 117 人，基层法律服务工作者代理 50 人，公民代理 128 人，共计 295 人；婚姻案件 22 件，律师代理 3 人，基层法律服务工作者代理 3 人，公民代理 4 人，共计 10 人；家事案件 16 件，无律师代理，基层法律服务工作者代理 8 人，公民代理 5 人，共计 13 人；侵权案件 76 件，律师代理 76 人，基层法律服务工作者代理 25 人，公民代理 57 人，共计 158 人；土地案件 1 件，律师代理 1 人，无基层法律服务工作者代理，公民代理 1 人，共计 2 人；其他类型案件 24 件，律师代理 24 人，基层法律服务工作者代理 7 人，公民代理 17 人，共计 48 人。可以发现，债务纠纷案件、合同纠纷案件、侵权责任纠

表5-11　A区人民法院民事诉讼一审委托代理人比重情况（1991～2011年）

年份	1991	1992	1993	1994	1995	1996	1997	1998	1999	2000	2001
案件数量（件）	783	681	751	1465	1608	1404	1402	1312	1539	926	1318
代理人数量（人）	709	495	555	835	784	745	1056	448	664	1077	1296
代理人数量与案件数量的比重（%）	90.55	72.69	73.90	57.00	48.76	53.06	75.32	34.15	43.14	116.31	98.33

年份	2002	2003	2004	2005	2006	2007	2008	2009	2010	2011
案件数量（件）	1855	2303	1014	730	399	283	579	556	1104	240
代理人数量（人）	605	1153	1094	764	574	81	404	332	935	230
代理人数量与案件数量的比重（%）	32.61	53.08	107.89	104.66	143.86	28.62	69.78	59.71	84.69	95.83

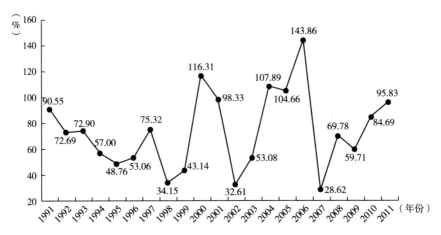

图 5 – 3　A 区人民法院民事诉讼一审委托代理人比重折线图（1991～2011 年）

纷案件等类型是委托代理人数量的主要来源，委托代理人数量基本超越了案件数量，足以见得委托代理人制度的蓬勃发展。为与 B 县人民法院以 2002 年作为分界点保持一致，且 2002 年同样也是 A 区人民法院的重要节点，将比重数值划分为两个区间：1991～2001 年，A 区人民法院委托代理人数量与案件数量的平均比重为 69.38%；2003～2011 年，委托代理人数量与案件数量的平均比重为 83.12%。由此可见，1991～2011 年，委托代理人数量与案件数量的比重虽然有多次起伏，但整体上仍呈现上升态势，委托代理人制度仍然处于持续发展阶段。

（二）B 县人民法院民事诉讼一审委托代理人（见表 5 –12）

表 5 –12　B 县人民法院民事诉讼一审委托代理人情况（1991～2011 年）

年份	总案件数（件）	律师（人）	占总代理人比例（%）	占该类案件比例（%）	基层法律服务工作者（人）	占总代理人比例（%）	占该类案件比例（%）	公民（人）	占总代理人比例（%）	占该类案件比例（%）	合计（人）
1991	111	20	35.71	18.02	1	1.79	0.90	35	62.50	31.53	56
1992	253	57	40.43	22.53	4	2.84	1.58	80	56.74	31.62	141
1993	348	79	35.75	22.70	6	2.71	1.72	136	61.54	39.08	221
1994	283	78	48.75	27.56	17	10.63	6.01	65	40.63	22.97	160
1995	1327	102	19.32	7.69	14	2.65	1.06	412	78.03	31.05	528
1996	1071	202	44.49	18.86	24	5.29	2.24	228	50.22	21.29	454

续表

年份	总案件数（件）	律师（人）	占总代理人比例（%）	占该类案件比例（%）	基层法律服务工作者（人）	占总代理人比例（%）	占该类案件比例（%）	公民（人）	占总代理人比例（%）	占该类案件比例（%）	合计（人）
1997	723	184	42.40	25.45	21	4.84	2.90	229	52.76	31.67	434
1998	1207	235	57.88	19.47	80	19.70	6.63	91	22.41	7.54	406
1999	843	168	29.84	19.93	83	14.74	9.85	312	55.42	37.01	563
2000	1250	173	35.74	13.84	106	21.90	8.48	205	42.36	16.40	484
2001	1249	272	40.84	21.78	180	27.03	14.41	214	32.13	17.13	666
2002	458	127	31.99	27.73	92	23.17	20.09	178	44.84	38.86	397
2003	625	82	22.97	13.12	154	43.14	24.64	121	33.89	19.36	357
2004	1834	435	56.71	23.72	239	31.16	13.03	93	12.13	5.07	767
2005	1399	255	30.91	18.23	243	29.45	17.37	327	39.64	23.37	825
2006	1298	293	29.15	22.57	278	27.66	21.42	434	43.18	33.44	1005
2007	825	119	22.62	14.42	158	30.04	19.15	249	47.34	30.18	526
2008	1358	228	26.70	16.79	236	27.63	17.38	390	45.67	28.72	854
2009	814	216	47.37	26.54	82	17.98	10.07	158	34.65	19.41	456
2010	1405	270	24.79	19.22	265	24.33	18.86	554	50.87	39.43	1089
2011	848	177	47.71	20.87	116	31.27	13.68	78	21.02	9.20	371
合计	19529	3772	35.06	19.31	2399	22.30	12.28	4589	42.65	23.50	10760

　　1991～2011 年，B 县人民法院共受理民事诉讼一审案件 19529 件，1995 年首次案件数量突破千件，随后几年的案件数量略有起伏。在委托代理人方面，B 县人民法院共计 10760 人，委托代理人总数与案件总数的比重为 55.10%，其中，律师代理 3772 人，占比 35.06%；基层法律服务工作者代理 2399 人，占比 22.30%；公民代理 4589 人，占比 42.65%。与 1991 年以前相比，最为明显的区别是，基层法律服务工作者代理的比重大幅度增加，从无到有，从寥寥数人发展到占比 22.30%，这是显著的进步，足以证明基层法律服务工作者代理在此期间是委托代理人制度发展的重头戏，尤其是自 2004 年司法部重点改革法律服务市场和法服务机构建设以来，基层法律服务工作者的委托代理人数发展劲头良好，逐渐呈现

律师代理、基层法律服务工作者代理、公民代理三种代理方式齐头并进、竞相发展的态势。

1991～2011年，B县人民法院委托代理人数量与案件数量的比重情况如表5－13所示，委托代理人数量总体上随案件数量的增多而逐渐增多，委托代理人数量与案件数量的比重有起有伏。结合表5－13的数据作出图5－4，以便更清晰地分析B县民事诉讼一审案件委托代理人数量与案件数量的比重发展情况。

如图5－4所示，1991～2011年，B县人民法院民事诉讼一审案件委托代理人数量与案件数量的比重呈现不规则的起伏，但数值均在30%以上，与往年相比整体上有了显著提高，该比重在2002年达到峰值86.68%，远超其他年份的比重数值。2002年，B县人民法院共受理民事诉讼一审案件458件，委托代理人共计397人，其中律师代理共计127人，占比31.99%；基层法律服务工作者代理92人，占比23.17%；公民代理178人，占比44.84%。其中，债务案件111件，律师代理15人，基层法律服务工作者代理16人，公民代理35人，共计66人；合同案件63件，律师代理25人，基层法律服务工作者代理11人，公民代理40人，共计76人；婚姻案件159件，律师代理15人，基层法律服务工作者代理19人，公民代理23人，共计57人；家事案件9件，律师代理1人，基层法律服务工作者代理4人，公民代理5人，共计10人；侵权案件83件，律师代理38人，基层法律服务工作者代理34人，公民代理51人，共计123人；土地案件20件，律师代理29人，基层法律服务工作者代理3人，公民代理17人，共计49人；其他类型案件13件，律师代理4人，基层法律服务工作者代理5人，公民代理7人，共计16人。可以发现，2002年受理的案件不论何种类型，包括其他年限较难出现委托代理人的婚姻类、家事类等案件时，也具有较多委托代理人，该年委托代理人数量与案件数量的比重即高于其他年份的相关数值。以达到峰值的2002年为分界点，1991～2001年委托代理人数量与案件数量的平均比重为50.99%，2003～2011年委托代理人数量与案件数量的平均比重为59.92%，由此可见，1991～2011年这21年间，虽然委托代理人数量与案件数量的比重起伏不定，但整体还是有所提高的，委托代理人制度的适用也在潜移默化中逐渐发展。

表 5 - 13　B 县人民法院民事诉讼一审委托代理人比重情况（1991～2011 年）

年份	1991	1992	1993	1994	1995	1996	1997	1998	1999	2000	2001
案件数量（件）	111	253	348	283	1327	1071	723	1207	843	1250	1249
代理人数量（人）	56	141	221	160	528	454	434	406	563	484	666
代理人数量与案件数量的比重（%）	50.45	55.73	63.51	56.54	39.79	42.39	60.03	33.64	66.79	38.72	53.32
年份	2002	2003	2004	2005	2006	2007	2008	2009	2010	2011	
案件数量（件）	458	625	1834	1399	1298	825	1358	814	1405	2011	
代理人数量（人）	397	357	767	825	1005	526	854	456	1089	848	
代理人数量与案件数量的比重（%）	86.68	57.12	41.82	58.97	77.43	63.76	62.89	56.02	77.51	43.75	

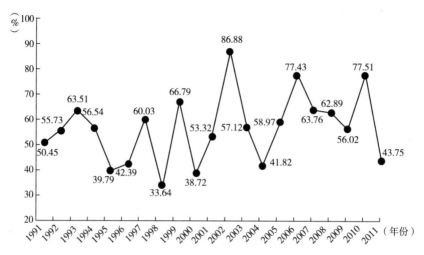

图 5－4　B 县人民法院民事诉讼一审委托代理人比重折线图（1991～2011 年）

（三）A 区与 B 县人民法院民事诉讼一审委托代理人对比（见表 5－14）

表 5－14　A 区与 B 县人民法院民事诉讼一审委托代理人对比情况（1991～2011 年）

法院名称	总案件数（件）	律师（人）	基层法律服务工作者（人）	公民代理（人）	合计（人）
A 区人民法院	21102	6725	1897	5673	14295
B 县人民法院	19529	3772	2399	4589	10760

如表 5－14，1991～2011 年，两家法院受理的案件数量依旧相近，但在委托代理人数量方面仍然有些许差距。A 区人民法院的委托代理人的适用率更高，但差距在不断缩小，均衡、稳定、持续发展是大势所趋。

在三种不同的委托代理人类型方面，两家法院有着较大的区别。首先，在律师代理方面，B 县人民法院有 3772 人，A 区人民法院有 6725 人，A 区人民法院的律师代理数量明显高出 B 县人民法院。律师代理本来就是最为专业的委托代理人类型，律师代理的发展需要专业的机构组织、成熟的运行模式和良好的社会环境，相较而言，A 区无疑比 B 县更具有发展优势。其次，在基层法律服务工作者代理方面，受国家司法政策关于法律服务机构调整的影响，两家法院的基层法律服务工作者代理制度都有了较大的发展，1991～2011 年，B 县人民法院基层法律服务工作者代理 2399 人，A 区人民法院基层法律服务工作者代理 1897 人，与 1990 年前只有寥寥数人相比，可谓质的飞跃。而 B 县人民法院的基层法律服务工作者代理人数比 A 区人民法院的多，这是由基层法律服务工作者代理的性质所致，基层法律服务工作者代理主要是作为律师代理的补充存在的，在客观条件不足以委托律师进行诉讼代理，或者当事人、案件满足某些特定情形时，可以委托基层法律服务工作者进行代理行为。最后，在公民代理方面，A 区人民法院数量略高于 B 县人民法院，这是委托代理人制度在两地表现的常态化表征。

四　中国民事诉讼一审委托代理人：2012～2014 年

2012 年，我国对《民事诉讼法》进行了较全面的修订，其中包括关于委托代理人制度方面的立法规定。2012 年《民事诉讼法》第 58 条规定："当事人、法定代理人可以委托一至二人作为诉讼代理人。下列人员可以被委托为诉讼代理人：（一）律师、基层法律服务工作者；（二）当事人的近亲属或者工作人员；（三）当事人所在社区、单位以及有关社会团体推荐的公民。"对比 1991 年《民事诉讼法》，主要变化在以下三个方面：一是增加了"基层法律服务工作者"；二是增加了"当事人的工作人员"；三是增加了当事人所在社区可以作为委托代理人推荐主体的规定；四是增加了对公民代理的限定，要求公民作为委托代理人必须经过所在社区、单位以及有关社会团体的推荐。其中，最为重要的一点便是确立了基层法律服务工作者作为委托诉讼代理人的法律地位，这对委托代理人制度而言具有变革性的历史意义。根据课题组调查数据显示，B 具和 A 区人民法院在 2012～2014 年的委托代理人制度发展势头良好，委托代理人适用比重大幅度增加。目前鲜有统计委托代理人适用情况的相关数据，课题组查阅有关资料了解到，2013 年 1～10 月，安徽省宣城市中级人民法院受理的民事诉讼一审案件中委托代理人参与率高达 96%[①]，这一超高比重在一定程度上象征着 2012～2014 这

[①]　参见薛贤柱、司含江、程瑛《关于民事诉讼委托代理情况的调研报告》，《中国审判》2014 年第 4 期。

个阶段全国委托代理人制度的飞速发展。

（一）A区人民法院民事诉讼一审委托代理人（见表5－15）

表5－15 A区人民法院民事诉讼一审委托代理人情况（2012～2014年）

年份	总案件数（件）	律师（人）	占总代理人比例（%）	占该类案件比例（%）	基层法律服务工作者（人）	占总代理人比例（%）	占该类案件比例（%）	公民（人）	占总代理人比例（%）	占该类案件比例（%）	合计（人）
2012	158	85	40.67	53.80	49	23.44	31.01	23	11.00	14.56	157
2013	225	222	55.78	98.67	79	19.85	35.11	83	20.85	36.89	384
2014	301	275	56.35	91.36	71	14.55	23.59	72	14.75	23.92	418
合计	684	582	60.69	85.09	199	20.75	29.09	178	18.56	26.02	959

课题组抽取A区人民法院2012年民事诉讼一审案件158件，2013年225件，2014年301件，共计684件，包括债务类型案件161件，合同类型案件207件，婚姻类型案件107件，家事类型案件25件，侵权类型案件107件，土地类型案件1件，其他类型案件76件。委托代理人共计959人，委托代理人数量与案件数量的比重为140.20%，其中包括律师582人，占比60.69%；基层法律服务工作者199人，占比20.75%；公民142人，占比18.56%。与1991～2011年相比，律师代理比重增幅显著，基层法律服务工作者代理比重略微增加，公民代理比重则大大降低，且最为关键的是，这是自委托代理人制度建立以来，课题组研究的数据中首次出现公民代理比重低于基层法律服务工作者代理的情形。原因有以下几点。第一，2012年《民事诉讼法》新增"基层法律服务工作者"可以作为委托代理人，确立了其法律地位，极大地促进了基层法律服务工作者代理制度的良性发展。第二，司法部整顿法律服务市场初见成效，规范法律服务市场，构建法律服务机制，为基层法律服务工作者代理提供了良好的外部环境，有利于基层法律服务工作者委托代理业务的开拓和发展。第三，A区作为X市较为发达的地区，律师代理制度较为成熟，相较于公民代理模式，人们更倾向于选择专业度高的律师代理。

A区人民法院在2012～2014年委托代理人数量与案件数量的比重

如表 5 - 16 和图 5 - 5 所示。委托代理人的适用率高，大大超越以往，可见委托代理人制度在 A 区人民法院发展迅速。

表 5 - 16　A 区人民法院民事诉讼一审委托代理人比重情况（2012 ~ 2014 年）

年份	2012	2013	2014
案件数量（件）	158	225	301
委托代理人数量（人）	157	384	418
委托代理人数量与案件数量的比重（%）	99.37	170.67	138.87

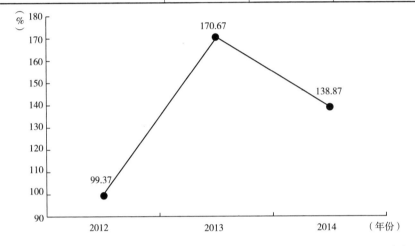

图 5 - 5　A 区人民法院民事诉讼一审委托代理人比重折线图（2012 ~ 2014 年）

A 区人民法院委托代理人数量与案件数量比重的峰值发生在 2013 年，高达 170.67%，为历年最多。根据采样数据显示，2013 年，A 区人民法院受理民事诉讼一审案件 225 件，委托代理人共计 384 人。其中，债务案件 44 件，委托代理人 41 人；合同案件 83 件，委托代理人 146 人；婚姻案件 24 件，委托代理人 32 人；家事案件 5 件，委托代理人 8 人；侵权案件 18 件，委托代理人 33 人；土地案件 1 件，委托代理人 2 人；其他类型案件 50 件，委托代理人 122 人。合同类型案件的委托代理人数量居于榜首。此外，该年度受理的民事诉讼其他类型的案件数量较多，与其他年度的数据不符，可能原因如下。第一，数据系中国裁判文书网上随机抽样裁判文书分析而来，偶然性无法避免。第二，其他类型案件包括劳动争议、物权纠纷、适用特别程序的案件等往年数量不多，所受重视程度不够，随着立法的进步和法制的健全，诸如劳动争议、物权纠纷等案件逐渐占据了民事诉讼案件的一定比例，因此这些案件的委托代理人数量也随之增多。总之，委托代理人制度的发展与民事诉讼制度的发展息息相关，相辅相成。

如表 5 - 17 所示，委托代理人适用率较高的是合同案件和侵权案件，其次是债务案件、婚姻案件和其他案件。

表 5 - 17　A 区人民法院民事诉讼一审案件的委托代理人比重情况（2012 ~ 2014 年）

单位：%

年份	债务案件	合同案件	婚姻案件	家事案件	侵权案件	土地案件	其他案件
2012	7.69	53.85	6.15	3.08	29.23		
2013	10.68	38.02	8.33	2.08	8.59	0.52	31.77
2014	19.62	33.01	3.35	4.07	37.08		2.87
均值	12.66	41.63	5.94	3.08	24.97	0.52	17.32

（二）B 县人民法院民事诉讼一审委托代理人（见表 5 - 18）

表 5 - 18　B 县人民法院民事诉讼一审委托代理人情况（2012 ~ 2014 年）

年份	总案件数（件）	律师（人）	占总代理人比例（%）	占该类案件比例（%）	基层法律服务工作者（人）	占总代理人比例（%）	占该类案件比例（%）	公民（人）	占总代理人比例（%）	占该类案件比例（%）	合计（人）
2012	119	18	27.69	15.13	9	13.85	7.56	38	58.46	31.93	65
2013	117	51	47.22	43.59	22	20.37	18.80	35	32.41	29.91	108
2014	190	88	40.55	46.32	60	27.65	31.58	69	31.80	36.32	217
合计	426	157	40.26	36.85	91	23.33	21.36	142	36.41	33.33	390

2012 ~ 2014 年，随机抽取 B 县人民法院民事诉讼一审案件 426 件，包括债务类型案件 48 件，合同类型案件 130 件，婚姻类型案件 95 件，家事类型案件 9 件，侵权类型案件 141 件，土地类型案件 1 件，其他类型案件 2 件。委托代理人总数共计 390 人，委托代理人数量与案件数量的比重为 91.55%，其中包括律师代理 157 人，占比 40.26%；基层法律服务工作者代理 91 人，占比 23.33%；公民代理 142 人，占比

36.41%。与1991～2011年的比例相比，律师代理比重增加，公民代理比重降低，基层法律服务工作者代理比重则基本保持不变。这说明B县在委托代理人方面，发展趋向于专业化程度更高的律师代理，彰显着律师代理地位的提升和律师市场的逐步扩大。三年来基层法律服务工作者代理占比逐年升高，可见2012年《民事诉讼法》的修订增加了"基层法律服务工作者"可以作为委托代理人的规定，对基层法律服务工作者代理机制的发展产生了巨大的促进作用和积极影响。

　　统计B县人民法院在2012～2014年委托代理人数量与案件数量的比重，汇总成表5-19。2012～2014年委托代理人数量与案件数量的比重逐年递增，且增幅较大，这是该时间段委托代理人发展迅速的数据体现。以折线图显示比重情况如图5-6。

表5-19　B县人民法院民事诉讼一审委托代理人比重情况（2012～2014年）

年份	2012	2013	2014
案件数量（件）	119	117	190
代理人数量（人）	65	108	217
代理人数量与案件数量的比重（%）	54.62	92.31	114.21

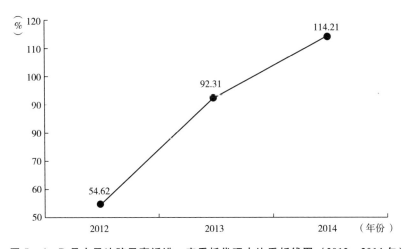

图5-6　B县人民法院民事诉讼一审委托代理人比重折线图（2012～2014年）

　　如图5-6所示，可以直观地看出2012～2014年，B县人民法院委托代理人数量与案件数量的比重逐年攀升。这说明在民事诉讼一审案件中，委托代理人的适用率稳步提高，委托代理人制度发展良好，逐渐展现出其适应法律市场的全面性和机动性。结合调查数据分析案件类型发现，2012年，采样民事诉讼一审案件119件，委托代理人共计65人。其中，债务案件3件，委托代理人5人；合同案件61件，委托代理人35人；婚姻案件15件，委托代理人4人；家事案件3件，委托代理人2人；侵权案件37件，委托代理人19人。2013年，采样民事诉讼一审案件117件，委托代理人共计108人。其中，债务案件11件，委托代理人5人；合同案件24件，委托代理人18人；婚姻案件21件，委托代理人10人；家事案件2件，委托代理人1人；侵权案件59件，委托代理人74人。2014年，采样民事诉讼一审案件190件，委托代理人共计217人。其中，债务案件34件，委托代理人33人；合同案件45件，委托代理人55人；婚姻案件59件，委托代理人18人；家事案件4件，委托代理人3人；侵权案件45件，委托代理人105人；土地案件1件，无委托代理人；其他类型案件2件，委托代理人3人。依照案件类型，统计2012～2014年委托代理人数量占该年度总委托代理人数量的比重情况，汇总至表5－20。

表5－20 B县人民法院民事诉讼一审各类型案件的委托代理人比重情况（2012～2014年）

单位：%

年份	债务案件	合同案件	婚姻案件	家事案件	侵权案件	土地案件	其他案件
2012	7.69	53.85	6.15	3.08	29.23		
2013	4.63	16.67	9.26	1.85	68.52		
2014	15.21	20.74	8.29	1.38	48.39		2.78
均　值	9.18	30.42	7.90	2.10	48.71		2.78

如表5－20所示，占比较高的是合同案件和侵权案件，这是由不同案件类型的性质决定的。一方面，婚姻、家事等类型的民事诉讼案件隐私性较强，法律关系较为简单，多数当事人依靠自身力量便足以解决法律纠纷，故委托代理人在该类案件中的适用比重较低。另一方面，合同案件和侵权案件等法律关系相对复杂，当事人构成多样，可能出现较高的涉案金额，因此当事人普遍偏向委托专业的法律人士作为诉讼代理人代为进行民事诉讼活动，委托代理人的适用比重相对较高。

（三）Ａ区与Ｂ县人民法院民事诉讼一审委托代理人对比（见表5-21）

表5-21　Ａ区与Ｂ县人民法院委托代理人对比情况（2012～2014年）

法院名称	总案件数 （件）	律师 （人）	基层法律服务 工作者（人）	公民代理 （人）	合计 （人）
Ａ区人民法院	684	582	199	178	959
Ｂ县人民法院	426	157	91	142	390

在课题组随机抽取的样本中，2012～2014年，Ｂ县人民法院共受理民事诉讼一审案件426件，委托代理人390人，委托代理人数量与案件数量的比重为91.55%；Ａ区人民法院受理民事诉讼一审案件684件，委托代理人959人，委托代理人数量与案件数量的比重为140.20%。单就委托代理人数量与案件数量的比重而言，Ａ区人民法院比Ｂ县人民法院高出近50个百分点，占据绝对优势，但按年限纵向分析，两家法院在委托代理人制度方面都有了明显的进步，委托代理人适用率大幅度提高。在Ｂ县人民法院的委托代理人中，数量最多的是律师代理，其次是公民代理；Ａ区人民法院的律师代理数量超过基层法律服务工作者代理和公民代理之和。Ｂ县人民法院的公民代理人数更多，基层法律服务工作者代理的人数少于Ａ区人民法院；Ａ区人民法院的律师代理则具有明显优势，是该区委托代理人的主要来源。两法院委托代理人类型的比重的不同，代表着城乡委托代理人制度的发展状况，体现了城乡法制建设的差异。

五　中国民事诉讼一审委托代理人：2015～2019年

2015～2019年我国经济呈现飞跃式增长，社会主要矛盾转变，这一时期也是我国法制建设和法治文明发展的关键时期。民事诉讼案件数量急剧增加，尤其是在逐步解决"立案难""诉讼难""执行难"等一系列问题后，全国各地法院民事诉讼一审案件骤然增加，委托代理人制度的实用价值尤为凸显。

2015年《民诉法解释》对民事诉讼委托代理人制度作了一系列的细化规定。第84条规定，无民事行为能力人、限制民事行为能力人以及其他依法不能作为诉讼代理人的，当事人不得委托其作为诉讼代理人。第 85 条是对当事人近亲属作为委托代理人的细化规定，与当事人有夫妻、直系血亲、三代以内旁系血亲、近姻亲关系以及其他有抚养、赡养关系的亲属，可以当事人近亲属的名义作为诉讼代理人。第 86 条规定，与当事人有合法劳动人事关系的职工，可以当事人工作人员的名义作为诉讼代理人。第 87 条规定有关社会团体推荐公民担任诉讼代理人的，应当符合下列条件：第一，社会团体属于依法登记设立或者依法免予登记设立的非营利性法人组织；第二，被代理人属于该社会团体的成员，或者当事人一方住所地位于该社会团体的活动地域；第三，代理事务属于该社会团体章程载明的业务范围；第四，被推荐的公民是该社会团体的负责人或者与该社会团体有合法劳动人事关系的工作人员；此外，专利代理人经中华全国专利代理人协会推荐，可以在专利纠纷案件中担任诉讼代理人。第 88 条和第 89 条则是关于委托代理人的授权委托书和应向法院提交的材料等具体程序事项的细化规定。

2017 年《民事诉讼法》进行了第三次修正，但并未对委托代理人制度进行修订。

委托代理人制度发展至今，立法规定不断细化，委托代理人已经逐渐形成较为完备的制度体系，对于减轻当事人诉累，保障当事人依法行使诉讼权利，履行诉讼义务，监督和促进人民法院公正司法，提高司法经济效率都具有重要的作用和意义。[①]

（一）A 区人民法院民事诉讼一审委托代理人（见表 5 – 22）

表 5 – 22　A 区人民法院民事诉讼一审委托代理人情况（2015～2018 年）

年份	总案件数（件）	律师（人）	占总代理人比例（％）	占该类案件比例（％）	基层法律服务工作者（人）	占总代理人比例（％）	占该类案件比例（％）	公民（人）	占总代理人比例（％）	占该类案件比例（％）	合计（人）
2015	270	319	58.21	121.85	71	12.96	26.30	158	28.83	58.52	548
2016	100	91	67.41	91.00	12	8.89	12.00	32	23.70	32.00	135

[①] 参见邹凡、熊凡、邹国华《委托诉讼代理制度改革探微》，《江西社会科学》2003 年第 4 期。

续表

年份	总案件数（件）	律师（人）	占总代理人比例（%）	占该类案件比例（%）	基层法律服务工作者（人）	占总代理人比例（%）	占该类案件比例（%）	公民（人）	占总代理人比例（%）	占该类案件比例（%）	合计（人）
2017	100	91	65.00	91.00	11	7.86	11.00	38	27.14	38.00	140
2018	100	69	60.00	69.00	12	10.43	12.00	34	29.57	34.00	115
合计	570	570	60.77	100.00	106	11.30	18.60	262	27.93	45.96	938

课题组针对在中国裁判文书网上抽取 A 区人民法院 2015～2018 年的民事诉讼一审案件 570 件，包括债务案件 207 件，合同案件 239 件，婚姻案件 17 件，家事案件 18 件，侵权案件 68 件，无土地案件，其他类型案件 21 件。委托代理人总数共计 938 人，委托代理人数量与案件数量的比重为 164.56%，其中包括律师代理 570 人，占比 60.77%；基层法律服务工作者代理 106 人，占比 11.30%；公民代理 262 人，占比 27.93%。与 2012～2014 年相比，委托代理人数量与案件数量的比重整体上升，突破了 165%，达到历史新高。这意味着 A 区人民法院平均每受理一起民事诉讼一审案件，便产生委托代理人 1～2 人。委托代理人制度已经发生了质的飞跃。具体到委托代理人类型而言，律师代理与案件数量的比重由 2012～2014 年的 60.69% 增加到 60.77%，基本持平；基层法律服务工作者比重则有所下降，公民代理比重有所上升。依年限划分，将 A 区人民法院在 2015～2018 年委托代理人数量与案件数量的比重统计汇总成表 5-23。

表 5-23　A 区人民法院民事诉讼一审委托代理人比重情况（2015～2018 年）

年份	2015	2016	2017	2018
案件数量（件）	270	100	100	100
代理人数量（人）	548	135	140	115
代理人数量与案件数量的比重（%）	202.96	135.00	140.00	115.00

如表 5-23 所示，委托代理人数量与案件数量的比重在 2015～2018 年分别为 202.96%、135.00%、140.00%、115.00%，均保持在 100% 以上，A 区人民法院的委托代理人制度持续稳定发展。为了更加清晰地显示 A 区人民法院 2015～2018 年民事诉讼一审案件委托代理人的比重趋势，制作图 5-7。

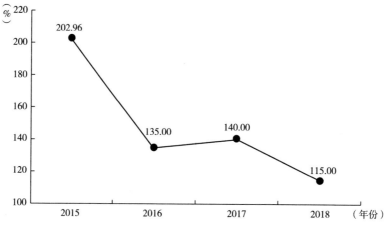

图 5－7　A 区人民法院民事诉讼一审委托代理人比重折线图（2015～2018 年）

如图 5－7 所示，2015 年，A 区人民法院委托代理人数量与案件数量的比重达到峰值 202.96%，在该年度，课题组随机采样 A 区人民法院受理的民事诉讼一审案件 270 起，委托代理人共计 548 人。其中，债务案件 89 起，委托代理人 132 人，占委托代理人总数的 24.09%；合同案件 122 起，委托代理人 286 人，占比 52.19%；婚姻案件 11 起，委托代理人 16 人，占比 2.92%；家事案件 15 起，委托代理人 30 人，占比 5.47%；侵权案件 33 起，委托代理人 84 人，占比 15.33%；无土地案件和其他案件。合同案件的委托代理人数量占比在 50% 以上，且委托代理人数量与该类型案件数量的比重高达 234.43%，这说明合同案件在 2015 年 A 区人民法院所受理的民事诉讼一审案件中占据较大比重，且委托代理人制度在该年度的合同案件中得到了最大限度的体现。综合 A 区人民法院 2015～2018 年不同类型案件的委托代理人数量与委托代理人总数的比重情况，汇总至表 5－24。

表 5－24　A 区人民法院民事诉讼一审各类型案件的委托代理人比重情况（2015～2018 年）

单位：%

年份	债务案件	合同案件	婚姻案件	家事案件	侵权案件	土地案件	其他案件
2015	24.09	52.19	2.92	5.47	15.33		
2016	36.30	34.07	1.48	2.22	25.93		

续表

年份	债务案件	合同案件	婚姻案件	家事案件	侵权案件	土地案件	其他案件
2017	28.57	47.14			9.63		14.66
2018	40.00	24.35	6.09		18.26		11.30
均值	32.24	39.44	3.50	3.85	17.29		12.98

如表 5 - 24 所示，2015 ~ 2018 年，A 区人民法院分别在受理民事诉讼一审债务案件、合同案件、婚姻案件、家事案件、侵权案件、其他案件的委托代理人数量与该年度委托代理人总数的比重均值为 32.24%、39.44%、3.50%、3.85%、17.29%、12.98%，没有土地案件。可以发现，合同案件的委托代理人占比最高，债务案件次之，且二者相差不大。与 2012 ~ 2014 年相比，A 区人民法院债务案件委托诉讼代理人的概率有所提升，侵权案件的委托代理人比重则有所下降。课题组认为发生这种改变的原因可能是：第一，随着经济的高速发展，自然人之间、法人之间、自然人与法人之间等的债务往来增多，债务案件的数量增加，委托代理人数量也随之增加；第二，侵权案件的数量在 2015 ~ 2018 年分别为 33、16、8、11 件，总体呈现递减趋势，公民整体素质提高，侵权案件减少，委托代理人数量也随之减少。此外，婚姻案件、家事案件等继续保持"案件少、代理少"的特征。

（二）B 县人民法院民事诉讼一审委托代理人（见表 5 - 25）

如表 5 - 25 所示，2015 ~ 2018 年，课题组抽取 B 县人民法院民事诉讼一审案件 535 件，包括债务案件 171 件，合同案件 127 件，婚姻案件 81 件，家事案件 7 件，侵权案件 62 件，土地案件 2 件，其他案件 85 件。委托代理人总数共计 572 人，委托代理人数量与案件数量的比重为 106.92%，其中包括律师代理 310 人，占比 54.20%；基层法律服务工作者代理 99 人，占比 17.31%；公民代理 163 人，占比 28.50%。纵向比较来看，2015 ~ 2018 年委托代理人数量与案件数量的比重超越了 100%，说明委托代理人制度已经逐渐渗透进大大小小的民事诉讼一审案件中，委托代理人的适用率也得到了进一步的提高。依委托代理人类型比重粗略看，律师代理比重由 40.26% 增长至 54.20%，基层法律服务工作者代理和公民代理比重则略有下降。

表 5 - 25 B 县人民法院民事诉讼一审委托代理人情况（2015 ~ 2018 年）

年份	总案件数（件）	律师（人）	占总代理人比例（%）	占该类案件比例（%）	基层法律服务工作者（人）	占总代理人比例（%）	占该类案件比例（%）	公民（人）	占总代理人比例（%）	占该类案件比例（%）	合计（人）
2015	235	112	53.85	47.66	48	23.08	20.43	48	23.08	20.43	208
2016	100	70	49.65	70.00	20	14.18	20.00	51	36.17	51.00	141
2017	100	74	59.20	74.00	20	16.00	20.00	31	24.80	31.00	125
2018	100	54	55.10	54.00	11	11.22	11.00	33	33.63	33.00	98
合计	535	310	54.20	57.94	99	17.31	18.50	163	28.50	30.47	572

按照不同年限划分，将 2015 ~ 2018 年委托代理人数量、案件数量以及两者比重汇总成表 5 - 26，如该表所示，委托代理人数量与案件数量的比重分别为 88.51%、141.00%、125.00%、98.00%，比重均值为 113.13%。委托代理人数量与案件数量的比重整体来看比往年有所上升，结合数据作出图 5 - 8 以便更清晰地显示 2015 ~ 2018 年委托代理人适用比重的情况。

表 5 - 26 B 县人民法院民事诉讼一审委托代理人比重情况（2015 ~ 2018 年）

年份	2015	2016	2017	2018
案件数量（件）	235	100	100	100
代理人数量（人）	208	141	125	98
代理人数量与案件数量的比重（%）	88.51	141.00	125.00	98.00

如图 5 - 8 所示，2015 ~ 2018 年，委托代理人数量与案件数量的比重峰值出现在 2016 年，数值为 141.00%。在 2016 年之后，委托代理人数量与案件数量的比重虽然有所下降，但比重数值仍然处在较高水平。结合调查数据分析案件类型发现，2016 年，对 B 县人民法院采样民事诉讼一审案件 100 件，委托代理人共计 141 人。其中，债务案件 22 件，委托代理人 18 人；合同案件 26 件，委托代理人 38 人；婚姻案件 16 件，委托代理人 9 人；家事案件 1 件，无委托代理人；侵权案件 26

件，委托代理人 63 人；无土地案件；其他案件 9 件，委托代理人 13
人。该年度委托代理人主要集中在债务案件、合同案件和侵权案件这
三类民事诉讼案件中，尤其是在侵权案件方面，委托代理人数量占据
了总数量相当大的比例，委托代理人数量与该类型案件数量的比重高
达 242.31%。依照案件类型为划分标准，统计 2015～2018 年不同案
件类型的委托代理人数量占该年度总委托代理人数量的比重情况，汇
总至表 5-27。

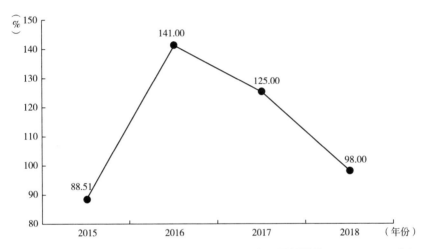

图 5-8　B 县人民法院民事诉讼一审委托代理人比重折线图（2015～2018 年）

　　将 B 县人民法院受理的民事诉讼一审案件分为债务案件、合同案件、
婚姻案件、家事案件、侵权案件、土地案件、其他案件等七大类型，如表
5-27 所示，2015～2018 年，七类案件委托代理人数量与委托代理人总数
的比重均值分别为 21.59%、30.92%、9.52%、3.20%、27.70%、
1.02%、11.60%。其中，合同案件的委托代理人占比最高，其次是侵权
案件、债务案件等。2012～2014 年，委托代理人占比较高的分别是侵权
案件、合同案件、债务案件等。这说明 B 县人民法院 2015～2018 年受理
的民事诉讼一审合同案件中适用委托代理人比率大幅度增加，一方面是因
为 B 县经济实力的稳步提升导致合同案件多发，另一方面是因为委托代
理人制度本身的大力发展，使得合同案件的委托代理人适用比例有所提
高。特别是在 2016 年和 2017 年，债务案件的委托代理人占比明显上升，

侵权案件的委托代理人占比则有所下降，合同案件的委托代理人占比略有增长。

表5－27　B县人民法院民事诉讼一审各类型案件的委托代理人比重情况（2015～2018年）

单位：%

年份	债务案件	合同案件	婚姻案件	家事案件	侵权案件	土地案件	其他案件
2015	23.08	25.96	21.15		2.40		27.40
2016	12.77	26.95	6.38		44.68		9.22
2017	35.20	32.00		3.20	28.00		1.60
2018	15.31	38.78	1.02		35.71	1.02	8.16
均　值	21.59	30.92	9.52	3.20	27.70	1.02	11.60

（三）A区与B县人民法院民事诉讼一审委托代理人对比（见表5－28）

表5－28　A区与B县人民法院民事诉讼一审委托代理人对比情况（2015～2018年）

法院名称	总案件数 （件）	律师 （人）	基层法律服务 工作者（人）	公民代理 （人）	合计 （人）
A区人民法院	570	570	106	262	938
B县人民法院	535	310	99	163	572

在课题组随机抽取的样本中，B县人民法院受理民事诉讼一审案件535起，委托代理人572人，委托代理人数量与案件数量的比重为106.92%；A区人民法院受理民事诉讼一审案件570件，委托代理人938人，委托代理人数量与案件数量的比重为164.56%。与2012～2014年两地的比重91.55%、140.20%相比，又有了较大提升。比较两地委托代理人数量与案件数量的比重，A区人民法院比B县人民法院高出近60个百分点，与2012～2014年两者的差距近50个百分点相比，两者的差距进一步拉大，然而从增幅方面看分析，B县人民法院委托代理人数量与案件数量的比重增幅为16.79%，A区人民法院的增幅为17.38%，增幅基本相同，说明不论是B县还是A区，不论是城市或者是乡村，委托代理人制

度发展在整体上是均衡的。

具体就委托代理人类型而言，B 县人民法院共计 572 人的委托代理人中，包括律师代理 310 人，占比 54.20%；基层法律服务工作者代理 99人，占比 17.31%；公民代理 163 人，占比 28.50%。A 区人民法院共有委托代理人 938 人，其中包括律师代理 570 人，占比 60.77%；基层法律服务工作者代理 199 人，11.30%；公民代理 262 人，占比 27.93%。与以往不同，A 区人民法院和 B 县人民法院在委托代理人类型方面，占比最高的均是律师代理，其次是公民代理，最后是基层法律服务工作者代理，且律师代理占据比例均超过 50%，远超公民代理和基层法律服务工作者代理，这与近些年大力发展专业化更强的律师代理制度有关，律师代理逐渐稳步占据委托代理人市场的主导地位。就 A 区人民法院与 B 县人民法院两地不同代理类型的比重数值而言，律师代理、基层法律服务工作者代理、公民代理三种类型的比重基本一致，区别在于 A 区人民法院的律师代理占比略高一些，B 县人民法院的基层法律服务工作者代理的占比则略高于 A 区人民法院。原因在于 A 区的委托代理人制度发展更快，律师制度体系建设得更加完善，B 县的案件则更需要基层法律服务工作者作为辅助来支撑委托代理人制度的。综合来看，B 县和 A 区的委托代理人制度都经历了从无到有、从懵懂走向成熟、从缺漏走向完善的发展过程，两者相较，A 区一直具有领先优势，但未来委托代理人制度必将趋向稳定、均衡。

第三节　中国民事诉讼一审委托代理人类型化实证研究

中国民事诉讼委托代理人制度发展至今，已逐渐形成律师代理、基层法律服务工作者代理、公民代理三大类型，在中国法律服务市场中分别承担着不同的角色和作用，互相补足，相辅相成，共同构成了现行民事诉讼委托代理人制度的体系核心。三种代理类型具有不同的制度规定和运行方式，受历史背景、经济形态和法律政策的影响，各自呈现不同的发展规律和结构特点。结合实证数据，深入分析不同历史时期三种代理类型的发展模式，对研究中国民事诉讼一审委托代理人的制度体系、历史变迁和未来走向等具有重要意义。课题组以 1949～2018 年 H 省 X 市 A 区和 B 县人民法院民事诉讼一审案件为基础数据，统计律师代理、基层法律服务工作者代理、公民代理三种委托代理人类型情况，力图多角度、多层次地揭示委托代理人制度的真实面貌。

一　中国民事诉讼一审委托代理人：律师

1912 年 9 月 16 日，北洋政府延续清末关于律师制度构建的基本思路，颁布实施了中国历史上第一个关于律师制度和律师业的单行法规《律师暂行章程》，标志着近现代律师制度在中国的正式建立。[①] 1980 年，《律师暂行条例》颁布，律师执业正式恢复。1982 年《民事诉讼法（试行）》第 50 条第一次规定了当事人可以委托律师进行诉讼代理活动，这是律师代理制度的首次立法。1996 年《律师法》颁布，具有里程碑意义。律师制度作为一种新的法律职业实行至今已历经百余年，从 1978 年改革开放开始，律师业便稳步发展，律师代理逐渐在广阔的个人法律服务领域拔得头筹。律师的作用不仅在于提供委托诉讼代理服务，更在于促进法制建设健全、构建诉讼两造平衡、维护司法执法公正等。作为中国民事诉讼一审委托代理人的重要组成部分，同时也是最不可或缺的部分，律师代理制度变迁的历史进程必将反映社会结构、法律法制的最新动态。

（一）A 区人民法院民事诉讼一审律师代理

A 区人民法院在 1949～2018 年受理民事诉讼一审案件 26460 起，律师代理共计 8363 人。统计律师代理数量与委托代理人总数和案件数量的比重以折线图形式显示如图 5－9。根据数据显示，A 区人民法院在 1962 年的合同类型案件中第一次出现律师代理，故仅采用 1962 年之后 A 区人民法院民事诉讼一审案件中律师代理的相关数据，作出图 5－10。

[①]　参见张志铭《回眸和展望：百年中国律师的发展轨迹》，《国家检察官学院学报》2013 年第 1 期。

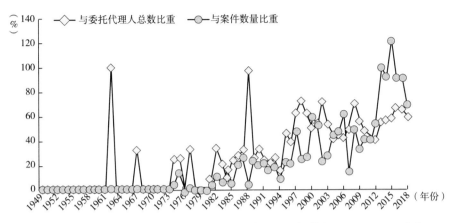

图 5 - 9　A 区人民法院民事诉讼一审律师代理比重折线图（1949～2018 年）

如图 5 - 10 所示，A 区人民法院民事诉讼一审案件中的律师代理数量与委托代理人总数的比重数值在 1962～1982 年非常不稳定，在 1982 年《民事诉讼法》正式确立委托代理人之后总体呈现有规律的稳定增长状态。按照前文划分的时间阶段计算，律师代理数量与委托代理人总数的比重在 1982～1990 年、1991～2011 年、2012～2014 年、2015～2018 年四个时间段内的数值分别为 29.78%、47.04%、60.69%、60.77%。可以发现，该比重在前三个时间段增长幅度较大，而 2012～2014 年与 2015～2018 年间的比重数值则基本持平，说明 2012 年以来，律师代理数量占据委托代理人总数的比例已经逐渐趋于稳定，即保持在约 60%。A 区人民法院民事诉讼一审案件律师代理数量与案件数量的比重数值在 1962～1981 年都偏小，律师代理制度尚未正式确立，没有研究意义。与 B 县人民法院前期基本稳定、2012 年以后飞速增长不同的是，A 区人民法院在 1982～2018 年基本呈现稳步增长趋势。律师代理数量与案件数量的比重在 1982～1990 年、1991～2011 年、2012～2014 年、2015～2018 年四个时间段内的数值分别为 16.52%、31.87%、85.09%、100%。依该项数据来看，A 区人民法院民事诉讼一审案件中适用的委托代理人数量和律师代理数量都较多，同时说明律师代理制度在 A 区得到了相当大程度的适用。

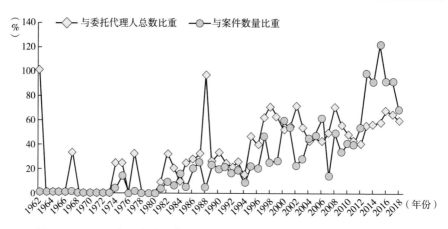

图 5 - 10　A 区人民法院民事诉讼一审律师代理比重情况（1962 ~ 2018 年）

（二）B 县人民法院民事诉讼一审律师代理

据课题组统计数据显示，B 县人民法院在 1949 ~ 2018 年共受理民事诉讼一审案件 21519 件（2012 年后为抽样数据），律师代理共计 4392 人。统计律师代理数量与委托代理人总数和案件数量的比重以折线图形式显示如图 5 - 11。根据数据显示，B 县人民法院历史上第一次出现律师代理是在 1981 年的合同案件中，故仅采用 1981 年之后 B 县人民法院民事诉讼一审案件中律师代理的相关数据，制作出图 5 - 12。

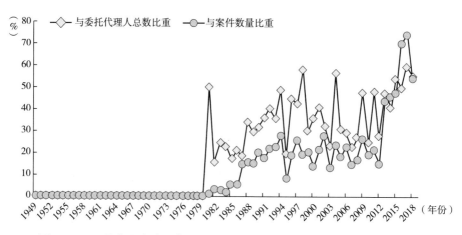

图 5 - 11　B 县人民法院民事诉讼一审律师代理比重折线图（1949 ~ 2018 年）

如图 5 - 12 所示，B 县人民法院民事诉讼一审案件中的律师代理数量与委托代理人总数的比重呈现明显的阶段式递增的趋势，按照前文划分的时间阶段计算，律师代理数量与委托代理人总数的比重在 1982～1990 年、1991～2011 年、2012～2014 年、2015～2018 年四个时间段内的数值分别为 24.97%、35.06%、40.26%、54.20%，可知律师代理的适用比重在 1981～2018 年持续大幅度增长，律师代理制度一直稳健发展。律师代理数量与案件数量的比重在 1981～1987 年持续增长；1987～2012 年呈现较为平稳的曲折阶段，比重数值基本保持稳定；2012～2018 年则呈现飞速增长态势；在 2016 年达到峰值 70%。

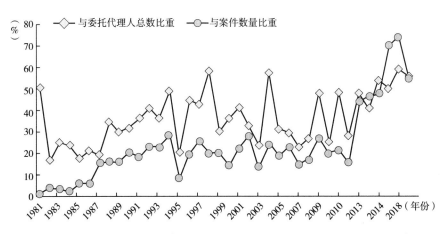

图 5-12　B 县人民法院民事诉讼一审律师代理比重折线图（1981～2018 年）

二　中国民事诉讼一审委托代理人：基层法律服务工作者

律师业的稳步发展一直伴随着其他法律服务提供者的迅速繁衍和扩散。在中国改革开放初期，市场经济逐步冲破计划经济的藩篱，与之相应的法治需求日益增强，但律师队伍规模小，供不应求，基层法律服务工作者代理正是在这样的背景下诞生的。1984 年司法部和中共中央书记处先后发文肯定并推广法律服务所。1986 年党和政府提出对法律服务所要"巩固、提高、完善和发展"的指导方针。1990 年初，中共中央、国务院《关于加强社会治安综合治理的决定》等文件将法律服务所视为"政法基层组织之一"。法律服务所是政府扶植的向社会提供廉价法律服务的一种手段。然而，进入 21 世纪之后，法律服务所与律师事务所的矛盾日渐突出，法律服务所和律师事务所作为一种法律服务市场"双轨制"，法律服务所主要产生和兴盛于律师队伍稀缺时期，随着律师队伍的日渐壮大，法律服务所的市场则日渐萎缩，最终形成两种性质不同的法律服务主体：一是营利性的律师，二是法律公共服务提供者——政府。① 基层法律服务工作者代理在民事诉讼实行委托代理人制度的整体法律服务市场中发挥着对律师代理的查漏补缺作用，两种代理类型互相补足，共同为民事诉讼活动服务。

（一）A 区人民法院民事诉讼一审基层法律服务工作者代理

A 区人民法院在 1949～2018 年受理民事诉讼一审案件 26460 件，基层法律服务工作者代理共计 2230 人。统计基层法律服务工作者代理数量与委托代理人总数、案件数量的比重以折线图形式显示如图 5 - 13。根据数据显示，A 区人民法院在 1966 年的合同案件中第一次出现基层法律服务工作者代理，但随后直至 1986 年的 20 年间未再出现。故仅采用 1986 年之后 A 区人民法院民事诉讼一审案件中基层法律服务工作者代理的相关数据，作出图 5 - 14。

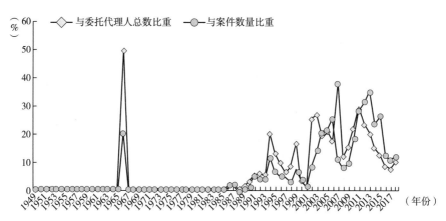

图 5 - 13　A 区人民法院民事诉讼一审基层法律服务工作者
代理比重折线图（1949～2018 年）

如图 5 - 14 所示，A 区人民法院民事诉讼一审案件中的基层法律服务

---

① 参见《创建中国特色的基层法律公共服务制度——中国乡村法治现代化调研报告之四》，http：//www. moj. gov. cn/Department/content/2019 - 08/14/612_3229829. html，最后访问日期：2019 年 9 月 28 日。

工作者代理数量与委托代理人总数的比重数值非常不稳定，出现了数次大涨大跌，峰值是 2007 年的 38.27%。按照前文划分的时间阶段计算，基层法律服务工作者代理数量与委托代理人总数的比重在 1982～1990 年、1991～2011 年、2012～2014 年、2015～2018 年四个时间段的数值分别为 1.67%、13.27%、20.75%、11.30%，比重在前三个时间段保持增长趋势，在 2015 年以后逐渐降低，多年来基本保持在 20% 以下，整体上略低于 B 县，但差距不大。基层法律服务工作者代理数量与案件数量的比重发展趋势是先增后减，在 1986～2012 年基本保持曲折的增长态势，2013～2018 年逐渐降低。基层法律服务工作者代理数量与案件数量的比重在 1982～1990 年、1991～2011 年、2012～2014 年、2015～2018 年四个时间段内的数值分别为 0.93%、8.99%、29.09%、18.60%。整体而言，A 区人民法院民事诉讼一审案件的基层法律服务工作者代理较之以往还是有着较大的进步和提升，呈现一派欣欣向荣之势。

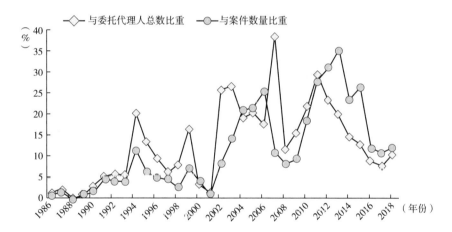

图 5-14　A 区人民法院民事诉讼一审基层法律服务工作者代理比重折线图（1986～2018 年）

（二）B 县人民法院民事诉讼一审基层法律服务工作者代理

据课题组统计，B 县人民法院在 1949～2018 年共受理民事诉讼一审案件 21519 件，基层法律服务工作者代理共计 2593 人。统计基层法律服务工作者代理数量与委托代理人总数和案件数量的比重以折线图形式显示如图 5-15。根据数据显示，B 县人民法院历史上第一次出现基层法律服务工作者代理是在 1985 年的侵权类型案件中，故仅采用 1985 年之后 B 县人民法院民事诉讼一审案件中基层法律服务工作者代理的相关数据，作出图 5－16。

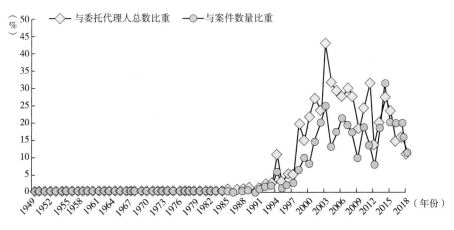

图 5－15   B 县人民法院民事诉讼一审基层法律服务工作者
代理比重折线图（1949～2018 年）

如图 5－16 所示，B 县人民法院民事诉讼一审案件中的基层法律服务工作者代理数量与委托代理人总数的比重呈现先增后减的趋势，于 2003 年达到峰值 43.14%。以 2003 年为分界线，1985～2003 年，该比重整体呈现递增态势，且出现了 1993～1994 年、1997～1998 年、2002～2003 年三次涨幅较大阶段。按照前文划分的时间阶段计算，基层法律服务工作者代理数量与委托代理人总数的比重在 1982～1990 年、1991～2011 年、2012～2014 年、2015～2018 年四个时间段内的数值分别为 0.50%、22.30%、23.33%、17.31%，可知基层法律服务工作者代理的适用比重与律师代理的稳健发展不同，经历了大幅度增长后有了轻微的降低。基层法律服务工作者代理数量与案件数量的比重在 1985～2003 年基本保持持续稳定增长，2003～2018 年则呈现不规则的浮动状态，于 2014 年达到峰值 31.58%。基层法律服务工作者代理数量与案件数量的比重在 1982～1990 年、1991～2011 年、2012～2014 年、2015～2018 年四个时间段内的数值分别为 0.16%、12.28%、21.36%、18.50%。整体而言，B 县人民法院民事诉讼一审案件中基层法律服务工作者代理的相关比重数值有显著提高。

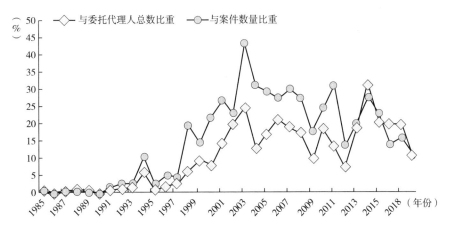

图 5-16　B 县人民法院基层法律服务工作者代理比重折线图（1985～2018 年）

三　中国民事诉讼一审委托代理人：公民代理

公民代理是与职业代理相对应的法律术语，它主要是指当事人委托职业法律人之外的普通公民作为诉讼代理人代理诉讼的情形。[①] 公民代理制度作为律师代理制度的有益补充，其设立的主要目的是弥补当事人诉讼能力不足，缓解人民日益增长的法律服务需求与法律服务市场发展不健全的矛盾，保障委托代理人诉讼机制正常运转。中国的公民代理制度起源于 1954 年《人民法院组织法》，公民代理民事诉讼案件则源于 1982 年《民事诉讼法（试行）》第 50 条规定：当事人的近亲属、社会团体和当事人所在单位推荐的人，以及经人民法院许可的其他公民可以进行公民代理。2012 年《民事诉讼法》关于公民代理的适用对象增加了当事人的工作人员，删除了经法院许可的其他公民。《民诉法解释》第 85～87 条详细规定了当事人的近亲属、工作人员及有关社会团体推荐公民担任诉讼代理人等公民代理的具体限制条件。公民代理在一系列立法规定和整治措施上，逐渐走上规范、科学、合理的法治之路。

（一）　A 区人民法院民事诉讼一审公民代理

A 区人民法院在 1949～2018 年受理民事诉讼一审案件 26460 起，公

---

① 参见许尚豪《公民代理民事诉讼的法理反思及制度完善》，《法学论坛》2017 年第 4 期。

民代理共计 7263 人。统计公民代理数量与委托代理人总数和案件数量的比重以折线图形式显示如图 5 - 17。根据数据显示，A 区人民法院在 1965 年的债务类型案件中第一次出现公民代理，但 1965 ~ 1976 年，公民代理数量与案件数量的比重数值非常不稳定，经历了"高拱形"式的大涨大跌，最高峰值达到 400%，偶然性极大，不具有参考意义，故仅采用 1977 年之后 A 区人民法院民事诉讼一审案件中公民代理的相关数据，作出图 5 - 18。

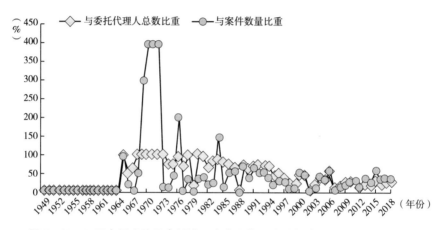

图 5 - 17　A 区人民法院民事诉讼一审公民代理比重折线图（1949 ~ 2018 年）

如图 5 - 18 所示，A 区人民法院民事诉讼一审案件中的公民代理数量与委托代理人总数的比重数值在 1977 ~ 2002 年基本呈阶梯式递减趋势，2002 年该比重数值仅为 1.98%。随后数值逐渐回升，2012 年后基本走向平稳。按照前文划分的时间阶段计算，公民代理数量与委托代理人总数的比重在 1982 ~ 1990 年、1991 ~ 2011 年、2012 ~ 2014 年、2015 ~ 2018 年四个时间段内的数值分别为 68.55%、39.69%、18.56%、27.93%。公民代理数量与案件数量的比重数值走向起伏不定，按照前文划分的时间阶段计算，公民代理数量与案件数量的比重在 1982 ~ 1990 年、1991 ~ 2011 年、2012 ~ 2014 年、2015 ~ 2018 年四个时间段内的数值分别为 38.02%、26.88%、26.02%、45.96%。整体而言，公民代理数量与委托代理人总数的比重较之发展初期有所下降，但更稳定，与案件数量的比重有所上升，但上升幅度不大，公民代理制度逐步走向稳定。

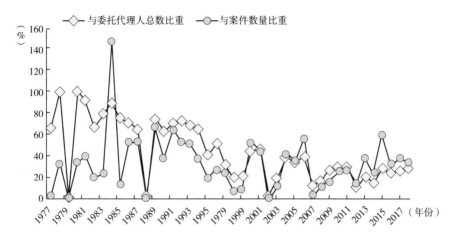

图 5 - 18　A 区人民法院民事诉讼一审公民代理比重折线图（1977 ~ 2018 年）

（二）B 县人民法院民事诉讼一审公民代理

根据课题组抽样数据显示，B 县人民法院在 1949 ~ 2018 年共受理民事诉讼一审案件 21519 起，公民代理共计 5497 人。统计公民代理数量与委托代理人总数和案件数量的比重以折线图形式显示如图 5 - 19。根据数据显示，B 县人民法院历史上第一次出现公民代理是在 1976 年的婚姻案件中，故仅采用 1976 年之后 B 县人民法院民事诉讼一审案件中公民代理的相关数据，作出图 5 - 20。

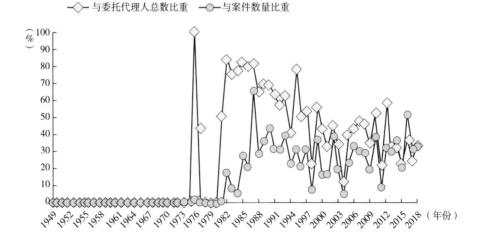

图 5 - 19　B 县人民法院民事诉讼一审公民代理比重折线图（1949 ~ 2018 年）

如图 5 - 20 所示，B 县人民法院民事诉讼一审案件中的公民代理数量与委托代理人总数的比重呈现明显的阶段式递减趋势，按照前文划分的时间阶段计算，公民代理数量与委托代理人总数的比重在 1982 ~ 1990 年、1991 ~ 2011 年、2012 ~ 2014 年、2015 ~ 2018 年四个时间段内的数值分别为 74.53%、42.65%、36.41%、28.50%，由于律师代理和基层法律服务工作者代理的不断发展，此消彼长，公民代理所占法律服务市场的比重便不断下降。公民代理数量与案件数量的比重在 1981 ~ 1987 年持续增长，在 1987 ~ 2018 年则呈现较为平稳的曲折阶段，比重数值基本保持稳定。公民代理数量与案件数量的比重在 1982 ~ 1990 年、1991 ~ 2011 年、2012 ~ 2014 年、2015 ~ 2018 年四个时间段内的数值分别为 24.42%、23.50%、33.33%、30.47%。公民代理适用比重保持稳定是大趋势。

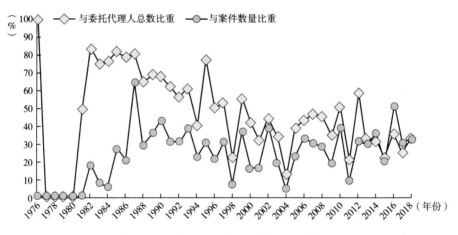

图 5 - 20　B 县人民法院民事诉讼一审公民代理比重情况（1976 ~ 2018 年）

第四节　中国民事诉讼一审委托代理人
发展变化的原因

一　影响委托代理人城乡差异的因素分析

深入研究课题组的实证数据，不难发现，A 区与 B 县的委托代理人

制度的发展情况存在较大差异。第一，整体上，A 区的委托代理人发展
一直优于 B 县。发展初期，A 区人民法院受理的民事诉讼一审案件中的
委托代理人数量是 B 县的数倍之多；后来随着我国法治建设的不断发
展，委托代理人制度经过数次立法完善，两地的差距逐渐缩小，逐渐走
向均衡，但截至目前，A 区的委托代理人制度适用程度仍然略高于 B
县。第二，A 区律师代理发展速度快、规模大，与委托代理人总数的比
重高于 B 县。根据数据显示，自 1949 年新中国成立以来，无论在哪个
时间阶段，A 区人民法院受理的民事诉讼一审案件中律师代理的适用比
重数值均高于 B 县。A 区的律师代理制度一直走在前列。第三，B 县公
民代理类型占总代理人比重高于 A 区，尤其是 2012 年以来，两地差距
逐渐明显。

一般观念认为，A 区与 B 县分别代表城市和乡村，即较发达地区和欠
发达地区，两地的政治、经济、文化、法律意识等各方面均有差异。以吉
尔兹为代表的 "法律是地方性知识"[1] 命题认为，法律是作为共同体社会
生活事实的提炼而成的规则和制度，是带有语境化的社会生活方式和共同
体组织形式。[2] 社会转型期的中国法律系统由外国法律、传统法律文化和
中国社会现实三个因素相互作用而形成，这三个因素的相互作用就包括法
律现代性和地方性的冲突和平衡问题。[3] 正因如此，中国民事诉讼一审的
委托代理人制度在 A 区和 B 县存在不同的适用情形和发展结果。追溯其
具体原因，不外乎以下几个方面。

（一）社会发展情况

"经济基础决定上层建筑""生产力决定生产关系"，这在法律适用层
面上来说也是通用的，区域的经济发展水平和社会整体面貌决定着法制建
设和法律制度的发展和进步，委托代理人制度在不同的社会发展背景下适
用便会呈现不同的表征倾向，逐渐形成带有地方性区域特色的 "地方法
治" 现象，即以行政意义上的区域、经济意义上的区域或是综合意义上

---

[1] 〔美〕吉尔兹：《地方性知识：事实与法律的比较透视》，邓正来译，载梁志平主编《法
　　律的文化解释》，三联书店，1998，第 73 ~ 172 页。

[2] 安治民：《农村纠纷研究：回顾与述评》，《中国集体经济》2011 年第 27 期。

[3] 郭星华主编《法社会学教程》，中国人民大学出版社，2015，第 270 ~ 274 页。

的区域划分而成的"区域法治"现象。[1] B 县行政区划属"县"一级，1980 年我国农村普遍实行联产承包责任制后经济有所发展，后逐步开始了城市化建设，但 B 县的主要区域范围实质上仍属于县城、乡镇乃至农村，城市化水平较低，因此经济、贸易、金融、文化等都欠发达，社会发展整体水平落后。而 A 区在法律上虽然属于县级行政区，但行政机构级别实际上是地级，位于 X 市城市主体的核心组成部分和区域发展的中心，城市化水平较高，拥有较高的经济发展水平，接受先进法律制度的能力较强，更有利于委托代理人制度的推进和发展，因此 A 区的委托代理人制度的发展整体优于 B 县。法治是一种法律制度之下的社会秩序[2]，一种法律制度在不同社会环境中的适用呈现不同的结果，以社会学的角度看待委托代理人制度的发展，即将其发展依托于社会发展之下，社会发展水平是造成委托代理人制度城乡差异的根本原因。

（二）法律意识

法律意识应当是法这一社会现象在人们头脑中的反映和映象，其无疑会受到其他社会意识形态，如政治、道德、宗教等的影响[3]，但最终还是会作用于法律制度本身。概言之，法律意识会影响法律制度的适用情况，使之呈现不同的结果。法律意识与法律制度发展是相辅相成的。

（三）风俗舆论

传统社会是以"礼""俗"为核心构建起来的"差序格局"社会，"乡土中国"是其最好的概括。[4] 现代中国乡村在社会变迁的洗礼下，乡村秩序的基础开始动摇，不断出现纠纷诉诸法律的情况。[5] 然而，一些残

---

① 所谓地方法治，是指国家主权范围内的各个地方（包括以行政区划为特征的地方省、市、区、县，也包括跨越行政区域的地方联合），在法治中国的推进过程中，践行法治精神，落实法治理念，以实现国家法治为目标，基于法治型社会治理的需求，逐渐形成并日益勃兴的一种法治发展现象，是建设社会主义法治国家在地方的具体实践。参见付子堂、张善根《地方法治建设及其评估机制探析》，《中国社会科学》2014 年第 11 期。

② 参见徐爱国《政体与法治：一个思想史的检讨》，《法学研究》2006 年第 2 期。

③ 参见李步云、刘士平《论法与法律意识》，《法学研究》2003 年第 4 期。

④ 吴纪树：《论转型乡土社会的司法策略——以重庆市 L 村为例》，《法律社会学评论》，2014。

⑤ 李瑜青、张斌主编《法律社会学评论》第 1 辑，华东理工大学出版社，2014，第 231 页。

存的甚至是根深蒂固的传统思想尚未消失，且占据较大比例，由此形成了转型乡土社会的纠纷形态与解决机制，自然呈现独特的委托代理人制度体系和价值观念。风俗舆论不是法律制度发展的决定性因素，但在某种程度上影响法律制度的发展。

（四）市场需求

中国是个市民社会，市民社会对国家功能的内在需求是国家得以产生的深刻社会原因，是国家合理性和合法性的基础，没有市民社会的内在功能缺陷和外在功能诉求，全部庞大的国家机器就失却了其存在和运作的坚实社会基础。[1] 法律制度建立在市民社会需要的基础上，正因如此，法律与外在社会结构充分互动，法律能够全面回应社会需求成为一种"回应型法"[2]。

二　影响案件代理类型差异的因素分析

中国民事诉讼一审案件中的委托代理人制度可以适用于多种民事诉讼案件，课题组主要针对 A 区和 B 县的民事诉讼一审债务案件、合同案件、婚姻案件、家事案件、侵权案件、土地案件、其他案件等七种不同类型案件进行实证研究。经过分析发现，其一，合同案件和侵权案件的委托代理人适用比重最高，其次是债务案件；其二，B 县适用委托代理人比重最高的是侵权案件，A 区则是合同案件。造成上述差异的原因是多方面的，与案件本身的性质、不同类型案件在城乡两地发生频率、委托代理人制度发展的城乡差异等均有密切的联系。

（一）案件性质

民事诉讼案件类型多样，不同类型的案件具备不同的特性，可能会对委托代理人的适用产生影响。首先，合同案件和侵权案件具有相对复杂的法律关系，其中合同案件包括房屋买卖合同纠纷、赠与合同纠纷、借款合同纠纷、缔约过失责任纠纷，抑或是保证、抵押、质押合同纠纷等。侵权案件包括机动车交通责任事故纠纷、产品责任纠纷、环境污染

---

① 参见刘旺洪《国家与社会：法哲学研究范式的批判与重建》，《法学研究》2002 年第 6 期。

② 参见罗豪才、宋功德《和谐社会的公法建构》，《中国法学》2004 年第 6 期。

责任纠纷、网络侵权责任纠纷等。在这些民事纠纷类型中，原被告当事人可能涉及自然人之间、自然人与法人、法人之间等多种形式，尤其是合同案件易出现较高的涉案金额，且可能涉及主从合同和多方代理，因此当事人普遍偏向委托专业的法律服务即律师作为诉讼代理人代为进行民事诉讼活动，委托代理人的适用比重相对较高。其次，婚姻、家事等民事诉讼案件具有较强的个人隐私性，法律关系一般较为简单，多数当事人倾向于不委托代理人，且依靠自身力量便足以解决法律纠纷，故委托代理人在该类型案件中的适用比重较低。正因为不同类型案件具备不同的特性，在委托代理人适用上才会有不同的倾向，使得委托代理人制度整体上呈现多元化发展趋势。

（二）案件发生频率

改革开放后，中国社会发展进程加快，经济物质流转水平和速度有了明显提高，人们相互之间进行借贷交易增多，用以满足日常生活和金融投资所需，债务发生频繁，民事诉讼债务类型案件尤其是民间借贷案件随之在各地都有了增多的迹象。与之相伴的是债务案件中的委托代理人数量整体增多，在民事诉讼一审各类案件的委托代理人总数中逐渐占据了较大比例，正因如此，债务案件委托代理人的相关比重数值在 B 县和 A 区都名列前茅。此外，在 B 县和 A 区，民事诉讼一审案件类型的发生频率有所不同。在 B 县，侵权案件发生频率较高，合同案件的发生频率则不如 A 区。因此 B 县侵权案件和债务案件的委托代理人适用比重最高，A 区合同案件和债务案件的委托代理人适用比重最高。此外，城乡差异亦导致不同类型案件在城乡两地发生的频率不同，从而间接影响了委托代理人制度的适用。

（三）委托代理人制度发展情况

前文已经分析过，A 区和 B 县分别代表着城市和乡镇，两地的社会发展、法律意识、风俗舆论、市场需求等方面均有所不同，因此委托代理人制度的发展也存在较大差异。各因结各果，委托代理人制度发展的城乡差异必然影响着其在不同地区案件类型上的适用情况。

第五节　中国民事诉讼一审委托代理人的未来走向

当代中国法律职业的变迁过程充分显示了向现代法律制度的转型是一个漫长而艰难的过程。法律职业并不是一个同质性和自主性的行业团体，而是处在一个由各类市场和国家行为主体所构成的复杂生态系统里①，委托代理人制度承载着这个生态系统的主要运作模式和历史使命，蕴含着市场结构和国家权力的双重特性。中国民事诉讼一审委托代理人制度发展至今已有数十载，几经改革与演变，逐渐形成较为系统的以律师代理、基层法律服务工作者代理、公民代理三大类型为主体的制度体系。但不可否认的是，我国民事诉讼委托代理人制度仍未与现代法治国家的现状完美衔接，不能满足法治社会发展的需求，民事诉讼委托代理人与一般的民事代理差异不大，尚缺失增强当事人诉讼能力以保证诉讼专业化的实质要求，难以体现自身独有的诉讼属性，尤其是律师与基层法律服务工作者的代理业务过分重合，管理矛盾和业务竞争日益凸显。除修改或新增立法的明确性规定、发挥指导性案例作用或改善委托代理人适用环境、提高公民法律意识等措施外，更重要的应该是从委托代理人制度的三大类型代理主体入手，从本质上进行改革，明确中国民事诉讼一审委托代理人制度的未来走向。

一　律师代理：原则性限制

中国律师业和律师代理制度正处在一个夹缝时代，有挑战，更有无限可能。法治兴，律师兴。基于律师业和社会法治存在的内在关联，律师业的兴盛的确能表征社会法治的发达，从互动的意义上说，律师业在促进和维护社会的法治化治理方面，也具有不容忽视的作用。② 律师是指依法取得律师证书，为社会提供法律服务，以保护当事人合法权益、维护社会正

---

① 参见刘思达《割据的逻辑：中国法律服务市场的生态分析》，上海三联书店，2011，第229～238页。

② 参见张志铭《回眸和展望：百年中国律师的发展轨迹》，《国家检察官学院学报》2013年第1期。

义、制衡政府权力、促进法制完善为使命的法律专业人员。为了保持律师代理的法治化和专业化程度，应高度强调律师的正确定位，对律师代理的范围进行原则上限制，将律师代理与一般的法律服务行业区分开来①，保证律师代理朝"高、精、尖"方向发展。然而现在我国的律师代理定位不明，与基层法律服务工作者的代理范围基本一致，糅杂的管辖权边界使得律师代理的真正作用难以凸显，因此，律师代理未来应走专业化发展方向，具体表现为：律师代理应该"进城来"。

（一）律师代理"争地盘"

1980 年代，只有很少一部分律师能够像基层法律服务工作者那样深入街道为当地居民提供法律服务，但随着社会经济改革的不断深入，律师业逐渐私有化，律师队伍人员数量大幅度增长，在逐渐占据法律服务市场份额的同时，律师行业内部竞争加剧。1988 年，律师的数量还不到基层法律服务工作者的一半，而到了世纪之交，二者的数量已经基本持平。虽然司法实践对于委托代理人尤其是律师代理的需要日渐增多，但是律师数量的增长速度远超于对该行业的需求，供大于求的结果就是大部分律师（尤其是在合伙制律师事务所里工作的律师）无法依靠国家获得业务，而变得越来越依赖于社会上的日常法律工作维持生计。② 不少律师为了生存和发展开始转战基层法律服务市场，深入乡镇甚至农村代理民事诉讼案件，造成了对基层法律服务工作者代理"势力范围"的大规模入侵。面对律师代理近乎"争地盘"式地向乡镇扩张的情形，律师代理和基层法律服务工作者代理在案源和市场竞争上的冲突越来越难以调和，矛盾激增。

（二）律师代理原则上不接乡镇业务

《民事诉讼法》自始至终并未明确规定律师代理的案件范围，《律师法》第 28 条规定律师可以接受民事案件、行政案件当事人的委托，担任代理人，参加诉讼，也并未明确律师可以代理何种民事案件。理论上任意

---

① 我国的律师不仅在身份上与英美法系国家的律师相差甚远，也与大陆法系国家普遍把律师、法官、检察官并称为司法三大支柱的做法有很大差距。参见刘桂明《救亡与图存：中国律师业面临十大难题》，《中国律师》2002 年第 11 期。

② 参见刘思达《割据的逻辑：中国法律服务市场的生态分析》，上海三联书店，2011，第 78～79 页。

民事诉讼案件都可以在合法、自愿的基础上委托律师代理进行诉讼活动，但理应在案件范围上有所限制。为避免出现律师代理与其他类型的委托代理人冲突的情况，律师原则上只代理县、市级及以上行政区划辖区的民事诉讼案件，不接乡镇代理业务。

首先，原则上不接乡镇案件可以最大化保证案源的均衡分配，给其他类型的委托代理人带来强制性的案源保障，大大化解因案源问题引发的不同类型委托代理人之间的冲突和矛盾。其次，"好马配好鞍"，县、市级及以上行政区划辖区的民事诉讼案件大多具有案情复杂、法律关系多样、涉案金额大等特点，需要的是专业性更强、业务能力更强的高水平代理人员，律师代理作为委托代理人中的顶梁柱，恰好能满足县、市级及以上行政区划的市场所需，这样也避免了高精尖人才的浪费和流失。律师代理和基层法律服务工作者代理的矛盾映射了委托代理人制度甚至是其他法律制度固有的城乡矛盾，限制律师原则上不代理乡镇的民事诉讼业务实质上是从源头着手，杜绝中国法律服务市场的不良竞争现象发生。此外，律师行业内部要进行分化改革。应该逐步开展律师分流、分级的制度改革，分流是指将律师依擅长主营的代理案件类型划分为不同种类的律师代理人，使之专注在某一类或某几类的案件上，逐渐达至精通的地步；分级是指在分流的基础上，将同一种类的律师划分成不同等级，实行"因案制宜"，依案件来源区域、难易程度、涉外与否等等因素全面衡量，使不同级别的律师能够代理不同的民事诉讼案件，在保证案件代理质量的同时做到"物尽其用、人尽其才"。一方面顺应民事诉讼制度和委托代理人制度大的发展方向，"专业的人做专业的事"，使得委托代理人制度有效运行；另一方面分流与分级的双重调整可以最大限度地避免民事诉讼司法资源尤其是委托代理人资源的浪费，提高委托代理人制度的施行效率，同时这也是律师代理实现稳定、有效、可持续发展的重要思想方针。

二　基层法律服务工作者代理：地域性限制

作为中国特色的法律公共服务制度的基层法律服务工作者代理虽然是作为律师代理的补足而诞生的，但仍具有独特的社会意义和法治价值。随着基层法律服务工作者代理的不断发展，其不仅与律师代理的矛盾不断激化，自身内部也出现了诸多乱象，从一开始的管辖权范围划分不明到后来的管辖权划分过分限制，都导致了基层法律服务工作者代理不能正常运转，进而影响中国民事诉讼一审委托代理人制度的整体发展。为此，课题组建议从大局出发，从细节处着手，对基层法律服务工作者代理不再进行地域限制，取消其管辖权仅覆盖本地域的硬性规定，使得该制度的适用更灵活、更实用、更健全，以便规范法律服务市场和委托代理人诉讼制度的运行机制和市场运作。

（一）基层法律服务工作者代理"和稀泥"

1980 年代末，对基层法律服务的限制加剧了其他法律服务机构和职业者的大量涌现，如"法律咨询公司""法律服务中心""维权中心"等以变相出售民事诉讼和非诉业务的方式扰乱着整个法律服务市场，动摇着基层法律服务工作者的司法实践地位。2000 年 3 月颁布并实施的司法部《基层法律服务所管理办法》和《基层法律服务工作者管理办法》明确了"基层法律服务工作者"和"基层法律服务所"的专业术语，虽然没有直接界定基层法律服务工作者的管辖权范围，却授权基层法律服务工作者经行政机关批准面向社会提供有偿法律服务。事实上，打着"基层法律服务工作者"旗号行事的"法律咨询机构"，大大冲击了律师的执业范围，迫于压力，司法部开始实行一系列措施加强对法律服务所的规范和管理，所有基层法律服务所都被要求只在其所在地的范围内执业。① 然而，这样一来，基层法律服务工作者的数量大大减少，所谓的"法律咨询"机构却趁势崛起，越演越烈，乱象横生，基层法律服务工作者代理逐渐偏离了其在法律服务市场应有的制度定位，难以对律师代理形成有效补足。2003年 3 月司法部发文规定法律服务所按事业法人体制进行管理和运作，与司法所"政事合一"，力图解决这一困局。然而至今，基层法律服务工作者代理仍处在"和稀泥"的状态，尚未形成足够规范、足够系统的制度实践体系。

（二）基层法律服务工作者代理不再进行地域限制

2015 年《民诉法解释》第 88 条规定基层法律服务工作者应当提交当

---

① 参见刘思达《割据的逻辑：中国法律服务市场的生态分析》，上海三联书店，2011，第 82~84 页。

事人一方位于本辖区内的证明材料。2017 年《民事诉讼法》第 58 条第 2
款规定基层法律服务工作者可以被委托为诉讼代理人，仍没有明确代理权
限范围。2017 年修订的《基层法律服务工作者管理办法》第 27 条规定，
基层法律服务工作者代理参加民事诉讼活动应当符合地域管辖的相关条
件，要求限制在案件的至少一方当事人的住所位于其执业的基层法律
服务所所在的县级行政区划辖区或者直辖市的区（县）行政区划辖区
内，即基层法律服务工作者只能代理其所在县级行政区划内的案件。
这样造成的结果是，基层法律服务工作者代理案源极度缺乏，且具有
较强的不稳定性，难以有效支撑整个行业的发展。基层法律服务工作
者代理具有严格的地域限制，原则上基层法律服务工作者只能代理乡
镇案件，乡镇案件本身数量有限，在此情况下，还要限制只能在所在
行政区划辖区内代理民事诉讼案件，使得基层法律服务工作者代理的
案件范围更加狭窄。案源是法律服务行业平稳、和谐发展的重要保
障，解决案源问题是解决基层法律服务工作者代理与律师代理的矛盾
冲突的基础。

首先要明确的是，与律师代理"进城来"相对应的，基层法律服务
工作者代理应该"下乡去"，原则上，律师不代理乡镇案件，基层法律服
务工作者只代理乡镇案件。基层法律服务工作者应该允分发挥对基层
实地熟悉的优势，利用对乡镇和农村社会风貌和乡规民俗的了解，牢牢
把握好这一"自留地"案源。其次，基层法律服务工作者代理应该取
消仅在本行政区划辖区内的地域性限制。在如今中国乡土社会的发展进
程中，同一市级行政区划辖区内的乡镇或农村大多具有相似性，民事诉
讼活动亦是如此。一般来说，基层法律服务工作者在同一区域的乡镇或
者农村内开展代理业务，难以获得充足案源，为避免由案源问题引发法
律服务市场乱象，可以扩展案件的来源地，在保证"基层"这一前提
下，开放同一市级行政区划辖区内不同乡镇或农村的地域限制，这样在
保障案源数量的同时可以大大提高案源的流通性和地域代理之间的互动
性，发挥基层法律服务工作者代理的基层优势，扬长避短，互通有无，
裨益于构建积极、规范、可持续的法律服务市场生态体系。

三　公民代理：正当性规范

中国的公民代理制度正式起源于 1954 年《人民法院组织法》第 7 条第 2 款的规定，民事诉讼中的公民代理则始于 1982 年《民事诉讼法》第 50 条第 2 款，发展至今已历经数次改革。公民代理一直在法律服务市场中起着巨大的辅助作用，我国对其采取有限制的规范。2012 年《民事诉讼法》的第二次修正，基本取消了一般公民的诉讼代理权，从法理上讲，民事诉讼中的委托代理人兼具民事代理的合意性和诉讼程序的司法性，那么判断公民是否能够成为委托代理人的关键因素便是其与诉讼程序司法性的契合程度。[①] 司法诉讼的特殊性决定了公民进入诉讼代理的领域只能是有限的[②]，因此要对公民代理进行正当性规范，具体规定公民可以进行民事诉讼代理的条件要求、公民代理的案件范围以及公民代理人的权利和义务等。

（一）公民代理"杂又散"

在民事诉讼中，公民代理是与职业代理相对应的非专业性代理制度，正因为是非专业性质的，才应该作更充分的详细规定，以便能够在司法实践中规范适用。然而目前我国关于公民代理的立法规定仅有《民诉法解释》第 85～87 条关于部分公民代理资格条件的要求，其他方面的规定几乎没有。公民代理适用范围广，普适性强，尤其在乡镇、农村等地区和婚姻家事案件中发挥着独特而重要的作用。但由于立法规定的匮乏，司法实践中公民代理制度秩序混乱，非法的民事诉讼公民代理现象时有发生，非但不能切实保障当事人的合法权益，反而冲击正规的法律服务市场、损害司法效率和司法公正，进而阻碍司法改革进程并危害社会稳定。[③] 公民代理涉及当事人的近亲属、工作人员和当事人所在社区、单位以及有关社会团体推荐的公民等多种类别，因此公民代理人员适用驳杂，公民代理人的受教育程度、法律专业水平等一直备受

---

① 参见许尚豪《公民代理民事诉讼的法理反思及制度完善》，《法学论坛》2017 年第 4 期。
② 参见汤正奎、商志强《"公民代理诉讼"，何去何从》，《人大建设》2009 年第 9 期。
③ 参见刘善华、刘德跃《论非法民事公民代理的理性规制》，《山东警察学院学报》2013 年第 6 期。

批判，对于如何正确、规范地适用公民代理这一问题尚未形成统一、科学的制度体系，相较于律师代理和基层法律服务工作者代理而言，公民代理在法律服务市场中呈现一派"杂又散"的现象。

（二）公民代理强化多方面具体规定

公民代理"杂又散"的根本原因是其尚未形成体系化的制度规定和管理机制，亟须强化多方面的具体规定来规范民事诉讼公民代理在法律服务市场内的运行活动。强化公民代理的立法规定应从多方面、多维度入手，包括公民代理的资格要求、公民代理的案件范围和公民代理是否收费等，奠定公民代理适用的正当性基础。首先，明确民事诉讼公民代理的资格条件。《民诉法解释》第84条规定无民事行为能力人、限制民事行为能力人以及其他依法不能作为诉讼代理人的，当事人不得委托其作为诉讼代理人；第85~87条分别规定了当事人的近亲属、工作人员及有关社会团体推荐公民担任诉讼代理人的限制条件；然而现行法律并未对公民代理人的法律基本知识有所规定。2003年江苏省高级人民法院、江苏省司法厅、江苏省公安厅《关于规范公民接受委托参与诉讼活动资格审查的若干规定》[①] 和2011年上海市高级人民法院、上海市司法局《关于规范本市诉讼活动中公民代理的若干意见》[②] 中规定有"可能损害被代理人利益的人""不具有法律基本知识的人""其他不宜担任诉讼代理人的人"等不得作为民事公民代理人。实质上，具备一定法律基本知识是公民参与民事诉讼代理活动的基础，最起码要了解民事诉讼流程，能够切实保障当事人的诉讼利益，这一点暂未被纳入立法，但法院的审查权应予保留，对公民代理的资格审查应统一规定一套完备的审查程序机制，符合条件的即准入，不符合条件的法院应告知当事人另行委托诉讼代理人并释明。其次，明确民事诉讼公民代理的案件范围。公民代理对专业化程度要求并不高，与之相对的，其可以适用的案件范围应限制在"事实清楚、权利义务关

---

① 参见《江苏省高级人民法院江苏省司法厅江苏省公安厅关于规范公民接受委托参与诉讼活动资格审查的若干规定》，http：//sft. jiangsu. gov. cn/art/2009/11/3/art＿74359＿8317070. html，最后访问日期：2018年8月21日。

② 参见《上海市高级人民法院、上海市司法局关于规范本市诉讼活动中公民代理的若干意见》，http：//shfy. chinacourt. gov. cn/article/detail/2012/10/id/672040. shtml，最后访问日期：2018年8月21日。

系明确、争议不大、程序方面要求不严格"的简单民事案件①，譬如简单及小额案件、纯粹的婚姻家庭及人际关系案件可实行普遍的公民代理，一般在这些案件中，公民代理足以应付较为简单的民事诉讼活动，作为与当事人更为熟悉的公民代理人，反而具有专业律师所不具备的更了解案情、更保护隐私性等诉讼优势，且有利于避免委托代理人资源的浪费。其他较为复杂的案件中可严格禁止公民代理，譬如上诉审、申诉以及申请再审等案件的案情相对复杂，主要是诉讼程序方面牵涉更专业的法律知识，尤其是"法律审"问题，职业法律人比公民代理更加符合诉讼程序司法性的需求。② 此外，关于公民代理是否应该收取代理费的问题，本书认为，公民代理制度建设的目的是以自身优势弥补专业诉讼代理之不足，构建更加系统完善的委托代理人诉讼制度，公民代理不是强制性的代理模式，应在严格基于自愿、合法的基础上进行，"人情"的意味更浓。若规定公民代理应该收取代理费，难免会引发非法公民代理现象的膨胀，因此公民代理不宜向当事人收取代理费用。保障民事诉讼公民代理的正当性发展，避免公民代理司法实践中的"杂又散"现象发生，需要不断努力强化公民代理多方面的具体规定。

四 委托代理人制度整体发展走向集中专业化

纵观中国民事诉讼一审委托代理人制度自新中国成立以来的变迁发展，追溯其发展背后的历史原因和社会因素，结合 X 市 A 区和 B 县城乡两地的实证数据研究分析可以发现，律师代理除了在发展初期数量略低于基层法律服务工作者外，在其他时期都是保持着绝对主导地位，尤其是《民诉法解释》颁布以来，委托代理人制度发展已经逐渐趋于稳定。律师代理的数量远超于基层法律服务工作者代理数量和公民代理数量，这对于民事诉讼制度的正常运转、当事人利益的保障、司法权威公正的维护、社会主义法治的建设起着至关重要的作用。委托代理人制度的发展史其实就是律师代理制度的发展史，委托代理人制度的发展程度整体取决于律师代

---

① 参见刘善华、刘德跃《论非法民事公民代理的理性规制》，《山东警察学院学报》2013年第 6 期。

② 参见许尚豪《公民代理民事诉讼的法理反思及制度完善》，《法学论坛》2017 年第 4 期。

理制度的发展程度。

集中专业化道路是我国委托代理人制度坚定不移的发展方向，律师代理在其中扮演着举足轻重的重要角色，律师将走上更加集中的专业化、多层次发展道路，不仅是现在，将来更是法治时代的主流。

在中国民事诉讼委托代理人制度发展历程中，律师代理制度的发展在一定程度上依赖并影响着国家与社会关系的法治化构建，法治兴，律师兴。没有民众对法治的崇尚，没有承载自由民主法治的政制框架，没有良好的法治环境，就不可能有真正发达的律师业。中国律师的命运，在整体上取决于中国社会的法治化进程，尤其是在现阶段，律师业致力于推进法治，也就是致力于律师业的长远发展。① 中国民事诉讼的委托代理人制度更是与律师业的发展息息相关，集中专业化是对委托代理人制度整体发展的大方向把控，是对律师代理的重新界定和进一步考量，在给予律师代理更高要求、更多机会的同时，也监督并督促着律师代理朝向更高更强发展，中国司法领域的公检法"三巨头"会逐渐演变成法官、检察官、律师"三剑客"，形成司法诉讼和司法公正的实质平衡。挑战与机遇并存，我们要试图在当今这个历史的夹缝时代中汲取中国特色社会主义法治的正能量，与世界接轨，找准方向并创造未来。

---

① 参见张志铭《回眸和展望：百年中国律师的发展轨迹》，《国家检察官学院学报》2013年第 1 期。

第六章 中国民事诉讼一审结案方式实证研究

第一节 导论

依据新中国社会发展的历史背景和民事诉讼程序制度历经阶段的不同特征，可以将新中国民事诉讼结案方式的发展过程划分为 1949～1957 年、1958～1965 年、1966～1976 年、1977～1981 年、1982～1990 年、1991～2003 年、2004～2019 年七个时间段。受不同阶段社会政治、经济、文化等因素的不同影响，我国民事诉讼程序制度发展显现出了鲜明的时代特征，民事诉讼结案方式也显现出不同的外部表征。

1949～1957 年，是新中国民事诉讼程序制度由破到立的重要阶段。1950 年 12 月 31 日，中央人民政府法制委员会依据《中国人民政治协商会议共同纲领》起草了《诉讼程序试行通则（草案）》，确立了调解、判决等民事诉讼案件的结案方式，但最终未获通过。1950 年 11 月，周恩来总理代表中央人民政府政务院作出了《关于加强人民司法工作的指示》①，指示要求"一方面应尽量采取群众调解的办法以减少人民讼争，另一方面司法机关在司法工作中应力求贯彻群众路线，推行便利人民、联系人民和依靠人民的诉讼程序与各类审判制度"，体现了新中国成立伊始在司法政策上鼓励调解与判决相结合的结案方式。1951 年 9 月，中央人民政府颁布《最高人民检察署暂行组织条例》《各级地方人民检察署组织通则》，对检察院参与民事诉讼作出了明示；颁布《人民法院暂行组织条例》，确

---

① 周恩来：《关于加强人民司法工作的指示》，《山东政报》1950 年第 11 期。

立民事案件合议、陪审、巡回审判、公开审判、调解、和解等诉讼制度，相应地确立了判决、调解、和解等结案方式。1954 年 9 月，《人民法院组织法》《人民检察院组织法》颁行，《人民法院组织法》第 11 条确立了两审终审制度，对一审法院的判决、裁定结案方式作出了明确规定。1955 年 7 月，最高人民法院起草发布了《关于北京、天津、上海等十三个大城市高、中级人民法院民事案件审理程序的初步总结》，所总结的结案方式主要包括判决、裁定，同时，"将法院调解作为一种结案方式，调解成立后所发的调解书与法院判决具有同等效力"①。此外，针对案件特殊情况，还出现了注销案件、准予撤回案件、终止审理等其他结案方式，"双方当事人在外自行成立调解的，应向人民法院备案，经审查同意后，将案件注销；原告人自动放弃诉讼权利或双方当事人自行和解而请求撤回起诉的，经审查后可准予撤回；如原告人经传唤两次以上无正当理由不到庭时，应看作撤回案件并将案件予以注销"。

1958～1965 年，民事诉讼程序立法和司法曲折前行。新中国民事诉讼程序立法受到冲击，之前初步形成的民事诉讼程序制度被废止，转向主要依靠社会化方式解决民事纠纷。民事诉讼程序被弱化，民事诉讼结案方式以调解结案为主。

1966～1976 年，十年"文化大革命"使刚刚起步的法制建设遭到了破坏。

1978～1982 年，民事诉讼法立法和司法进入全面恢复和建设阶段。1979 年 2 月，最高人民法院制定了《人民法院审判民事案件程序制度的规定（试行）》。1982 年《民事诉讼法（试行）》通过并实施。《民事诉讼法（试行）》尊重司法规律，改变了着重调解的做法，将调解工作的基调表述为应当调解，在适应经济、社会发展需要的基础上，对调解、撤诉、判决、终结诉讼等结案方式作出了相应规定。

1982 年至今，我国民事诉讼程序制度立法和司法实践始终处于不断完善的运动过程当中，历经了 1991 年《民事诉讼法》的发布，以及 2007 年、2012 年、2017 年的三次修改和民事诉讼政策的不断变

---

① 王继超：《谈谈刑、民事案件审理程序中的几个问题》，《法学研究》1957 年第 4 期。

化，民事诉讼结案方式在种类、数量和发展趋势上发生了一系列的变化。

纵观新中国成立 70 年来民事诉讼一审结案方式的历史演进，其受不同时期政治、经济、社会、文化、立法、司法政策的影响，呈现特定的趋势。首先，这是一个逐步规范化和法治化的过程，结案方式从依靠司法政策性文件规定，到逐步实现立法化，再到立法和司法的精细化，也是民事程序法治化 70 年的缩影。其次，这是一个逐步完善和丰富的过程，70 年来，结案方式的种类基本保持稳定，但也呈现不断丰富的趋势，从最初的判决、裁定、调解，逐步演进为判决、裁定、调解、撤诉、移送、终止等结案方式。再次，其契合和回应着民事诉讼目的、价值，参与重构民事诉讼模式，从一个侧面印证了我国民事诉讼目的、价值和模式的变迁过程。最后，这是各种结案方式互动的过程，回溯历史可知，不同种类的结案方式始终是此消彼长的关系，随着立法变化和司法政策的调整，民事诉讼一审结案方式的适用也在发生着变化，其中判决和调解两种结案方式呈现此消彼长的互动关系。在强调调解的历史时期，民事诉讼一审案件的调解结案率会明显提升，判决结案率则相应降低，相反，在相对弱化和规范调解的历史时期，调解结案率会有所降低，判决结案率则相应提升。本章选择以调解为主线，结合判决和其他结案方式，将民事诉讼一审结案方式划分为若干历史阶段，对其展开实证研究，考察民事诉讼一审案件结案方式的立法进程和司法实践状况，总结历史经验，回应现实关切，希冀对我国民事诉讼结案制度的完善有所裨益。

第二节　中国民事诉讼一审结案方式的基本状况

从民事诉讼一审程序的一般情形看，民事诉讼结案方式的具体种类包括判决、裁定、调解、移送及其他结案方式，其中，裁定结案方式又包括裁定驳回起诉、裁定撤诉、裁定终结诉讼三类结案方式。但在不同历史时期，受当时社会政治、经济、文化、法律等因素的影响，民事诉讼案件的结案方式也存在差异。笔者将 1949 年以来中国民事诉讼进程大致区分为 1949 ~ 1957年、1958 ~ 1965 年、1966 ~ 1976 年、1977 ~ 1981 年、1982 ~ 1990 年、1991 ~

2003 年、2004~2019 年七个时间阶段①，通过对全国法院和 X 市 A 区人民法院、B 县人民法院在上述不同阶段的结案方式进行数据统计，分析不同阶段结案方式的变化，再现中国民事诉讼一审结案方式演进的基本状况和历史过程。当然，鉴于 1949 年全国大部分人民法院尚未成立，1949 年统计数据空缺；1966 年"文化大革命"开始，法院统计工作基本停顿，部分年度数据缺失；同时，最高人民法院统计的部分年度的数据仅有收案数、结案数，而缺乏对具体案件类型和结案方式的数据统计，对中国民事诉讼一审结案方式历史演进过程的实证研究将不同程度地受到上述因素的影响。

一　中国民事诉讼一审结案方式：1949~1957 年

由于 1949 年全国大部分人民法院尚未成立，统计数据空缺。1950~1955 年，最高人民法院公布的民事诉讼一审案件统计数据，仅对全国法院的案件类型和收案、结案数量进行了统计，并未公布结案方式及其数量，但从结案率的角度对数据进行统计仍具有一定的意义，如下表 6-1 所示。

表 6-1　全国法院民事诉讼一审案件结案统计（1949~1955 年）

单位：件，%

年度	收案	结案	未结	结案率
1950	659157	616649	74354	93.6
1951	865700	843459	22241	97.4
1952	1432762	1356912	75850	94.7
1953	1755122	1755122	0	100.00
1954	1216920	1265090	122971	104.00
1955	959726	297356	662370	31.00

注：笔者推测，结案率超过 100% 可能与数据统计口径有关，收案数为当年新收案件数，但结案数应当包括上年度未结案件数量，下同。本表中 1953 年结案率为 100%，无结转未结案件，以及结案 + 未结 ≠ 收案的情况，可能是历史资料误差所致。

资料来源：最高人民法院研究室编《全国人民法院司法统计历史资料汇编：1949—1998（民事部分）》，人民法院出版社，2000，第 1~4 页。

① 由于民事诉讼一审结案方式与调解政策在不同历史阶段的表现紧密相关，故参考我国调解政策的历史阶段划分，具体表现为 1949~1981 年（调解为主政策）；1982~1991 年（着重调解政策）；1992~2003 年（自愿合法调解政策）；2004 年至今（优先调解与调解社会化政策），对民事诉讼结案方式的演进作出上述阶段划分。参见张嘉军等《政策抑或法律：民事诉讼政策研究》，法律出版社，2015，第 288~294 页。

1949～1955 年，民事诉讼一审案件的结案方式主要是判决、裁定、调解。具体而言，1950 年《诉讼程序试行通则（草案）》确立了调解、判决等民事诉讼案件的结案方式，但最终未获通过；《关于加强人民司法工作的指示》鼓励调解与判决相结合的结案方式；1951年 9 月《人民法院暂行组织条例》确立了判决、调解、和解等结案方式；1954 年《人民法院组织法》对一审法院的判决、裁定结案方式作出了明确规定；1955 年《关于北京、天津、上海等十三个大城市高、中级人民法院民事案件审理程序的初步总结》的结案方式主要包括判决、裁定，同时将法院调解作为一种结案方式，裁定结案方式又包括注销案件、准予撤回案件、终止审理等。从表 6－1 的数据中尽管不能判断各种结案方式在民事诉讼一审案件结案数中所占的比重，但较高的结案率、革命根据地时期所形成的民事纠纷调解解决的司法传统、人民政府强调人民内部矛盾内部解决的司法政策等，加之当时民事纠纷主要集中在婚姻家庭、劳资、土地、房产、债务等传统民事领域，决定了民事诉讼一审案件判决、裁定结案方式较多，但调解结案的数量应当也不在少数。

由于司法统计口径的变化，从 1956 年开始，最高人民法院在民事诉讼一审案件统计中除统计年度收案数和结案数外，开始对民事诉讼一审案件在不同结案方式下的结案数量进行统计，并对不同案件类型的结案方式也分别作了统计，如表 6－2 所示。

表 6－2 全国法院民事诉讼一审案件结案统计（1956～1957 年）

单位：件

年度	收案	结案	结案方式及占比				未结	结案率
			终止	移送管辖	调解	判决		
1956	739213	749640	142832 19%	39396 5%	290316 39%	277096 37%	80459	101%
1957	818969	823219	185396 23%	44886 5%	307854 37%	285083 35%	98911	101%

资料来源：最高人民法院研究室编《全国人民法院司法统计历史资料汇编：1949—1998（民事部分）》，人民法院出版社，2000，第 19 页。

从表 6 - 2 可以看出，1956 ~ 1957 年，全国法院民事案件结案方式包括终止、移送管辖、调解、判决，结案文书类型应当包括裁定书、调解书和判决书三类。1956 ~ 1957 年全国法院各类结案方式在结案案件中所占比重如图 6 - 1、图 6 - 2 所示。总体而言，全国法院民事诉讼一审结案方式仍以判决和调解为主，二者约占整个结案案件数量的 70%，调解结案的案件略多于判决结案的案件数量。

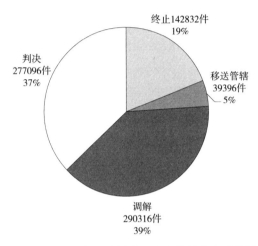

图 6 - 1　1956 年民事诉讼一审案件结案方式比例

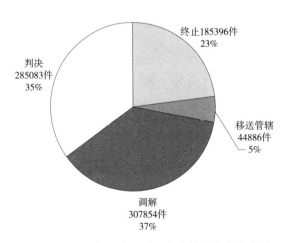

图 6 - 2　1957 年民事诉讼一审案件结案方式比例

除以最高人民法院发布的全国法院一审民事案件结案方式的数据进行统计分析外，课题组还随机调阅了 H 省 X 市 A 区人民法院和 B 县人民法院自新中国成立以来审结的民事诉讼一审案卷，对该院一审民事案件的结案方式进行了数据统计，如表6－3所示。

表6－3 X市部分基层法院民事诉讼一审案件结案统计（1949～1957年）

单位：件，%

年份	判决		裁定		调解		其他		结案数
	数量	占比	数量	占比	数量	占比	数量	占比	
1949	0	0	0	0	0	0	42	100	42
1950	0	0	0	0	15	31	33	69	48
1951	10	7.7	7	5.3	38	29	76	58	131
1952	42	22	14	7	126	65	12	6	194
1953	62	44	0	0	72	50	9	6	143
1954	2	33	1	17	2	33	1	17	6
1955	22	18	16	13	68	54	20	15	126
1956	34	21	33	20	90	55	6	4	163
1957	27	21	11	8	68	52	25	19	131

资料来源：参见课题组对H省X市部分基层法院民事诉讼一审结案方式的调研，以下同类表格同。

1949～1957年，X市部分基层法院的结案方式包括判决、裁定、调解及其他方式，其中判决和调解结案方式占绝大部分，调解在结案方式中占比较高，几乎占所有结案方式的一半。地方法院统计数据所反映的结案方式，虽不可能与全国法院的统计数据完全一致，但仍然能够反映新中国成立后民事案件结案方式上重视调解结案的趋势，此类情形也与当时民事纠纷解决所处的特定的社会政治环境、经济环境、文化环境、法律环境和案件类型等高度相关。

二 中国民事诉讼一审结案方式：1958～1965年

如前所述，1958～1965年，民事诉讼程序立法和司法在曲折中前行。新中国民事诉讼程序立法搁置，民事纠纷的解决主要依靠社会化方式，调解为主是当时处理民事案件的基本方法。全国法院和地方法院一审民事案件结案方式统计数据可以印证这一历史事实和基本判断。如表6－4所示。

表 6 - 4 全国法院民事诉讼一审案件结案统计（1958～1965 年）

单位：件

年度	收案	结案	结案方式与占比				未结	未结率
			终止	移送管辖	调解	判决		
1958	433197	513044	112913 22%	30285 6%	225733 44%	144113 28%	18672	4%
1959	384553	471291	59970 13%	40252 9%	280809 59%	90260 19%	9701	3%
1960	308024	299182	28544 10%	23808 8%	194958 65%	51872 17%	180887	59%
1961	617478	547123*	36404 7%	— —	347325 63%	88154 16%	87576	14%
1962	832290	698978	62839 9%	51633 7%	454856 65%	129650 19%	99504	12%
1963	778881	783953	116217 15%	58299 7%	475790 61%	133647 17%	95869	12%
1964	633617	647000	42172 7%	426039 66%	94423 14%	84366 13%	86003	14%
1965	551971	573724	71306 13%	34464 6%	391604 68%	76350 13%	—	—

＊1961 年最高人民法院将撤诉等情形归于结案，且未显示移送管辖案件数，因此此处数据在微观层面上可能有一定误差，但不影响以下宏观层面的分析。

资料来源：参见最高人民法院研究室编《全国人民法院司法统计历史资料汇编：1949—1998（民事部分）》，人民法院出版社，2000，第 23～34 页。

从表 6 - 4 可以看出，1958～1965 年，全国法院民事诉讼一审案件结案方式包括终止、移送管辖、调解、判决。全国法院民事诉讼一审结案方式仍以判决和调解为主，调解结案和判决结案的案件约占整个结案案件数量的 80%，调解结案的案件明显多于判决结案的案件数量，调解成为民事诉讼一审案件的主要结案方式。

课题组随机调阅的 X 市部分基层法院 1958～1965 年民事诉讼一审案卷，结案方式的数据统计如表 6 - 5 所示。

表 6 - 5 X 市部分基层法院民事诉讼一审案件结案统计（1958～1965 年）

单位：件

年度	结案数	结案方式及占比			
		判决	裁定	调解	其他
1958	6	3（50%）	0（0%）	3（50%）	0（0%）
1959	92	0（0%）	8（9%）	84（91%）	0（0%）

续表

年度	结案数	结案方式及占比			
		判决	裁定	调解	其他
1960	86	3（3%）	5（6%）	78（91%）	0（0%）
1961	123	4（3%）	13（11%）	100（81%）	6（5%）
1962	394	42（11%）	29（7%）	323（82%）	0（0%）
1963	289	109（37%）	31（11%）	149（52%）	0（0%）
1964	164	47（28%）	24（15%）	93（57%）	0（0%）
1965	382	152（40%）	20（5%）	210（55%）	0（0%）

　　1958～1965年，X市部分基层法院的结案方式主要包括判决、裁定、调解，其中判决和调解占民事诉讼一审案件结案数的绝大部分，调解占比较高。1959年和1960年，该院结案的民事诉讼一审案件中，适用调解方式结案的案件数均占到全部案件数的91%，比例极高。

三　中国民事诉讼一审结案方式：1966～1976年

　　1966～1976年，十年"文化大革命"使刚刚起步的民事诉讼程序法制建设遭到了极大的破坏，民事诉讼一审案件收案数量急剧下降，民事诉讼及其结案方式也脱离了法制化的轨道，收案未结的案件数量也在增加，这种情况从全国法院民事诉讼一审案件结案情况的司法统计数据中可见一斑，如表6－6所示。

表6－6　全国法院民事诉讼一审案件结案统计（1966～1976年）

单位：件

年度	收案	结案	结案方式及占比						未结	未结率
			终止	移送管辖	调解	判决	撤诉	其他		
1966	353867	355809	40839 12%	19005 5%	257039 72%	38926 11%	— —	— —		
1967	223274	218173	— —	— —	— —	— —	— —	— —	53847	24%
1968	89122	100411	— —	— —	— —	— —	— —	— —	30181	34%

年度	收案	结案	结案方式及占比						未结	未结率
			终止	移送管辖	调解	判决	撤诉	其他		
1969	62507	55193	—	—	—	—	—	—	39243	63%
			—	—	—	—		—		
1970	73582	70021	6581	16444	37253	8865	—	878	35200	48%
			9%	24%	53%	13%	—	1%		
1971	155602	134217	11238	29385	75622	15978	—	1994	77140	50%
			8%	22%	56%	12%	—	2%		
1972	102900	89721	9553	21266	47955	9637	—	1310	86618	84%
			11%	24%	53%	11%	—	1%		
1973	269047	250563	29568	31817	152142	25412	—	11624	116458	43%
			12%	13%	61%	10%	—	4%		
1974	286145	299383	30159	29063	193374	31846	14941	—	103210	36%
			10%	10%	64%	11%	5%	—		
1975	248623	271832	25110	20531	181647	30508	14036	—	83758	34%
			9%	8%	67%	11%	5%	—		
1976	225679	233651	18904	14697	158214	27327	14509	—	79004	35%
			8%	6%	68%	12%	6%	—		

资料来源：参见最高人民法院研究室编《全国人民法院司法统计历史资料汇编：1949—1998（民事部分）》，人民法院出版社，2000，第34～42页。

　　从表6－6可以看出，1967～1969年，全国法院民事诉讼一审案件结案方式缺乏统计数据，1970～1976年，全国法院民事诉讼一审案件结案方式包括终止、移送管辖、调解、判决、撤诉和其他方式。裁定终止结案方式在各年份基本持平，约占结案总数的10%；移送管辖结案方式总体呈下降趋势；调解结案方式适用率仍然较高，约占结案总数的60%；判决结案方式适用率相对较低且波动不大，平均约占结案总数的10%；除此之外，大约有5%的民事诉讼一审案件按照撤诉结案。再从民事诉讼一审案件的收案量与未结率看，全国法院民事诉讼一审案件收案量从1962年最高832290件锐减至1969年最低62507件，全国法院受理的民事诉讼一审案件结案率也在急剧降低，1972年全国法院民事诉讼一审案件的未结案率高达84%。总体而言，1966～1976年，全国法院民事诉讼一审结案方式仍以判决和调解为主，二者之和约占整个结案案件数量的 70%，调解结案的案件明显多于判决结案的案件数量，调解成为民事诉讼一审案件的主要结案方式。

课题组调阅的 X 市部分基层法院民事诉讼一审案件结案状况如表 6－7 所示。

表 6－7　X 市部分基层法院民事诉讼一审案件结案统计（1966～1976 年）

单位：件

年度	结案数	结案方式及占比			
		判决	裁定	调解	其他
1966	149	70（47%）	12（8%）	67（45%）	0（0%）
1967	125	19（15%）	3（2%）	103（83%）	0（0%）
1968	28	2（7%）	0（0%）	26（93%）	0（0%）
1969	30	7（23%）	0（0%）	23（77%）	0（0%）
1970	29	2（7%）	0（0%）	27（93%）	0（0%）
1971	95	9（9%）	0（0%）	86（91%）	0（0%）
1972	78	8（10%）	0（0%）	70（90%）	0（0%）
1973	102	23（23%）	0（0%）	79（77%）	0（0%）
1974	78	21（27%）	0（0%）	57（73%）	0（0%）
1975	99	25（25%）	0（0%）	74（75%）	0（0%）
1976	78	17（22%）	0（0%）	61（78%）	0（0%）

1966～1976 年，X 市部分基层法院的结案方式主要包括判决、裁定、调解，其中判决和调解结案方式占民事诉讼一审案件结案数的绝大部分，调解占比较高。1968 年、1970 年、1972 年，该院结案的民事诉讼一审案件中，适用调解结案的比例均占到全部案件数的 90% 以上。与全国法院该时期民事诉讼一审案件统计数据相类似，X 市部分基层法院结案数量急剧下降，从上一时期中 1962 年峰值的 394 件下降到本时期 1968 年最低值 28 件，同时也反映了该时期我国民事诉讼一审案件结案方式重视调解结案的大环境和大趋势。此外，民事诉讼法制遭受严重破坏而导致的民事诉讼案件数量的急剧下降和纠纷解决方式上的变化，与当时所处的特定的社会政治环境、经济环境、文化环境、法律环境和案件类型等因素的影响不无关系。

四　中国民事诉讼一审结案方式：1977～1981 年

1978 年，党的十一届三中全会拨乱反正，民事诉讼法立法和司法进入全面恢复和建设阶段，从 1979 年制定《人民法院审判民事案件程序制度的规定（试行）》，到起草《民事诉讼法（试行）》，中国民事诉讼法律制度迎来了全新的时代，民事诉讼案件数量和一审民事案件结案方式也由此发生了显著的变化，如表 6-8 所示。

表 6-8　全国法院民事诉讼一审案件结案统计（1977～1981 年）

单位：件

年度	收案	结案	结案方式及占比					未结	未结率
			终止	移送管辖	调解	撤诉	判决		
1977	232645	245368	18088 7%	14159 6%	173576 71%	11805 5%	27740 11%	63876	27%
1978	300787	284411	17112 6%	15576 6%	205710 72%	14935 5%	31078 11%	79086	26%
1979	389943	367369	23530 6%	19594 5%	258605 71%	26275 7%	39365 11%	100382	26%
1980	565579	555078	34022 6%	31689 6%	383653 69%	47110 8%	58604 11%	115127	20%
1981	673926	662800	35470 5%	33678 5%	456753 69%	66160 10%	70739 11%	126435	19%

资料来源：参见最高人民法院研究室编《全国人民法院司法统计历史资料汇编：1949—1998（民事部分）》，人民法院出版社，2000，第 42～49 页。

从表 6-8 可以看出，该阶段全国法院民事诉讼一审案件收案量稳步提升，特别是在 1978 年以后，民事诉讼一审案件收案数量呈逐年增加趋势，且增幅较大，1981 年收案达到 673926 件的历史峰值。除经济增长导致案件数量增加外，也与民事诉讼法制在拨乱反正后健康发展不无关系。1977～1981 年，民事诉讼一审案件结案方式包括终止、移送管辖、调解、撤诉、判决五种方式，其中裁定终止结案率、移送管辖结案率基本维持在结案总数的 6% 左右；受调解政策调整的影响，"调解

为主"① 作为这一时期民事案件处理的指导思想，调解结案率较上一时期
有所下降，基本稳定在 70% 左右；以撤诉方式结案在这一时期表现较为突
出，撤诉案件数量逐年增加，这一时期判决结案率也较为稳定，稳定在
11% 左右。同时，随着民事诉讼制度的健全，结案率也在逐年提高。这一
时期，随着思想解放、拨乱反正和经济复苏，人民法院的工作已经开始走
上依法办案的正常轨道，司法建设也进入了一个新的发展时期②，民事案件
审判基本进入了法制化的轨道，民事诉讼一审案件结案方式的适用也基本
趋于稳定，调解和判决仍然是这一时期主要的民事诉讼一审案件的主要结
案方式。

　　课题组调阅的 H 省 X 市部分基层法院民事诉讼一审案件结案状况如
表 6－9 所示。

表 6－9　X 市部分基层法院民事诉讼一审案件结案统计（1977～1981 年）

单位：件

年度	结案数	结案方式及占比			
		判决	裁定	调解	其他
1977	71	0（0%）	0（0%）	58（82%）	13（18%）
1978	2	0（0%）	0（0%）	2（100%）	0（0%）
1979	33	3（9%）	2（6%）	28（85%）	0（0%）
1980	60	8（13%）	2（3%）	50（83%）	0（0%）
1981	225	32（14%）	17（8%）	176（78%）	0（0%）

　　1976～1981 年，随着全国民事诉讼法制建设的正规化，X 市部分基
层法院民事案件结案数也呈现增长趋势，从 1978 年的 2 件逐年递增至
1981 年的 225 件，达到了该时期结案数的峰值。结案方式包括判决、裁
定、调解及其他方式，判决结案率基本维持在 10% 左右，而大量的案件
主要以调解方式结案，1978 年调解结案率为 100%，其他年份基本维持在
80% 左右，调解结案成为民事诉讼一审案件结案的主要方式。X 市部分基

---

① 邱星美：《调解的回顾与展望》，中国政法大学出版社，2013，第 126 页。
② 参见 1980 年 9 月 2 日最高人民法院院长江华在第五届全国人民代表大会第三次会议上所
　做的《最高人民法院工作报告》。

层法院民事诉讼一审案件统计数据所反映的结案方式的变化与全国法院在该时期民事诉讼一审结案方式的变化趋势基本吻合，反映了这一时期民事诉讼法制正规化转型后的向好发展趋势，从另一个侧面反映了民事诉讼制度的发展深受其所在时代社会政治、经济、文化等因素的影响，并反作用于当时社会政治、经济、文化的发展。

五　中国民事诉讼一审结案方式：1982～1990 年

1982 年《民事诉讼法（试行）》颁布实施，确立了民事诉讼的立法基础和司法基础，对民事案件结案方式作出了明确规定，将长期奉行的"调解为主"的民事审判工作方针修订为"着重调解"[1]，并将其作为民事诉讼的一项基本原则在立法上予以确认；同时，随着法治意识的苏醒和经济理念的更新，立法还规定了选民资格案件，宣告失踪、宣告死亡案件，认定财产无主案件，认定公民行为能力案件等特别程序，对民事诉讼结案方式也产生了一定的影响。这一时期，民事诉讼制度的发展日新月异，民事案件收案数量、结案数量大幅度增长，结案方式也呈现更加多元的态势，这些变化从最高人民法院对该时期全国法院民事诉讼一审案件的统计数据可见一斑，如表 6-10 所示。

表 6-10　全国法院民事诉讼一审案件结案统计（1982～1990 年）

单位：件

年度	收案	结案	结案方式及占比						未结	未结率
			调解	判决	移送管辖	撤诉	终结	注销		
1982	778941	778358	530543 68%	91423 12%	34764 5%	87316 11%	34312 4%	— —	125138	16%
1983*	800516	792039	569161 72%	93707 12%	25004 3%	85813 11%	18251 2%	103 0.1%	137472	17%
1984	924103	931358	678633 73%	109466 12%	25535 3%	99393 10%	18331 2%		129205	14%
1985	1073086	1056002	795610 75%	122750 12%	23506 2%	99672 9%	14464 2%		145771	14%

---

[1]　张嘉军：《政策抑或法律：民事诉讼政策研究》，法律出版社，2015，第 289 页。

续表

年度	收案	结案	结案方式及占比						未结	未结率
			调解	判决	移送管辖	撤诉	终结	裁定		
1986	1311562	1287383	961725 75%	161345 13%	30248 2%	120087 9%	13978 1%	—	570127	43%
1987	1579675	1561620	1140548 73%	215954 14%	29382 2%	160881 10%	14855 1%	—	188964	12%
1988	1964095	1900979	1403337 74%	255097 13%	26448 1%	194122 10%	11250 0.5%	10725 0.5%	247723	13%
1989	2506150	2477981	1767379 71%	368139 15%	30647 1%	284144 12%	12188 0.4%	15484 0.6%	277555	11%
1990	2440040	2440014	1608930 66%	442236 18%	29090 1%	330952 14%	12115 0.4%	16691 0.6%	236603	10%

　　*　从1983年开始，由于已经在法院设置了经济审判庭，最高人民法院司法统计指标中将民事案件和经济案件分别统计，将婚姻、继承、抚养、赡养、宅基地、房屋、土地、宣告失踪、认定财产无主等案件界定为民事案件，而将经济合同、涉外经济纠纷、商标、环保、劳务等纠纷界定为经济纠纷。本表中的民事诉讼一审案件统计数据以最高人民法院统计数据中民事案件和经济案件的总数量作为研究基础，以后年份若有类似情形的，统计数据亦同。

　　资料来源：最高人民法院研究室编《全国人民法院司法统计历史资料汇编：1949—1998（民事部分）》，人民法院出版社，2000，第49、51、54、58、65、76、86、98、110、122页。

　　该时期民事诉讼一审案件的审理出现了以下几个特征。第一，伴随着城乡经济体制改革的深化，全国法院受理和审结的一审民事案件数量总体上升，如图6－3所示。第二，结案方式发生了一定变化。民事诉讼一审

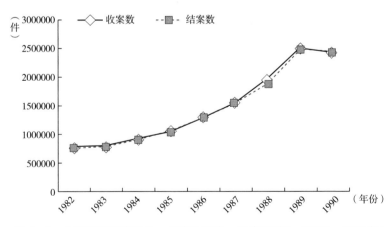

图6－3　全国法院民事诉讼一审案件收案、结案数对比（1982～1990年）

案件结案方式从 1982 年以前的调解、判决、移送管辖、终止、撤诉等扩充变化为调解、判决、移送管辖、撤诉、终结、裁定等。第三，随着民事调解政策从"调解为主"向"着重调解"转化，判决结案率则从上一历史时期的平均 11% 左右提升至 1982～1990 年的平均 14% 左右。第四，除个别年份外，民事诉讼一审案件的未结率呈逐年下降的趋势，这与民事诉讼法制化、规范化水平的进一步提升不无关系。第五，立法规定了选民资格案件、宣告失踪案件、宣告死亡案件、认定财产无主案件、认定公民行为能力案件等特别程序，对民事诉讼结案方式也产生了一定的影响。

X 市部分基层法院民事诉讼一审案件结案状况与全国法院基本一致，如表 6－11 所示。

表 6－11　X 市部分基层法院民事诉讼一审案件结案统计（1982～1990 年）

单位：件

年度	结案数	结案方式及占比			
		判决	裁定	调解	其他
1982	332	36（11%）	3（1%）	293（88%）	0（ %）
1983	520	52（10%）	48（9%）	418（80%）	2（1%）
1984	438	42（9%）	47（11%）	349（80%）	0（ %）
1985	454	55（12%）	25（6%）	374（82%）	0（ %）
1986	397	62（16%）	34（8%）	301（76%）	0（ %）
1987	465	83（18%）	34（7%）	348（75%）	0（ %）
1988	928	118（13%）	18（2%）	576（62%）	?16（23%）
1989	422	90（21%）	17（4%）	314（74.8%）	1（0.2%）
1990	1024	228（22%）	78（8%）	718（70%）	0（ %）

1982～1990 年，随着全国民事诉讼法制建设的进一步规范化，基层法院民事诉讼结案数也呈增长趋势，从 1982 年的 322 件增至 1990 年的 1024 件，达到了该时期结案数的峰值；结案方式包括判决、裁定、调解及其他方式，判决结案率有所提升，但调解结案仍为民事诉讼一审案件结案的主要方式。X 市部分基层法院 1982～1990 年民事诉讼一审

案件结案方式的变化，与 1982 年《民事诉讼法（试行）》颁布实施和拨乱反正后政治环境变化、经济体制改革、法制意识提升等不无关系，反映了中国民事诉讼制度的发展与当时所处的政治、经济、文化等外部环境紧密相关。

六 中国民事诉讼一审结案方式：1991～2003 年

随着时间的推移，国家经济体制改革不断深化，《民法通则》等一批重要的民事、经济法律陆续颁布实施，《民事诉讼法（试行）》已经不能完全适应形势发展的需要，民事司法实践中出现了诸多新情况、新问题，起诉、管辖、执行等民事司法领域问题频现，亟须对《民事诉讼法（试行）》进行修改完善。1991 年《民事诉讼法》即在这样的背景下应运而生。《民事诉讼法》修改了管辖制度、举证责任制度、审判监督制度，增补了审限制度、督促程序、公示催告程序和破产还债程序，增加了诉讼代表人制度，还对立法体例进行了必要的修改①，同时，该法在调解政策上改变了《民事诉讼法（试行）》确立的"着重调解"政策，确立了"自愿合法调解"的基本原则，在保障当事人和诉讼参与人权利、保障人民法院依法审判、纠正"重实体、轻程序"的传统理念等方面发挥了巨大的作用。鉴于民事诉讼制度的立法修改和政策调整，1991～2003 年，我国民事司法实践也发生了深刻的变化，与此相对应的民事诉讼一审案件结案方式也在发生相应的变化，如表 6－12 所示。

从表 6－12 可知，该时期全国法院民事诉讼一审案件审理情况呈现如下几个特征。第一，民事诉讼一审案件收案数量急剧增加。1999 年达到5054857 件，创新中国成立以来全国法院受理民事诉讼一审案件数量的最高值。这一方面与市场经济体制建设和改革关系密切，另一方面也与国家在党的十四大后实施依法治国方略不无关系。同时，在多元化纠纷解决机制的选择方面，也与该时期倡导法院解决为主、其他纠纷解决机制为辅的政策有关。第二，结案方式基本维持不变，但基于司法统计指标的变化也相应发生了一定的变化。民事诉讼一审案件结案方式调整为调解、判决、移送管

---

① 杨荣新、陈桂明：《民事诉讼法若干修改依据与意图》，《政法论坛》1991 年第 3 期。

表6－12　全国法院民事诉讼一审案件结案统计（1991～2003年）

单位：件

年度	收案	结案	结案方式及占比								未结	未结率
			调解	判决	移送管辖	撤诉	终结	注销				
1991	2443895	2493784	1487023 60%	546821 22%	30209 1%	383035 15%	20389 1%	26307 1%			211941	9%

年度	收案	结案	调解	判决	移送管辖	驳回起诉	撤诉	裁定		其他	未结	未结率
								终结				
1992	2602163	2599385	1534967 55%	596568 22%	23854 1%	14213 1%	416416 16%	12940 0.7%	427 0.3%	214577	8%
1993	2985079	2976527	1779933 60%	660168 22%	26539 1%	14033 0.5%	481849 16%	13740 0.5%	265 约0%	219033	7%
1994	3439424	3429255	2017600 59%	765403 22%	28489 1%	14784 0.5%	586128 17%	16746 0.5%	285 约0%	229280	7%
1995	4000186	3988649	2274186 57%	941316 23%	30514 1%	17562 0.5%	706101 18%	18437 0.5%	533 约0%	241038	6%
1996	4617201	4592074	2478·79 54%	1199958 26%	36512 0.8%	20570 0.4%	827999 18%	28356 0.6%	500 约0%	266196	6%

续表

年度	收案	结案	调解	判决	移送管辖	裁定				未结	未结率
						驳回起诉	撤诉	终结	其他		
1997	4764981	4724208	2385565 51%	1385472 29%	37768 0.9%	22628 0.3%	863035 18%	29183 0.7%	557 0.1%	304225	6%
1998	4835039	4821008	2168223 45%	1614770 33%	38673 0.9%	32047 0.8%	912363 19%	11036 0.4%	43896 0.9%	310078	6%
1999①	5054857	5060611	2132161 42%	1800506 36%	—	39706 0.8%	978732 19%	—	109506 2.2%	—	—
2000②	4710102	4733386	1785560 38%	1853438 39%	—	48590 1%	943071 20%	—	102227 2%	—	—
2001③	4616017	4616472	1622332 35%	1919393 42%	—	51963 1%	927397 20%	—	95387 2%	—	—
2002④	4420123	4393306	1331978 30%	1909284 43%	25918 1%	53217 1%	877424 21%	52246 1%	143239 3%	—	—

① 参见孙琬钟主编《中国法律年鉴》，中国法律年鉴社，2000，第1210页。
② 参见孙琬钟主编《中国法律年鉴》，中国法律年鉴社，2001，第1257页。
③ 参见孙琬钟《中国法律年鉴》，中国法律年鉴社，2002，第1239页。
④ 参见孙琬钟《中国法律年鉴》，中国法律年鉴社，2003，第1055页。

续表

年度	收案	结案	调解	判决	移送管辖	裁定			其他	未结	未结率
						驳回起诉	撤诉	终结			
2003①	4410236	4416168	1322220	1876371	25669	57998	914140	59272	159998	—	—
			30%	42%	1%	1%	22%	1%	3%	—	

注：自 1992 年起，最高人民法院新增海事、商事、海商案件统计数据，故 1992 年之后的一审民事诉讼案件统计既包括传统民事案件，也包括经济纠纷案件以及海事、海商纠纷案件。另结案数包括上年结存案件。

资料来源：参见最高人民法院研究室等编《全国人民法院司法统计历史资料汇编：1949－1998（民事部分）》，人民法院出版社，2000，122、126、127、136、137、138、139、144、145、146、147、166、167、168、169、174、175、176、177、196、197、198、199、204、205、206、207、228、229、230、231、236、237、238、239、258、259、260、261、264、265、266、267、268、269、290、291、292、293、298、299、300、301、320、321、322、323、324、330、332、333 页；1999～2003 年分项统计数据参见《最高人民法院公报》。

① 参见孙琬钟《中国法律年鉴》，中国法律年鉴社，2004，第 1320 页。

辖、驳回起诉、撤诉、终结和其他方式。第三，随着 1991 年《民事诉讼法》对民事调解政策从"应当调解"向"可以调解"的修改和转化，相较于上一历史时期，全国法院民事诉讼一审案件的调解结案率呈下降趋势，而全国法院判决结案率则相应地呈上升趋势，调解结案率与判决结案率呈负相关关系。第四，该时期统计数据中出现了驳回起诉的结案方式，约占全部结案案件数量的 1%，说明这一时期民众法律意识有所增强，依法解决民事纠纷的诉求愈益强烈，行使民事诉权的意识也在不断强化。另外，驳回起诉结案方式的广泛存在，也反映了民事案件受案范围狭窄、诉权保障不力。

1991 ~ 2003 年，地方法院司法统计数据同样可以反映该时期民事诉讼案件结案方式的变化趋势，如表 6 - 13 所示。

表 6 - 13　X 市部分基层法院民事诉讼一审案件结案统计（1991 ~ 2003 年）

单位：件

年度	结案数	结案方式及占比			
		判决	裁定	调解	其他
1991	891	304（34%）	89（10%）	498（56%）	0（%）
1992	933	302（32%）	73（8%）	551（59%）	7（1%）
1993	1318	362（27%）	222（17%）	718（55%）	16（1%）
1994	1788	560（31%）	350（20%）	873（48.8%）	5（0.2%）
1995	2739	616（23%）	390（14%）	1189（43%）	544（20%）
1996	2489	937（38%）	180（7%）	1047（42%）	325（13%）
1997	2579	1269（49%）	217（8%）	1047（41%）	46（2%）
1998	2526	1211（48%）	258（10%）	1054（41.7%）	3（0.3%）
1999	2415	1123（47%）	397（16%）	895（37%）	0（0%）
2000	1508	806（53%）	253（17%）	446（29.8%）	3（0.2%）
2001	2939	1521（52%）	657（22%）	761（26%）	0（%）
2002	2484	1443（58%）	576（23%）	465（19%）	0（%）
2003	1865	1110（60%）	349（19%）	406（21%）	0（%）

随着《民事诉讼法》的修改，地方法院民事诉讼一审案件的结案方式与随之发生了一定变化，呈现如下特征。第一，民事诉讼一审案件收案数量急剧增加。1995 年达到 2739 件，创新中国成立以来 X 市部分基层法

院办结民事诉讼一审案件数量的最高值。第二，与全国法院的趋势一致，相较于上一历史时期，X 市部分基层法院调解结案率亦持续走低，而判决结案率则持续走高，《民事诉讼法》修订，使民事调解政策从"应当调解"向"可以调解"转向，地方法院行使作为中央事权的司法权，也必须契合国家的经济社会发展要求和司法权力运行要求。

七　中国民事诉讼一审结案方式：2004～2019 年

2004～2019 年，民事诉讼案件数量急剧增加，"立案难""申诉难"等问题集中，司法资源的有限性、配置的不合理性与人民群众日益增长的司法需求之间的矛盾较为突出；同时，这一时期也是我国民事诉讼法律制度急剧变革的时期，2002 年最高人民法院《关于民事诉讼证据的若干规定》的实施，对我国民事诉讼模式、民事诉讼审判方式等产生了极大的影响；2007 年修订《民事诉讼法》，旨在解决"信访不信法"的问题，对民事案件再审程序作了较大修改；2012 年、2017 年两次修订《民事诉讼法》，完善诉调衔接机制，从立案程序、证据制度、繁简分流、诉讼监督、案件执行等方面最大限度地保障人民群众日益增长的司法需求，实现司法为民。这一时期，随着观念的转化和案件数量的急剧增加，民事诉讼调解政策也在发生深刻的变化。最高人民法院于 2004 年发布《关于人民法院民事调解工作若干问题的规定》，2007 年发布《关于进一步发挥诉讼调解在构建社会主义和谐社会中积极作用的若干意见》，2009 年发布《关于建立健全诉讼与非诉讼相衔接的矛盾纠纷解决机制的若干意见》，2010 年发布《关于进一步贯彻"调解优先、调判结合"工作原则的若干意见》，民事诉讼政策转向了"优先调解"和"社会化调解"。上述政策的变化，改变了上一历史时期全国法院民事诉讼一审案件调解结案率的直线下降趋势，调解率有所回升，调解在实现社会矛盾化解、和谐价值发挥、实现诉调对接和调解社会化等方面都发挥了重要作用。鉴于民事诉讼制度的立法修订和民事诉讼政策的调整，2004～2017 年，我国民事司法实践也发生了深刻的变化，与此相对应的民事诉讼一审案件结案方式也在发生相应的变化，如表 6 - 14 所示。

表6-14　全国法院民事诉讼一审案件结案统计（2004～2017年）

单位：件

年度	收案	结案	结案方式及占比							未结	未结率
			调解	判决	移送管辖	驳回起诉	裁定		其他		
							撤诉	不予受理			
2004①	4332727	4303744	1334792 31%	1754045 41%	25496 0.6%	61226 1%	931732 22%	58476 1.4%	137977 3%	28983	0.67%
2005②	4380095	4360184	1399772 32%	1732302 40%	27268 1%	55183 1%	965442 22%	55169 1%	125048 3%	19911	0.45%
2006③	4385732	4382407	1426245 33%	1744092 39%	26451 1%	51473 1%	986780 23%	43663 1%	103703 2%	3325	0.08%
2007④	4724440	4682737	1565554 33%	1804780 39%	27981 1%	63426 1%	1065154 23%	48977 1%	106865 2%	41703	0.88%
2008⑤	5412591	5381185	1893340 35%	1960452 36%	35377 0.8%	64975 1.2%	1273767 24%	41538 1%	111736 2%	31406	0.58%

① 刘法合主编《中国法律年鉴》，中国法律年鉴社，2005，第1065页；《最高人民法院公报》2007年第3期。
② 2005年的统计数据中，包含了13424件知识产权立案数和13393件知识产权结案数，参见罗锋主编《中国法律年鉴》，中国法律年鉴社，2006，第989页。
③ 罗锋主编《中国法律年鉴》，中国法律年鉴社，2007，第1066页；《最高人民法院公报》2007年第3期。
④ 周成奎主编《中国法律年鉴》，中国法律年鉴社，2008，第1107页；《最高人民法院公报》2008年第3期。
⑤ 周成奎主编《中国法律年鉴》，中国法律年鉴社，2009，第1001页；《最高人民法院公报》2009年第3期。

续表

年度	收案	结案	结案方式及占比				裁定			未结	未结率
			调解	判决	移送管辖	驳回起诉	撤诉	不予受理	其他		
2009①	5800144	5797160	2090924 36%	1959772 34%	35770 0.6%	71052 1%	1494042 26%	41097 0.7%	96403 1.7%	2984	0.05%
2010②	6090622	6112695	2371683 39%	1894607 31%	31969 0.5%	70565 1%	1619063 26.5%	37272 0.6%	87536 1.4%	—	—
2011③	6614049	6558621	2665173 40.5%	1890585 29%	26649 0.4%	68695 1%	1746125 26.6%	34285 0.5%	127104 2%	55428	0.83%
2012④	7316463	7206331	3004979 41.5%	1979079 27.5%	26313 0.4%	68333 1%	1906292 26.5%	35301 0.5%	186034 2.6%	110132	1.51%
2013⑤	7781972	7510584	2847990 38%	2316031 31%	26305 0.5%	80990 1%	1887191 25%	37261 0.5%	314816 4%	271388	3.49%

① 诸葛平主编《中国法律年编》，中国法律年鉴社，2010，第920页；《最高人民法院公报》2010年第4期。
② 诸葛平主编《中国法律年鉴》，中国法律年鉴社，2011，第1052页；《最高人民法院公报》2011年第4期。
③ 诸葛平主编《中国法律年鉴》，中国法律年鉴社，2012，第1066页；《最高人民法院公报》2012年第4期。
④ 诸葛平主编《中国法律年鉴》，中国法律年鉴社，2013，第1211页；《最高人民法院公报》2013年第4期。
⑤ 诸葛平主编《中国法律年鉴》，中国法律年鉴社，2014，第1134页；《最高人民法院公报》2014年第4期。

续表

年度	收案	结案	结案方式及占比							未结	未结率
			调解	判决	移送管辖	驳回起诉	裁定		其他		
							撤诉	不予受理			
2014①	8307450	8010342	2672956 33%	2921343 36.4%	33145 0.4%	128215 1.6%	1895743 24%	37857 0.6%	321083 4%	297108	3.58%
2015②	10097804	9575152	2754843 28.6%	3943097 41%	47963 0.5%	233992 2.5%	2174041 23%	35480 0.4%	385736 4%	522652	5.18%
2016③	10762124	10763889	2787475 26%	4710006 43.8%	57269 0.5%	342063 3%	2471546 23%	32105 0.3%	363425 3.4%	—	—
2017④	11373753	11651363	2885318 25%	5172571 45%	—	513213 4%	2796436 24%	120154 1%	163671 1%	1373696	12.1%

资料来源：参见相应年度《中国法律年鉴》和《最高人民法院公报》。另结案数包括上年结存案件数。

① 诸葛平主编《中国法律年鉴》，中国法律年鉴社，2015，第1015页。
② 诸葛平主编《中国法律年鉴》，中国法律年鉴社，2016，第1298页。
③ 诸葛平主编《中国法律年鉴》，中国法律年鉴社，2017，第1161页。
④ 伍晓梅主编《中国法律年鉴》，中国法律年鉴社，2018，第1181页。

从表 6 - 14 可知，该时期全国法院民事诉讼一审案件审理情况呈现如下几个特征。第一，民事诉讼一审案件收案数量保持了快速增加的势头。民事诉讼一审案件的收案量从 2004 年的 4332727 件增长到 2017 年的 11373753 件，增长约 1.6 倍，收案量大幅增加与这一时期经济的高速增长速度不无关系，同时也与民众法律意识、权利意识的觉醒，社会公众放弃传统"厌诉"观念，我国为解决立案难问题于 2015 年实行立案登记相关制度不无关系。第二，民事诉讼一审案件的结案方式维持常态，主要结案方式有调解、判决、移送管辖、裁定和其他，其中裁定结案方式又包括了驳回起诉、撤诉和不予受理三种，法院结案方式趋于统一，从司法统计层面也逐步趋于统一。第三，调解结案率较上一时期呈现微步回升趋势。2004 年以来，民事诉讼政策向"优先调解"和"社会化调解"转换，全国法院民事诉讼一审案件的调解结案率呈现略微回升趋势，在鼓励使用调解结案的同时，也逐步恢复了调解理性。第四，判决结案率较上一时期呈现略微下降趋势。2004 年至 2012 年，与调解结案率渐次提高的状况相反，全国法院民事诉讼一审案件的判决结案率逐渐下降。而从 2012 年至今，由于民事诉讼政策没有再强调调解结案，全国法院民事诉讼一审案件调解结案率则从 2012 年的 41.5% 渐次下降到 2017 年的 25%，相反，该时期全国法院民事诉讼一审案件判决结案率则从 2012 年的 27.5% 渐次上升至 2017 年的 45%。由此可见，在判决和调解结案率之外的其他结案方式数量基本保持稳定的情况下，调解结案率与判决结案率基本呈现此消彼长的趋势。第五，民事诉讼制度基本趋于稳定和成熟。2004 年至 2017 年，除了案件绝对数量的急剧上升外，全国法院民事诉讼一审案件各种结案方式基本趋于稳定，这也从另一侧面反映了我国社会公众对民事诉讼理念的认同与遵守，反映了我国民事诉讼制度逐步趋于稳定和成熟。

2004～2018 年，地方法院司法统计数据同样可以反映该时期民事诉讼一审案件结案方式的变化趋势，如表 6 - 15 所示。

表 6 - 15　X 市部分基层法院民事诉讼一审案件结案统计（2004～2018 年）

单位：件

年度	结案数	结案方式及占比			
		判决	裁定	调解	其他
2004	3025	1801（60%）	587（19%）	637（21%）	0（0%）

续表

年度	结案数	结案方式及占比			
		判决	裁定	调解	其他
2005	2128	1104（52%）	485（23%）	538（25%）	1（0.05%）
2006	1748	936（54%）	366（21%）	445（25%）	1（0.06%）
2007	1429	723（51%）	297（21%）	407（28%）	2（0.14%）
2008	2262	1268（56%）	417（18%）	553（24%）	24（1.06%的
2009	1628	788（48%）	285（18%）	555（34%）	0（0%）
2010	1932	713（37%）	392（20%）	827（43%）	0（0%）
2011	1372	456（33%）	231（17%）	685（50%）	0（0%）
2012	314	40（13%）	58（18%）	216（69%）	0（0%）
2013	199	164（82%）	34（17.5%）	1（0.5%）	0（0%）
2014	200	176（88%）	24（12%）	0（0%）	0（0%）
2015	200	148（74%）	51（25.5%）	1（0.5%）	0（0%）
2016	200	153（76.5%）	47（23.5%）	0（0%）	0（0%）
2017	200	156（78%）	44（22%）	0（0%）	0（0%）
2018	200	140（70%）	60（30%）	0（0%）	0（0%）

　　2004～2018 年，地方法院民事诉讼一审案件的结案方式也随着社会的变化以及民事诉讼法律和政策的调整发生了深刻的变化，呈现与全国法院趋势一致的特征。相较于上一历史时期，2004～2012 年 X 市部分基层法院的民事诉讼一审案件调解结案率亦趋于小幅回升，且上升幅度较全国法院要大，相反，判决结案率则小幅降低。基层法院的纠纷类型和案件特点决定了调解结案率较高，但从 2012 年以后，法院系统不再刻意强化调解，从 2013 年开始，调解结案率呈现明显下降趋势；而同一时期，X 市部分基层法院民事诉讼一审案件的判决结案率显著上升，且基本稳定在70% 以上。

第三节　中国民事诉讼一审结案方式的历史变迁

　　从 1949 年至今的不同历史时期，我国民事诉讼一审案件的不同结案方式在民事纠纷解决中发挥了不可或缺的作用，同时，也呈现此消彼长的特点。但受不同历史时期国家政治制度、经济形态、民事诉讼立法和民事诉讼政策的影响，民事诉讼一审案件不同的结案方式也呈现不同的类型和变化趋势，这种不同的类型发展趋势，又反向反映了当时的社会政治、经济、法律制度的变化及思想观念的变迁。

一 民事诉讼一审案件判决结案方式的历史变迁

（一）全国法院民事诉讼一审案件判决结案方式的历史变迁

基于司法的权威性和解决纠纷的彻底性，判决结案是我国民事诉讼一审案件的主要结案方式，始终贯穿于民事诉讼发展的历程。基于判决结案方式有其固有的局限性，判决结案方式的运用，也受到不同时期国家政治、经济、社会发展状况以及民事诉讼立法、司法政策的影响，呈现不同的趋势。全国法院民事诉讼一审案件判决结案数及判决结案率如表6-16所示。

表6-16 全国法院民事诉讼一审案件判决结案情况统计（1949~2018年）

单位：件，%

年份	判决结案数	判决结案率	年份	判决结案数	判决结案率	年份	判决结案数	判决结案率
1949	—	—	1963	133647	17	1977	27740	11
1950	—	—	1964	94423	14	1978	31078	11
1951	—	—	1965	76350	13	1979	39365	11
1952	—	—	1966	38926	11	1980	58604	11
1953	—	—	1967	—	—	1981	70739	11
1954	—	—	1968	—	—	1982	91423	12
1955	—	—	1969	—	—	1983	93707	12
1956	277096	37	1970	8865	13	1984	109466	12
1957	285083	35	1971	15978	12	1985	122750	12
1958	144113	28	1972	9637	11	1986	161345	13
1959	90260	19	1973	25412	10	1987	215954	14
1960	51872	17	1974	31846	11	1988	255097	13
1961	88154	16	1975	30508	11	1989	368139	15
1962	129650	16	1976	27327	12	1990	442236	18

续表

年份	判决结案数	判决结案率	年份	判决结案数	判决结案率	年份	判决结案数	判决结案率
1991	546821	22	2001	1919393	42	2011	1890585	29
1992	596568	22	2002	1909284	43	2012	1979079	28
1993	660168	22	2003	1876871	42	2013	2316031	31
1994	765403	22	2004	1754045	41	2014	2921343	36
1995	941316	23	2005	1732302	40	2015	3943097	41
1996	1199958	26	2006	1744092	39	2016	4710006	44
1997	1385472	29	2007	1804780	39	2017	5172571	44
1998	1614770	33	2008	1960452	36	2018	—	—
1999	1800506	36	2009	1959772	34			
2000	1853438	39	2010	1894607	31			

资料来源：参见相应时期《最高人民法院公报》，以下同类表格同。

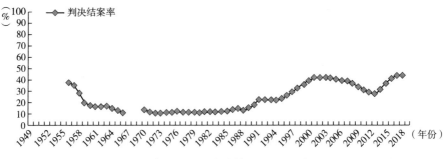

图 6 - 4　全国法院民事诉讼一审案件判决结案率趋势（1949 ~ 2018 年）

从表 6 - 16、图 6 - 4 可以看出，在不同历史时期，判决作为民事诉讼一审案件的主要结案方式，随着立法和司法政策的调整，呈现不同的变化趋势。1949 年至 1955 年，鉴于缺少判决结案案件的统计数字，无法判断该时期的判决结案率，但从革命根据地建立以来"群众路线""调解为主、审判为辅"政策的实施以及民事司法中推行马锡五审判方式的实践状况推测，这一阶段的判决结案率应当相对较低。最高人民法院于 1955 年发布了《关于北京、天津、上海等十三个大城市高、中级人民法院民事案件审理程序的初步总结》，对民事诉讼程序进行了基本的规范，故自 1956 年至 1958 年，全国法院民事诉讼一审案件的判决结案率相对较高，分别为 37%、35%、28%，之后逐步回落，至 1965 年，全国法院民事诉讼一审案件的判决结案率降至较低水准，仅占全部案件结案数的 13% 。1966 年至 1976 年，受十年"文化大革命"影响，全国法院民事诉讼一审案件的判决结案率基本维持在 10% ~ 13% 。1978 ~ 1990 年，全国法院民事诉讼一审案件的判决结案率基本维持在 18% 以下，这种状况与 1982 年《民事诉讼法（试行）》所确立的"应当调解"原则不无关系。1991 年《民事诉讼法》的实施，改变了"着重调解"的结案倾向，转而奉行"可以调解"的原则，调解政策的转向直接导致了全国法院民事诉讼一审案件的判决结案率从 1991 年的 22% 升至 2003 年的 42% ，为新中国成立以来的历史最高峰值。2004 年之后，随着最高人民法院陆续发布《关于人民法院民事调解工作若干问题的规定》《关于进一步发挥诉讼调解在构建社会主义和谐社会中积极作用的若干意见》《关于建立健全诉讼与非诉讼相衔接的矛盾纠纷解决机制的若干意见》《关于进一步贯彻"调解优先、调判结合"工作原则的若干意见》等解释，民事诉讼政策转向了"优先调解"和"社会化调解"。调解结案率的提高直接导致了全国法院民事诉讼一审案件的判决结案率的回落，从 2004 年的 41% 回落至 2013 年的 31% 。从 2014 年开始，判决结案率又有所回升，提升至 2017 年的 44% 。

　　全国法院民事诉讼一审案件判决结案率的历史变迁，反映了新中国成立以来我国民事诉讼一审案件司法活动的基本过程，也印证了我国民事诉讼立法和司法政策从不稳定向稳定的调整过程。当然，判决结案方式本身既存在民事纠纷解决上的优越性，也存在一定的局限性。从纠纷解决的权威性上看，判决具有任何其他纠纷解决方式无可替代的优越性，在定纷止争和民事纠纷的终局解决上具有一定的优势，特别是在社会矛盾突出、社会纠纷剧烈的时期，民事判决结案方式更有助于树立司法权威，确立社会规则，引领社会法治风尚；但判决结案方式的刚性也容易导致"案结事不了"，甚至激化社会矛盾，将本来存在于当事人之间的单一矛盾演化为当事人之间及当事人双方与公权力之间的双重矛盾甚至三方矛盾，直接导致社会矛盾加剧。鉴于民事判决结案方式的上述优点和局限性，立法者和司法者始终在其二者之间寻求平衡点，也就导致了不同历史时期民事案件判决结案方式与其他结案方式之间此消彼长的趋势。

（二）地方法院民事诉讼一审案件判决结案方式的历史变迁

　　地方法院作为国家司法权运作的具体组成单元，其民事诉讼一审案件的结案方式同样受到不同时期国家政治、经济、社会发展状况以及民事诉讼立法、司法政策的影响，与全国法院判决结案方式的发展趋势一致，地方法院判决结案方式也始终贯穿于民事诉讼的全过程，在民事诉讼一审结案方式中扮演着重要的角色，并与其他结案方式有机互动，如表6 - 17所示。

表6 - 17　X市部分基层法院民事诉讼一审案件判决结案情况统计（1949 ~ 2018年）

单位：件，%

年份	判决结案数	判决结案率	年份	判决结案数	判决结案率	年份	判决结案数	判决结案率
1949	0	0	1973	23	23	1997	1269	49
1950	0	0	1974	21	27	1998	1211	48
1951	10	8	1975	25	25	1999	1123	47
1952	42	22	1976	17	22	2000	806	53
1953	62	44	1977	0	0	2001	1521	52
1954	2	33	1978	0	0	2002	1443	58
1955	22	18	1979	3	9	2003	1110	60
1956	34	21	1980	8	13	2004	1801	60
1957	27	21	1981	32	14	2005	1104	52
1958	3	50	1982	36	11	2006	936	54
1959	0	0	1983	52	10	2007	723	51
1960	3	3	1984	42	9	2008	1268	56
1961	4	3	1985	55	12	2009	788	48
1962	42	11	1986	62	16	2010	713	37
1963	109	37	1987	83	18	2011	456	33
1964	47	28	1988	118	13	2012	40	13
1965	152	40	1989	90	21	2013	164	82
1966	70	47	1990	228	22	2014	176	88
1967	19	15	1991	304	34	2015	148	74
1968	2	7	1992	302	32	2016	153	77
1969	7	23	1993	362	27	2017	156	78
1970	2	7	1994	560	31	2018	140	70
1971	9	9	1995	616	23			
1972	8	10	1996	937	38			

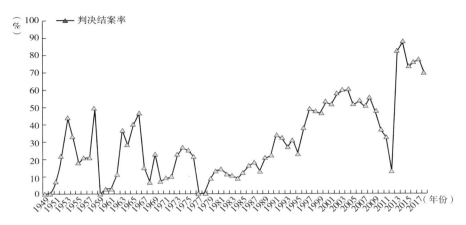

图 6 - 5　X 市部分基层法院民事诉讼一审案件判决结案率趋势（1949～2018 年）

从表 6 - 17、图 6 - 5 可以看出，在不同历史时期，判决作为地方基层法院民事诉讼一审案件的主要结案方式，其在整个民事诉讼一审案件结案方式中也占不同的比例，随着立法和司法政策的调整，呈现不同的变化趋势。基于数据调取的随机性原因，除个别年份民事诉讼一审案件判决结案率与全国法院存在差异外，地方基层法院民事诉讼一审案件判决结案率的发展趋势与全国法院大体趋同。从 X 市部分基层法院的数据看，1949 年至1955 年，地方法院贯彻"群众路线"，推行马锡五审判方式，地方法院民事诉讼一审案件判决结案率总体趋低，最高值为 1953 年的 44%，这与对全国法院该时期民事诉讼一审案件判决结案率偏低的判断基本一致。自 1955 年最高人民法院发布《关于北京、天津、上海等十三个大城市高、中级人民法院民事案件审理程序的初步总结》以来，地方法院也在对民事诉讼程序逐步进行规范，从 1956 年开始，地方法院民事诉讼一审案件的判决结案率相对较高，最高峰值为 1958 年的 50%，其次为 1966 年的 47%，这种趋势与当时普遍开始重视程序法制建设不无关系，与该时期全国法院民事诉讼一审案件判决结案率的发展趋势基本一致。但从 1966 年开始，受"文化大革命"影响，地方法院的程序法制建设进程同样被打断，地方法院民事诉讼一审案件判决结案率从 1966 年的 47% 急剧下降至 1967 年的 15%，至1976 年，地方法院民事诉讼一审案件判决结案率基本维持在 20% 左右，1977 年和 1978 年，地方法院民事诉讼一审案件判决结案率都为 0。1978 年拨乱反正，1982 年实施《民事诉讼法（试行）》，直至 1990 年，地方法院民事诉讼一审案件的判决结案率也基本维持在 15% 左右，这种状况也与《民事诉讼法（试行）》所确立的"着重调解"原则不无关系。与全国法院一致，地方法院在 1991 年《民事诉讼法》实施后，也改变了"着重调解"的结案倾向，转而奉行"可以调解"的原则，民事诉讼一审案件的判决结案率随之增加 14 个百分点，迈上了 34% 并逐步上升，至 2004 年达到 60% 的小峰值。之后，随着最高人民法院一系列调解政策的推行，优先调解政策对法院判决结案率造成了一定的影响，地方法院民事诉讼一审案件判决结案率有所回落，2012 年仅为 13%。但从 2013 年开始，地方法院民事诉讼一审案件判决结案率又开始回升，2013 年至 2018 年分别为 82%、88%、74%、77%、78% 和 70%，这与司法机关理性审视调解结案方式、平衡调判关系的思维紧密相关，与全国法院该时期民事诉讼一审案件判决结案率的发展趋势基本一致。

二 民事诉讼一审案件调解结案方式的历史变迁

（一）全国法院民事诉讼一审案件调解结案方式的历史变迁

我国民事诉讼一审案件调解结案方式随着历史的变化而不断变迁，其变迁境遇受特定历史阶段政治、经济、社会发展的制约，也受民事诉讼立法、司法政策的影响。按照诉讼阶段不同，可以将诉讼调解分为庭前调解、当庭调解、庭后和解转调解、庭后判前调解等类型，无论民事诉讼一审案件调解结案方式属于何种类型，只要符合自愿、合法、查明事实、分清是非原则，就有助于民事纠纷的解决、司法资源的节约和社会和谐。调解结案实践中，人民法院必须结合不同阶段的案件特点，发扬调解结案方式的固有优势，避免天然缺陷，才能保证调解结案方式发挥重要作用，经受事实和法律对结案方式的检验。全国法院一审民事诉讼案件调解结案数及调解结案率如表 6 - 18、图 6 - 6 所示。

表 6 - 18　全国法院民事诉讼一审案件调解结案情况统计（1949 ~ 2018 年）

单位：件，%

年份	调解结案数	调解结案率	年份	调解结案数	调解结案率	年份	调解结案数	调解结案率
1949	—	—	1951	—	—	1953	—	—
1950	—	—	1952	—	—	1954	—	—

续表

年份	调解结案数	调解结案率	年份	调解结案数	调解结案率	年份	调解结案数	调解结案率
1955	—	—	1977	173576	71	1999	2132161	42
1956	290316	39	1978	205710	72	2000	1785560	38
1957	307854	37	1979	258605	71	2001	1622332	35
1958	225733	44	1980	383653	69	2002	1622332	35
1959	280809	59	1981	456753	69	2003	1322220	30
1960	194958	65	1982	530543	68	2004	1334792	31
1961	347325	63	1983	569161	72	2005	1399772	32
1962	454856	56	1984	678633	73	2006	1426245	33
1963	475790	61	1985	795610	75	2007	1565554	33
1964	426039	66	1986	961725	75	2008	1893340	35
1965	391604	68	1987	1140548	73	2009	2099024	36
1966	257039	72	1988	1403337	74	2010	2371683	39
1967	—	—	1989	1767379	71	2011	2665178	41
1968	—	—	1990	1608930	66	2012	3004979	42
1969	—	—	1991	1487023	60	2013	2847990	38
1970	37253	53	1992	1534967	59	2014	2672956	33
1971	75622	56	1993	1779933	60	2015	2754843	29
1972	47955	53	1994	2017600	59	2016	2787475	26
1973	152142	61	1995	2274186	57	2017	2885318	25
1974	193374	64	1996	2478179	54	2018	—	—
1975	181647	67	1997	2385565	51			
1976	158214	68	1998	2168223	45			

　　资料来源：1998 年前的数据参见最高人民法院研究室编《全国人民法院司法统计历史资料汇编：1949—1998》（民事部分），人民法院出版社，2000；1999～2018 年的数据参见《最高人民法院公报》。

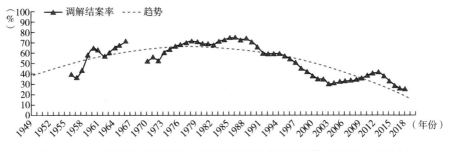

图 6-6　全国法院民事诉讼一审案件调解结案率及趋势（1949～2018 年）

新民主主义革命时期，革命根据地和边区法院曾奉行"调解为主、审判为辅"的司法政策，但因随后出现了违反当事人自愿原则的强制调解现象，边区法院对调解政策作出了调整，改为"调解为主"，不再强调"审判为辅"①。1949 年新中国成立之后，我国司法政策仍奉行"调解为主"，直至 1982 年《民事诉讼法（试行）》将"调解为主"修改为"着重调解"，但实施过程中仍然存在过度注重调解而导致的违法调解情形，如强制调解、久调不决、以判压调，调解结案的民事诉讼一审案件申请强制执行的比例也有所提高。1991 年《民事诉讼法》取消"着重调解"，民事诉讼一审案件回归了"自愿、合法、查明事实、分清是非"的政策理性。2002 年之后，最高人民法院先后发布了关于法院调解的一系列司法解释，民事诉讼一审案件调解结案率也在悄然发生着变化，有逐步提升之趋势，但在 2012 年之后，又呈现下降趋势。

上述关于我国民事案件调解的历史发展进程的论断，可以从 1949 年以来我国法院民事诉讼一审案件调解结案率的变化中得以管窥。如表 6 - 18 所示，1949 ~ 2019 年，全国法院的民事诉讼一审案件调解结案状况呈现如下特点。

（1）传承东方经验，调解结案方式在民事诉讼一审结案方式中始终占据重要地位。受儒家"无讼"思想影响，我国调解制度由来已久，早在西周的青铜器铭文中，就有调解的记载。西周官制中，专设"调人"负责调解纠纷；宋代非常重视调解，设立"和对"制度以息诉；元明清时期同样重视调解②；清代出现了"官批民调"制度③；革命根据地建立以来奉行"调解为主、审判为辅"的司法政策，都对新中国成立以来民事诉讼一审案件调解结案方式的发展有着极为重要的影响。被称为"东方经验"的调解在诉讼中的运用，契合我国特定社会的传统文化背景，始终被视为社会纠纷化解的主要方式，在民事诉讼一审案件结案方式中扮演着重要的角色。

（2）国家政治、经济、文化、立法、司法政策等因素对民事诉讼一

---

① 常怡主编《中国调解制度》，重庆出版社，1990，第 19 页。
② 邱星美：《调解的回顾与展望》，中国政法大学出版社，2013，第 116 ~ 118 页。
③ 曾令健：《晚清州县司法中的"官批民调"》，《当代法学》2018 年第 3 期。

审案件调解结案率影响较大。1949～2019 年，我国发生了翻天覆地的变化，受社会变革的影响，民事诉讼一审案件结案方式也发生了一定的变化。1949～1955 年，虽然缺乏民事诉讼一审案件调解结案的具体统计数据，但从革命根据地建立以来奉行"群众路线"、实施"调解为主、审判为辅"的司法政策的实践状况推测，该时期民事诉讼一审案件的调解结案率应当相对较高。1956～1966 年，是新中国法制建设的重要时期，该阶段民事诉讼程序逐步规范，判决结案率相对较低，而调解结案则渐次攀升。1966～1976 年，民事纠纷主要依赖于调解解决，故调解结案率较高。1982 年《民事诉讼法（试行）》确立了"着重调解"原则，全国法院调解结案方式达到了新中国成立以来的最高峰。1991 年《民事诉讼法》确立了"自愿、合法、查明事实、分清是非"的原则，纠正了久调不决、强制调解等错误做法，调解结案率渐趋理性，逐步回落。2004 年之后，"调解社会化"政策实施，仍然强调调解结案，但基本恢复了调解理性。由此可见，国家政治、经济、文化、立法、司法政策等因素对民事诉讼一审案件调解结案率产生了较大的影响，如今，调解赖以存在的法文化传统和法律传统逐渐被市场经济条件下的诉讼观念消融，司法政策不再过分强调调解结案，当事人选择调解结案也更趋理性，民事诉讼一审案件的调解结案方式所占比重也在逐步平稳化。

（二）地方法院民事诉讼一审案件调解结案方式的历史变迁

地方法院民事诉讼一审结案方式也随着社会经济、政治、文化等的发展变化而不断变迁，其发展趋势同样与同时期国家民事诉讼立法和民事司法政策的调整与实施紧密关联，如表 6－19、图 6－7 所示。

表 6－19　X 市部分基层法院民事诉讼一审案件调解结案情况统计（1949～2018 年）

单位：件，%

年份	调解结案数	调解结案率	年份	调解结案数	调解结案率	年份	调解结案数	调解结案率
1949	0	0	1953	72	50	1957	68	52
1950	15	31	1954	2	33	1958	3	50
1951	38	29	1955	68	54	1959	84	91
1952	126	65	1956	90	55	1960	78	91

续表

年份	调解结案数	调解结案率	年份	调解结案数	调解结案率	年份	调解结案数	调解结案率
1961	100	81	1981	176	78	2001	761	26
1962	323	82	1982	293	88	2002	465	19
1963	149	52	1983	418	80	2003	406	21
1964	93	57	1984	349	80	2004	637	21
1965	210	55	1985	374	82	2005	538	25
1966	67	45	1986	301	76	2006	445	25
1967	103	83	1987	348	75	2007	407	28
1968	26	93	1988	576	62	2008	553	24
1969	23	77	1989	314	75	2009	555	34
1970	27	93	1990	718	70	2010	827	43
1971	86	91	1991	498	56	2011	685	50
1972	70	90	1992	551	59	2012	216	69
1973	79	77	1993	718	55	2013	1	0.5
1974	57	73	1994	873	49	2014	0	0
1975	74	75	1995	1189	43	2015	1	0.5
1976	61	78	1996	1047	42	2016	0	0
1977	58	82	1997	1047	41	2017	0	0
1978	2	100	1998	1054	42	2018	0	0
1979	28	85	1999	895	37			
1980	50	83	2000	446	30			

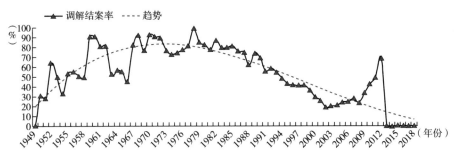

图6-7　X市部分基层法院民事诉讼一审调解结案率及趋势（1949～2018年）

由于社会政治、经济、文化发展的差异以及立法与司法政策的调整，不同时期基层法院对调解结案方式的运用存在较大的差异，这种差异与同

期社会政治因素影响、社会治理方式变革、人民法院审判方式改革、当事
人诉讼观念的变化、案件数量与法院所承受的审判压力、多元化纠纷解决
机制的变革等相关。

（1）社会政治因素及治理方式变革。司法体制作为国家政治体制和
社会治理体系的重要组成部分，其与社会政治及治理方式变革具有千丝万
缕的联系，其无法脱离社会特定场域独立存在和发展。民事诉讼一审案件
调解结案率的历史变迁深刻反映了这一互动的过程。1949～1966 年，新
中国历经建设新民主主义社会、通过三大改造全面确立社会主义制度及全
面恢复社会治理等过程，调解作为社会治理中解决人民内部矛盾的重要方
式得以在司法领域植根，司法调解制度作为重要的社会矛盾解决机制被提
升至重要位置。1950 年全国司法工作会议将调解作为审判制度的必要组
成部分。1964 年最高人民法院在第三届全国人民代表大会上强调民事审
判工作"依靠群众、调查研究、就地解决、调解为主"的十六字方针，
调解成为执政者重新安排社会秩序并获得群众支持的重要方式。① 1966～
1981 年，"调解为主"的司法政策在社会矛盾化解和纠纷解决中发挥了重
要作用。1982 年《民事诉讼法（试行）》施行，调解结案率回落，但仍
占据主要地位。1992～2003 年，我国社会环境发生巨大变化，特别是经
济体制的深刻变化带来了社会治理方式的变革，同时也影响了民事司法政
策，调解结案率继续回落。2004 年以后，国家政治层面重新重视社会矛
盾的化解，社会化调解政策开始影响结案方式，调解结案率渐次回升，同
全国趋势一致。

（2）人民法院审判方式改革。人民法院民事审判方式改革所涉及的
内容较为广泛，主要包括诉讼程序、法院体制、审判组织、人事管理、司
法监督、法律适用机制、执行体制等方面的改革，这些改革因素看似与民
事诉讼一审案件调解结案方式没有直接关系，实则不然。如《人民法院
五年改革纲要（1999—2003）》颁布实施，逐步实行立审分立制度，使得
立案机构的立案功能与审判机构的调解功能逐步分离，避免立案机构以调

---

① 牛博文：《中国司法调解的历史叙事及成因分析》，《甘肃政法学院学报》2014 年第
2 期。

解结果决定或影响立案结果，间接影响民事诉讼一审案件的调解结案，直接导致基层法院民事诉讼一审案件调解结案率的下降。再如《人民法院第二个五年改革纲要（2004—2008）》决定"改革和完善庭前程序，明确庭前程序与庭审程序的不同功能，规范程序事项裁决、庭前调解、审前会议、证据交换、证据的技术审核等活动"，证据交换、庭前会议、庭前调解等庭前程序的改革，使得基层法院庭前调解变得更具可行性，更有利于案件的调解结案，在一定程度上提升了民事诉讼一审案件的调解结案率。

（3）当事人诉讼观念的变化。受文化传统影响，我国传统权利观以中庸为价值追求，在诉讼领域则表现为"厌诉""无讼"，纠纷解决主要依赖于社会权威的居中斡旋和调解，即使案件进入诉讼阶段，当事人的观念仍以不争为出发点，在法院的主持之下，双方当事人各自适度放弃权利，达成调解协议以解决纠纷。受当事人传统诉讼观念的影响，加之国家民事司法政策的协同作用，1949～1991 年，我国基层法院民事诉讼一审案件调解结案率始终保持较高的趋势。当事人的诉讼观念随着社会变迁不断变化，特别是随着我国市场经济体制的实行，经济活动日益活跃，社会价值日趋多元，民事争议日渐增多，社会公众的法律意识不断增强，市场需要借助司法的力量规范运行，大量民事纠纷涌入法院，且当事人更多地借助司法力量追求争议解决的利益最大化，矛盾纠纷越来越难以调和，在此种背景下，基层法院调解结案方式的运用，已经不完全取决于法院的主观意愿和调解政策的推动，当事人的意志决定了案件能否采用调解结案方式结案，故该时期基层法院民事诉讼一审案件的调解结案率开始呈现下降趋势，从 1992 年的 59% 下降至 2003 年的 21%，尽管之后又有所回升，但已经无法达到 1991 年前调解结案率普遍较高的状态。

（4）多元化纠纷解决机制的变革。民事权利救济方式包括自力救济、社会救济与公力救济，诉讼作为典型的公力救济方式，是民事纠纷解决的重要途径，也是民事纠纷的最终解决机制，但诉讼并非唯一的解决机制，与诉讼并行的多元化纠纷解决机制同样化解了一定数量的民事纠纷。多元化纠纷解决机制与诉讼制度之间相互依存、互相影响，不同历史时期，多元化纠纷解决机制的不同发展态势对基层法院民事诉讼一审案件结案方式产生影响。在多元化纠纷解决机制发展壮大的时期，进入诉讼环节的案件数量有所减少，法院附设仲裁等司法 ADR 也同步发展，则基层法院民事诉讼一审案件调解结案率也会相应提升，相反，调解结案率则有所下降。

三　民事诉讼一审案件裁定结案方式的历史变迁

民事裁定是人民法院针对民事诉讼程序性事项所作出的结论性判定。不同类型的裁定结案方式，反映了民事争议解决中的不同立场与民事法律关系的不同状态。民事诉讼一审案件裁定结案方式的具体分类如图 6 - 8 所示。

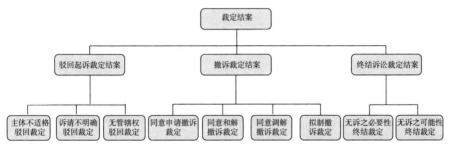

图 6 - 8　民事诉讼一审案件裁定结案方式类型化

从图 6 - 8 可知，民事诉讼一审案件裁定结案方式主要包括驳回起诉裁定结案、撤诉裁定结案和终结裁定诉讼结案三种类型，但无论是基于主体不适格、诉讼请求不明确、无管辖权，还是基于同意申请撤诉、同意和解撤诉、同意调解撤诉、拟制撤诉，抑或无诉的必要性、无诉的可能性等任何事由的裁定结案，裁定结案方式都是以当事人放弃诉权或案件不具备诉的利益为基本条件，因此，民事诉讼一审案件裁定结案方式的意义就在于从程序上终结已经提起的本案诉讼，使当事人之间的民事法律关系永久或暂时处于稳定状态。民事诉讼一审案件裁定结案方式受不同时期立法、政策等因素的影响而呈现不规则状态。

（一）全国民事诉讼一审案件裁定结案方式的历史变迁

全国法院民事诉讼一审案件裁定结案方式的历史变迁，可以从 1949 ~ 2013 年的司法统计数据中查明。移送管辖的案件，虽然在处理管辖权问题时也涉及以裁定的方式确定案件管辖，但最终仍以案件移送函的形式处理案件，故全国法院民事诉讼一审案件裁定结案方式的统计数据并不包括移送管辖结案方式。同时，鉴于 1949 年以来司法统计指标体系的不断调整和部分年份数据的缺失，部分数据显示为空缺。具体如表 6 - 20、图 6 - 9 所示。

表 6 - 20　全国法院民事诉讼一审案件裁定结案情况统计（1949 ~ 2018 年）

单位：件，%

年份	裁定结案数	裁定结案率	年份	裁定结案数	裁定结案率	年份	裁定结案数	裁定结案率
1949	—	—	1973	41192	16	1997	886303	19
1950	—	—	1974	45100	15	1998	999342	21
1951	—	—	1975	39146	14	1999	1127944	22
1952	—	—	1976	33143	14	2000	1093888	23
1953	—	—	1977	29893	12	2001	1074747	24
1954	—	—	1978	32047	11	2002	1126126	26
1955	—	—	1979	49805	13	2003	1191408	27
1956	142832	19	1980	81132	14	2004	1189411	28
1957	185396	23	1981	101630	15	2005	1200842	27
1958	112913	22	1982	121628	15	2006	1185619	27
1959	59970	13	1983	104064	13	2007	1284422	27
1960	28544	10	1984	117724	12	2008	1492016	28
1961	68903	21	1985	114136	11	2009	1702594	29
1962	181907	22	1986	134065	10	2010	1814436	30
1963	116217	15	1987	175736	11	2011	1976209	30
1964	84366	13	1988	216097	11	2012	2195960	31
1965	71306	13	1989	311816	13	2013	2320258	31
1966	40839	12	1990	359758	15	2014	2416043	30
1967	—	—	1991	429731	17	2015	2876942	32
1968	—	—	1992	27996	18	2016	3266408	30
1969	—	—	1993	509887	17	2017	3593474	31
1970	7459	21	1994	617943	18	2018	—	
1971	13232	10	1995	742633	19			
1972	10863	12	1996	877425	19			

资料来源：1998 年前的数据参见最高人民法院研究室编《全国人民法院司法统计历史资料汇编：1949—1998（民事部分）》，人民法院出版社，2000，第 9 ~ 176 页；1999 ~ 2018 年的数据参见《最高人民法院公报》。

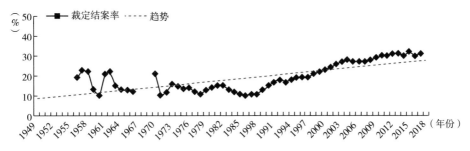

图 6 - 9　全国法院民事诉讼一审案件裁定结案率及趋势（1949~2018 年）

由表 6 - 20、图 6 - 9 可以看出，1949~2018 年，全国法院民事诉讼一审案件裁定结案的比例基本处于较低数值，最低值为 10%，最高值为 32%，大致呈逐年上升趋势。不同种类的结案方式与其所受制的不同因素紧密相关，故全国法院民事诉讼一审案件裁定结案数量和比值的分布呈现不规则状态。如驳回起诉裁定结案方式的适用，与不同时期对民事诉讼一审案件起诉和受理审查范围、案件受理政策以及司法权对诉权的保障紧密相关，撤诉裁定结案方式的适用则与调解政策、法院对法官考核的调撤率指标、法官化解纠纷的能力等因素紧密相关，但总体而言，全国法院民事诉讼一审案件裁定结案率呈现递增的趋势，且与其他结案方式此消彼长。

（二）地方法院民事诉讼一审案件裁定结案方式的历史变迁

鉴于司法统计指标仅涉及判决、裁定、调解、其他四类结案方式，故对地方法院民事诉讼一审案件裁定结案方式的统计数据，仅含裁定和其他两类结案方式的数据，且部分年份空缺，具体如表 6 - 21 所示。

表 6 - 21　X 市部分基层法院民事诉讼一审案件裁定结案情况统计（1949~2018 年）

单位：件，%

年份	裁定结案数	裁定结案率	年份	裁定结案数	裁定结案率	年份	裁定结案数	裁定结案率
1949	42	100	1953	9	6	1957	36	27
1950	33	69	1954	2	34	1958	—	—
1951	83	63	1955	36	28	1959	8	9
1952	26	13	1956	39	24	1960	5	6

续表

年份	裁定结案数	裁定结案率	年份	裁定结案数	裁定结案率	年份	裁定结案数	裁定结案率
1961	19	16	1981	17	8	2001	657	22
1962	29	7	1982	3	1	2002	576	23
1963	31	11	1983	50	10	2003	349	19
1964	24	15	1984	47	11	2004	587	19
1965	20	5	1985	25	6	2005	486	23
1966	12	8	1986	34	8	2006	367	21
1967	3	2	1987	34	7	2007	299	21
1968	—	—	1988	235	25	2008	441	19
1969	—	—	1989	18	4	2009	285	18
1970	—	—	1990	78	8	2010	392	20
1971	—	—	1991	89	10	2011	231	17
1972	—	—	1992	80	9	2012	58	18
1973	—	—	1993	238	18	2013	34	18
1974	—	—	1994	355	20	2014	24	12
1975	—	—	1995	934	34	2015	51	26
1976	—	—	1996	505	20	2016	47	24
1977	13	18	1997	263	10	2017	44	22
1978	—	—	1998	261	10	2018	60	30
1979	2	6	1999	397	16			
1980	2	3	2000	256	19			

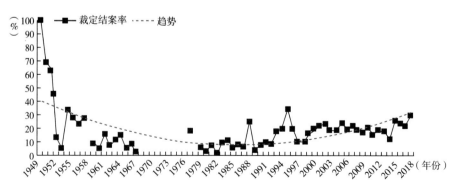

图6－10　X市部分基层法院民事诉讼一审案件裁定结案率及趋势（1949～2018年）

　　由表 6 - 21、图 6 - 10 可以看出,地方法院 1949 ~ 2018 年民事诉讼一审案件裁定结案率与全国的情况基本一致,维持较低比例,判决和调解结案仍然是民事诉讼一审案件的主要结案方式。裁定结案主要有三个方面。第一,基于当事人不适格或无管辖权而裁定驳回起诉。法院对民事诉讼一审案件立案后,经过形式审查甚至实体审查,认为案件当事人不适格,或案件主管或管辖存在问题而裁定驳回起诉以结束诉讼程序。第二,裁定撤诉结案。基于当事人自愿申请而裁定撤诉是裁定撤诉结案的主要原因,如当事人双方达成和解协议而由原告申请撤诉结案。但随着调解政策的不断调整、法官专业化水平的不断提升和当事人权利意识的增强,在家事案件等特殊领域,随着家事审判改革等特殊领域审判制度的改革,法院主持调解并达成协议、法官动员原告撤诉并以准予撤诉申请裁定的方式结案的案件也不断增加,部分法院家事案件调解撤诉率高达 63.45%。[①] 除此之外,地方法院民事诉讼一审案件还存在因拟制撤诉而由法院作出撤诉裁定结案的情形。第三,裁定终结案件。基于案件无诉的必要性或可能性而裁定终结案件,构成了裁定结案方式的基本类型,这类案件总体比例偏低。

第四节　中国民事诉讼一审结案方式变迁溯因

　　中国民事诉讼一审结案方式的变化及结案方式结构的变化,与社会政治、经济、文化等制度的变革不无关系,也与民事诉讼制度演进、法院机构变革和司法改革的推进关系紧密。

一　社会发展变化影响民事诉讼一审案件结案方式

　　司法制度作为社会制度的一部分,与社会整体的发展紧密关联,受社会政治、经济、文化等制度的深刻影响,并伴随着社会制度的变革而不断变化,同时,司法又以其特有的方式,在特定历史时期,通过解决社会矛盾纠纷,保障社会政治、经济、文化等制度的正常运行,维护社会基本秩

[①]　贵阳市南明区人民法院:《家事审判与少年审判强强联合南明法院创新推进家事审判改革》,http://nanming.guizhoucourt.cn/xwfbt/15525.jhtml,最后访问日期:2018 年 7 月 25 日。

序。民事诉讼一审案件结案方式作为民事司法制度的重要组成部分，亦无法脱离社会政治、经济、文化等制度而独立运行，相反，社会发展变化对民事诉讼一审案件结案方式有着深刻的影响。

（一）1949～1955 年：结案方式的传统沿袭与时代建构

这一时期，受革命根据地时期所形成的民事纠纷调解解决的司法传统、人民政府强调人民内部矛盾内部解决的司法政策等的影响，加之社会政治改革的影响和以私有财产的公有化改造为主的经济改造，民事诉讼一审案件判决、裁定结案方式较多，但调解结案的数量占比也不低。

（二）1956～1965 年：社会化纠纷解决方式影响下的结案方式

1956～1965 年是我国全面建设社会主义的探索时期，在司法和政治领域，为重建新中国的基本秩序，社会化方式被广泛运用，通过政策和情理调整和解决社会矛盾、重构社会秩序的纠纷解决方式，在该时期被大量采用。1958 年，为正确解决人民内部矛盾，在民事审判工作中提出了"调查研究，调解为主，就地解决"的"十二字方针"，1962 年，"十二字方针"进一步发展为"依靠群众，调查研究，就地解决，调解为主"的"十六字方针"①。但由于受到当时"反右"运动和法律虚无主义思想的影响，新中国民事诉讼程序立法再度搁置，民事纠纷的解决主要依靠社会化方式，调解为主是当时处理民事案件的基本方法。

（三）1966～1976 年：背离法制轨道的民事诉讼结案方式

1966～1976 年社会政治、经济、文化等领域的非常态对民事诉讼一审结案方式产生了深刻的影响。一方面，民事纠纷的解决脱离了法制化轨道，全国法院民事诉讼一审案件数量急剧减少，全国法院收案数从 1966 年的 353867 件减少至 1976 年的 225679 件，其间 1969 年收案数仅为 62507 件。与收案数急剧下降的情形相一致，全国法院民事诉讼一审案件的结案数和结案率也在不断降低，结案率最低的 1972 年，案件未结案率高达 84%。另一方面，受当时"调解为主"政策和案件办理机关、办理人员法律素质等因素的影响，民事诉讼一审案件结案方式也更多倾向于社

---

① 佟季：《新中国成立 60 年人民法院诉讼调解情况分析——马锡五审判方式在我国的当代司法价值》，《人民司法·应用》2010 年第 7 期。

会化方式，调解结案的案件数量明显多于判决结案的案件数量，调解是该时期民事诉讼一审案件的主要结案方式。

（四）1977～1981 年：拨乱反正恢复常态的民事诉讼结案方式

1977～1981 年，是我国终结"文化大革命"、全面恢复社会秩序、从封闭走向改革的重要转折时期。我国民事诉讼法制建设也迎来了大发展的时期。1978 年《宪法》规定了审判权由人民法院行使、群众代表陪审、公开审判等制度，1979 年《人民法院审判民事案件程序制度的规定（试行）》，对判决、裁定、调解等结案方式作出了规定。1976～1981 年，全国法院民事诉讼一审案件的收案数有了大幅度的提升。民事案件审判得以强化，总体上结案率提升，未结率下降。

（五）1982～1991 年：回归法制框架的民事诉讼结案方式

1982～1991 年，我国社会转型发展中出现了许多新的探索和新的实践。《民事诉讼法（试行）》的颁布实施使我国民事诉讼程序走向了法制化轨道。全国民事诉讼一审案件收案数量从 1982 年的 778941 件增至 1991 年的 2443895 件；未结案率从 1982 年的 16% 降至 1991 年的 9%。同时，伴随着民事诉讼立法的变化，为避免调解与审判的对立，强化人民法院在民事纠纷解决中的审判功能，民事调解政策从"调解为主"向"着重调解"的转化，判决结案率从平均约 11% 提升至 1982～1991 年的平均约 14%。民事诉讼一审案件的结案方式，也随着民事诉讼法制化而发生变化，从 1982 年以前的调解、判决、移送管辖、终止、撤诉等扩充变化为调解、判决、移送管辖、撤诉、终结、注销等。

（六）1992～2003 年：民事诉讼结案方式的反思与调整

1991 年《民事诉讼法》颁布后，我国民事司法实践也发生了深刻的变化，民事诉讼一审案件收案数量急剧增加。《民事诉讼法》试图解决"调解为主"过于强化法院调解、弱化司法权运行的现状，对民事调解政策进行了从"着重调解"向"调解为主"的修改和转化，加之多元化纠纷解决机制更倾向于将民事纠纷尽量纳入法院审判渠道的政策导引，该时期全国法院民事诉讼一审案件的调解结案率持续走低。

（七）2004～2019 年：与社会化契合的民事诉讼结案方式

2004 年以来，我国经济保持了相对持续高速增长的态势，但经济高速增长与矛盾伴生。同时，国家治理模式的调整和治理方式的变化也对社会矛盾纠纷化解产生诸多影响，不同时期所选择的治理模式和矛盾纠纷化解机制，对法院内部纠纷解决模式和政策选择、纠纷解决方式的选择等都产生了深刻的影响，也对民事诉讼一审案件结案方式产生了一定的影响。最高人民法院重新调整了调解政策，我国民事诉讼进入了"能调则调、调解优先"阶段。2004 年 9 月，最高人民法院出台了《关于人民法院民事调解工作若干问题的规定》，进一步规范了调解程序，设立了答辩期前调解的规则，明确了当事人自愿选择调解协议的生效方式；2005 年，最高人民法院院长肖扬提出了"能调则调、当判则判、调判结合、案结事了"的结案原则，更加凸显了调解在司法工作中的突出地位。[①]另外，该时期民事纠纷的多元化解决机制也得以发展，直接或间接对民事诉讼一审案件的结案方式产生了一定的影响。这一时期，全国法院民事诉讼一审案件的结案方式维持常态，主要结案方式有调解、判决、移送管辖、裁定和其他，其中裁定结案方式包括驳回起诉、撤诉和不予受理三种，法院结案方式趋于统一，在司法统计层面也逐步趋于统一。同时，受该时期"能调则调、当判则判、调判结合、案结事了"司法政策的影响，全国法院民事诉讼一审案件的调解结案率呈现出略微回升趋势，从 2004 年的约 30% 逐渐回升至约 40% 并基本趋于稳定，在鼓励使用调解结案的同时，也随着民事诉讼程序法制化的成熟进步而逐步恢复了调解理性。

二　民事诉讼立法和政策变化影响民事诉讼一审案件结案方式

随着民事诉讼立法的变革与发展，民事诉讼一审结案方式也处于不断变化当中。新中国成立前夕，中共中央发布《关于废止国民党的六法全书和确定解放区司法原则的指示》，废弃了国民党法律制度和司法体系，着手建立新中国法律制度和司法体系，民事司法制度也从孕育到发展，在继承革命根据地时期传统的基础上，从无到有，逐步发展成熟。从全国法

[①]　邱星美：《调解的回顾与展望》，中国政法大学出版社，2013，第 303～304 页。

院民事诉讼一审结案方式看，民事诉讼立法和司法政策对结案方式的影响主要体现在如下四个方面。

第一，结案方式渐趋多样和规范。从全国法院和 X 市部分基层法院民事诉讼一审案件结案方式看，1949～1955 年结案方式主要包括判决、裁定、调解等；1951 年《人民法院暂行组织条例》确立了判决、裁定、调解、和解等结案方式；1955 年《关于北京、天津、上海等十三个大城市高、中级人民法院民事案件审理程序的初步总结》确立的结案方式主要包括判决、裁定、调解、注销案件、准予撤回案件、终止审理等；1982 年以后，结案方式主要包括调解、判决、移送管辖、撤诉、终结、注销；1991 年至今，随着相关法律的修正和最高人民法院司法统计方式的变化，结案方式更趋细化，主要有调解、判决、移送管辖、裁定，其中裁定结案方式包括驳回起诉、撤诉、终结和其他结案方式。

第二，立法和司法政策导向对结案方式产生深刻影响。1949～1982 年，我国没有专门民事诉讼立法，民事诉讼一审案件审理主要依赖于司法政策调整。受"调解为主"司法政策的影响，全国法院民事诉讼一审案件调解结案率从 1956 年的 39% 攀升至 1981 年的 69%，X 市基层法院的状况也基本一致。《民事诉讼法（试行）》确立了"着重调解"原则，1982～1990 年，全国法院民事诉讼一审案件调解结案率基本呈增长趋势，与此相伴相生的是司法实践中的"强制调解""久调不决"等违法调解情形，影响了调解的公信力和矛盾化解作用的发挥。为了改变这一状况，将纠纷解决方式尽量纳入程序法制化的轨道，1991 年《民事诉讼法》确立了"自愿合法"调解原则，在该政策的影响下，全国法院调解结案率出现了下降，从 1992 年的 59% 下降至 2003 年的 30%。从 2003 年秉持"能调则调、该判则判、调判结合、案结事了"的司法政策起至 2012 年不再过度强调调解止，全国法院民事诉讼一审案件调解结案率又从 30% 回升至 42%，2013 年以后则略有回落，基层法院的状况亦同。

第三，受立法和司法政策的影响，民事诉讼一审案件的不同结案方式之间存在此消彼长的关系。

第四，民事诉讼一审案件结案方式随着立法的规范化渐趋稳定。我国民事诉讼结案方式的发展变化经历了从无法可依、依靠经验审理民事诉讼案件，到《民事诉讼法（试行）》《民事诉讼法》出台，再到逐步修改完善的过程。民事诉讼一审案件结案方式无论在种类上还是在比例上，都随着民事诉讼程序立法的规范化和司法政策调整而渐趋稳定。

三　民事诉讼案件类型变化影响民事诉讼一审案件结案方式

案件类型变化也会对民事诉讼一审案件结案方式产生影响，案件类型简单，则矛盾纠纷容易化解，撤诉、调解等结案方式运用较多；反之，案件类型复杂，则当事人达成调解协议的可能性小，依赖调解等方式结案较为困难，判决等结案方式运用较多。

具体而言，我国民事诉讼一审案件类型总体从简单形态向复杂形态演进。如从 1950 年开始，全国法院民事诉讼一审案件的类型主要集中在婚姻、继承、劳资、土地、房屋、工商业、债务、损害赔偿范畴，且每一类纠纷类型中所涵盖的案由均较为简单，婚姻纠纷仅包括离婚、婚约、同居等，继承纠纷类型仅包括子女抚养、遗嘱继承、脱离亲属关系、分家和其他案由，房屋纠纷类型仅包括房屋所有权、房屋租赁、房屋买卖、房屋典押等，工商业纠纷类型仅包括清算账目、合伙、承揽、运输等，借贷纠纷类型仅包括借贷、买卖、租赁、物品交付等。但随着时间的推移，民事诉讼一审案件的纠纷类型也在不断增加，如 1951 年出现了水利纠纷案由；1952 年出现了公私纠纷，主要包括加工订货、贷款、委托代销等；1953年出现了军人婚姻案由；1954 年出现了山林纠纷；1956 年出现了牧场纠纷；1965 年出现了宅基纠纷；1966 年出现了涉外案件；1983 年随着《民事诉讼法（试行）》的实施出现了选民资格、宣告失踪人死亡、认定公民无行为能力、认定财产无主等非讼案件类型；同时，从 1983 年开始，全国法院民事诉讼一审案件统计指标将经济案件单列，建设工程、供用电、财产保险、科技协作、海洋环保、商标纠纷等新兴纠纷不断涌现，"三来一补"、中外合营、外资经营等涉外案件也开始出现，案件复杂程度提升；1985 年开始出现船舶碰撞、海域污染、共同海损、海难救助等海事海商纠纷，商标、专利、食品安全、医疗等侵权责任案件数量也不断增加；1986 年出现了农村承包合同纠纷和企业内部承包合同纠纷；1987 年，旅客和行李运输合同纠纷、船舶租赁和修造合同纠纷、海洋开发和利用合同纠纷、环境侵权纠纷等也出现在最高人民法院司法统计公报当中；1989年出现了肖像权、名誉权、科技成果权等案件类型；1991年出现了公示催告和督促程序案件；1992年房屋拆迁、留置、抵押等案件类型出现；1993年出现了专利许可、股票、债权、票据等纠纷类型。之后，随着经济社会发展，民事纠纷类型还在不断增加①，如1995～2000年，出现了证券、期货、公司纠纷，社会保险、人事争议、网络域名、反垄断等纠纷类型，2018年最高人民法院《关于增加民事案件案由的通知》还新增了平等就业权纠纷、性骚扰损害责任纠纷等。

由此可见，随着经济社会发展，民事纠纷类型不断增加，纠纷复杂程度也在不断提高，纠纷类型的复杂化和专业化也促使民事案件审理的专业化程度不断提高，不少复杂案件根本无法通过简单的说服、斡旋等方法调解结案，而必须依赖于专业判断和技术审查才可以最终作出裁判。从不同时期的案件类型情况和调解结案率的大体关系看，调解结案率随着案件类型的多元化、复杂化呈现不断降低的趋势，如1991年以前，我国民事诉讼一审案件类型总体偏少，调解结案率基本高位运行。如1956年为39%，1966年为72%，1976年为68%，1986年为75%，1991年则为60%。之后调解结案率开始下降，从1991年的60%下降至2001年的35%，即使是在2003年开始实行"调解优先"，但调解结案率仍然没有大幅度提升，基本维持在30%～40%。地方基层法院的数据与此相一致，如X市基层法院1960年的民事诉讼一审案件调解结案率为91%，1975～1978年基本在80%左右，至1991年，调解结案率下降为56%，2003年则低至21%，之后虽有所回升，但基本维持了低位运行状态。

与以上趋势相反，随着案件类型增加、案件复杂程度和专业化程度提高，全国法院民事诉讼一审案件判决结案的比例则呈现上升趋势，如1956年，判决结案率为37%，1966年为11%，1976年为12%，1986年为13%，1996年上升至26%，2003年在"调解优先"政策影响下，判决结案率仍上升至42%，此后一直维持相对高位运行。地方法院的司法统计数据亦同。

---

① 上述民事诉讼一审纠纷类型的发展变化情况，参见最高人民法院研究室编《全国人民法院司法统计历史资料汇编：1949—1998（民事部分）》，人民法院出版社，2000，第9～176页。

四 法院功能变革影响民事诉讼一审案件结案方式

功能是客体满足主体需求的一种属性，法院功能即法院满足社会主体需求的基本属性。对于法院在社会治理中具备何种功能，理论界存在不同的观点。有学者认为法院的功能在于纠纷解决、社会控制、能动司法、社会管理创新等[①]；有学者主张法院的功能在于纠纷解决、社会控制、权力制约和公共政策制定[②]；卢荣荣博士认为，法院功能包括纠纷解决、社会控制、规则确立、权力制约四项功能，而纠纷解决是法院的根本功能。[③]上述观点有区别，但基本大同小异，从规范和科学表达的视角，笔者则赞成左卫民教授的观点，即法院的直接功能在于纠纷解决，延伸功能在于社会控制、权力制约和公共政策形成。[④] 总而言之，法院承担了纠纷解决、社会控制、权力制约和公共政策形成的基本功能。法院结构和功能变革对民事诉讼一审案件的影响显而易见，对法院功能的不同定位，抑或不同时期对法院功能甚至任务的不同要求，都会不同程度上对民事诉讼一审案件的结案方式产生影响。

（一） 纠纷解决的基本功能决定了调解结案方式的广泛应用

从纠纷解决角度看，调解不失为一种较为理想的结案方式。案件双方当事人在法院主持之下，本着自愿、合法等原则，达成权利义务处分的协议，法院制作调解书送达双方当事人生效后，案件即宣告终结。从法院纠纷解决功能的视角看，调解结案方式极大地促进了法院功能的发挥。故无论基于政治司法需要，还是基于司法民主需要，抑或基于化解社会矛盾本身的需要，在国家行动逻辑强化法院纠纷解决功能的时期，调解结案率一般较高。相反，由于判决结案方式在纠纷解决上偏重于借助司法强制权力解决矛盾，一方面可能产生定纷止争的积极效果，但另一方面也可能造成激化矛盾、加剧冲突的消极后果。

---

① 余亚龙：《论中国法院主体性功能的解构与重塑》，硕士学位论文，上海师范大学，2018，第 9 页。

② 姚莉：《法院在国家治理现代化中的功能定位》，《法制与社会发展》2014 年第 5 期。

③ 卢荣荣：《法院的多重面孔：中国法院功能研究》，博士学位论文，西南政法大学，2012，第 30 ~ 31 页。

④ 左卫民：《法院制度功能之比较研究》，《现代法学》2001 年第 1 期。

（二）社会控制功能的发挥决定了结案方式的适用选择

　　法院的纠纷解决功能和社会控制功能通常是一体两面，但也不完全一一对应。[①] 法院的纠纷解决功能，为社会秩序稳定提供平衡阀，化解个案争议，消弭社会矛盾，强化社会价值，维系社会秩序，促进社会进步。法院的社会控制功能，也直接或间接地对民事诉讼一审案件结案方式产生影响。因此，当个体矛盾处于一定阈值，可以利用司法减压阀缓解个体矛盾、减轻社会治理压力时，需要通过调解等方法纾解社会矛盾，降低社会控制成本。当个体矛盾纠纷呈现复杂化趋势或借助纠纷双方的力量无法达到平衡时，则需要借助司法的强制力量，通过判决等结案方式裁判个体民事争议，实现法院稳定社会秩序的社会控制功能，此时，法院倾向于适用判决结案方式。从新中国成立至 1982 年，基于政治司法[②]大环境、司法调解传统、民事案件类型、民事争议复杂化程度、司法负有社会治理使命[③]、法院贯彻 "调解为主" 司法政策等多种因素的影响，民事诉讼一审案件调解结案率较高，法院通过调解结案方式的适用，通过调解化解社会矛盾，实现社会控制的司法功能。1991 年《民事诉讼法》确立了 "自愿合法" 调解原则后，全国法院民事诉讼一审案件调解结案率总体开始下降，而判决结案率则有所提升，法院通过判决方式定纷止争，消弭社会矛盾，实现其社会控制功能。从 2003 年开始实施 "能调则调、该判则判、调判结合、案结事了" 原则，法院更是从纠纷解决和社会治理的现实需要出发，综合运用调解、判决等结案方式，努力实现 "案结事了"，化解纠纷，最终实现法院的社会控制功能。

（三）公共政策的形成功能要求法院选择适用判决结案方式

　　法院面对纷繁复杂的社会纠纷，特别是新型争议，无论其扮演回应型司法的角色，还是充当能动型司法的主体，都必须被动或能动地对已

[①]　卢荣荣：《法院的多重面孔：中国法院功能研究》，博士学位论文，西南政法大学，2012，第 31 页。

[②]　高其才、左炬：《政治司法的功能、特点与影响——以 1949~1956 年华县人民法院为对象》，载喻中主编《政治法学研究》，法律出版社，2014，第 3 页。

[③]　李文军：《政法传统与司法的治理功能研究——基于 S 省一个基层法院 60 年实践变迁的观察》，载张仁善主编《南京大学法律评论》，法律出版社，2017，第 309 页。

经发生争议但尚无相应社会调整规范的社会关系进行修复，在此过程中，法院发挥了创制社会规范、形成公共政策的基本功能。我国并非判例法国家，法院履行审判职能形成公共政策，主要通过裁判新型案件、发布指导性案例等方式实现，如法院审理的火车站卫生间收费案、电梯劝烟案等影响性案件，在裁判之后都对引领社会风尚、统一法律适用和公共政策形成等起到了关键作用。法院要通过案件审判实现其公共政策形成功能，裁判结果必须具有一定的示范性、确定性，且必须符合法律精神并为社会公众广泛接纳。因此，法院通过案件审判实现其公共政策形成功能，一般选择判决结案方式，相反，调解或其他结案方式一般仅对个案主体权利义务处分发生作用，无法产生一般性的公共政策效应。

五　民众法律意识变化影响民事诉讼一审案件结案方式

法律意识是人对法律现象、法律实质的认知，当然，人对法律的认知不仅受到主体自身意识的影响，也受客观环境等多种综合因素的影响和作用。民众法律意识的生成和强化，是一个渐进而复杂的过程，既受社会、政治、经济、文化、法制、教育等因素发展变迁的影响，也与民众自身受教育程度、认知能力、纠纷解决经历等紧密相关。作为民事诉讼主体的当事人的法律意识、社会关系、认知能力、处世态度甚至过往经历等，都会直接或间接地影响民事诉讼一审案件的结案方式。一般而言，当事人法律意识越强，认知能力越强，当事人之间的社会关系越疏离，处世态度越较真，则通过权利让渡达成调解、和解协议并以调解或撤诉方式结案的可能性越小，判决结案方式的适用越多。相反，当事人法律意识越弱，认知能力越弱，社会关系越近，处事态度越谦让，则通过权利让渡达成和解或调解协议并以撤诉、调解等方式结案的可能性越大，判决结案方式的适用越少。当然，凡事都并非绝对，个案纠纷千差万别，当事人认知情形各异，案件事实纷繁复杂，实践中也存在当事人法律意识极弱但调解难度极大的案件，抑或当事人法律意识极强，但案件法律关系明确、极易达成调解。但总体而言，在主体意识、客体复杂程度、社会环境等多种综合因素的影响和作用下，民众法律意识对于民事诉讼一审案件的结案方式也会产生较大的影响。

从我国社会变迁和民事诉讼一审案件结案方式的变迁来看，社会治理逐渐从运动式治理转向法治化治理，社会关系从熟人社会向契约社会转化，经济发展规模扩大，经济运行规则日益规范，社会民众的文化教育愈加普及，社会法制建设渐趋完善，司法的规范化程度不断增强，案件复杂化程度渐趋提高，民众法律意识逐渐增强。1949～1982 年，总体而言，新中国法制建设尚在探索之中，法律体系和法律制度还不完善，民众的法律意识总体尚不强，这一背景与其他因素综合作用，使得全国法院民事诉讼一审案件以调解方式结案的数量和比例总体较高。X 市基层法院的状况也基本一致。从 1982 年开始，虽全国法院民事诉讼一审案件调解结案率仍旧居高不下，但受程序立法变革、诉讼政策变化、民众法律意识提升[①]等诸多因素的综合影响，总体呈下降趋势，2003 年，全国法院民事诉讼一审案件调解结案率下降至 30%。X 市基层法院的状况也基本一致，1991 年，调解结案率下降为 56%，2003 年则低至 21%，大体呈现渐次下降趋势。与调解结案率渐次下降的趋势相反，随着民众法律意识的不断增强，全国法院和地方法院民事诉讼一审案件判决结案率则大体呈上升趋势。

六　法院人员结构变化影响民事诉讼一审案件结案方式

徒法不足以自行，意味着法律的执行必须借助司法人员。法院人员结构，是法院内部司法行政人员、审判人员、司法辅助人员等的组成方式及职能分工的综合系统，是法院发挥司法功能的决定性要素。不同时期法院人员结构的变化，在一定程度上对民事诉讼一审案件的结案方式产生影响。有学者将新中国成立以来的法院人员结构变化划分为四个时期：(1) 初创期 (1949～1956 年)，该时期以清除旧司法人员为主要特征；(2) 动荡期 (1957～1977 年)，该时期以人员精减和法院瘫痪为主要特征；(3) 恢复期

---

①　尽管这一时期人们法律意识有所增强，但仍然存在"在具体的解纷态度上呈现对成本低廉的干部解纷选择与结果公正的法律解纷追求之间的矛盾"，法律意识仍有待加强。参见郑永流、马协华、高其才、刘茂林《中国农民法律意识的现实变迁——来自湖北农村的实证研究》，《中国法学》1992 年第 1 期。

（1978～1987年），该时期以招干复转选调为主要特征；（4）发展期（1988～2011年），该时期以法官职业化建设为主要特征。① 笔者基本赞成该学者的观点，但随着司法改革的深入，特别是员额制改革的推进对我国法院人员结构变化产生了深刻的影响，笔者认为，新中国成立以来的法院人员结构变化除上述四个时期外，还应当增加一个时期，即深化期（2014年至今）。法官员额制改革极大地改变了长期以来的法院人员内部结构，必然对民事诉讼一审案件结案方式产生深远影响。

　　1949～1956年是新中国司法制度和法官制度建立和初创期。新中国成立后，即开始对国民党司法机关及其工作人员进行接管和改造，建立新民主主义国家的司法机关。鉴于特定的历史背景，新中国司法机关中司法人员的选任，并不具备足够的要求法律专业背景的条件，审判人员中具有法律专业素养的法官人数不足，军管会组织接管原有司法机关和人员，"接管人员有法律知识或司法经验与否并不重要"②，"原推事、检察官、书记官等一律停止原来职务""接管后立即委任司法机关负责人……只要政治坚强有工作能力即可，是否学过法律，无大关系"③。地方法院干部的来源主要有四个渠道：一是部分老解放区的司法干部充当领导骨干；二是中共各级组织从其他部门主要是部队抽调的干部；三是从社会吸收大量新干部，包括学过法律专业的青年知识分子；四是按中共中央"分别不同对象慎重处理"政策选择留用的旧司法人员，各个方面的干部一般先进行短期培训，然后分配到各地。④ 1951年法院队伍发展到25000多人。⑤ 1952年开始的司法改革运动，"加强各级法院领导骨干和输入大量新的血液，彻底改造和整顿法院组织"⑥，在对新中国司法机关中工作的旧司法

---

① 代志鹏、秦岩：《从大众化到职业化——中国法院人员结构变迁的历史考察》，《吕梁学院学报》2011年第1期。
② 中央档案馆：《中共中央文件选集第十八册（一九四九年一月至九月）》，中共中央党校出版社，1992，第59～60页。
③ 中央档案馆：《中共中央文件选集第十八册（一九四九年一月至九月）》，中共中央党校出版社，1992，第61页。
④ 杨火林：《1949～1954年的中国政治体制》，博士学位论文，中共中央党校，2005，第106页。
⑤ 回沪明主编《1988人民法院年鉴》，人民法院出版社，1992，第934页。
⑥ 董必武年谱编辑组《董必武年谱》，中央文献出版社，1991，第108页。

人员清除的同时，还吸收了新的司法工作人员。新补充进司法队伍的人员的来源有：（1）骨干干部；（2）青年知识分子；（3）"五反"运动中的工人店员积极分子；（4）土改工作队和农民中的积极分子；（5）转业的革命军人（包括一部分适宜做司法工作的轻残废军人）；（6）各种人民法庭的干部，工会、农会、妇联、青年团等人民团体还可帮助选拔一批适宜做司法工作的干部和群众运动中涌现出并经过一些锻炼的群众积极分子。① 经过补充和调整，选调了6000多名优秀分子充实到法院②，新中国司法队伍建设得以推进。但从所补充的人员组成情况看，这一时期司法队伍建设注重政治标准，对专业要求并不高，司法队伍的专业化程度比较低。为适应"三反""五反"运动的需要，1953年全国范围内设立了人民法庭③，人民法庭审判员吸收运动中的群众和积极分子以及机关中各民主党派、无党派人士参加，虽然在运动结束后人民法庭即被撤销，但在"三反""五反"运动中人民法庭凭借经验的审判也对案件审判形成了一定的影响。从1954年开始，《宪法》《人民法院组织法》《人民检察院组织法》的通过，标志着我国司法制度的正式确立，司法机关从政府中分离出来，新中国司法机关建设取得了一定的成绩，法官遴选方式也有了一定的进步，但具有法律专业背景的司法人员仍然较少。正如董必武先生在1954年5月所做的题为《关于党在政治法律方面的思想工作》的讲话中所言，"革命胜利以后，过去参加革命队伍又学过法律的人，绝大多数都担负了行政工作或别的实际工作，只有少数的人在政法部门工作"，且人数远远不能满足司法工作需要，"到1955年，法院编制7万多人，而实际上只有3.6万多人"④，"法院和检察署需要六万多人，在五年之内高等政法学院只能训练一万人"⑤，其余所需法官只能在非法律专业的其他人员

---

① 董必武：《关于改革司法机关及政法干部补充、训练诸问题》（1952年6月24日董必武在全国政法干部训练会议上的讲话摘要），载《董必武政治法律文集》，法律出版社，1986，第235~236页。

② 回沪明主编《1988人民法院年鉴》，人民法院出版社，1992，第934页。

③ 为适应"三反""五反"运动的需要，1953年全国范围内设立了人民法庭，属于当时历史条件下的特殊的审判组织，与1954年以来设立的当代意义上的人民法庭存在区别。

④ 蔡定剑：《历史与变革——新中国法制建设的历程》，中国政法大学出版社，1999，第60页。

⑤ 《董必武选集》，人民出版社，1985，第354、359页。

中选拔任免。可见，该时期，新组建的司法机关，主要从部队和老根据地干部中抽调人员做法院的领导干部，从部队、工会、团组织、妇联干部和青年学生中抽调人员充实法院干警，也有少数改造较好的旧司法人员被吸收进来。抽调人员强调政治条件，并不需要专门的法律知识，法院人员结构与政治机关类似，并不能很好地区分司法行政人员、审判人员和司法辅助人员，绝大多数法院工作人员都在从事审判工作，加之彼时法院沿袭根据地时期的调解政策，将民事案件视为人民内部矛盾，故该时期民事诉讼一审案件以调解结案为主。受特定历史背景的影响，1956 年全国法院民事诉讼一审案件的调解结案率为 39%，判决结案率则为 37%。X 市基层法院该时期民事诉讼一审案件调解结案率也较高，从 1950 年的 31% 上升至 1956 年的 55%，相反，该时期的判决结案率则一直处于较低状态；另有部分裁定结案和其他结案方式结案，大部分案件是借助说理式的规劝方式调解或说服当事人撤案而结案的。可以说，新中国成立初期法院由于工作人员的非专业化，机构职能不明确，人员结构单一，分工不明晰，加之其他因素的综合作用，该时期民事诉讼一审案件结案方式以调解为主、判决和其他结案方式为辅。由此可见，法官来源及遴选机制和法院人员结构对结案方式产生重要影响，一般而言，法官专业化水平越高，在查明事实、分清是非基础上调解或判决结案的比例就越高。

1957～1977 年，是新中国司法制度的动荡期，以精减人员和法院瘫痪为主要特征。受 1957 年"反右"运动扩大化和法律虚无主义思潮的影响，一大批业务骨干和经验丰富的法院领导被划成了右派，而且大批审判员被调离法院。1960 年全国法院工作人员的数量比 1958 年下降 40%～50%，[1] 尽管之后仍然遴选法官，法官专业化建设也有一定的进步，但到"文化大革命"前，全国法院队伍也仅有 40000 人[2]，且专业化程度比较低。该时期全国法学教育规模也在逐步缩减，1951～1976 年，全国设有政法专业的院校从 53 所下降到 2 所，年均招生人数从 870 人下降到 114 人，年均在校生人数从 6049 人下降到 187 人，年均毕业生人数从 2365 人

---

[1] 代志鹏、秦岩：《从大众化到职业化——中国法院人员结构变迁的历史考察》，《吕梁学院学报》2011 年第 11 期。

[2] 甘重斗主编《1988 人民法院年鉴》，人民法院出版社，1989，第 934 页。

下降至 46 人，① 专业化法官教育严重缺失，无法满足民事案件专业化审判的需要，法院人员结构更加不利于案件审判。从 1967 年开始全国各级法院停止工作，法院司法系统基本瘫痪②，刚刚建立的法官遴选制度也受到严重冲击，民事诉讼一审案件审判也当然受到巨大影响，这一现象，从全国法院民事诉讼一审的收案量和结案方式可见一斑。

1978~1987 年，是新中国司法制度的恢复期，以招干复转选调为主要特征。该时期，司法领域的"拨乱反正"让已经遭受严重破坏的法院审判工作得以恢复，法官遴选、法官专业化建设也开启了新的历程，法院人员结构有了进一步的变化。1979 年《人民法院组织法》对法官职务任免程序作了规定，法官由同级人大常委会任免，实质上规范了法官的遴选程序；1983 年修订的《人民法院组织法》第 34 条第 2 款规定，"人民法院的审判人员必须具有法律专业知识"③，首次以立法形式对法官遴选的专业资质作出了明确要求，但执行中限于客观条件与要求还存在一定的差距。1979 年，中央要求"从党政机关、军队系统和经济部门，抽调一大批思想好，作风好，身体健康，有一定政策和文化水平的干部，经过必要的训练后，分配到司法部门工作"④。从 1979 年开始，针对法官不能胜任审判工作的情况，地方法院开始了法官业务培训，如陕西武功县法院针对"怎样搞好开庭审判""怎样做好书记员工作""怎样起草法律文书"等问题开展培训⑤，可见，当时法院法官的法律素养和业务素质亟待提高。1982 年，中央单列法院编制，同时强调"扩大政法队伍，要强调质量，切忌凑数，增加人员的主要来源是：从大专和高中毕业生中招考合格的人才；从转业军人和基本建设队伍中挑选合格的干部、战士和职工；动员有

① 参见蔡定剑《历史与变革——新中国法制建设的历程》，中国政法大学出版社，1999，第 111 页。
② 胡鞍钢：《"文化大革命"时期（1966—1976 年）（七）》，载《国情报告（第七卷）2004 年（下）》，党建读物出版社、社会科学文献出版社，2012，第 687 页。
③ 《全国人民代表大会常务委员会关于修改〈中华人民共和国人民法院组织法〉的决定》，《人民司法》1983 年第 10 期。
④ 甘重斗主编《1988 人民法院年鉴》，人民法院出版社，1989，第 935 页。
⑤ 尚宵峰：《执法必须懂法——武功县人民法院重视对司法干警的业务培训》，《人民司法》1979 年第 6 期。

法律知识的人员尽量归队"①。这一时期，法院从党政机关、企事业单位、复转军人及其他领域选拔一大批具有一定文化程度的人员充实审判力量，法院工作人员数量在短时期内急剧增长，迅速从1979年的5.8万人增长到1981年的11.75万人，1982年则增至14.4万人。② 但这些人员基本没有法律专业背景，也未从事过审判工作，仅仅在短期培训后即上岗，边干边学的情况比较普遍。从1985年开始，最高人民法院创办全国法院干部业余法律大学，培养专业化法官队伍。经过队伍建设，从1979年至1988年，全国法官队伍人数从95255人发展壮大到了214930人，其中具有大专以上学历的人员从700人增加到6万人，占干部总数的28%，法院干部队伍中的政法专业人员由1979年的3000余人增加到1988年的45600多人。③ 再从该时期法院人员结构看，法官大众化的状况极为明显，内部分工也不很明确。1978年，全国法院工作人员总数为5.9万余人，至1981年，全国法院工作人员总数约为11.8万人，其中法官人数为6万余人，法官人数约占全部法院工作人员总数的51.4%。④ 法官泛化情形仍然较为严重，司法行政人员、司法辅助人员中有一大部分也具有法官资格，但并不一定从事审判工作。法院人员结构不合理、分工不明确、专业化法官人数不足导致案件审判缺乏专业性，判决结案存在较多困难，大量案件是法官借助于做当事人的思想工作而调解结案，甚至存在不少"强制调解""久调不决"的情形，对民事诉讼一审案件结案方式产生影响。全国法院法官队伍专业化建设取得了一定的成绩，但从来源、遴选途径、法院人员结构等方面考察，仍然无法满足民事司法专业化的要求，加之受调解等民事司法政策和传统纠纷解决理念的影响，全国法院民事诉讼一审案件的调解结案不仅未较前一时期有所下降，反而持续升高，基本维持在70%左右，而判决结案率则长期维持在12%左右。地方法院

---

① 甘重斗主编《1988人民法院年鉴》，人民法院出版社，1989，第935页。
② 马央：《基于法院人员机构的法官员额制改革研究》，硕士学位论文，西南政法大学，2016，第15页；代志鹏、秦岩：《从大众化到职业化——中国法院人员结构变迁的历史考察》，《吕梁学院学报》2011年第1期。
③ 甘重斗主编《1988人民法院年鉴》，人民法院出版社，1989，第936页。
④ 马央：《基于法院人员机构的法官员额制改革研究》，硕士学位论文，西南政法大学，2016，第15页。

也基本类似，以 X 市所属两个基层法院民事诉讼一审案件结案方式为例，1978～1991 年，调解结案方式基本维持在 80% 左右，而判决结案率则在 10% 左右。

1988～2011 年是我国法官队伍建设的发展期，以法官职业化建设为主要特征。该时期，我国法治建设进程提速，司法改革也在有序推进，特别是法官队伍建设进入了一个新的发展时期。1991 年最高人民法院《关于法院增编进人工作的几点意见》明确了法院新增人员应通过招录、接收军转干部、选调等途径进行，要求都应具有高中以上文化程度，有条件的地方应具有大专以上文化程度①，截至 1991 年，全国法院干部 236604 人中具备大专以上文化程度的 116559 人，占法院干部总数的 49.3%。② 1995 年《法官法》颁布实施③，对法官职业化提出了具体要求，对法官遴选的专业条件作了明确规定，要求选任的法官必须从高等院校法律专业毕业，或者高等院校非法律专业毕业但具有法律专业知识；2001 年修改《法官法》，对初任法官条件作了进一步提高：采用严格考核的办法，按照德才兼备的标准，从通过国家统一司法考试取得资格，并且具备法官条件的人员中择优提出人选；2002 年开始实行全国统一司法考试，统一了法官、检察官、律师等法律职业共同体的职业资格要求；最高人民法院于 2002 年出台实施了《加强法官队伍职业化建设的若干意见》，逐步开始在法官定额制度、法官遴选制度、法官逐级选任制度、单列书记员序列、实行法官助理制度等方面对法官职业化作出了探索；从 2003 年起，我国法院逐步落实法官定额制度，改革法官遴选制度，实施法官逐级选任制度、单列书记员序列和法官助理制度，"根据《法官法》的规定，完成了法官等级评定工作，实行法官任职前的审核制度，把好'进人关'，防止不合格人员进入法官队伍，推行审判长和独任法官选任制，优化法官队伍"④。我国法官职业化建设取得了较大进展；法院内部人员结构进一步优化，大

---

① 甘重斗主编《1988 人民法院年鉴》，人民法院出版社，1989，第 685 页。
② 甘重斗主编《1988 人民法院年鉴》，人民法院出版社，1989，第 695 页。
③ 雪晶：《法官法立法历程简介》，《人民司法》1995 年第 4 期。
④ 参见最高人民法院院长肖扬 2003 年 3 月 11 日在第十届全国人民代表大会第一次会议上所做的《最高人民法院工作报告》。

体区分了行政、司法辅助、审判等不同岗位的准入门槛，法官的人数有所增加，专业化程度有所提升，至 2009 年，全国法院工作人数总数为321711 人，其中法官人数为 190754 人，法官人数占全国法院工作人员人数的 59.3%。[①] 相应的，在法院审判人员专业化程度提升、人员分工相对明确等人员结构优化的条件下，加之其他因素的综合影响，法院民事诉讼一审案件的结案方式也发生变化。1988~2011 年，全国法院民事诉讼一审案件的调解结案率不断走低，从 1988 年的 74% 逐渐降至 2011年的 41%，而同时期，全国法院民事诉讼一审案件判决结案率则从13% 上升至 29%。X 市基层法院的状况亦同，调解结案率从不断走低，从 1988 年的 62% 逐渐降低至 2011 年的 50%。与此相反，X 市基层法院判决结案率从 1988 年的 13% 上升至 2011 年的 33%。

2012 年至今，我国开始全面深化改革，司法改革也在全面铺开，尤其是 2014 年开始的法官员额制改革，使法院人员结构发生了巨大的变化。员额制改革意在解决司法行政化、法官大众化、"审者不判、判者不审"、司法责任制追究不力等顽疾，实现"审判的归审判、行政的归行政"的司法目标。虽然员额制改革在实践中遭遇了不少困难，但总体而言与司法改革设定的法官精英化和职业化目标更加接近，司法行政化倾向有所改变，"让审理者裁判、让裁判者负责"的理念基本贯穿民事审判过程，法院人员结构更加有助于法院审判职能的发挥，这也对民事诉讼一审案件结案方式产生了一定的影响。从全国法院的状况看，员额制改革使法官人数有所减少，非审判岗位人员基本不再占用法官员额，让法官回归了审判本位，2014 年全国法院工作人员近 34 万人，其中法官人数为 19.5 万人，法官约占全部法院工作人员人数的 57.4%。[②] 至 2017 年 7 月，全国地方法院已基本完成员额制改革，入额法官 12 万余名，约占中央政法专项编制总数的 32.8%[③]，法官人数和在法院工作人员中所占比例均有明显下

---

① 马央：《基于法院人员机构的法官员额制改革研究》，硕士学位论文，西南政法大学，2016，第 15 页。

② 马央：《基于法院人员机构的法官员额制改革研究》，硕士学位论文，西南政法大学，2016，第 14 页。

③ 熊秋红：《法官员额制改革推进司法精英化》，《人民法院报》2017 年 7 月 7 日，第 2版；屈向东、范继强：《论中国法官员额制的历史演进》，《政法学刊》2019 年第 2 期。

降，综合部门占用法官人员除非入额，基本退出了法官队伍，转化为司法辅助人员，法官精英化改革取得了一定的成效，法院人员结构发生了显著变化。从司法统计数据可知，2012～2017年，全国法院民事诉讼一审案件调解结案率呈明显下降趋势，而同时期全国法院民事诉讼一审案件判决结案率则呈明显上升趋势，X市基层法院亦同。这种趋势，除受社会环境影响、民事诉讼立法及司法政策调整、案件复杂程度增加、案件数量增加等因素的综合影响外，与法官队伍精英化、审判能力提升不无关系。

通过上述六个方面的分析，我们可以认为，随着社会变迁，社会大环境、民事诉讼立法和政策、法官来源及遴选机制、法院功能、民众法律意识、法院人员结构等因素的变化均能够对法院民事诉讼一审结案方式产生综合影响，除此之外，民事诉讼一审案件数量的变化和多元化纠纷解决机制的发展变化等同样会对民事诉讼一审案件结案方式产生影响。通过对影响民事诉讼一审案件结案方式各种因素的纵向分析，我们能够从历史发展的点滴中探寻民事诉讼一审案件结案方式发展的未来走向。

第五节　中国民事诉讼一审结案制度的未来走向

纵观1949～2019年70年以来我国法院民事诉讼一审案件结案方式的变迁历程，我们可以清晰地看到，受社会环境更迭、立法和政策变革、法官来源及遴选机制变化、法院功能不同定位、民众法律意识的不断强化、法院人员结构的时代演化等多种因素的综合作用，我国民事诉讼一审案件结案方式在不同历史时期表现出不同的特征，也呈现了一定的规律，对我国未来民事诉讼制度特别是结案制度的完善具有重要的启示意义。我国未来民事诉讼一审案件结案制度的完善，要坚定法治化发展理念，树立正确的民事诉讼价值观，正确定位民事诉讼法的立法目的，科学设置民事诉讼的基本模式，要实现政策立法化和立法稳定化，要正确定位法院功能，努力实现法官精英化和职业化，不断提升法院内部管理水平，科学设计和运行结案的具体制度等，只有通过宏观、微观两个层面的系统建构，民事诉

讼一审案件结案制度才能契合司法规律，发挥其在民事诉讼制度中的应有
作用。

一　民事诉讼一审案件结案制度应坚定法治化发展理念

法治，即依靠法律的治理。坚定法治化发展理念，就要树立法治理
念，就要建设完整、系统的法治体系，包括由宪法和法律规定的国家治理
现代化的制度体系，涉及政治、经济、文化、社会、生态文明等各领域的
制度，涵盖立法、执法、司法、守法、护法等法治建设各方面的制度。①
法院作为国家治理现代化体系中的重要组成部分，能否坚定法治化发展理
念，决定了法院能否正确发挥其在国家治理现代化中的作用。坚持法治化
理念，则法治彰显，法院组织体系完整，制度健全，运行通畅，作用充
分；反之，则法治衰微，法院司法功能式微甚至衰竭，运行受阻，作用泛
化。民事诉讼法律制度作为法治制度体系的重要组成部分，同样受到社会
大环境的极大影响，并反作用于国家治理体系。民事诉讼一审结案方式作
为民事诉讼法律制度体系中的一个运行环节，其在不同历史时期的不同表
征，既是不同时期国家法治化程度的体现，也是国家法治化程度作用于民
事诉讼制度的具体结果。

1950 年《诉讼程序试行通则（草案）》确立了调解、判决等民事诉
讼案件的结案方式。《关于加强人民司法工作的指示》、1954 年《人民法
院组织法》、1955 年《关于北京、天津、上海等十三个大城市高、中级人
民法院民事案件审理程序的初步总结》等的颁行是民事诉讼一审结案方
式努力向程序化、法治化运行的良好开端，这一时期，民事诉讼一审案件
裁判既发扬调解的优良传统，又注重总结审判经验，运用判决等其他适
当、合法的方式结案，总体遵循民事案件审判规律，符合民事案件裁判的
法治化要求。1958 ~ 1966 年，民事诉讼程序立法再度搁置，民事纠纷的
解决主要依靠社会化方式，调解为主是当时处理民事案件的基本方法，民
事案件结案过程中难免出现"和稀泥"甚至违法调解的情形，非法治化
的裁判方法对民事诉讼一审案件的公平、公正处理造成了一定的不利影

① 李林：《新时代坚定不移走中国特色社会主义法治道路》，《中国法学》2019 年第 3 期。

响。1966～1976 年，民事诉讼一审案件结案方式呈现非法治化状态。
1982 年《民事诉讼法（试行）》奠定了新中国民事诉讼程序法治的基础，
民事诉讼一审案件结案方式步入法治化路径，调解、判决或其他结案方式
基本符合司法规律。当然，法治化并非一蹴而就，《民事诉讼法（试行）》
确立的"着重调解"立法原则在实践中也存在一定的偏差，1991 年《民
事诉讼法》将"着重调解"修改为"自愿合法"，民事诉讼一审案件结案
方式更加契合实践需要，更加符合司法规律和程序法治化要求。自 1991
年至今，虽然民事诉讼一审案件结案方式受到不同时期司法政策的影响呈
现不同的特征，但总体而言都是沿着法治化路径发展，民事程序立法对民
事诉讼一审结案方式的规范作用显而易见。

　　民事诉讼法治化应当成为民事纠纷解决和民事案件裁判的基本路径，
任何偏离法治化轨道的民事诉讼一审案件裁判方式都无助于民事纠纷的解
决，无助于国家治理现代化目标的实现。民事诉讼一审结案方式应当遵循
法治化路径，在回应社会需求、实现社会治理目的的同时，必须符合法治
要求，尊重司法规律，将民事诉讼一审案件结案方式纳入法治化框架，减
少政策性因素对结案方式的影响，做到政策立法化、立法稳定化，避免人
为"运动式"司法政策或司法目标对民事诉讼一审案件结案方式的非正
常影响，避免对民事审判工作造成冲击甚至破坏。可以预见，随着国家法
治化程度的不断提升，未来民事诉讼一审结案方式也必将更加符合民众对
司法公正和司法效率的期待。

二　民事诉讼一审案件结案制度应树立正确的民事诉讼价值观

　　诉讼的本性是"过程性"和"交涉性"[1]，民事诉讼一审裁判过程即
为当事人与法院、当事人之间以及当事人和其他诉讼参与人之间交涉、说
服和解决纠纷的过程。交涉除解决当事人之间的实体权利义务争议外，交
涉过程本身也关涉法律价值的实现，前者涉及民事诉讼法的实体价值，即
实现实体法上的自由、秩序、公正和效益；后者则涉及民事诉讼法的程序

---

[1]　季卫东：《法治秩序的建构》，中国政法大学出版社，1999，第 20 页。

价值，包括工具性价值（外在价值）和目的性价值（内在价值或本位价值）。① 程序工具价值观强调程序保障实体法价值的实现，但容易产生"重实体、轻程序"的弊端，贻害无穷，程序本位价值观则强调程序交互过程本身即存在自由、秩序、公正和效益等法律价值。民事程序法的运行应当坚持实体价值和程序价值并重的原则。民事诉讼一审案件结案方式的适用，系程序运行中的重要环节，无论采用判决方式、调解方式还是当事人撤诉的方式结案，都应当树立正确的程序价值观，即重视案件裁判中的事实认定、法律适用的正确。保障实体正义的实现也必须重视结案方式的程序价值，保障当事人在结案方式选择上的程序自由，维系结案方式运行的基本秩序，提高民事诉讼一审案件的结案效率，实现结案方式运行中的程序公正，最终实现当事人权利维护的诉讼目标。实践证明，如果不注重结案方式运行程序的价值，则容易出现损害当事人权利的违法行为，如偏重结案方式适用的实体价值而忽略程序价值，则容易出现干预当事人处分权导致公权力过度介入私权领域的现象，违背司法被动性的基本原理，损害民事诉讼一审结案程序运行的价值，导致当事人程序自由、程序效益价值追求的落空。民事诉讼一审案件如果一味追求调解结案率，就会忽略结案方式的程序要求和程序价值，结案过程中要么"和稀泥"，无论实体是否正义，只要当事人愿意接受即调解结案，损害当事人的实体权利；要么在当事人未达成意愿的情况下，通过"强制调解""久调不决""以判压调"等方式，逼迫当事人接受调解结果，抑或纵容当事人恶意串通的虚假调解，损害国家、集体或者他人的合法权益，最终违背民事程序对案件裁判实体正义价值的追求。

从 1949 年以来我国法院民事诉讼一审案件结案方式的发展变化情况看，不同历史时期，对程序价值的认识不同，直接影响着民事诉讼一审案件结案方式的适用。1949 ~ 1957 年，比较注重程序立法。1950 年《诉讼程序试行通则（草案）》、1951 年《人民法院暂行组织条例》将诉讼制度纳入法制轨道②，1954 年《人民法院组织法》开始注重民事审判的程序

---

① 肖建国：《民事诉讼程序价值论》，中国人民大学出版社，2000，第 95 页。

② 熊先觉：《中国司法制度资料选编》，人民法院出版社，1987，第 176 页。

规定，对程序法的价值有了一定的认识。1955 年《关于北京、天津、上海等十三个大城市高、中级人民法院民事案件审理程序的初步总结》特别对调解进行了概括，要求"调解必须出于双方当事人的自愿，不得强迫"，"如调解不成，即应正式进行审理"，"有些法院在清理积案时用过的集体调解方式，由于不能照顾每个案件的特点，今后一般不宜采用"①等，可见当时法院审理民事案件，已经比较注重各种结案方式的程序要求和程序价值。加之当时司法政策、社会环境、审判人员状况等因素的影响，虽然调解结案率较高，但基本符合民事诉讼一审结案方式的程序要求，社会效果也较好。1958～1966 年，民事诉讼一审结案以社会化调解为主，调解结案率居高不下，案件实体公正受损。《民事诉讼法（试行）》中，程序价值逐步得到重视，1991 年《民事诉讼法》对《民事诉讼法（试行）》的程序缺失现象进行修正，2007 年、2012 年、2017 年三次修正《民事诉讼法》，无不在强化民事程序法的价值，保障程序正义。对民事程序价值的不同理解使得不同时期民事诉讼一审案件的结案方式有差异，一些是基于人为原因。如法院在考核指标体系中将调解结案率作为法官和法院办案绩效的考核标准，导致调解泛化甚至违法调解。通过立法修正和政策调整，民事诉讼一审案件结案方式依旧遵循了程序价值，如"自愿合法调解"原则修正了"着重调解"忽视程序价值的弊端，并在随后的运行中，考量法院与当事人之间程序价值追求的矛盾，实施"能调则调、当判则判，调判结合、案结事了"的结案原则，使民事诉讼一审案件结案方式更加符合当事人对程序正义和实体正义的价值追求，也更加符合诉讼主体对效率和秩序的价值追求。

重视程序法的价值，则民事案件裁判可以兼顾法律效果和社会效果的统一，相反，则程序价值不兴，实体正义不彰，当事人权利受损，案件裁判效果不佳。民事诉讼一审案件结案方式的适用，也必须树立正确的程序价值观，立法上确立符合程序主体价值追求的民事诉讼一审案件结案制度，在程序交涉过程中，应当回应诉讼主体的价值追求，找到价值冲突的

---

① 参见《关于北京、天津、上海等十三个大城市高、中级人民法院民事案件审理程序的初步总结》，《董必武法治思想研究会》，http://www.dongbiwufx.org.cn/newsitem/2766714 82，最后访问日期：2019 年 6 月 10 日。

平衡点，既保障法院诉讼效率，节约司法资源，又保障当事人对案件裁判实体公正价值和程序公正、效率等价值的追求。只有这样，民事诉讼一审结案方式才能正确适用，结案的案件才能真正做到"案结事了"。可以预见，随着民事程序价值观的不断矫正和程序正义保障制度的不断完善，未来民事诉讼一审结案方式的适用，定当回应和渐趋平衡诉讼主体的不同价值诉求，兼及诉讼主体程序权利与实体权利保障，实现司法的应然目标。

三　民事诉讼一审案件结案制度应正确回应民事诉讼的目的

民事诉讼的目的是国家设置民事诉讼制度所期望达到的主观目标。民事诉讼的目的一般要通过民事诉讼立法上的具体制度来体现，并通过司法机关加以实现。一方面，立法规定了民事诉讼的目的，司法机关通过司法活动实现立法目的；另一方面，司法机关的司法活动又能反过来印证或检验立法上设定的民事诉讼目的是否科学合理。学者对民事诉讼目的论的观点，主要包括私法权利保护说、私法秩序维持说、纠纷解决说、程序保障说、权利保障说、利益保障说、多元说等①，但现代社会纠纷类型复杂化、价值诉求多元化、参与主体多样化的现状决定了民事诉讼目的也应当多元化。民事诉讼一审案件结案制度作为民事诉讼制度的重要组成部分，也必须体现或回应民事诉讼的目的，发挥法院在纠纷解决、社会控制、权力制约和公共政策形成上的功能。相反，民事诉讼一审案件结案方式适用时，由于非法治化因素的影响，或者司法为实现法外目的而为的行为，不但不能正确回应民事诉讼的立法目的，反而在一定程度上破坏了立法目的的实现。如仅强调民事诉讼解决纠纷的目的，而忽视民事诉讼程序保障的目的，则可能出现"久调不决""以判压调"等不当行为；一味强调法律秩序维持，追求判决结案，则可能忽略调解结案方式在纠纷彻底解决、高效解决等方面的优势；仅强调私权保护目的而忽视秩序维护目的，则可能超出当事人处分权能调解或判决结案，侵害国家、社会公共利益保护或第三人合法权益等。

从1949年以来我国法院民事诉讼一审案件结案方式的变迁看，不同

---

① 江伟、邵明：《民事诉讼法学关键问题》，中国人民大学出版社，2011，第16～17页。

历史时期，司法实践对民事诉讼目的的回应出现不同的表现，则法院民事诉讼一审结案方式的外部表现不同。1949～1957年，民事司法政策继承传统，体现人民性，"保证案件得到正确、迅速的处理"①，受当时社会环境、法律环境、法院人员组成和法院功能定位等因素的影响，在该政策指引下，民事诉讼一审案件结案方式的适用，旨在实现表征国家权力、解决人民内部矛盾、维持经济秩序和社会秩序的目的，故该时期民事诉讼案件一审结案方式鼓励在遵循自愿、合法原则的基础上进行调解，调解结案率较高，判决结案率较低。1958～1966年，法制建设停滞，调解结案率畸高，民事诉讼一审案件结案方式违背了司法规律和客观实际需要。民事诉讼一审结案方式，缺乏程序规范，无法回应常规状态下的民事诉讼目的。从1977年开始，民事诉讼法回归法治化路径，1982年《民事诉讼法（试行）》确立了"正确适用法律，及时审理民事案件，确认民事权利义务关系，制裁民事违法行为，保护国家、集体和个人的权益、教育公民自觉遵守法律"的民事诉讼目的②，在该诉讼目的支配下，民事诉讼一审案件结案方式也偏重于法院依法发挥职能，结案方式进入法治化路径，但诉讼目的中缺失对当事人程序权保障的要求，以至于"着重调解"法律原则指引下的结案方式运行中出现了忽视当事人程序权保障的情形，民事诉讼一审案件调解或撤诉等结案率偏高，判决结案率偏低，不利于案件公正裁判。1991年《民事诉讼法》增加了"当事人程序权利保障、实体权利保障、社会秩序维持"之目的，突出了当事人程序权保障、秩序维持等内容，更趋多元化。此后，《民事诉讼法》虽经2007年、2012年、2017年三次修正，但对于民事诉讼目的的表述并未做任何修改。

民事诉讼目的是对特定时期民事审判所要达到目标的总要求，民事诉讼目的需要通过具体民事诉讼制度的设定和实施加以实现。民事诉讼一审

---

① 参见《关于北京、天津、上海等十三个大城市高、中级人民法院民事案件审理程序的初步总结》"二、案件审理前的工作"，《董必武法治思想研究会》，http://www.dongbiwufx.org.cn/newsitem/276671482，最后访问日期：2019年6月11日。

② 《民事诉讼法（试行）》第2条规定：中华人民共和国民事诉讼法的任务，是保证人民法院查明事实，分清是非，正确适用法律，及时审理民事案件，确认民事权利义务关系，制裁民事违法行为，保护国家、集体和个人的权益，教育公民自觉遵守法律。

结案制度的适用，是实现民事诉讼目的的具体手段之一，民事诉讼一审结案方式的选择必须回应民事诉讼目的的实现，同时，民事诉讼一审结案方式的运行状况也是民事诉讼目的实现状况的具体表现。可以说，如民事诉讼一审结案方式的选择适用符合民事诉讼目的的要求，则民事诉讼结案制度设定和运行为良性；反之，如民事诉讼结案制度的设定和运行背离诉讼目的要求，则应当对其进行立法修正或政策调整。民事诉讼一审结案方式的选择适用，应当结合不同历史时期社会治理的需要，坚持民事诉讼目的多元说，综合考量民事诉讼目的的设定要求，通过民事诉讼一审结案方式的正确选择和恰当适用，达到民事诉讼解决纠纷、保护民事权利、保障程序权、维护诉讼秩序、维护社会秩序等目的。

四　民事诉讼一审案件结案制度应有机嵌入协同主义诉讼模式

民事诉讼模式是民事诉讼基本要素相互作用形成的抽象构造。不同诉讼模式中，法院和当事人权利（力）义务分配、互动关系呈现不同样态，对民事诉讼一审案件结案方式产生不同影响。当事人主义模式注重对当事人处分权的尊重，当事人相对积极，法官则相对消极，在结案方式的选择上，应当更加尊重当事人的实体权利处分权和程序权利处分权，调解、撤诉等结案方式的选择，要做到当事人自愿、调解方式和调解内容合法，调解不成或当事人不愿意撤诉，应当判决结案。职权主义模式更加强化法官能动性，强调法院职权，忽视当事人处分权，为强化法院社会治理功能甚至法外功能，结案方式上片面强调调解结案率，容易出现"强制调解""久调不决"等情形，忽视纠纷当事人程序保障。混合（协同）主义诉讼模式，能够兼顾法院社会治理功能与纠纷解决功能，结案方式上既尊重当事人意志，又注重社会治理功能，但协同的程度也容易受当时社会环境、民事程序立法、司法政策等因素的影响而处于不确定状态，不同结案方式的运用也会相应出现不同样态。

从 1949 年以来我国法院民事诉讼一审案件结案方式的变迁看，不同历史时期，民事诉讼模式对结案方式产生了一定的影响，同时，司法实践对民事诉讼模式的回应，也在一定程度上直接或间接地推动民事诉讼模式的变革。1949 ~ 1957 年，我国尚未形成相对固定的诉讼模式，民事诉讼更强调当事人自愿、合法调解。因此，该时期调解结案率较高，判决结案率较低，但判决结案率仍占一定比例。如1956年和1957年，全国法院判决结案率分别为37%和35%，调解结案率分别为39%和37%。1958～1966年，受司法政策和社会环境的影响，全国法院调解结案率有所提高，而判决结案率则有所降低，1982年《民事诉讼法（试行）》确立了职权主义诉讼模式，强化了法官在诉讼中的能动作用，强调"着重调解"，而当事人的实体权利和程序权利则较多受到法官职权的影响，甚至司法实践中出现了违背当事人意志调解结案的情况。在1997年以前调解结案率基本保持在50%以上，而判决结案率基本保持在40%以下。随着最高人民法院《关于民事诉讼证据的若干规定》的实施，我国民事诉讼模式由职权主义模式逐步向当事人主义诉讼模式过渡，再向协同主义模式转换，法院在结案方式的选择上更加尊重当事人的程序权利和实体权利保障，更加注重法官与当事人的协同，加之民事诉讼立法的变化和司法政策的调整，从2002年开始，全国法院民事诉讼一审案件调解结案率基本保持在30%左右，判决结案率则大体保持在40%左右。X市基层法院民事诉讼一审案件结案方式的发展与全国法院结案方式的总趋势保持一致。

民事诉讼模式影响结案方式，结案方式又反作用于民事诉讼模式，成为形成民事诉讼构造的基本要素。协同主义诉讼模式即注重法院职权的行使，又兼顾当事人实体权利和程序权利的保障，更能契合诉讼主体各方的价值追求。

五　民事诉讼一审案件结案制度应协同具体结案方式之间的关系

民事诉讼一审结案方式包括判决、调解、裁定、移送管辖及其他方式，其中裁定结案方式又包括不予受理、驳回起诉、撤诉等。依据当事人的态度，民事诉讼一审结案方式又可以分为强制性结案方式和自愿性结案方式，判决属于强制性结案方式，调解、撤诉等属于自愿性结案方式。[①] 不同的结

---

① 参见沈杨《结案方式的改进和完善——以促进纠纷解决为原则》，《人民司法（应用）》2007年第6S期。

案方式具有不同的特点，在民事诉讼中发挥着不同的功能。判决结案方式强制解决纠纷，正当的判决对定纷止争具有决定性作用。调解结案方式充分尊重当事人处分权，有机协调了司法公权与当事人私权之间的关系。驳回起诉、撤诉等结案方式的适用，从程序上保障了当事人诉权的行使，同时对防止诉权滥用具有积极作用。

在法治化程度提升、司法政策不过度强化法院特定功能甚至非法院功能的历史时期，民事诉讼一审结案方式的适用能够正确保障当事人程序权和实体权，正确发挥法院的社会功能，不同结案方式的选择适用符合司法规律，实现纠纷化解和社会秩序维持的功能。如自 2004 年以来，法院在纠正过度强化调解结案政策的基础上使调解结案率回归常态；相反，在法治化程度较低、司法政策过度强调某种结案方式适用比例时，结案方式的适用往往导致公权力过度干预私权利、当事人权利无法保障的窘境，司法公信力同样遭受质疑。

总之，民事诉讼一审案件的不同结案方式具有不同功能，不同结案方式均存在积极功能与消极功能，我们无法断言不同结案方式孰优孰劣。民事诉讼一审案件结案方式的适用，应当满足个案纠纷解决的需要，正确处理不同结案方式适用的协同关系，改变结案方式选择随意、非此即彼、竞争冲突的错误思维，树立法治化思维模式。树立和践行"审判的归审判、调解的归调解、裁定的归裁定"的理念，在符合个案要求、尊重当事人权利、强化程序保障、尊重司法规律的基础上正确选择适用不同的结案方式。

六 民事诉讼一审案件结案制度应以法官职业化为基础

古今中外，法官作为一项职业存在早已是不争的事实[①]，法官职业化甚至精英化是司法专业化的必然要求。民事诉讼一审案件结案方式的适用，与法官职业化甚至精英化程度紧密相关，一般情况下，法官职业化程度越高，在民事诉讼一审案件结案方式的选择上越理性，特别是在

---

① 李立新、刘方勇：《我国法官职业化改革进程回顾与展望——以改革试点方法和模式为实证分析视角》，《法学杂志》2010 年第 6 期。

案件调解不能时，职业化法官越趋于理性裁判，调解不成即依法判决；相反，法官职业化程度越低，其依法裁判的能力越弱，加之鼓励调解司法政策的影响，职业化程度越低的法官往往回避裁判过程和结果对其专业能力的挑战，更倾向于采用调解结案方式，甚至违背当事人意志进行违法调解。总体而言，法官职业化程度和专业水平越高，则民事诉讼一审案件结案方式的选择适用也越理性，能够做到能调则调，当判则判，调判结合，且调解结案或动员当事人撤诉结案方式的适用能够充分尊重当事人意愿，把握调解的合法性，一旦调解或动员当事人撤诉不能结案，则以专业判断尽快作出判决，定纷止争；相反，法官职业化程度和专业水平越低，则受司法政策影响越大，依赖于和稀泥或通过违法调解的情形越频繁，依法判决结案方式的适用越少。当然，关于民事诉讼一审结案方式与法官职业化程度的关系，也并非绝对，司法实践中部分专业化程度较高的法官，通过对案件争议的精准法律解释，充分运用其高超的调解技术，在查明事实、分清是非的基础上，促使当事人在自愿合法的基础上达成调解协议的个案也并非少数，但从近70年民事诉讼一审结案方式的数据统计可以看出，排除其他因素的影响，随着法官职业化程度的提升，我国法院民事诉讼一审结案方式呈现调解结案率降低和判决结案率提升的趋势。

从1949年以来我国法院民事诉讼一审案件结案方式的变迁看，不同历史时期，法官职业化程度对结案方式产生了一定的影响，同时，民事诉讼一审结案方式因应司法、公正、效益、程序保障的需要也对法官职业化提出了新的要求。1949～1957年，程序法制建构逐步展开，司法改革开始重视法官专业化，但这一时期审判力量不足，法官遴选重政治标准，忽视专业水平，民事诉讼一审案件调解结案率较高，判决结案率相对较低。1958～1976年，民事纠纷解决依赖于司法外的社会化解决方式，法官职业化进程中断，法院受理民事案件数量急剧下降，调解结案率极速提升，判决结案率则迅速下降。1978年以后，法官职业化建设重新启动。1979年《人民法院组织法》规范了法官遴选程序。1982年，中央单列法院编制，强调扩大政法队伍要注重对法律知识的考察。1985年最高人民法院创办全国法院干部业余法律大学，培养专业化法官队伍，至 1991 年，全国法院法官队伍职业化建设取得了一定的成绩，但仍无法满足民事司法专业化要求。1978～1991 年，调解结案率基本保持在 70% 左右，判决结案率则保持在 10%～20%，地方法院亦同。从 1995 年开始，法官职业化建设提速，《法官法》要求选任的法官必须高等院校法律专业毕业或者高等院校非法律专业毕业具有法律专业知识。2002 年开始实行全国统一司法考试，法官准入标准进一步提升，法官定额制度、法官遴选制度、法官逐级选任制度、单列书记员序列、法官助理制度等法官职业化探索逐步展开，对民事诉讼一审案件结案方式的选择产生了重大影响，全国法院民事诉讼一审案件调解结案率下降到 2003 年的 30%，相反，判决结案率提高至 2003 年的 42%，裁定结案方式提高到 2003 年的 27%，X 市基层法院民事诉讼一审案件结案方式的变化也基本趋同。2003 年起，我国法院逐步落实法官定额制度，改革法官遴选制度、实施法官逐级选任制度、单列书记员序列和法官助理制度，法官职业化程度进一步提升。2014 年开始的法官员额制改革在法官职业化建设上迈出了一大步，全国法院民事诉讼一审案件调解结案率也从 2014 年的 33% 下降至 2017 年的 25%，判决结案率则从 2014 年的 36% 上升至 2017 年的 44%；X 市基层法院民事诉讼一审案件调解结案率较低，判决结案率则保持在 70% 以上。从民事诉讼一审案件调解结案率回落、判决结案率上升的状况看，法官职业化程度对民事诉讼一审案件结案方式影响甚大。

法官职业化程度对民事诉讼一审案件结案方式的影响显而易见，同时，民事诉讼一审结案方式的正确适用也对法官职业化程度提出了更高的要求。法官队伍建设必须沿着职业化、专业化甚至精英化的方向发展，逐步调整法院人员内部结构，落实员额法官制度，完善法院人员分类管理，真正做到"审判的归审判、行政的归行政、辅助的归辅助"。同时，改革对法院和法官的考核机制，特别是改革直接或间接将调解结案率作为考核法官业绩的考核方法，使结案方式遵循个案裁判需要，实现结案方式的适用遵循司法规律，做到"能调则调、当判则判，调判结合"，最终实现"案结事了"。

七　民事诉讼一审案件结案制度应回应民众法律意识提高的现实

民众法律意识的提升，影响民事诉讼一审案件结案方式的适用。当事人法律意识较弱时，对争议权利义务的认知程度较低，法官在保证查明事实、分清是非的基础上，斡旋沟通，通过综合运用调解技巧，容易促成当事人调解或撤诉，适用调解或撤诉结案方式结案，实现案结事了。当事人法律意识愈强，对争议权利义务法律边界的认识程度愈高，更倾向于选择符合法律规范且能够最大限度地维护自身合法权益的结案方式，对及时判决、公正判决的期待也会较高。

随着国家法治化进程的不断推进，我国民众的法律意识必然进一步增强，对公正、高效的司法制度和结案方式的有效需求必然会更加旺盛，可以预见，未来民事诉讼一审案件呈现调解结案率进一步降低、判决结案率进一步提升的趋势，我国民事司法工作也应当积极回应民众法律意识增强后对结案方式的新期待。切实保障当事人实体权利和程序权利，维护当事人合法权益。

八　民事诉讼一审案件结案制度应调整具体结案方式的运行规则

民事诉讼一审案件结案方式的正确适用，应对民事诉讼一审案件的具体结案制度的缺陷作必要的调整，通过完善立法和通过改进司法裁判的方法促进具体结案制度的正确适用。

（一）　确立司法 ADR 制度

为分流民事案件结案方式、缓解当前民事案件的审判压力，我们应当借鉴域外经验，确立司法 ADR 制度，分流民事诉讼一审案件，拓宽民事诉讼一审案件的结案方式。具体而言，一是设立早期中立评估制度，在案件进入庭审程序之前，一方或者双方当事人寻求中立且专业人士（多为律师）的建议，对案件进行专业且不具有拘束力的评估，明确当事人在案件中的优势和劣势，使当事人远离不切实际的幻想，尽可能达成调解或和解协议以终结案件。① 二

---

① 林柯亮：《早期中立评估制度研究——多元化纠纷解决机制的另一维度》，博士学位论文，西南政法大学，2012，第 22 页。

是设立附设仲裁制度。通过法院附设的自愿性仲裁或强制性仲裁，在案件开庭前移交仲裁，如双方同意接受，仲裁裁决就被登记为不可上诉的法院判决，具有强制执行力；否则仲裁结果不具有约束力，当事人可以提出重新审判的请求，案件进入审判程序并按照普通结案方式结案。[①] 通过早期中立评估制度和附设仲裁制度的设立，分流进入庭审的诉讼案件，拓展民事诉讼一审案件结案方式。

（二）完善判决结案制度

对于判决结案方式，为突出判决书在定纷止争中的作用，应当强化判决书说理的功能。在事实认定部分，对于当事人双方提交的证据材料，法官应按照当事人举证、质证的情况，结合全案案情，对每一份证据材料认定或不认定的理由在程序上和实体上作出充分说明；在判决书中公开法官对证据认定的心证过程，强化证据认定中的说理功能；在法律适用部分，按照所归纳的案件争点，逐一进行法律适用分析论证，公开法官论证和说理的过程，增强判决书的说理性。同时，完善民事诉讼一审案件判决结案制度，改革民事判决的审级制度，实行不同案件不同终审审级，在维持目前小额诉讼案件一审终审、普通案件两审终审的基础上，对法律适用存在重大争议的案件，实行有条件的三审终审，发挥判决结案方式对特定案件定纷止争、确立规则、统一法律适用的功能。

（三）完善调解结案制度

调解结案制度的健康运行。最主要是结合个案，在尊重当事人意思自治的基础上，遵循"自愿、合法、查明事实、分清是非"原则。但同时，在司法政策上，避免对调解结案率的过度要求；在考核模式上，取消对法院和法官数字化的调解结案率的考核要求，回归调解的固有属性；在调解协议的司法救济制度上，除第三人撤销之诉和申请再审的救济途径外，应允许当事人对调解协议强制执行中的实体争议提出异议，对异议被驳回的，民事诉讼法上应设置申请人许可执行之诉和被申请人执行异议之诉制度，倒逼法官正确适用调解结案方式处理民事诉讼一审案件。

---

① 王春丽：《美国法院附设仲裁研究》，博士学位论文，西南政法大学，2013，第 196 ~ 197 页。

（四）完善裁定撤诉结案制度

撤诉结案主要是基于原告自愿处分其诉权甚至实体权利而申请或以某种行为表示撤回诉讼，法院以裁定方式同意撤回诉讼或视为原告撤诉。撤诉结案制度的正确运行，对于彻底解决民事纠纷、化解法院审判压力、维持社会秩序具有积极意义。但非基于当事人意愿、偏离正当程序甚至损害实体权利保障的非正当化撤诉结案，不但不能发挥撤诉制度的积极功能，反而会侵害当事人权利，有损诉讼秩序维持和司法公信力。从笔者可以检索到的全国法院民事诉讼一审案件撤诉结案率的统计数据看，1976～2017年，我国民事诉讼一审案件撤诉结案方式也随着历史的变化而不断变迁，如表6－22和图6－11所示。

表6－22　全国法院民事诉讼一审案件裁定撤诉结案情况统计（1976～2017年）

单位：件，%

年份	撤诉结案数	撤诉结案率	年份	撤诉结案数	撤诉结案率
1976	14509	6	1995	706101	18
1977	11805	5	1996	827999	18
1978	14935	5	1997	863035	18
1979	26275	7	1998	912363	19
1980	47110	8	1999	978732	19
1981	66160	10	2000	943071	20
1982	87316	11	2001	927397	20
1983	85813	11	2002	877424	21
1984	99393	10	2003	914140	22
1985	99672	9	2004	931732	22
1986	120087	9	2005	965442	22
1987	160881	10	2006	986780	23
1988	194122	10	2007	1065154	23
1989	284144	12	2008	1273767	24
1990	330952	14	2009	1494042	26
1991	383035	15	2010	1619063	27
1992	416416	16	2011	1746125	27
1993	481849	16	2012	1906292	27
1994	586128	17	2013	1887191	25

续表

年份	撤诉结案数	撤诉结案率	年份	撤诉结案数	撤诉结案率
2014	1895743	24	2017	2796436	24
2015	2174041	23	2018	—	—
2016	2471546	23			

资料来源：1998 年前的数据参见最高人民法院研究室编《全国人民法院司法统计历史资料汇编：1949—1998（民事部分）》，人民法院出版社，2000，第 9～176 页；1999～2018 年的数据参见《最高人民法院公报》。

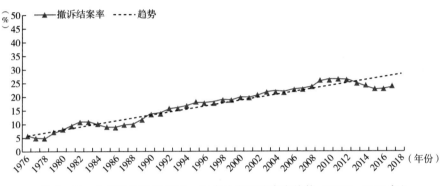

图 6 - 11　全国法院民事诉讼一审案件撤诉结案率趋势（1976～2018 年）

从表 6 - 22 和图 6 - 11 的数据可以看出，全国法院民事诉讼一审案件撤诉结案数从 1976 年的 14509 件至 2017 年的 2796436 件，撤诉结案绝对数增长了约 192 倍；撤诉结案率则从 1976 年的 6% 至 2017 年的 24%，峰值为 27%，撤诉结案率大体呈上升趋势。撤诉结案率的上升，不但有助于民事纠纷的快速、有效解决，也节约了大量的司法资源，对社会矛盾纠纷化解和社会秩序维持具有积极的影响。但由于民事案件数量增加所导致法院审判压力剧增、撤诉制度本身的非正当化弊病以及司法实践中撤诉结案方式的非正当化运行导致民事诉讼一审案件撤诉结案率的非正常增长[①]，也带来了一系列的消极影响。民事诉讼一审案件撤诉结案率的提高，究其原因，可以归结为三个方面。其一，民事案件数量剧增与司法资源不足之间的矛盾导致撤诉结案率提高。在重压之下，千方百计适用撤诉方式结案就成了法院和法官的必然选择。其二，法院

---

① 王福华：《正当化撤诉》，《法律科学（西北政法学院学报）》2006 年第 2 期。

基于特定目标动员当事人撤诉。站在法院立场，当事人撤诉可以顺利实现案件结案，降低案件裁判风险，避免判决结案引发的来自当事人、来自上级法院发回重审或改判以及潜藏的错案责任追究的压力，提高案件调撤率、结案率等绩效考核指标，加之司法实践中职权主义挥之不去的传统，以及民事司法政策对法官参与社会治理角色的强化。其三，当事人撤诉制度不受被告制约。

　　鉴于上述原因，笔者认为，要实现民事诉讼一审案件撤诉结案方式适用的正当化，除不断改进撤诉结案制度适用的环境外，还应当对裁定撤诉结案制度进行必要的完善。具体而言，首先，在民事纠纷解决机制的宏观建构上，应当坚持诉讼与非诉纠纷解决机制并行的理念。一方面，通过资源投入和体制变革，增强司法审判能力；另一方面，在国家立法层面协调正确诉讼与非诉纠纷解决机制的关系，统筹立法、政策、资源等方面的要素，促进调解、仲裁等社会救济方式的发展，促进诉讼与非诉纠纷解决方式的充分衔接，实现民事案件在诉讼和非讼纠纷解决机制之间的合理分流和分配，减缓法院审判压力，实现民事诉讼一审案件结案方式的正当化。其次，通过制度变革，对诉讼模式进行改造，进一步弱化法院职权，强化当事人权利，限制法官在动员撤诉上的权力运行空间，同时，在自上而下的考核制度设置上，取消对法院和法官调撤率、结案率等绩效考核指标，让司法回归固有的属性。最后，就撤诉制度本身而言，建议借鉴美国、德国等国家的撤诉制度，区分不同情形，对原告撤诉权进行必要的规范，涉及公益诉讼的案件，原告撤诉除由法院作必要的审查外，还必须经过被告同意；涉及私益诉讼的案件，为防止原告提起恶意诉讼或虚假诉讼侵害被告权利，凡原告申请撤诉的案件，能否裁定同意，法院一般不做实质性审查，除非原告撤诉会给国家、集体或第三人带来明显的损害，但原告能否撤诉，必须经过被告的同意，以此保障被告在撤诉结案方式适用上的程序参与权和选择权，最终防止结案制度不完善和结案方式不当适用给被告带来的权利侵害。

一项未竟的事业：代结语

民事诉讼一审程序是民事诉讼中最基本的程序。"在我国的民事诉讼中，第一审普通程序既为第一审程序之主干，又系整个审判程序之基本。普通程序兼具内容系统、完整和适用广泛之特征。""就我国的民事诉讼而言，所谓普通程序是指人民法院审判第一审民事案件所适用的基本程序。"① 1991年《民事诉讼法》颁布实施后，人民法院出版社出版的《民事诉讼法的修改与适用》对一审普通程序的地位有更为明确的阐释："这一章规定了审判程序的基本内容，是审判制度中的重点。因为简易程序、第二审程序、特别程序、涉外程序等审判活动中都需要参照或者适用本章的有关规定。"②

尽管民事诉讼一审程序是民事诉讼的基本程序，但是在新中国成立之后较长时间内，我国并未建立与审判实践相适应的民事诉讼程序制度，当然更不用说有现代意义上的民事诉讼一审程序。早在1950年，中央人民政府法制委员会就起草了《诉讼程序试行通则（草案）》，该草案对刑事诉讼和民事诉讼的有关程序性问题同时进行了较为原则性的规定，但是较为遗憾的是，该草案并未获得通过。但是为了因应民事司法实践的需要，之后的有关法律和司法解释也对民事诉讼程序的部分内容有所规定，但是不完整、不全面。相对而言，1979年2月最高人民法院制定的《人民法院审判民事案件程序制度的规定（试行）》确立了较为完善的民事诉讼程序制度，但是该"规定（试行）"仅仅是对长期民事司法实践进行总结基础上的司法解释而已，并非立法。尽管如此，最高人民法院的这一司法解

① 江伟：《民事诉讼法》，高等教育出版社，2016，第256页。
② 马原：《民事诉讼法的修改与适用》，人民法院出版社，1991，第119页。

释对于规范民事诉讼司法实践还是具有重要意义，也为之后新中国第一部民事诉讼法典的制定提供了丰富而坚实的制度资源。

我国第一部民事诉讼法为1982年的《民事诉讼法（试行）》，之所以为"试行"，是因为新中国成立之后关于民事诉讼法的研究和相关司法实践并不充分和成熟，该部法律实施效果如何、是否与司法实践相契合、是否适合经济社会的发展等都需要观察。该部法律对民事诉讼程序进行了较为完整的规定，包括"总则""第一审程序""第二审程序、审判监督程序""执行程序""涉外民事诉讼程序的特别规定"五编。与现行民事诉讼程序规定不同的是，《民事诉讼法（试行）》所规定的"第一审程序"具体包括"普通程序、简易程序、特别程序"。普通程序包括"起诉与受理、审理前准备、诉讼保全和先行给付、调解、开庭审理、诉讼中止和总结、判决和裁定"。就新中国民事诉讼制度历史演进而言，《民事诉讼法（试行）》在新中国民事诉讼发展历程中具有承前启后的重要地位，一定程度上奠定了新中国民事诉讼程序的基本框架和布局。

1991年《民事诉讼法》包括四编，即"总则""审判程序""执行程序""涉外民事诉讼程序的特别规定"。"审判程序"包括"第一审普通程序、简易程序、第二审程序、特别程序、审判监督程序、督促程序、公示催告程序、企业法人破产还债程序"。尽管1991年《民事诉讼法》将《民事诉讼法（试行）》的五编改为了四编，但是基本内容并未发生根本性变化，主要是对其进行体系化、逻辑化。1991年《民事诉讼法》中的"第一审普通程序"具体包括"起诉与受理、审理前的准备、开庭审理、诉讼中止和终结、判决和裁定"。"这一章与民事诉讼法（试行）第十章相比，不仅在体例上做了较大调整，将民事诉讼法（试行）第十章中的'诉讼保全和先行执行'和'调解'两节，移到了第一编总则中，分别作为独立的一章，而且在内容上由原来的七节四十三条减为五节三十四条。"[①] 1991年《民事诉讼法》之后历经2007年、2012年和2017年三次修正，但都是局部的修改，并未改变整体框架和布局，更未对第一审普通程序的主要内容体系进行修改。1991年《民事诉讼法》所形塑的一审程

① 马原：《民事诉讼法的修改与适用》，人民法院出版社，1991，第119页。

序的主要内容一直延续至今。

新中国成立后的民事诉讼程序，从仅有部分程序规范到有较为完整全面的程序规范，从体系上较为杂乱到体系上科学合理，从仅仅注重于解决当下的司法实践到同时具有一定前瞻性，从仅仅借鉴苏联民事诉讼程序到全面学习借鉴两大法系民事诉讼程序再到建立具有中国特色的民事诉讼程序制度等。中国民事诉讼程序一路走来，取得了许多的成绩，但是也存在缺点和不足。对经验与不足进行全面归纳和总结，才能更好地为下一步民事诉讼程序的改革与完善提供经验和参考。尽管我国民事诉讼法学界也在不同的历史时期对于民事诉讼法学的发展进行过总结，有《中国民事诉讼法学的回顾与展望》[1]、《新中国民事诉讼法学 60 年的回顾与展望》[2]、《民事诉讼改革的回顾与前瞻——纪念〈民事诉讼法〉颁布 10 周年》[3]、《民事诉讼法学的 20 年》[4]、《改革开放 30 年的民事诉讼法学》[5]、《改革开放四十年民事司法改革的变迁》[6] 等成果，这些研究为本课题的研究提供了丰富的素材，为本课题的顺利结项奠定了坚实的基础。但是我们也发现，尚未有从新中国成立以来 70 年这一历史维度对民事诉讼程序进行研究者，而且这些研究更多系从民事诉讼法学发展这一宏观层面进行的归纳和总结，较少对民事诉讼一审程序的发展历程这一相对微观的层面进行研究，也并未有从案件分析和归纳的角度进行研究者。

对我国民事诉讼程序进行历史性梳理和归纳，发现其在 70 年来取得的进步和成绩、存在的问题和不足，为我国民事诉讼下一步的改革与完善提供历史资料乃至理论上的支撑，具有十分重大的历史性意义。课题组的能力有限，最终选择了中国民事诉讼一审程序进行研究，且在研究方法上重点采用了实证方法。2014 年，申报的国家课题，为此所截取的时间横

---

① 江伟、崔蕴涛：《中国民事诉讼法学的回顾与展望》，《朝阳法律评论》2009 年第 2 期。
② 常怡、黄宣：《新中国民事诉讼法学 60 年的回顾与展望》，《河北大学学报》（哲学社会科学版）2009 年第 4 期。
③ 刘敏：《民事诉讼改革的回顾与前瞻——纪念〈民事诉讼法〉颁布 10 周年》，《法学天地》2001 年第 5 期。
④ 杨荣新、谭秋桂：《民事诉讼法学的 20 年》，《政法论坛》1998 年第 5 期。
⑤ 赵钢：《改革开放 30 年的民事诉讼法学》，《法学杂志》2009 年第 1 期。
⑥ 张卫平：《改革开放四十年民事司法改革的变迁》，《中国法律评论》2019 年第 10 期。

断面仅为 1949~2013 年。随着课题研究的渐次展开与逐步深入，课题研究的难度与日俱增，这也导致课题研究和完成所需周期较长。在这一过程中，课题组又收集了 2013~2018 年的有关材料。为此到课题结项时，本课题的时间跨度就为 1949~2019 年。课题研究的时间跨度正好与新中国成立 70 周年这一重大历史时间节点相契合。这说明本课题紧扣时代发展的脉搏，与时代发展同呼吸共命运。除此外的其他一审程序诸如"审理前的准备""开庭审理""撤诉和缺席判决""诉讼中止和终结""裁定"等并未涉及。

鉴于课题组的能力和人手有限，再加之技术的局限性，在研究过程中存在诸多力不从心之处，因此仅限于对几个具有代表性的一审微观程序——起诉和受理情况、案件类型、庭审形式、原告身份、委托代理人制度、案件结案方式的研究，收集的资料也基本上以两个基层法院的数据为主。尽管也收集了全国性的相关资料/材料，但总体上而言，数据的全面性不够，对数据的挖掘和提炼也有限，在研究对象和内容的理论提升和分析上还存在诸多不足。尽管如此，课题组认为，本研究仅是起点而非终点，更为重要的是，希望能引发广大学术界同仁对这一问题的兴趣，希望有更多同仁投身这一问题的研究并将研究推向纵深。

课题组也会再组织力量对之前囿于时间关系而未展开的其他问题继续研究。也特别希望未来能够与全国学术界同仁一道，基于历史的维度对民事诉讼二审程序、再审程序，乃至"中国民事诉讼程序"展开全面研究，归纳发展历程，总结成功与不足，产出更多展现新中国成立以来中国民事诉讼发展演进和辉煌成就的丰硕成果，进而全面推进我国的程序法治建设，为建党百年献礼。

参考文献

周恩来：《关于加强人民司法工作的指示》，《山东政报》1950 年第 11 期。

常怡等：《新中国民事诉讼法学五十年回顾与展望》，《现代法学》1999 年第 6 期。

彭君熹：《进一步发扬依靠群众处理民事案件的优良传统，学习"依靠群众、调查研究、调解为主、就地解决"方针的体会》，《法学研究》1965 年第 3 期。

张晋藩：《法治的脚步：回顾新中国法制 60 年》，《上海师范大学学报》（哲学社会科学版）2009 年第 6 期。

张卫平：《民事诉讼法》，法律出版社，2004。

谭秋桂：《〈民事诉讼法〉修改评析》，《中国司法》2012 年第 11 期。

唐德华：《民事诉讼法立法与适用》，中国法治出版社，2002。

张嘉军等：《制度·机构·机制：当代中国立案难问题实证研究》，法律出版社，2018。

汤鸣、李浩：《民事诉讼率：主要影响因素之分析》，《法学家》2006 年第 3 期。

姜树政：《立案登记制的实践困境与司法因应》，《山东审判》2016 年第 2 期。

曲昇霞：《论民事诉讼登记立案的文本之"困"与实践之"繁"》，《法律科学（西北政法大学学报)》2016 年第 3 期。

王少帅：《我国民事立案登记制度研究》，硕士学位论文，郑州大学，2016。

〔德〕罗森贝克、施瓦布：《德国民事诉讼法》，李大雪译，中国法制出版社，2007。

〔韩〕孙汉琦：《韩国民事诉讼法导论》，陈刚审译，中国法制出版社，2010。

陈波：《民事诉讼要件理论研究》，硕士学位论文，复旦大学，2011。

宋旺兴：《民事案由制度研究》，博士学位论文，武汉大学，2012。

赵晓耕：《从司法统计看民国法制》，《武汉大学学报》（哲学社会科学版）2016 年第 3 期。

李浩：《司法统计的精细化与审判管理——以民事案件平均审理期间为对象的考察》，《法律适用》2010 年第 12 期。

最高人民法院研究室编《全国人民法院司法统计历史资料汇编》，人民法院出版社，2009。

人民司法编辑部：《认真贯彻执行民事诉讼法》，《人民司法》1991 年第 3 期。

杨荣新、陈桂明：《民事诉讼法若干修改依据与意图》，《政法论坛》1991 年第 3 期。

唐德华：《民商审判》，吉林人民出版社，2002。

萧扬：《婚姻法与婚姻家庭 50 年》，《中国妇运》2000 年第 5 期。

萧扬：《婚姻法颁布 50 年与中国婚姻家庭的变化》，《百科知识》2000 年第 5 期。

冉井富：《现代进程与诉讼：1978—2000 年社会经济发展与诉讼率变迁的实证分析》，《江苏社会科学》2003 年第 1 期。

程啸：《中国侵权法四十年》，《法学评论》2019 年第 2 期。

刘思萱：《经济法政策性特征的实证考察——基于 31 年最高人民法院工作报告的整理与分析》，《南京大学学报》（哲学·人文科学·社会科学版）2011 年第 1 期。

刘维芳：《试论〈中华人民共和国婚姻法〉的历史演进》，《当代中国史研究》2014 年第 1 期。

周素彦：《民间借贷：理论、现实与制度重构》，《现代经济探讨》2005 年第 10 期。

王克巽：《海峡两岸债法的源流与发展》，《福建学刊》1994 年第 6 期。

梁慧星：《民法总论》，法律出版社，1996。

王亚新：《立案登记制改革：成效、问题及对策》，《法治研究》2017 年第 5 期。

王利明：《回顾与展望：中国民法立法四十年》，《法学》2018 年第 6 期。

罗东川、黄建中：《〈民事案件案由规定〉的理解与适用》，《人民司法（应用）》2008 年第 5 期。

苏力：《送法下乡：中国基层司法制度研究》，北京大学出版社，2010。

廖中洪：《制定单行〈民事非讼程序法〉的建议与思考》，《现代法学》2007 年第 3 期。

左卫民、汤火箭、吴卫军：《合议制度研究：兼论合议庭独立审判》，法律出版社，2001。

张卫平：《体制、观念与司法改革》，《中国法学》2003 年第 1 期。

廖中洪：《心证公开若干问题研究》，《法学论坛》2006 年第 3 期。

刘敏：《论司法公开的扩张与限制》，《法学评论》2001 年第 5 期。

邓建民、周瑶：《论民事诉讼中的公开审判制度》，《西南民族大学学报》（人文社科版）2005 年第 11 期。

李祖军：《民事诉讼目的论》，法律出版社，2000。

林祈福：《民事诉讼程序保障理论发展与释明权》，博士学位论文，中国政法大学，2005。

王玲芳：《四十年民事审判理念的变迁》，《人民法院报》2018 年 11 月 26 日。

陈立周、徐远超：《近年来我国城市基层社区微观研究述评》，《长沙大学学报》2008 年第 1 期。

夏锦文：《论法制现代化的多样化模式》，《法学研究》1997 年第 6 期。

佟新：《社会变迁与工人社会身份的重构——"失业危机"对工人的意义》，《社会学研究》2002 年第 6 期。

《马克思恩格斯全集》第 1 卷，中共中央著作编译局译，人民出版社，1956。

姜战军：《中国民法 70 年：体系化和科学化不断实现中形塑自由、平等的现代社会》，《华中科技大学学报》（社会科学版）2019 年第 5 期。

乔晓阳：《改革开放四十年立法事业的发展与思考》，《法治社会》2018 年第 5 期。

李祖军：《民事诉讼法·诉讼主体篇》，厦门大学出版社，2005。

蒋安、李蓉：《诉讼观念的变迁与当代司法改革》，《法学评论》2002 年第 1 期。

邓建鹏：《清朝诉讼代理制度研究》，《法制与社会发展》2009 年第 3 期。

王泰升：《台湾日治时期的司法改革》（上），《法学论丛》（台湾）第二十四卷第二期。

张志铭：《回眸和展望：百年中国律师的发展轨迹》，《国家检察官学院学报》2013 年第 1 期。

王公义：《律师是什么——新中国律师业 60 年五个发展阶段的理性思考》，《中国司法》2009 年第 12 期。

蔡彦敏：《我国民事诉讼中的委托代理人制度》，《国家检察官学院学报》2013 年第 2 期。

江伟主编《民事诉讼法》，高等教育出版社，2016。

张永进：《职业公民代理治理：制度与实践》，《研究生法学》2011 年第 2 期。

中共中央党史研究室：《中华人民共和国大事记（上）》，《世纪行》2009 年第 10 期。

邓和军：《刍论我国民事诉讼委托代理制度的几个问题》，《法学评论》2016 年第 5 期。

邹凡、熊凡、邹国华：《委托诉讼代理制度改革探微》，《江西社会科学》2003 年第 4 期。

李林：《新时代坚定不移走中国特色社会主义法治道路》，《中国法学》2019 年第 3 期。

张嘉军：《政策抑或法律：民事诉讼政策的概念界定》，《河北法学》2014 年第 11 期。

〔美〕吉尔兹：《地方性知识：事实与法律的比较透视》，邓正来译，载梁志平主编《法律的文化解释》，三联书店，1998。

安治民：《农村纠纷研究：回顾与述评》，《中国集体经济》2011 年第 27 期。

郭星华主编《法社会学教程》，中国人民大学出版社，2015。

付子堂、张善根：《地方法治建设及其评估机制探析》，《中国社会科学》，2014。

徐爱国：《政体与法治：一个思想史的检讨》，《法学研究》2006 年第 2 期。

李瑜青：《法理学》，上海大学出版社，2005。

李步云、刘士平：《论法与法律意识》，《法学研究》2003 年第 4 期。

吴纪树：《论转型乡土社会的司法策略——以重庆市 L 村为例》，《法律社会学评论》，2014。

李瑜青、张斌主编《法律社会学评论》第 1 辑，华东理工大学出版社，2014。

李林：《当代中国语境下的民主与法治》，《法学研究》2007 年第 5 期。

刘旺洪：《国家与社会：法哲学研究范式的批判与重建》，《法学研究》2002 年第 6 期。

罗豪才、宋功德：《和谐社会的公法建构》，《中国法学》2004 年第 6 期。

刘思达：《割据的逻辑：中国法律服务市场的生态分析》，上海三联书店，2011。

刘桂明：《救亡与图存：中国律师业面临十大难题》，《中国律师》2002 年第 11 期。

许尚豪：《公民代理民事诉讼的法理反思及制度完善》，《法学论坛》2017 年第 4 期。

汤正奎、商志强：《"公民代理诉讼"，何去何从》，《人大建设》

2009 年第 9 期。

刘善华、刘德跃：《论非法民事公民代理的理性规制》，《山东警察学院学报》2013 年第 6 期。

陈刚、罗良华：《民事诉讼委托代理人制度困惑及破解——以新〈民事诉讼法〉第 58 条为视阈》，《社会科学研究》2014 年第 5 期。

杜建荣：《卢曼法社会学理论研究：以法律与社会的关系问题为中心》，法律出版社，2012。

王亚新：《农村法律服务问题实证研究（一）》，《法制与社会发展》2006 年第 3 期。

李六如：《关于"最高人民检察署暂行组织条例"修正案和"各级地方人民检察署组织通则"草案的说明》，《江西政报》1951 年第 Z3 期。

王继超：《谈谈刑、民事案件审理程序中的几个问题》，《法学研究》1957 年第 4 期。

人民司法编辑部：《认真贯彻执行民事诉讼法》，《人民司法》1991 年第 3 期。

刘法合主编《中国法律年鉴》，中国法律年鉴社，2005。

罗锋主编《中国法律年鉴》，中国法律年鉴社，2006。

罗锋主编《中国法律年鉴》，中国法律年鉴社，2007。

周成奎主编《中国法律年鉴》，中国法律年鉴社，2008。

周成奎主编《中国法律年鉴》，中国法律年鉴社，2009。

诸葛平主编《中国法律年鉴》，中国法律年鉴社，2010。

诸葛平主编《中国法律年鉴》，中国法律年鉴社，2011。

诸葛平主编《中国法律年鉴》，中国法律年鉴社，2012。

诸葛平主编《中国法律年鉴》，中国法律年鉴社，2013。

诸葛平主编《中国法律年鉴》，中国法律年鉴社，2014。

诸葛平主编《中国法律年鉴》，中国法律年鉴社，2015。

诸葛平主编《中国法律年鉴》，中国法律年鉴社，2016。

诸葛平主编《中国法律年鉴》，中国法律年鉴社，2017。

伍晓梅主编《中国法律年鉴》，中国法律年鉴社，2018。

常怡主编《中国调解制度》，重庆出版社，1990。

曾令健：《晚清州县司法中的"官批民调"》，《当代法学》2018 年第 3 期。

牛博文：《中国司法调解的历史叙事及成因分析》，《甘肃政法学院学报》2014 年第 2 期。

董新保：《建国 40 周年的回顾与思考——我国经济发展战略的历史考察》，载卫兴华主编《回顾·探索·选择（1949～1989）（全国高校纪念中华人民共和国成立 40 周年暨社会主义经济理论与实践研讨会论文集）》，四川人民出版社，1991。

佟季：《新中国成立 60 年人民法院诉讼调解情况分析——马锡五审判方式在我国的当代司法价值》，《人民司法（应用）》2010 年第 7 期。

朱德：《在 1950 年第一次全国司法工作会议上的讲话（摘要）》，《人民司法》1979 年第 1 期。

邱星美：《调解的回顾与展望》，中国政法大学出版社，2013。

蔡斐：《法院调解：观察司法政策的一个窗口》，载徐昕主编《司法》，厦门大学出版社，2016。

余亚龙：《论中国法院主体性功能的解构与重塑》，硕士学位论文，上海师范大学，2018。

姚莉：《法院在国家治理现代化中的功能定位》，《法制与社会发展》2014 年第 5 期。

左卫民：《法院制度功能之比较研究》，《现代法学》2001 年第 1 期。

高其才、左炬：《政治司法的功能、特点与影响——以 1949—1956 年华县人民法院为对象》，载喻中主编《政治法学研究》，法律出版社，2014。

卢荣荣：《法院的多重面孔：中国法院功能研究》，博士学位论文，西南政法大学，2012。

李文军：《政法传统与司法的治理功能研究——基于 S 省一个基层法院 60 年实践变迁的观察》，载张仁善主编《南京大学法律评论》，法律出版社，2017。

郑永流、马协华、高其才、刘茂林：《中国农民法律意识的现实变迁——来自湖北农村的实证研究》，《中国法学》1992 年第 1 期。

中央档案馆：《中共中央文件选集第十八册（一九四九年一月至九

月）》，中共中央党校出版社，1992。

杨火林：《1949~1954 年的中国政治体制》，博士学位论文，中共中央党校，2005。

回沪明主编《1988 人民法院年鉴》，人民法院出版社，1992。

董必武年谱编辑组：《董必武年谱》，中央文献出版社，1991。

董必武：《关于改革司法机关及政法干部补充、训练诸问题》（1952年 6 月 24 日董必武在全国政法干部训练会议上的讲话摘要），载《董必武政制法律文集》，法律出版社，1986。

蔡定剑：《历史与变革——新中国法制建设的历程》，中国政法大学出版社，1999。

董必武选集编辑组：《董必武选集》，人民出版社，1985。

胡鞍钢：《"文化大革命"时期（1966—1976 年）（七）》，载《国情报告（第七卷）2004 年（下）》，党建读物出版社、社会科学文献出版社，2012。

尚霄峰：《执法必须懂法——武功县人民法院重视对司法干警的业务培训》，《人民司法》1979 年第 6 期。

代志鹏、秦岩：《从大众化到职业化——中国法院人员结构变迁的历史考察》，《吕梁学院学报》2011 年第 1 期。

甘重斗主编《1988 人民法院年鉴》，人民法院出版社，1989。

马央：《基于法院人员机构的法官员额制改革研究》，硕士学位论文，西南政法大学，2016。

雪晶：《法官法立法历程简介》，《人民司法》1995 年第 4 期。

熊秋红：《法官员额制改革推进司法精英化》，《人民法院报》2017年 7 月 7 日。

屈向东、范继强：《论中国法官员额制的历史演进》，《政法学刊》2019 年第 2 期。

季卫东：《法治秩序的建构》，中国政法大学出版社，1999。

肖建国：《民事诉讼程序价值论》，中国人民大学出版社，2000。

熊先觉：《中国司法制度资料选编》，人民法院出版社，1987。

江伟、邵明：《民事诉讼法学关键问题》，中国人民大学出版社，2011。

沈杨：《结案方式的改进和完善——以促进纠纷解决为原则》，《人民司法（应用）》2007年第6S期。

李立新、刘方勇：《我国法官职业化改革进程回顾与展望——以改革试点方法和模式为实证分析视角》，《法学杂志》2010年第6期。

林柯亮：《早期中立评估制度研究——多元化纠纷解决机制的另一维度》，博士学位论文，西南政法大学，2012。

王春丽：《美国法院附设仲裁研究》，博士学位论文，西南政法大学，2013。

王福华：《正当化撤诉》，《法律科学（西北政法学院学报）》2006年第2期。

后 记

　　本书是我主持的国家社科基金重点项目"中国民事诉讼一审程序实证研究（1949～2013）"（14AFX015）的最终研究成果以及我主持的河南省高等学校哲学社会科学优秀学者资助项目"民事诉讼程序实证研究"（2019－YXXZ－17）的阶段性研究成果。在"中国民事诉讼一审程序实证研究（1949～2013）"结项之际，回首这一课题的申报以及研究历程，可以归结为两个字：艰辛！2014年6月的一天中午，突然收到洛阳一同学的短信，祝贺我获得国家社科基金重点项目。我急忙回复"什么课题？"之后，匆匆到办公室打开电脑，找到了全国哲学社会科学规划办公室公布的该年度国家社科基金项目立项网上公示。在公示名单中看到我申报的课题名称以及我的名字那一瞬间，按捺不住那种激动与兴奋，赶紧通知我指导的研究生晚上聚会，大家一起庆祝。

　　之所以如此激动和兴奋，因为在申报这一课题之前收集资料十分艰苦。2012年暑假，我带领十几个研究生先后两次到许昌的两个基层法院——一个县法院和一个区法院调研，每次都工作十几天，在昏暗的法院档案室对新中国成立以来的民事裁判卷宗进行整理和拍照。在这个暑假，十几个研究生先后两次去这两个基层法院收集案卷，每次在那里都工作十几天。经过大家的辛苦努力，课题组提取到了两个基层法院民事案件案卷材料约73000份，堆满了中国司法案例研究中心办公室。在高兴之余，我开始发愁：如何利用这些材料？如何从这些材料中提取信息？经过多次讨论，结合自身研究能力以及研究方向，最后确定了以民事诉讼一审程序中较为关键的点作为统计要素并组织了一大批人员按照案件的年份和案件数进行"手工"统计，之后再将这些数据整合在一起，案件材料的收集以及整理统计过程的复杂和艰辛程度可想而知。天道酬勤，也正是因为之前就做了大量工作，才顺利中标了国家社科基金重点项目。这一课题也是该年度全国民事诉讼法领域唯一一项重点课题。

在中标国家社科基金重点项目的兴奋之余，又开始为如何完成这一历史跨度长、案卷资料繁多的民事诉讼一审程序的研究而发愁，当时有三大难题。一是研究人手的严重缺乏。对这一问题的研究既涉及对数据资料的运用，也需要对新中国成立以来民事诉讼一审程序发展历程的准确把握，还需要对未来中国民事诉讼一审程序走向进行合理展望，这对课题组提出了更高的要求和严峻挑战。而由当时课题组组成人员来看，远远不能满足对这一宏大选题的研究需要。不过，随着 3 位博士后的加盟以及 3 位博士生的积极参与，研究人员紧张的问题得到缓解。二是资料数据分析技术的落后。本课题组收集了许昌两个基层法院大量的案卷材料，而如何统计、如何分析都是困扰课题组的难题。为了解决这一难题，课题组专门组织人员到我校商学院、公共管理学院学习 SPSS 统计软件和技术，而对这一软件的基本掌握并将其运用于数据的统计和分析，一定程度上缓解了分析技术落后的难题。三是数据资料的及时补充更新。在申报这一课题，到两个基层法院收集整理资料是在 2012～2013 年，因为课题的研究周期较长，需要不断更新原有的案卷材料和数据。尽管当时最高人民法院的裁判文书网已经上线，但是并未覆盖到全国四级法院，即并非所有法院的裁判文书都上网，因此，2014 年这两个基层法院的裁判文书在中国裁判文书网上找不到。不过幸好河南省裁判文书上网起步较早，两个基层法院 2013～2014 年的判决书在河南省高级人民法院找到了。当然，2015 年之后，它们就都可以在中国裁判文书网上找到了。为此，本课题的研究样本分为三个阶段：第一阶段是 1949～2012 年到两个基层法院收集的案卷材料；第二阶段是 2013～2014 年从河南省高级人民法院收集的案卷材料；第三阶段是 2015～2019 年从中国裁判文书网上下载的案卷材料。尽管以许昌市两个基层法院作为分析的对象和研究的样本有其典型性和代表性，但是它们毕竟不能代表全国，为此这两个基层法院民事诉讼一审程序的数据并不能完全代表中国民事诉讼一审程序的实然样态。为了弥补这一不足，课题组又从《中国法律年鉴》等资料中收集了新中国成立以来有关民事诉讼一审程序的资料数据等。由此可以窥见这一课题的写作和完成整个过程的艰辛程度。

世上无难事，经过课题组的不断跋涉和艰苦努力，课题终于在 2020 年 2 月顺利结项。对于课题的顺利完成，首先要感谢我的研究生们——赵杏一、霍家松、卢芳、李武、李贺娟、郭海洋、刘鋆、王少帅、蒋凤鸣、桑琳瑜、杨洋等，他们先后两次前往许昌市收据整理案卷资料。其次要感谢许昌市许昌县人民法院（2017 年改为建安区人民法院）和魏都区人民法院对本课题组收集民事案卷材料的大力支持。最后要感谢河南省高级人民法院郭保振副院长、马磊法官在资料收集以及调研座谈等方面提供的支持和帮助。在课题申报以及写作过程中，清华大学法学院王亚新教授、南京师范大学法学院李浩教授、四川大学法学院左卫民教授、中国政法大学肖建华教授、中国人民大学法学院肖建国教授、西北政法大学董少谋教授、武汉大学法学院刘学在教授、山东师范大学法学院王德新教授、河南省高级人民法院研究室主任马献钊博士、《郑州大学学报》编辑朱春玉教授、郑州大学信息工程学院昝红英教授、中原区人民法院专委曹媛媛法官、郑州市司法局基层处彭小朋处长、大石桥基层法律服务所王跃雨主任、河南天欣律师事务所马斌主任、河南正臻律师事务所王宏主任等对课题写作大纲和课题写作内容都提出了宝贵意见，对此表示衷心感谢！在该课题结项的最后定稿阶段，博士生武文浩在校订、统稿等方面付出了辛勤劳动，在此表示感谢。本课题组的写作分工如下：

张嘉军（郑州大学法学院教授）：绪论、第一章、第五章、代结语、后记；

武文浩（郑州大学法学院博士生）：第一章；

杨朝永（中共河南省委政法委员会执法监督处一级主任科员，郑州大学法学院博士后）：第二章；

付翔宇（郑州大学法学院博士生）：第三章；

赵杏一（中共许昌市纪律检查委员会、许昌市监察委员会三级主任科员，郑州大学法学院博士生）：第三章；

李世宇（河南财经政法大学讲师，郑州大学法学院博士后）：第四章；

余怡然（上海财经大学法学院博士生）：第五章；

宋汉林（安阳师范学院法学院教授，郑州大学法学院博士后）：第六章。

最后对社会科学文献出版社政法传媒分社王绯社长、高媛编辑的辛勤付出表示感谢！

张嘉军

二○二一年七月于郑大盛和苑

图书在版编目（CIP）数据

程序法治 70 年：中国民事诉讼一审程序实证研究：
1949－2019 / 张嘉军等著 . -- 北京：社会科学文献出版
社，2022.1
　ISBN 978－7－5201－7722－1

　Ⅰ.①程…　Ⅱ.①张…　Ⅲ.①民事诉讼－诉讼程序－
研究－中国　Ⅳ.①D925.118.04

　中国版本图书馆 CIP 数据核字（2020）第 255525 号

程序法治 70 年：中国民事诉讼一审程序实证研究（1949－2019）

著　　者 / 张嘉军 等

出 版 人 / 王利民
责任编辑 / 高　媛
责任印制 / 王京美

出　　版 / 社会科学文献出版社·政法传媒分社（010）59367156
　　　　　　地址：北京市北二环中路甲 29 号院华龙大厦　邮编：100029
　　　　　　网址：www.ssap.com.cn
发　　行 / 社会科学文献出版社（010）59367028
印　　装 / 三河市尚艺印装有限公司

规　　格 / 开　本：787mm × 1092mm　1/16
　　　　　　印　张：23.5　字　数：372 千字
版　　次 / 2022 年 1 月第 1 版　2022 年 1 月第 1 次印刷
书　　号 / ISBN 978－7－5201－7722－1
定　　价 / 128.00 元

读者服务电话：4008918866